国家级教学团队
东北财经大学财务管理专业配套教材
国家级精品课、国家级精品资源共享课配套教材

刘淑莲 牛彦秀 主编



# 公司理财 习题与案例

*Corporate Finance: Exercises and Cases*

第5版

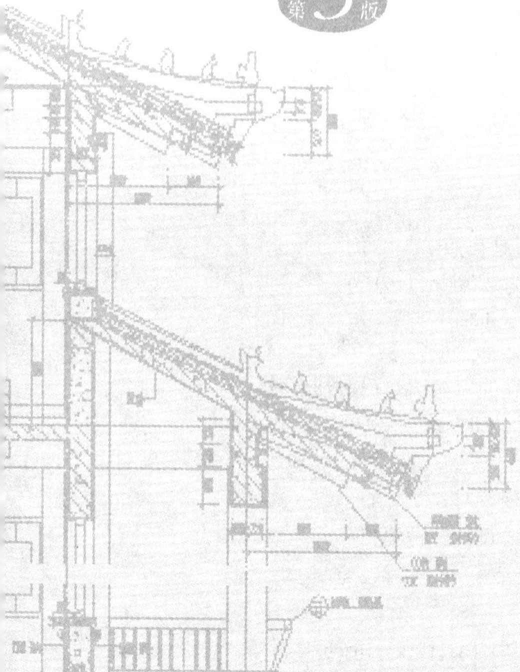

东北财经大学出版社
Dongbei University of Finance & Economics Press
大连

**图书在版编目（CIP）数据**

公司理财习题与案例 / 刘淑莲，牛彦秀主编. —5版. —大连：东北财经大学出版社，2021.7

（东北财经大学财务管理专业配套教材）

ISBN 978-7-5654-4039-7

Ⅰ. 公… Ⅱ. ①刘… ②牛… Ⅲ. 公司-财务管理-高等学校-教学参考资料 Ⅳ. F276.6

中国版本图书馆CIP数据核字（2020）第232735号

东北财经大学出版社出版

(大连市黑石礁尖山街217号 邮政编码 116025)

网 址：http：//www.dufep.cn

读者信箱：dufep@dufe.edu.cn

大连雪莲彩印有限公司印刷 东北财经大学出版社发行

幅面尺寸：170mm×240mm 字数：494千字 印张：24.5

2021年7月第5版 2021年7月第1次印刷

责任编辑：高 铭 周 慧 责任校对：慧 心 孟 鑫

封面设计：冀贵收 版式设计：钟福建

定价：49.00元

教学支持 售后服务 联系电话：（0411）84710309



如有印装质量问题，请联系营销部：（0411）84710711

# 第5版前言

本书是国家级教学团队、东北财经大学财务管理专业系列教材、国家级精品课程、国家级精品资源共享课教材《公司理财》的配套学习指导书。本书旨在帮助学习者巩固所学的知识，深刻理解公司财务的基本理论和基本方法，把握课程的重点和难点，增强学生的思考能力和分析能力，掌握实际业务的操作技能并提高应试能力。

本书与主教材的篇章内容完全一致，根据内容设置单项选择题、多项选择题、判断题、计算分析题、上机练习题（Excel）、案例分析以及参考答案，各种题型既设有基本题，也设有综合题。前者反映了各章基本的知识点、重点和难点，后者突出了各章基本知识点的综合应用性。本书对于学生课后复习与自我测试、尽快掌握理财技术是一个必要的辅助资料。与其他学习指导书不同的是：①本书注重培养学生分析问题与解决问题的能力。书中许多计算分析题是以实际工作中的财务问题为出发点，通过大量的实例练习将各章的前后概念和财务术语联系起来，使理论知识与实际操作融合，使枯燥的理论知识变得生动而形象，有助于学生消化并掌握财务管理的相关模型。②本书注重培养学生的实际操作能力。本书在相关章节设置了上机练习题（Excel），讲解运用电子表格解决一般财务模型问题的具体操作过程，说明每个模型的操作步骤以及如何用Excel求解。③本书注重培养学生的综合分析能力。本书各章所选案例具有较强的代表性，注意各章知识的融合和贯通，利于学生把握财务知识的总体框架。学生在完成各章练习题后，能够以价值为主线将各章联系起来，完成公司价值评估报告。

- **教学目的与要求**

“公司理财”是财务管理专业的必修课程，根据本科教育的要求和课程特点，重点强调与公司战略性决策相关的财务管理理论与实务内容，以及涉及公司财务管理的全局性问题。通过本课程的学习，学生可系统掌握财务管理的基本理论和基本方法，熟练运用理财技术进行投资、融资和收益分配决策。通过本课程的教学，应使学生能够：

第一，掌握财务管理的基本理论，如证券估价模型、投资组合理论、资本资产定价模型、资本结构理论、期权估价理论等。

第二，掌握长期投资决策的评价指标、现金流量估计的原则与方法、投资风险衡量与分析；了解长期资金筹措的基本方式和运作程序；掌握资本成本的确认与计量、资本结构的选择与分析；了解公司股利政策与投资、融资之间的关系及其对公司价值的影响；掌握股利政策制定的基本原则和实施方法。

第三，了解流动资产与流动负债管理中风险与收益、风险与成本之间的权衡模式；掌握流动负债融资的基本方式及特点；掌握投资、融资、股利政策等财务政策对财务计划的影响及其调整方法；掌握财务分析、财务计划的基本方法。

第四，了解期权与证券估价、期权与投资分析、期权与风险管理的基本思想和应用技术；掌握现金流量估价法、乘数估价法的基本方法。

在完成本课程教学后，学生应具备对与公司战略一致的投资、融资和财务经营决策的一般性问题以及在中国现实环境中相应的典型问题做出分析和解答的能力。在完成全部习题后，能够以上市公司的真实数据为依据，撰写价值评估报告。

**• 教学组织形式与指导**

在课堂教学与过程中，教师主要应注意以下几个问题：

第一，要处理好全面和重点的关系。公司理财内容多，涉及面广，各章之间相互联系、相互影响。在教学过程中，要根据学生的特点和要求，精心组织教学内容，力求突出重点，讲清难点，解答疑点，使学生在全面理解的基础上，尽快掌握必要的理论、方法和技能。为了体现本课程的实务特色，课堂教学可采取问题导向的教学方式。在每次上课之前学生应仔细阅读教材并参阅文献，各章后面的讨论题可作为预习的线索。

第二，要处理好理论教学与实务操作之间的关系，在教学方法上，以基本理论为基点，强调案例教学（真实案例和虚拟案例），引导学生分析公司理财实务中的成败得失、经验教训，坚持“理论-方法-案例”并行，以便使学生循序渐进，有所借鉴。

第三，要处理好国外先进理财模式和经验与中国实际情况之间的关系，在教学中，要借鉴国外的先进理论，更要结合中国的实际情况，通过实证分析方法，研究中国的有关财务理论，探讨其实证结果的含义，使学生能学以致用。

第四，要处理好章节顺序与讲授顺序之间的关系。教材中章节的顺序体现了这门课程的一般授课过程，在一般情况下可按章节顺序讲授。但教师也可根据需要变更次序，放弃某一部分内容的讲授或让学生自学。

教师在指导学生做习题时可采取以下方式：

第一，研究训练计划（Students Research Training，SRT）。为了培养学生的合作能力、表达沟通能力和实践能力，本课程采取SRT教学方式。每5~7人组成一个小组，每个小组可以根据自己的情况选择主教材中的“讨论题”或本书中的习题，“以我为主”进行调查研究、查阅文献、分析论证、制订方案、设计或实验、分析总结等，完成SRT计划的小组可作为期末成绩的一部分。这是一种以完成任务，即目标为导向的活动。为了完成某一任务，小组成员之间必须分工合作，开展广泛的讨论和意见交流；教师的作用主要是布置任务，给予学生启发性意见，避免学生针对某一问题争论不休或偏离主题。

第二，学生做现场报告。学生做现场报告是指教师指定财务管理课程的相关话题，让学生课后搜集资料、组织报告的结构，并做成PPT文件，以在课堂上现场演示。该形式经常以小组的合作为基础，并要求集体上台演示，在演示过程中，可以向在座的同学提问，发起讨论，教师的作用是有效地引导和组织讨论。

第三，利用网络教学平台的讨论区功能。教师可以通过在网络教学平台的讨论区中定期设定指定的题目或进行网上答疑，让学生主动参与讨论，并及时得到反馈。教师根据学生参加讨论的活动记录和所发表见解和意见的内容给予评价。这种教学模式不仅提高了学生的积极性和学习效果，而且在潜移默化中培养了学生的合作能力、表达沟通能力和实践能力。与公司理财/财务管理学习相关的网络资源为中国大学慕课网站（https：//www.icourse163.org/course/DUFE-1206455825）。在课程网站上设有讨论区、作业区以及网络辅助教学课件、视频教学课件和多媒体教学课件等。此外，为本课程教学用PPT可提供给任课教师，以便教师有效地引导和组织学生讨论。

第四，案例教学。为了使学生在进行专业基础理论学习的同时，增强对财务管理方法应用的感性认识，充分锻炼学生的分析能力和应用能力，要求学生上网搜集上市公司的相关资料，随着课程的进度进行相关的案例分析，使案例分析成为课堂教学和习题测试的一个必要环节。

**• 学习建议与要求**

“公司理财”是一门理论性和实务性较强、数学公式较多的课程。本书设置了不同类型练习题，希望通过大量的习题和案例，使读者边学边练，加深对所学内容的理解。在学习中，应注意以下几个问题：

第一，在进入练习之前，读者应仔细阅读教材及参考资料，特别是各章的“本章小结”可以作为阅读和掌握主教材的线索，以掌握各章内容概要及其重点和难点。

第二，本书各章设置的习题，一般能够提供计算分析所需要的全部数据和信息，读者只要掌握并运用各章的某一公式、定理或模型，即可计算出所需答案，而且一般只有一个标准答案。但某些后续章节的习题可能会涉及前述章节的有关内容，读者不但需要掌握各章的内容，还需要了解各章之间的相互关系，这样才能融会贯通，提高计算分析问题的能力。为方便学习，各章的计算分析题都附有答案，但请读者先尝试自行回答，然后再核对答案。

第三，本书各章中涵盖一些案例分析（包括虚拟案例和真实案例）。案例与习题的共同之处在于，两者都要运用财务管理的理论或方法，对某一事项进行计算或分析。但案例向读者提供的资料、信息往往不全或较为复杂；反映的情节具有一定的拟真性或真实性；提出的问题带有较多的思考性和启发性；案例分析的方法一般会因人而异，没有标准答案。在案例分析中，读者首先需认真阅读案例的内容，掌握其中的要点和重点，如组织名称、事件背景、数据资料、问题症结以及各要素之间的相互关系；其次，从教材中找出用来解释相关问题的理论、方法或模型，确定思考问题和分析问题的角度；最后，根据这些理论或模型的要求，整理、加工和筛选案例提供的数据，找出解决问题的方法，并以自己的观点进行阐述。需特别注意的是，案例分析通常没有绝对的答案（也可能会有多种“正确”答案），书中所附的答案只能作为参考。

本书由刘淑莲教授、牛彦秀教授担任主编，各章的具体分工是：刘淑莲教授撰写了第1、4、5、10、11、12、13章及公司理财模拟试题；罗菲副教授撰写了第2、3章；张晓东副教授撰写了第6、7章；牛彦秀教授撰写了第8、9、14章。最后，刘淑莲、牛彦秀教授对全书进行了修改和总纂。

感谢东北财经大学出版社的支持，感谢责任编辑高铭、周慧等老师在本书编辑出版过程中所付出的辛勤劳动，他们的支持和帮助使本书增色许多并得以顺利出版。

在本书编写过程中，虽然对书中内容几经推敲和审校，但因时间仓促，加之水平有限，本书可能会有疏漏，恳请各位读者批评指正。

**刘淑莲**

2021年3月

# 目　录

## 第1篇　财务估价基础

# 第1篇
# 财务估价基础

# 第1章 财务管理概述

## 一、单项选择题

1.关于公司财务管理研究的内容论述错误的是（　　）。

A.公司财务管理主要遵循公认会计准则，满足外部人对投资、筹资管理的要求

B.筹资管理主要侧重于对资本的来源渠道、筹措方式、资本结构、股利政策的管理

C.营运资本管理主要侧重于对流动资产和流动负债的管理

D.投资管理主要侧重于对公司长期资产的投向、规模、构成及使用效果的管理

2.公司是企业形态中的一种最高层次的组织形式，下列不属于公司特征的是（　　）。

A.股东对公司的债务只负担有限责任

B.公司收入要征税，分配给股东的红利也要征税

C.公司股份可以随时转让给新的所有者

D.公司的存续期受制于公司所有者的生命期

3.按照索取权获得方式分类，股东对于公司收益的索取权是（　　）。

A.法定索取权　　B.固定索取权

C.剩余索取权　　D.或有索取权

4.股东通常用来协调与经营者利益的方法主要是（　　）。

A.激励和接收　　B.解聘和激励

C.激励和约束　　D.解聘和接收

5.无论是从市场功能上看还是从交易规模上看，构成整个金融市场核心部

分的都是（　　）。

A.外汇市场　　B.商品期货市场

C.期权市场　　D.有价证券市场

6.下列各项中，不符合股东财富最大化理财目标特点的是（　　）。

A.考虑了获取收益的时间因素和风险因素

B.追求单期市场价值最大化

C.能够充分体现所有者对资本保值与增值的要求

D.克服了追求利润的短期行为

7.下列不属于委托人与代理人之间产生矛盾或冲突的动因是（　　）。

A.双方的目标函数不同　　B.双方法律意识不同

C.双方风险分担不均衡　　D.双方信息不对称

8.如果资本市场是完全有效的，下列表述中正确的是（　　）。

A.股价可以真实反映公司股东财富的价值

B.运用会计方法改善公司业绩可以提高股价

C.公司的财务决策会影响股价的波动

D.在证券市场上，任何股票投资者都不能赚得超额收益

9.债权人为了防止其利益被损害，采取的措施一般不包括（　　）。

A.降低贷款利率　　B.规定资金的用途

C.提高贷款利率　　D.限制筹资条款和约束条款

10.“所有包含过去证券价格变动的资料和信息都已完全反映在证券的现行市价中，证券价格的过去变化和未来变化是不相关的。”下列各项中符合这一特征的是（　　）。

A.弱式效率性的市场　　B.半强式效率性的市场

C.强式效率性的市场　　D.以上都不是

## 二、多项选择题

1.下列有关货币市场的表述正确的有（　　）。

A.货币市场是指期限在1年以上的金融资产交易市场

B.货币市场是短期债务工具交易的市场，交易的证券期限不超过1年

C.货币市场的主要功能是保持金融资产的流动性

D.货币市场要求的收益率较高，其风险也较大

E.货币市场的主要功能是为投资者提供较高的收益率

2.下列各项中，可用于协调股东与经营者矛盾的有（　　）。

A.股东任免或解聘经营者　　B.股东向企业派遣CFO

C.股东向企业派遣审计人员　　D.股东给经营者以“股票选择权”

E.股东可以回购经营者股票

3.对公司来说，金融市场的作用主要有（　　）。

A.资本筹措与投放　　B.分散风险

C.转售　　D.降低交易成本

E.确定基础利率

4.与合伙制和公司制企业相比，独资企业的特点有（　　）。

A.以出资额为限，承担有限责任

B.不允许发行股票、债券或以企业名义发行任何可转让证券

C.以企业的收入向政府缴纳个人所得税

D.更容易筹集资金

E.双重纳税

5.股东与经营者之间存在矛盾与冲突的原因主要包括（　　）。

A.资本的所有权与经营权相分离

B.股东与经营者之间存在信息不对称

C.股东与经营者的目标函数不同

D.股东与经营者承担的社会责任不同

E.大股东的投票权大于小股东的投票权

6.下列金融工具在货币市场中交易的有（　　）。

A.股票　　B.银行承兑汇票

C.期限为3个月的政府债券　　D.期限为12个月的可转让定期存单

E.公司债券

7.以股东财富最大化作为财务管理的目标，其隐含的假设是（　　）。

A.存在一个有效反映信息的金融市场

B.股票市场价值等于其真实价值

C.有关公司的信息可以及时、真实地传递到金融市场

D.股东与债权人之间的合约是完全对等的

E.市场机制可以正确地区分公司行为的“对”与“错”

8.金融资产价值的基本特征主要表现为（　　）。

A.客观性　　B.确定性　　C.时间性

D.不确定性　　E.容易定价

9.公司在经营过程中形成的各种委托-代理关系主要表现在（　　）。

A.公司与政府、社区之间　　B.股东与债权人之间

C.股东与管理者之间　　D.股东与供应商之间

E.股东与客户之间

10.在半强式效率性的金融市场上，证券的价格包含的信息有（　　）。

A.历史交易量和交易价格　　B.公开财务报表信息

C.经济和政治形势的变化　　D.股票分割、股票股利信息
E.公司高管掌握的各种信息

## 三、判断题

1.金融资产是对未来现金流量的索取权，其价值取决于它所能带来的现金流量的现值。（　）

2.在任何情况下，债权人只是一个“默默无闻”的商业伙伴，没有投票权。（　）

3.与独资或合伙企业相比，公司制最大的优点是有限责任、股权容易转让、易于获得外部资本、经营寿命周期长、纳税水平低。（　）

4.债务契约中的限制条款通常包含限制生产或投资条款、限制股利支付条款、限制融资条款和约束条款等。（　）

5.在金融市场交易中形成的各种参数，如市场利率、汇率、证券价格和证券指数等，只能用于金融资产价值评估。（　）

6.时间价值反映了投资者延期消费要求的补偿，影响这一价值的主观因素是投资者个人对收入进行消费的风险偏好。（　）

7.从某种意义上说，股东与债权人之间是一种“不平等”的契约关系。股东对公司资产承担无限责任，对公司价值享有剩余追索权。（　）

8.风险补偿价值主要指与宏观经济有关的预期通货膨胀溢价和与证券特征有关的风险。（　）

9.从事新证券和票据等金融工具买卖的转让市场，又称为发行市场或一级市场。（　）

10.在半强式效率性的市场中，证券的现行市价中已经反映所有已公开的或未公开的信息，即全部信息。因此，任何人甚至内线人都无法在证券市场中获得超额收益。（　）

## 四、案例分析

1.宏伟公司是一家从事IT产品开发的企业，由三位志同道合的朋友共同出资100万元，三人平均分配股权比例共同创立。企业发展初期，创始股东都以企业的长远发展为目标，关注企业的持续增长能力，所以，他们注重加大研发力度，不断开发新产品，这些措施有力地提高了企业的竞争力，使企业实现了营业收入的高速增长。

在开始的几年间，宏伟公司的销售业绩以每年60%的递增速度提升。然而，随着利润的不断快速增长，三位创始股东开始在收益分配上产生了分歧。股东王

力、张伟倾向于分红，而股东赵勇则认为应将企业取得的利益用于扩大再生产，以提高企业的持续发展能力，实现长远利益的最大化。由此产生的矛盾不断升级，最终导致坚持企业长期发展的赵勇被迫退出，出让持有的1/3股份而离开企业。但是，此结果引起了与企业有密切联系的广大供货商和分销商的不满，因为许多人的业务发展壮大都与宏伟公司密切相关，他们深信宏伟公司的持续增长能力将为他们带来更多的机会。于是，他们威胁如果赵勇离开企业，将断绝与企业的业务往来。面对这一情况，企业两位股东提出他们可以离开企业，条件是赵勇必须收购他们的股份。赵勇的长远发展战略需要较多投资，这样做将导致企业陷入没有资金维持生产的境地。这时，众多供应商和分销商伸出了援助之手，他们或者主动延长应收账款的期限，或者预付货款，最终使赵勇重新回到了企业，成为公司的掌门人。经历了股权风波后，宏伟公司在赵勇的领导下，不断加大投入，实现了企业规模化发展，在同行业中处于领先地位，企业的竞争力和价值不断提升。

根据上述资料，回答下列问题。

（1）赵勇坚持企业长远发展，而其他股东要求更多分红，你认为赵勇的目标是否与股东财富最大化的目标相矛盾？

（2）拥有控制权的大股东与供应商和客户等利益相关者之间的利益是否矛盾，如何协调？

（3）对于初创公司来说，如何保持主要创始人对公司的控制权一直是实践中急需解决的问题之一。请上网查询相关资料，你认为企业在最初创业时应如何分配股权，以保证对企业的控制权。

（4）重要利益相关者能否对企业的控制权产生影响？

2.股票期权惹的祸：安然公司破产

安然公司曾是一家位于美国得克萨斯州休斯敦市的能源类公司。在2001年宣告破产之前，安然公司拥有约21 000名雇员，是世界上最大的电力、天然气以及电信公司之一，2000年披露的营业额达1 010亿美元之多。公司连续6年被《财富》杂志评选为“美国最具创新精神的公司”，然而真正使安然公司在全世界声名大噪的，却是这个拥有上千亿美元资产的公司2002年在几周内破产，持续多年精心策划，乃至制度化系统化的财务造假丑闻。安然欧洲分公司于2001年11月30日申请破产，美国本部于两天后同样申请破产保护。从这时起，“安然”已经成为公司欺诈以及堕落的象征。

从表面上看安然是由于做假账而破产的，那为什么要做假账呢，其实主要是股票期权惹的祸。

安然共有四种固定的期权计划，在这些期权计划中，对安然普通股股份的期权管理人员、雇员和董事会中的非执行董事授予的期权可以是激励性的股票期权，并且以不低于授予时的股票公允市场价值来授予。在这些计划中，安然可以授予最大期限为10年的期权。安然为2000年、1999年和1998年的限制性股票期权计划付出的、与收入对应的补偿费用分别是2.2亿美元、1.31亿美元和0.58亿美元。安然股票期权补偿计划的补偿成本是以这些计划中奖励授予日期的公允市场价值为基础确定的，安然的净收入在2000年是8.86亿美元（每股收益是1.09美元，摊薄每股收益是1.01美元），1999年是8.27亿美元（每股收益是1.08美元，摊薄每股收益是1.01美元），1998年是6.74亿美元（每股收益是1.02亿美元，摊薄每股收益是0.97美元）。

请上网查阅相关文献，回答下列问题：

（1）安然的股权激励计划本身是没有问题的，为什么在实施过程中走入了歧途？请从公司董事会与高管、薪酬委员会和审计委员会的独立性等方面进行解释。

（2）股东和经营者之间存在着利益冲突，从理论上说，股东被认为能够通过股东会和董事会对经营者实施控制。然而在实践当中，为什么这些约束机制可能会不起作用呢?

## 参考答案

### 一、单项选择题

1.A　2.D　3.C　4.C　5.D　6.B　7.B　8.D　9.A　10.A

### 二、多项选择题

1.BC　2.ABCD　3.ABCDE　4.BC　5.ABC　6.BCD　7.ABC　8.CD　9.ABCDE　10.ABCD

### 三、判断题

1.√　2.×　3.×　4.√　5.×　6.×　7.×　8.√　9.√　10.×

### 四、案例分析

1.（1）赵勇坚持企业长远发展目标，恰恰是股东财富最大化目标的具体体现。

（2）拥有控制权的股东王力、张伟与供应商和分销商等利益相关者之间的利益取向不同，可以通过股权转让或协商的方式解决。

（3）创业之初的股权比例分配问题是一个令人非常头疼的问题，企业在最初创业时分配股权应注意以下四个问题：第一，避免股权绝对对等或相互制约的情形。企业僵局常见于股东股权（表决权）绝对对等（如50%：50%或33.3%：33.3%：33.3%或25%：25%：25%：25%）或相互制约（如40%：60%或40%：40%：20%等）的情形。这将导致股东会全部表决事项或重大表决事项实质上需要全体股东一致表决通过，而股东间存在分歧和矛盾甚至在正常经营的情况下，要求所有股东对表决事项意见完全一致是根本不现实的，于是，企业僵局就出现了。第二，维持对股东会、董事会的控制权。创始人团队控股，这是最直接有效的办法。在股东会层面，对企业的控制分为绝对控制型（67%以上）、相对控制型（51%以上）与消极防御型（34%以上）三种，创始人团队应根据实际情况和发展阶段对股权进行前述比例的控制。第三，双层股权架构。为保持企业创始人的控制权，一些国家和地区的公司通常设置双层股权架构，即股票分为A、B两个层次，普通投资者发行的A股每股有1票投票权，而创始人持有的B股每股有N票投票权（假设每股有10票投票权，则创始人有10倍于其持股比例的投票权），这使得采用双层股权架构的公司创始人牢牢掌控公司的管理事宜，普通投资者很难掌握话语权。例如，京东创始人持股比例为15.5%，但投票权为79.5%，阿里巴巴马云持股31.41%，投票权53.79%，百度李彦宏持股8.9%，投票权42.5%。第四，合理设计合伙人退出机制。实践中，应该着重提前设计、考虑好合伙人的股权退出机制，让其他合伙人感到公平。首先，应该将合伙人的股权份额与服务期限相挂钩，约定股权成熟期，并逐步兑现给合伙人；其次，设定股权强制回购机制，在合伙人中途退出时，其他合伙人或公司有权按照约定的方式受让或回购相应的未成熟、已成熟股权；最后，对于中途离职不愿退股的行为，约定一定比例的违约金。

（4）重要的利益相关者可能会对企业的控制权产生一定影响，只有当企业以股东财富最大化为目标，增加企业的整体财富，利益相关者的利益才会得到有效满足；反之，利益相关者则会为维护自身利益而对控股股东施加影响，从而可能导致企业的控制权发生变更。

2.（1）安然的股权激励计划本身是没有问题的，由于其董事会、薪酬委员会和审计委员会都基本上被高管人员把控，因而在实施过程中走入了歧途。

股票期权计划实际上赚的就是行权价和行权时股票实际价格之间的差价。为了尽可能多地获取利益，行权时的股票价格是越高越好。然而，安然的管理层不是以良好的业绩来拉动股价上升的，而是串通安达信做假账。1997—2001年，安然虚报盈利共计近6亿美元，而在这期间，安然的高管曾在不断执行他们的股票期权，赚取数以百万计的美元。安然的董事长肯尼斯·莱在2000年通过安达信做假账实现了1.234亿美元的收入；安然前首席执行官杰弗里·莱一人拿走了1.526亿美元。正是这些主观和客观的因素造成了公司高管人员的巧取豪夺，使得公司不堪重负，从而走入毁灭的深渊。

在2001年里，安然的股价一路由年初的90美元/股下滑至申请破产前的26美分/股。安然的29名高管在股价最终下跌前兑换了11亿美元的期权或股份，与此相反，大多数普通股股东的投资荡然无存，共损失了190亿美元，而且成千上万的安然员工失去工作，同时也失去了大部分的退休基金，大多数职工所持股票变成了废纸，多年的心血付诸东流。

在这一系列的事件中，安然的董事会在哪里？安然的独立董事在哪里？安然共有17名董事会成员，其中独立董事达到15名，审计委员会中7名委员也都是独立董事，而且这些独立董事都是政界、学界、商界的知名人士。这些独立董事包括美国通用电气公司前主席兼首席执行官、得克萨斯州大学校长、英国前能源部长等社会名流。即使有这些德高望重的独立董事，也未能为安然公司的股东把好监督关。

为什么会出现这种情况呢？主要原因就是安然的独立董事都被管理层收买了，都得到了安然的好处，所以倒戈转向公司管理层，对其违法违规行为，睁一只眼，闭一只眼，没有尽到自己的职责。美国证监会调查发现，安然15名独立董事中有10人几乎全都与这家公司签订过咨询合同，或者与慈善机构有共同的联系。

据记录，安然在2000年共签订了7份涉及14名董事的咨询服务合同，还有多项与不同董事所在的企业的产品销售合同，或是向一些董事任职的非营利机构捐款。安然董事会像是一个“有浓厚人际关系的俱乐部”。不难理解，当安然将关联方交易递交给董事会批准时，自然容易获得通过。

当然，安然董事会的这种非独立性并不罕见，其他许多上市公司也类似。安然案例说明，在许多时候，董事会可能受到管理层的影响乃至控制，建立一个真正的董事会是全球所有上市公司面临的一个难题。

安然的案例告诉我们，即使在董事会制度起源地美国，要想建立一个代表所有股东真正独立而且公正的董事会也是很难的。在新兴资本市场的中国，这个问题可能更严重。

（2）除董事与管理层联系太紧密的原因外，一方面中小股东处于公司信息的劣势地位，另一方面他们也没有足够的动机来投入时间和关注公司的问题。股东会也不是一个良好的惩戒机制，因为小股东根本没有时间、动机和资源来承担管理责任，大多数小股东几乎不参加股东会。

# 第2章 货币时间价值

## 一、单项选择题

1.货币时间价值是（　　）。

A.货币经过投资后所增加的价值

B.没有通货膨胀情况下的社会平均资本利润率

C.没有通货膨胀和风险条件下的社会平均资本利润率

D.没有通货膨胀条件下的利率

2.一次性收付款项复利现值的计算公式为（　　）。

A.$P=F(1+i)^{-n}$　　B.$P=F(1+i)^{n}$

C.$P=A\left[\frac{(1+i)^{n}-1}{i}\right]$　　D.$P=A\left[\frac{1-(1+i)^{-n}}{i}\right]$

3.年偿债基金是（　　）。

A.复利终值的逆运算　　B.年金现值的逆运算

C.年金终值的逆运算　　D.复利现值的逆运算

4.光明公司拟建立一项基金，每年年初投入100万元，若利率为10%，5年后该项基金本利和将为（　　）万元。

A.671.6　　B.672　　C.800　　D.471.6

5.若债券每半年复利一次，其有效利率（　　）。

A.大于名义利率　　B.小于名义利率

C.是名义利率的2倍　　D.是名义利率的50%

6.有一5年期的国库券，面值100元，票面利率12%，单利计息，到期时一次还本付息，假设收益率为10%（复利、按年计息），其价值为（　　）元。

A.100.2　　B.99　　C.99.35　　D.89.84

7.下列不属于年金形式的是（　　）。

A.折旧　　B.债券本金　　C.租金　　D.保险金

8.在整个经济运行正常、不存在通货膨胀压力和经济衰退的情况下应出现的是（　　）。

A.债券的正收益曲线　　B.债券的反收益曲线

C.债券的拱收益曲线　　D.债券的平收益曲线

9.已知（P/F，8%，5）=0.6806，（F/P，8%，5）=1.4693，（P/A，8%，5）=3.9927，（F/A，8%，5）=5.8666，则i=8%，n=5时的资本回收系数为（　　）。

A.0.2505　　B.0.6808　　C.1.4693　　D.0.1705

10.假设以10%的年利率借得10 000元，投资于某个寿命期为10年的项目，为使该投资项目成为有利的项目，每年至少应收到的现金数额为（　　）元。

A.2 000　　B.1 000　　C.1 627　　D.1 791

11.增长型永续年金的例子是（　　）。

A.债券利息　　B.保险金　　C.普通股股利　　D.优先股股利

12.某项永久性奖学金，每年计划颁发200 000元奖金。若复利率为8.5%，该奖学金的本金应为（　　）元。

A.2 468 941.18　　B.410 001.18　　C.4 352 940.9　　D.2 352 941.18

13.下列关于名义利率和有效利率的公式正确的是（　　）。

A.$EAR=\left(1-\frac{r_{nom}}{m}\right)^m-1$　　B.$EAR=\left(1+\frac{r_{nom}}{m}\right)^m-1$

C.$EAR=\left(1-\frac{r_{nom}}{m}\right)^m+1$　　D.$EAR=\left(1+\frac{r_{nom}}{m}\right)^m+1$

14.普通年金属于（　　）。

A.永续年金　　B.预付年金

C.每期期末等额支付的年金　　D.每期期初等额支付的年金

15.基准利率又称无风险利率，即投资于风险资产而放弃无风险资产的机会成本，其构成因素为（　　）。

A.市场平均收益率和预期通货膨胀率

B.实现收益率和预期通货膨胀率

C.真实无风险利率和现实收益率

D.真实无风险利率和预期通货膨胀率

16.某人以10%的单利借入2 400元，借期为2年，然后以8%的复利将上述借入金额的本利和再借出，借期为3年。已知：（F/P，8%，3）=1.260，则此人在第5年年末可以获得的本利和为（　）元。

A.3 024.0　　B.3 326.4　　C.3 628.8　　D.3 659.0

## 二、多项选择题

1.某公司计划购置一台设备，付款条件是从第2年开始，每年年末支付5万元，连续支付10年，在折现率为10%的条件下，其折现的模式为（　　）。

A.5×［（P/A，10%，11）－（P/A，10%，2）］

B.5×［（P/A，10%，13）－（P/A，10%，3）］

C.5×［（P/A，10%，11）－（P/A，10%，1）］

D.5×（P/A，10%，10）（P/F，10%，2）

E.5×（P/A，10%，10）（P/F，10%，1）

2.下列表述正确的有（　　）。

A.年金现值系数与年金终值系数互为倒数

B.偿债基金系数是年金终值系数的倒数

C.偿债基金系数是年金现值系数的倒数

D.资本回收系数是年金现值系数的倒数

E.资本回收系数是年金终值系数的倒数

3.关于货币时间价值的说法，下列正确的有（　　）。

A.货币随着时间自行增值

B.货币经过一段时间的投资和再投资所增加的价值

C.现在的一元钱与几年后的一元钱的经济效用不同

D.没有考虑通货膨胀条件下的社会平均资本利润率

E.没有考虑通货膨胀和风险条件下的社会平均资本利润率

4.等额系列现金流量又称年金，按照现金流量发生的不同情况，年金可分为（　　）。

A.普通年金　　B.预付年金　　C.增长年金

D.永续年金　　E.递延年金

5.风险溢价可以从（　　）方面进行分析。

A.债券信用质量　　B.债券流动性　　C.债券到期期限

D.契约条款　　E.外国债券特别风险

6.在下述名义利率与有效利率的说法中正确的有（　　）。

A.按年计息时，名义利率等于有效利率

B.有效利率真实地反映了货币时间价值

C.名义利率真实地反映了货币时间价值

D.名义利率相同时，计息周期越短，与有效利率差值越大

E.名义利率越小，计息周期越短，与有效利率差值越大

7.下列表述正确的有（　　）。

A.在利率大于零，计息期大于1的情况下，年金现值系数一定都大于1

B.在利率大于零，计息期大于1的情况下，年金终值系数一定都大于1

C.在利率大于零，计息期大于1的情况下，复利终值系数一定都大于1

D.在利率大于零，计息期大于1的情况下，复利现值系数一定都小于1

E.在利率大于零，计息期大于1的情况下，复利终值系数一定都小于1

8.下列各项中，既有现值又有终值的有（　　）。

A.复利　　B.普通年金　　C.预付年金

D.永续年金　　E.递延年金

9.下列各项中，互为逆运算的有（　　）。

A.年金现值与年金终值　　B.年金终值与年偿债基金

C.年金现值与年等额资本回收额　　D.复利终值与复利现值

E.年金现值与年偿债基金

10.在利率一定的条件下，随着预期使用年限的增加，下列表述不正确的有（　　）。

A.复利现值系数变大　　B.复利终值系数变小

C.普通年金现值系数变小　　D.普通年金终值系数变大

E.复利现值系数变小

11.实际工作中以普通年金形式出现的有（　　）。

A.采用加速折旧法所计提的各年的折旧费

B.租金

C.定额奖金

D.特定资产的年保险费

E.普通股股利

12.有一项银行存款100元，年利率是10%，每季复利一次，期限是2年，那么其终值为（　　）元。

A.100×（F/P，10%，2）　　B.100×（F/P，2.5%，8）

C.100×（F/P，10.38%，2）　　D.100×（F/P，5%，4）

E.100×（F/P，10%，8）

13.某公司拟购置一处房产，付款条件是从第6年开始每年年初支付100万元，连续支付10次，共1 000万元，在利率为10%的情况下，企业现在应该存入银行的金额为（　　）万元。

A.100×［（P/A，10%，15）－（P/A，10%，5）］

B.100×［（P/A，10%，15）－（P/A，10%，6）］

C.100×［（P/A，10%，16）－（P/A，10%，6）］

D.100×（P/A，10%，10）×（P/F，10%，5）

E.100×［（P/A，10%，10）－（P/F，10%，5）］

14.下列说法不正确的有（　　）。

A.在不考虑其他条件的情况下，利率与年金终值反方向变化

B.在不考虑其他条件的情况下，利率与年金现值同方向变化

C.在不考虑其他条件的情况下，利率与一次性收付款项终值同方向变化

D.在不考虑其他条件的情况下，利率与一次性收付款项现值同方向变化

E.在不考虑其他条件的情况下，利率与一次性收付款项终值反方向变化

15.以下关于递延年金的说法中正确的有（　　）。

A.递延年金的现值与递延期有关

B.递延年金的终值与递延期无关

C.递延年金的第一次支付发生在若干期以后

D.递延年金只有现值没有终值

E.递延年金既有现值又有终值

## 三、判断题

1.普通年金现值是复利现值之和。（　　）

2.利用普通年金现值系数的倒数，可以把年金现值转化为年金，称为资本回收系数。（　　）

3.在通货膨胀条件下采用固定利率，可使债权人减少损失。（　　）

4.在利率和计息期相同的条件下，复利现值系数与复利终值系数互为倒数。（　　）

5.名义利率指一年内多次复利时给出的年利率，它等于每期利率与年内复利次数的乘积。（　　）

6.陈飞购房款为100万元，现有两个方案可供选择：一是五年后付120万元；二是从现在起每年年末付20万元，连续5年。若目前的银行存款利率是7%，为了最大限度地减少付现总额，陈飞应选择方案一。（　　）

7.分期付款赊购、分期偿还贷款、发放养老金、分期支付工程款、每年相同的销售收入等，都属于年金收付形式。（　　）

8.普通年金现值系数加1等于同期、同利率的预付年金现值系数。（　　）

9.货币的时间价值是由时间创造的，因此，所有的货币都有时间价值。（　　）

10.在本金和利率相同的情况下，若只有一个计息期，单利终值与复利终值是相同的。（　　）

11.即期利率是远期利率的算术平均数，而远期利率可以看成是未来某一个时期借款或贷款的边际成本。（　　）

12.名义无风险利率是指无违约风险、无再投资风险的收益率。在实务中，名义无风险利率就是与所分析的现金流期限相同的零息政府债券利率。（　　）

13.递延年金的第一次现金流并不是发生在第一期的，但如果将发生递延年金的第一期设为时点1，则用时间轴表示的递延年金与普通年金完全不同，因此递延年金终值的计算方法与普通年金终值不同。（ ）

14.永续年金与其他年金一样，既有现值，又有终值。（ ）

15.6年期分期付款购物，每年年初付款500元，设银行存款利率为10%，该项分期付款相当于现在一次现金支付的购价是2 395.42元。（ ）

## 四、计算分析题

1.你的公司提议购买一项335万元的资产，这项投资非常安全。3年后你可以把该资产以400万元卖掉。你也可以把335万元投资到其他风险非常低、报酬率为10%的项目上，你觉得该资产投资方案如何？

2.某公司拟购置一台设备，有两个方案可供选择：

方案一：从现在起，每年年初支付10万元，连续支付10年，共100万元。

方案二：从第5年开始，每年年末支付20万元，连续支付10次，共200万元。假定该公司的资本成本为10%。

要求：计算以上两个方案的现值，并为该公司做出选择。

3.某企业年初从银行借款106 700元，借款的年利率为10%，在借款合同中，银行要求该企业每年年末还款20 000元。

要求：计算该企业需几年才能还清借款本息。

4.某厂现存入银行一笔款项，计划从第6年年末起每年从银行提取现金30 000元，连续8年，银行存款年利率为10%。

要求：计算该厂现在应存入的款项金额。

5.李先生为了在第8年年末得到一笔一次性支取10 000元的款项，愿意在第1年年末存1 000元，在第3年年末存4 000元，并在第8年年末再存一笔钱。

要求：假设年利率为6%，计算第8年年末他要存多少钱。

6.郭先生计划为今后购房准备一笔30 000元的首付款，如果目前存10 000元，银行计息的年名义利率为12%。

要求：计算郭先生要多长时间才能凑足首付款。

7.某人拟于明年年初借款42 000元，从明年年末开始，每年年末还本付息均为6 000元，连续10年还清，假设借款利率为8%。

要求：判断此人是否能按计划借到款项。

8.某人年初存入一笔钱，计划从第9年开始，每年年末提取现金6 000元，连续提取10年。

要求：在利率为7%的情况下，计算此人现应存入多少钱。

9.假如你决定要以贷款10年的方式购买一处房产，房款总额为1 000 000元，首付款为房款的20%，其余每月分期付款，当前贷款月利率为0.41%。

要求：按等额本息法、等额本金法两种偿还方式计算贷款偿还总额。（注：采用Excel电子表格计算）

10.李先生要购买一辆80万元的轿车，想用本息等额偿还的方式向中国银行申请50万元的3年期贷款。请上网查找3年期贷款利率，并利用Excel计算李先生每个月应该偿还的本息数额。

## 五、上机练习题

ABC公司正在整理一项财务计划，这项计划将涉及公司未来3年的活动，需要预测公司的利息费用及相应的税收节减。公司最主要的债务是其分期偿还的房地产抵押贷款。这笔贷款的数额为85 000元，年利率为9%，按月付息，偿还期为25年。根据与银行签订的贷款条款，这笔抵押贷款的月利率应按下式计算：

$$(1+\frac{r}{2})^{\frac{1}{6}}-1$$

其中，r为年利率。

要求：

（1）根据Excel财务函数计算月有效利率、抵押贷款月偿还额（分别列示每月利息和月本金偿还额）、每期期初和期末贷款余额（只计算前3年的贷款偿还额）；

（2）计算利率为9%、9.5%、10%、10.5%、11%时每月贷款偿还额。

## 参考答案

### 一、单项选择题

1.C 2.A 3.C 4.A 5.A 6.C 7.B 8.A 9.A 10.C 11.C 12.D 13.B 14.C 15.D 16.C

### 二、多项选择题

1.CE 2.BD 3.BCE 4.ABDE 5.ABCDE 6.ABD 7.ABCD 8.ABCE 9.BCD 10.ABC 11.BCD 12.BC 13.AD 14.ABDE 15.ABCE

### 三、判断题

1.√ 2.√ 3.× 4.√ 5.√ 6.× 7.√ 8.× 9.× 10.√ 11.× 12.√ 13.× 14.× 15.√

### 四、计算分析题

1.335×（1+10%）$^3$=445.89（万元）>400万元

或：400÷（1+10%）$^3$=300.53（万元）>300万元

因此该投资方案可行。

2.方案一：P=10×（P/A，10%，10）（1+10%）=10×6.1446×1.1=67.59（万元）

方案二：P=20×［（P/A，10%，14）－（P/A，10%，4）］

=20×（7.3667－3.1699）=83.94（万元）

应选择方案一。

3.106 700=20 000×（P/A，10%，n）

查年金现值系数表，得：n=8

该企业需8年才能还清本息。

4.30 000×（P/A，10%，8）×$(1+10\%)^{-5}$=99 377.08（元）

该厂现在应存入的款项是99 377.08元。

5.1 000×$(1+6\%)^{7}$+4 000×$(1+6\%)^{5}$+X=10 000

X=3 143.47（元）

第8年年末李先生要存3 143.47元。

6. 10 000×$(1+12\%\div12)^{12n}$=30 000

$12n=\frac{Ln3}{Ln1.01}=110.41$

n=110.41÷12=9.2（年）

郭先生需要9.2年才能凑足首付款。

7.方法一：P=6 000×（P/A，8%，10）=6 000×6.7101=40 260.6（元）<42 000元

方法二：$A=\frac{42\ 000}{(P/A,8\%,10)}=\frac{42\ 000}{6.7101}$=6 259.22（元）>6 000元

因此，此人不能按计划借到款项。

8.方法一：P=6 000×（P/A，7%，10）×（P/F，7%，8）

=6 000×7.0236×0.5820=24 526.41≈24 530（元）

方法二：P=6 000×（P/A，7%，18）−6 000×（P/A，7%，8）

=6 000×（10.0591−5.9713）=24 526.8≈24 530（元）

此人现在应存入24 530元。

9.两种偿还方式下的贷款偿还总额及计算过程见表2-1和表2-2：

表2-1 **两种偿还方式下贷款偿还总额结果** 单位：元

| 等额本息法 | | 等额本金法 | |
|---|---|---|---|
| 每期偿还额 | 8 453.99 | 每月偿还本金 | 6 666.67 |
| 10年偿还总额 | 1 014 479.15 | 10年偿还总额 | 998 440.00 |

表2-2 **计算过程表** 金额单位：元

| 等额本息法 | | | | |
|---|---|---|---|---|
| 房款 | 1 000 000 | | | |
| 首付款比例 | 0.2 | | | |
| 首付款金额 | 200 000 | | | |
| 分期付款总额 | 800 000 | | | |
| 月利率 | 0.41% | | | |

续表

| 等额本息法 | | | | |
|---|---|---|---|---|
| 分期付款次数（月） | 120 | | | |
| 每期偿还额 | 8 453.99 | | | |
| | | | | |
| 贷款偿还总额 | 1 014 479.15 | | | |
| | | | | |
| | | | | |
| 等额本金法 | | | | |
| 还款期限 | 期初余额 | 每月偿还本金额 | 利息 | 未还本金 |
| 0 | | | | 800 000 |
| 1 | 800 000 | 6 666.67 | 3 280.00 | 793 333.33 |
| 2 | 793 333.33 | 6 666.67 | 3 252.67 | 786 666.67 |
| 3 | 786 666.67 | 6 666.67 | 3 225.33 | 780 000.00 |
| 4 | 780 000.00 | 6 666.67 | 3 198.00 | 773 333.33 |
| ⋮ | ⋮ | 6 666.67 | ⋮ | ⋮ |
| 118 | 20 000.00 | 6 666.67 | 82.00 | 13 333.33 |
| 119 | 13 333.33 | 6 666.67 | 54.67 | 6 666.67 |
| 120 | 6 666.67 | 6 666.67 | 27.33 | 0 |
| 合计 | | 800 000.00 | 198 440.00 | |
| | | | | |
| 贷款偿还总额 | 998 440.00 | | | |

表2-2的Excel计算公式见表2-3：

表2-3 **Excel计算公式** 金额单位：元

| 等额本息法 | | | | |
|---|---|---|---|---|
| 房款 | 1 000 000 | | | |
| 首付款比例 | 0.2 | | | |
| 首付款金额 | =B2*B3 | | | |
| 分期付款总额 | =B2-B4 | | | |
| 月利率 | 0.0041 | | | |
| 分期付款次数（月） | 120 | | | |
| 每期偿还额 | =PMT（B6，B7，-B5） | | | |
| | | | | |
| 贷款偿还总额 | =B8*B7 | | | |
| | | | | |
| | | | | |
| 等额本金法 | | | | |
| 还款期限 | 期初余额 | 每月偿还本金额 | 利息 | 未还本金 |

续表

| 等额本金法 | | | | |
|---|---|---|---|---|
| 0 | | | | 800 000 |
| 1 | =E15 | =$B$5/$B$7 | =B16*$B$6 | =B16-C16 |
| 2 | =E16 | =$B$5/$B$7 | =B17*$B$6 | =B17-C17 |
| 3 | =E17 | =$B$5/$B$7 | =B18*$B$6 | =B18-C18 |
| 4 | =E18 | =$B$5/$B$7 | =B19*$B$6 | =B19-C19 |
| ⋮ | ⋮ | ⋮ | ⋮ | ⋮ |
| 118 | =E132 | =$B$5/$B$7 | =B133*$B$6 | =B133-C133 |
| 119 | =E133 | =$B$5/$B$7 | =B134*$B$6 | =B134-C134 |
| 120 | =E134 | =$B$5/$B$7 | =B135*$B$6 | =B135-C135 |
| 合计 | | =SUM(C16:C135) | =SUM(D16:D135) | |
| | | | | |
| 贷款偿还总额 | =C136+D136 | | | |

10. 三年期贷款利率为4.75%[1]。贷款偿还额计算见表2-4。

表2-4　**贷款偿还额计算表**　金额单位：元

| | A | B | C | D | E |
|---|---|---|---|---|---|
| 1 | 贷款总额 | 年利率 | 月利率 | 贷款期（月） | 每月偿还额 |
| 2 | 500 000 | 4.75% | 0.3958% | 36 | 14 929.39 |
| 3 | 500 000 | 4.75% | =B2/12 | 36 | =PMT（C2，D2，-A2） |

## 五、上机练习题

（1）月有效利率$=(1+\frac{r}{2})^{\frac{1}{6}}-1=(1+\frac{9\%}{2})^{\frac{1}{6}}-1=0.736\%$

在电子表格中输入"PMT（0.00736，300，-85 000）"按回车键后，得到月偿还额为703.56元。具体计算数据见表2-5。

表2-5　**每月偿还额计算表**　金额单位：元

| 还款期限 | 期初余额 | 每月偿还额 | 利息 | 本金 | 期末余额 |
|---|---|---|---|---|---|
| 0 | | | | | 85 000.00 |
| 1 | 85 000.00 | 703.56 | 625.60 | 77.96 | 84 922.04 |
| 2 | 84 922.04 | 703.56 | 625.02 | 78.54 | 84 843.50 |
| 3 | 84 843.50 | 703.56 | 624.44 | 79.12 | 84 764.38 |
| 4 | 84 764.38 | 703.56 | 623.87 | 79.69 | 84 684.69 |
| 5 | 84 684.69 | 703.56 | 623.27 | 80.29 | 84 604.40 |
| 6 | 84 604.40 | 703.56 | 622.69 | 80.87 | 84 523.53 |

① http：//www.bankofchina.com/fimarkets/lilv/fd32/201510/t20151023_5824975.html.

续表

| 还款期限 | 期初余额 | 每月偿还额 | 利息 | 本金 | 期末余额 |
|---|---|---|---|---|---|
| 7 | 84 523.53 | 703.56 | 622.08 | 81.48 | 84 442.05 |
| 8 | 84 442.05 | 703.56 | 621.49 | 82.07 | 84 359.98 |
| 9 | 84 359.98 | 703.56 | 620.89 | 82.67 | 84 277.31 |
| 10 | 84 277.31 | 703.56 | 620.28 | 83.28 | 84 194.03 |
| 11 | 84 194.03 | 703.56 | 619.66 | 83.90 | 84 110.13 |
| 12 | 84 110.13 | 703.56 | 619.05 | 84.51 | 84 025.62 |
| 13 | 84 025.62 | 703.56 | 618.42 | 85.14 | 83 940.48 |
| 14 | 83 940.48 | 703.56 | 617.80 | 85.76 | 83 854.72 |
| 15 | 83 854.72 | 703.56 | 617.17 | 86.39 | 83 768.33 |
| 16 | 83 768.33 | 703.56 | 616.53 | 87.03 | 83 681.30 |
| 17 | 83 681.30 | 703.56 | 615.89 | 87.67 | 83 593.63 |
| 18 | 83 593.63 | 703.56 | 615.25 | 88.31 | 83 505.32 |
| 19 | 83 505.32 | 703.56 | 614.59 | 88.97 | 83 416.35 |
| 20 | 83 416.35 | 703.56 | 613.94 | 89.62 | 83 326.73 |
| 21 | 83 326.73 | 703.56 | 613.28 | 90.28 | 83 236.45 |
| 22 | 83 236.45 | 703.56 | 612.62 | 90.94 | 83 145.51 |
| 23 | 83 145.51 | 703.56 | 611.95 | 91.61 | 83 053.90 |
| 24 | 83 053.90 | 703.56 | 611.27 | 92.29 | 82 961.61 |
| 25 | 82 961.61 | 703.56 | 610.59 | 92.97 | 82 868.64 |
| 26 | 82 868.64 | 703.56 | 609.91 | 93.65 | 82 774.99 |
| 27 | 82 774.99 | 703.56 | 609.22 | 94.34 | 82 680.65 |
| 28 | 82 680.65 | 703.56 | 608.53 | 95.03 | 82 585.62 |
| 29 | 82 585.62 | 703.56 | 607.82 | 95.74 | 82 489.88 |
| 30 | 82 489.88 | 703.56 | 607.13 | 96.43 | 82 393.45 |
| 31 | 82 393.45 | 703.56 | 606.41 | 97.15 | 82 296.30 |
| 32 | 82 296.30 | 703.56 | 605.69 | 97.87 | 82 198.43 |
| 33 | 82 198.43 | 703.56 | 604.98 | 98.58 | 82 099.85 |
| 34 | 82 099.85 | 703.56 | 604.25 | 99.31 | 82 000.54 |
| 35 | 82 000.54 | 703.56 | 603.52 | 100.04 | 81 900.50 |
| 36 | 81 900.50 | 703.56 | 602.79 | 100.77 | 81 799.73 |

（2）不同利率下的每月贷款偿还额的计算见表2-6。

表2-6　不同利率下每月贷款偿还额计算表　金额单位：元

| 年利率 | 月有效利率 | 每月偿还额 | 第36个月偿还额 | |
|---|---|---|---|---|
| | | | 利息 | 本金 |
| 9% | 0.736% | 703.56 | 602.79 | 100.77 |
| 9.5% | 0.776% | 731.56 | 637.24 | 94.32 |
| 10% | 0.816% | 759.97 | 671.76 | 88.20 |
| 10.5% | 0.856% | 788.75 | 706.34 | 82.41 |
| 11% | 0.896% | 817.90 | 740.97 | 76.93 |

以9%为例，相关计算见表2-7。

表2-7　利率为9%的相关计算　金额单位：元

| | | | | | |
|---|---|---|---|---|---|
| 贷款总额 | 85 000 | | | | |
| 月利率 | 0.736% | | | | |
| 分期付款次数 | 300 | | | | |
| 每期偿还额 | 703.56 | | | | |

| 还款期限 | 期初余额 | 每月偿还额 | 利息 | 每月偿还本金额 | 未还本金 |
|---|---|---|---|---|---|
| 0 | | | | | 85 000.00 |
| 1 | 85 000.00 | 703.56 | 625.60 | 77.96 | 84 922.04 |
| 2 | 84 922.04 | 703.56 | 625.02 | 78.54 | 84 843.50 |
| 3 | 84 843.50 | 703.56 | 624.44 | 79.12 | 84 764.38 |
| 4 | 84 764.38 | 703.56 | 623.87 | 79.69 | 84 684.69 |
| 5 | 84 684.69 | 703.56 | 623.27 | 80.29 | 84 604.40 |
| ⋮ | | ⋮ | ⋮ | ⋮ | ⋮ |
| 33 | 82 198.43 | 703.56 | 604.98 | 98.58 | 82 099.85 |
| 34 | 82 099.85 | 703.56 | 604.25 | 99.31 | 82 000.54 |
| 35 | 82 000.54 | 703.56 | 603.52 | 100.04 | 81 900.50 |
| 36 | 81 900.50 | 703.56 | 602.79 | 100.77 | 81 799.73 |

表2-7的Excel计算公式见表2-8。

表2-8 Excel计算公式 金额单位：元

| | | | | | |
|---|---|---|---|---|---|
| 贷款总额 | 85 000 | | | | |
| 月利率 | 0.00736 | | | | |
| 分期付款次数 | 300 | | | | |
| 每期偿还额 | =PMT（B2，B3，-B1） | | | | |
| 还款期限 | 期初余额 | 每月偿还额 | 利息 | 每月偿还本金额 | 未还本金 |
| 0 | | | | | 85 000 |
| 1 | =F7 | =$B$4 | =B8*$B$2 | =C8-D8 | =B8-E8 |
| 2 | =F8 | =$B$4 | =B9*$B$2 | =C9-D9 | =B9-E9 |
| 3 | =F9 | =$B$4 | =B10*$B$2 | =C10-D10 | =B10-E10 |
| 4 | =F10 | =$B$4 | =B11*$B$2 | =C11-D11 | =B11-E11 |
| 5 | =F11 | =$B$4 | =B12*$B$2 | =C12-D12 | =B12-E12 |
| ⋮ | ⋮ | ⋮ | ⋮ | ⋮ | ⋮ |
| 33 | =F39 | =$B$4 | =B40*$B$2 | =C40-D40 | =B40-E40 |
| 34 | =F40 | =$B$4 | =B41*$B$2 | =C41-D41 | =B41-E41 |
| 35 | =F41 | =$B$4 | =B42*$B$2 | =C42-D42 | =B42-E42 |
| 36 | =F42 | =$B$4 | =B43*$B$2 | =C43-D43 | =B43-E43 |

# 第3章

# 证券价值评估

## 一、单项选择题

1.某股票现时价格为25元，投资者预期1年后可获得每股2元的股利，预计1年后的价格为28元，则股东的预期收益率为（　　）。

A.20%　　B.18%　　C.15%　　D.8%

2.A公司5年前发行一种面值为1 000元的20年期债券，每年付息一次，息票率为10%，同类债券目前的收益率为8%，则此债券的现值为（　　）元。

A.1 171.19　　B.1 000　　C.1 200　　D.980

3.如果债券息票率和违约风险保持不变，期限越长，债券价格波动的幅度将（　　）。

A.不变

B.越大

C.越小

D.债券价格波动幅度与期限长短没有关系

4.下列因素中，不能影响债券价值波动幅度的是（　　）。

A.息票率　　B.市场利率　　C.票面价值　　D.期限

5.某企业于2019年1月1日以900元购得面额为1 000元的新发行债券，票面利率为10%，每年付息一次，到期还本，该公司若持有该债券直到到期日，其到期收益率为（　　）。

A.高于10%　　B.等于10%　　C.小于10%　　D.无法确定

6.亿德公司发行面值为1 000元的10年期债券，债券票面利率为10%，半年付息一次，且市场利率始终保持在10%，则下列说法中正确的是（　　）。

A.债券应溢价发行，发行后债券的价值在两个付息日之间周期性波动

B.债券应平价发行，发行后债券的价值在两个付息日之间周期性波动

C.债券应折价发行，发行后债券价值随到期时间的缩短而逐渐上升，至到期日，债券价值等于面值

D.债券应溢价发行，发行后债券价值随到期时间的缩短而逐渐下降，至到期日，债券价值等于面值

7.市场利率下降一定幅度引起的债券价值上升幅度，与市场利率上升同一幅度引起的该债券价值下降的幅度，二者的关系是（　　）。

A.前者高于后者　B.前者低于后者　C.前者等于后者　D.不确定

8.债券期限越短，其价值变动的幅度（　　）。

A.越趋近1　B.越小　C.越趋近-1　D.越大

9.如果市场是有效的，债券的票面价值可以得到公平的反映，则（　　）。

A.债券的内在价值与市场价值一致

B.债券的票面价值与有效价值一致

C.债券的内在价值与票面价值一致

D.债券的市场价值与有效价值一致

10.关于股利稳定增长模型，下列表述错误的是（　　）。

A.每股股票的预期股利越高，股票价值越大

B.必要收益率越小，股票价值越小

C.股利增长率越大，股票价值越大

D.股利增长率为一常数，且折现率大于股利增长率

11.如果债券预期利息和到期本金（面值）的现值与债券现行市场价格相等，则等式所隐含的折现率为（　　）。

A.赎回收益率　B.到期收益率　C.实现收益率　D.期间收益率

12.某公司年初以80元购入一只股票，预期下一年将收到现金股利4元，预期一年后股票出售价格为96元，则此公司的预期收益率为（　　）。

A.4.5%　B.5%　C.30%　D.25%

13."公司销售收入持续高增长，股利政策以股票股利为主，很少发放甚至不发放现金股利；长期负债率比较低"，符合这一特征的公司属于（　　）。

A.收益型股票公司　B.增长型股票公司

C.衰退型股票公司　D.稳定型股票公司

## 二、多项选择题

1.下列关于债券价值的表述中，正确的有（　　）。

A.债券面值越大，债券价值越大

B.息票率越大，债券价值越大

C.必要收益率越大，债券价值越小

D.如果必要收益率高于息票率，则债券价值低于面值

E.随着到期时间的缩短，债券价值逐渐接近其票面价值

2.某债券面值为1 000元，期限为5年，以折价方式发行，期内不计利息，到期按面值偿还，当时市场利率为8%，如果公司决定购买，且这一决策较为经济，则债券当时的市场价格可能为（　　）元。

A.681　　B.600　　C.590

D.720　　E.900

3.在现金流量折现法下，影响股票价值的因素主要有（　　）。

A.增长率　　B.折现率　　C.股票面值

D.现金流量　　E.可比公司市场价值

4.关于股票估价与债券估价模型的表述中，正确的有（　　）。

A.股票和债券的价值等于期望未来现金流量的现值

B.普通股价值取决于持续到永远的未来期望现金流量

C.普通股未来现金流量必须以对公司未来盈利和股利政策的预期为基础进行估计

D.股票股利与债券利息相同，在预测公司价值时均应使用税后值

E.债券利息与股票股利不同的是债券利息可以税后支付

5.下列各项中，属于收益型股票公司的特征的有（　　）。

A.公司现时没有大规模的扩张性资本支出，成长速度较慢

B.内部产生的经营现金流量可以满足日常维护性投资支出的需要，财务杠杆比较高

C.再投资收益率小于资本成本，现金股利支付率比较高

D.现金流入和现金股利支付水平较为稳定，且现金股利支付率比较高

E.具有较好的投资机会，公司收益主要用于再投资

6.可赎回债券持有者的现金流量包括（　　）。

A.债券发行价格　　B.资本赎回费用　　C.利息收入

D.面值　　E.赎回溢价

7.影响债券价值的因素有（　　）。

A.债券面值　　B.债券发行价　　C.票面利率

D.投资者要求的报酬率　　E.付息方式

8.乘数估价法中的乘数是指股价与财务报表上某一指标的比值，常用的报表指标有（　　）。

A.每股收益　　B.息税折旧摊销前收益　　C.现金流量

D.销售收入　　E.账面价值

9.下列关于债券票面利率与到期收益率的说法中正确的有（　　）。

A.溢价发行债券时，每年付息一次，票面利率与到期收益率相等

B.折价发行债券时，每半年付息一次，票面利率与到期收益率不等
C.平价发行债券时，每半年付息一次，票面利率与到期收益率相等
D.溢价发行债券时，每半年付息一次，票面利率与到期收益率相等
E.折价发行债券时，每年付息一次，票面利率与到期收益率相等

10.稳定增长股利模型主要适用的公司的特征为（　　）。
A.公司以一个与名义经济增长率相当或稍低的速度增长
B.公司在未来继续执行已确定的股利政策
C.公司的股利支付必须与稳定性的假设一致
D.公司处于超常增长的行业
E.公司的经营范围有进入壁垒

11.下列表述正确的有（　　）。
A.一般而言，债券的期限越长，利率风险越小
B.票面利率不能作为评价债券收益水平的标准
C.如果不考虑风险，债券价值大于市场价值，买进债券的决策是合理的
D.债券到期收益率是能使未来现金流入现值等于买入价格的贴现率
E.票面利率越低，债券价值越大

12.下列有关债券价值的表述正确的有（　　）。
A.平价债券，利息支付频率对债券价值没有改变
B.折价债券，利息支付频率提高会使债券价值上升
C.随着到期时间缩短，必要报酬率变动对债券价值的影响越来越小
D.在债券估价模型中，折现率就是实际的周期必要报酬率，折现率越大，债券价值越低
E.溢价债券，随着到期时间的缩短，债券价值会逐渐上升

13.下列行为中会使债券到期收益率发生变化的事项为（　　）。
A.债券市价上升　　B.公司债券信用等级下降
C.经济出现萧条　　D.债券发行公司面临着重大的财务困难
E.通货膨胀

14.影响债券价格波动率的因素主要有（　　）。
A.债券的息票率　　B.到期期限　　C.市场利率
D.债券市场价格　　E.票面利率

15.在股利折现模型下，股票投资的现金流量包括（　　）。
A.折现率　　B.每期的预期股利
C.股票出售时的预期价值　　D.股票最初买价
E.股票面值

16.下列各项中，属于计算股权自由现金流量中的非现金调整项的有（　　）。
A.折旧　　B.债券折价摊销　　C.无形资产摊销

D.长期资产处置收益　　E.资产减值类重组费用

## 三、判断题

1.价格–收益率之间的关系不呈线性变化，当必要收益率下降时，债券价格以加速度上升，而当必要收益率上升时，债券价格却以减速度下降。（　）

2.由于受资本利得的影响，债券实现收益率往往高于债券到期收益率。（　）

3.债券价值波动性理论认为，对于同一债券，市场利率下降一定幅度引起的债券价值上升幅度往往要低于由于市场利率上升同一幅度引起的债券价值下跌的幅度。（　）

4.如果债券每年付息一次，到期一次还本，当溢价购买时，债券到期收益率大于票面利率。（　）

5.如果市场是有效的，债券的内在价值应该高于票面价值。（　）

6.某公司按面值800元发行可赎回债券，票面利率为8%，期限为10年，每年付息一次，到期偿还本金。契约规定，三年后公司可以900元的价格赎回。目前同类债券的利率为10%，则从市场利率与债券实际利率的比较来看，投资人购买此债券有利可图。（　）

7.一般来说，债券内在价值既是发行者的发行价值，又是投资者的认购价值，如果市场是有效的，债券的内在价值与票面价值应该是一致的。（　）

8.公司自由现金流量是指归属于股东的剩余现金流量，即公司在履行了所有的财务责任，并满足其本身再投资需要之后的“剩余现金流量”。（　）

9.一种10年期，票面利率为5%的债券与另外一种8年期，票面利率为5%的债券相比，当市场利率上涨时，前一种债券的价格下降得更多。（　）

10.利用到期收益率、赎回收益率和期间收益率等单一利率来折现债券的所有现金流量并使之与债券的当前市场价格相等，往往会低估债券的价值。（　）

11.某一债券面值为1 000元，息票率为5%，期限10年，每年付息一次，当市场收益率分别为9%和11%时，债券发行价格的变化幅度为–10%。（　）

12.在一个有效的市场上，债券的内在价值与票面价值应该是一致的，即债券的票面价值可以公平地反映债券的真实价值。（　）

13.如果债券中含有可转换权或认股权，投资者可以运用该权利获得公司的普通股股票，则利率较低；如果债券含有赎回权，公司有权提前偿还债务，则其利率也相对较低。（　）

14.甲债券票面利率为10%，乙债券票面利率为6%，这两种债券在其他方面没有区别，那么在市场利率上升时，后一种债券的价格会下跌得更多。（　）

## 四、计算分析题

1.假设投资者现面临两个可供选择的投资策略：

（1）投资于一个面值为1 000元，年利率（折现率）为12%的5年期零息债券；

（2）投资于一个面值为1 000元，年利率为10%的2年期债券，同时签订一个远期合约，以远期利率11%在2年后再投资于一个3年期的零息债券。

要求：请帮助投资者做出投资策略的选择。

2.某企业2019年1月1日购买某公司2018年1月1日发行的面值为10万元、票面利率为10%、期限为5年、每半年付息一次的债券，若此时的市场利率为12%，计算该债券的价值。若该债券此时的市场价值为9万元，是否应该购买？如果按9万元购入债券，则此时购买债券的到期实际收益率为多少？

3.某公司准备发行面值为1 000元的企业债券，年利率为8%，期限为5年。

要求：请就下列条件分别计算债券的发行价：

（1）每年计息一次，请分别计算市场利率在6%、8%、10%条件下的企业债券发行价；

（2）到期一次还本付息（单利），分别计算市场利率在6%、8%、10%条件下的企业债券发行价；

（3）到期一次还本付息（复利），分别计算市场利率在6%、8%、10%条件下的企业债券发行价。

4.A、B两家公司同时于2018年1月1日发行面值为1 000元、票面利率为10%的4年期债券，A公司债券不计复利，利息同本金一起在第4年年末支付。B公司债券一年两次付息，付息日在6月末和12月末，到期还本。

要求：

（1）若2019年1月1日A债券的市场利率为12%，A债券的市价为1 100元，A债券是否存在高估的问题？

（2）若2019年1月1日B债券的市场利率为12%，B债券市场价值也为1 100元，B债券是否存在高估的问题？

5.B公司于2019年1月1日购入同日发行的某公司债券，该公司债券的面值为5 000元，期限为5年，票面利率为10%，每年的6月30日和12月31日支付利息，到期一次偿还本金。

要求：

（1）当市场利率为8%时，计算该债券的发行价格；

（2）当市场利率为12%时，计算该债券的发行价格；

（3）假定该债券当时的市场价格为4 800元，试计算该债券的到期收益率，并考虑是否值得购买。

6.某公司于2019年1月1日发行一种3年期的新债券，该债券的面值为1 000元，票面利率为14%，每年付息一次。

要求：

（1）假定2020年1月1日的市场利率为12%，债券市价为1 040元，是否应该购买该债券？

（2）假定2021年1月1日的市场利率下降到10%，那么此时债券的价值是多少？

7.甲公司2018年每股收益为2.1元，支付股利每股0.69元，同时预期2019—2023年间收益率将每年增长15%，在这期间股利支付率保持不变。2023年以后收益增长率预计将会降至6%的稳定水平，但股利支付率会上升至65%。目前，与甲公司具有相同风险的股票投资收益率为13.95%，2023年以后的预期股票收益率为12.3%。

要求：

（1）计算2023年年末甲公司股票的预期价格是多少。

（2）计算股票当前的预期价格是多少。

8.某公司欲筹集1 200万元，使用期限10年，公司可以发行票面利率为10%的普通债券，也可以发行票面利率为12%的可赎回债券。可赎回债券只可以在第6年年末赎回，赎回价格等于面值。第6年年末新债券的发行费用为20万元，第6年年末的市场利率的可能值和概率见表3-1。

表3-1　**第6年年末市场利率的可能值和概率**

| 市场利率 | 6% | 8% | 10% | 12% | 14% |
|---|---|---|---|---|---|
| 概率 | 0.2 | 0.1 | 0.3 | 0.2 | 0.2 |

要求：代企业做出债券发行的决策。

9.胜利科技公司2016年1月1日平价发行面值1 000元、利率为10%、期限为5年、每年年末付息、到期还本的债券，当时市场利率为10%，2年后，市场利率上升至12%，假定现在是2019年1月1日，则该债券的市场价值是多少？

10.天津泰达股份有限公司（SZ.000652，简称“泰达股份”）是以生态环保投资、区域开发为主，以能源贸易、金融投资为辅的综合类上市公司。

泰达股份自1996年上市以来，依托“泰达”品牌形象，秉承“诚信、专业、唯实、人本、创新”的企业精神与“立信求是、敬业尽责、多维共赢”的经营理念，把握京津冀协同发展、建设自由贸易区、滨海新区开发开放、建设国家自主创新示范区及“一带一路”建设五大历史机遇，响应国有企业二次创业的新时代潮流，业已成为资产规模达300多亿元的集团化上市公司，业务范围延伸至天津、上海、江苏、河北、辽宁、贵州等省市。公司在泰达控股“创新协同”发展方向的指引下，在公司党委“一四二九”战略布局的领导下，连续数年进入财富中国评选的

“中国企业500强”，其在2018年的评选中位列第385名，在天津市国有控股上市公司中排名首位。

请上网查找该公司的相关数据资料，并回答以下问题：

（1）以2019年6月28日的收盘价为基础，计算该公司的股权市场价值和公司价值（为简化，债务价值以账面金额代替）；

（2）以上述结果为基础，计算该公司的价值乘数。

## 五、上机练习题

长江证券股份有限公司2014年12月16日发行的债券14长证债（112232）及深圳欧菲光科技股份有限公司2017年2月20日发行的债券17欧菲01（112499，2017年3月24日上市）的相关资料见表3-2、表3-3。

表3-2　14长证债（112232）详细资料列示

| A/1 | B | C | D | E | F | G |
|---|---|---|---|---|---|---|
| 2 | 发行额（亿元） | 50 | 发行价（元） | 100 | 期限（年） | 5 |
| 3 | 年利率（%） | 4.87% | 计息日 | 11-19 | 到期日 | 2019-11-19 |
| 4 | 债券类型 | 固定 | 付息方式 | 年付 | 信用级别 | AAA |
| 5 | 剩余年限（年） | 0.0932 | 2019-10-16收盘价 | 100.14 | | |

表3-3　17欧菲01（112499）详细资料列示

| 7 | B | C | D | E | F | G |
|---|---|---|---|---|---|---|
| 8 | 发行额（亿元） | 10 | 发行价（元） | 100 | 期限（年） | 3 |
| 9 | 年利率（%） | 4.80% | 计息日 | 02-20 | 到期日 | 2020-02-20 |
| 10 | 债券类型 | 固定 | 付息方式 | 年付 | 信用级别 | AA |
| 11 | 剩余年限（年） | 0.3479 | 2019-10-16收盘价 | 99.5 | | |

假设个人所得税税率为20%。

要求：如果选择其中一家公司债券为投资对象，你认为哪只债券收益率较高？请代投资人做出投资决策，利用Excel软件计算并填列债券投资决策计算表（见表3-4）。

表3-4　债券投资决策计算表

| 12 | B | C | D | E |
|---|---|---|---|---|
| 13 | 项目 | 利息（元） | 到期收益率 | 到期税后收益率 |
| 14 | 14长证债 | | | |
| 15 | 17欧菲01 | | | |

## 六、案例分析

你去年刚刚从财经类院校毕业，受雇于为企业提供字处理操作及字处理程序的XY公司。目前公司经理希望你能为他解释一下普通股股票的评价过程，他提出了下面一些问题让你回答：

（1）对于股票评价的基本思路：

①写出一个用来评价任何股票的公式，不管它采取什么样的股利分配政策。

②什么是股票的固定增长率？固定增长股票如何估值？

③如果持续的$g>R_s$会怎样？会不会有许多股票有这样的情况发生？

（2）XY公司是一个固定成长企业，它分配的最后股利（$D_0$是昨天支付的）为2元，而且其股利预期可能会增长6%。

①后年公司的期望股利是多少？

②假设折现率为16%，公司现在股票价格是多少？

③从现在起1年后此股票预期价值是多少？

④期望股利收益、资本利得收益及第1年总收益是多少？

⑤现在假设此股票现时市价为21.2元，股票期望回报率为多少？

⑥如果其股利被认为是零增长，则此股票价格又会是多少？

（3）假设XY公司预计将会在未来3年中有30%的超正常增长，然后又回到6%的长期固定增长率，则在这种情况下股票的价值是多少？它的期望股利收益率和资本利得收益率在第1年是多少？第3年呢？假设折现率为16%，股票当前价格为21.2元。

（4）如果XY公司在前3年预计是零增长，然后在第4年又恢复到原先的6%的固定增长率，现在估计价格会是多少？它的期望股利收益率及资本利得收益率在第1年将是多少？第4年呢？

（5）最后，假设经理预计XY公司的收入和股利每年会以固定的6%的比率下降，那么还会有人愿意买XY公司的股票吗？为什么？能卖多少钱？价格是多少？每年的股利收益及资本利得收益为多少？

## 参考答案

### 一、单项选择题

1.A　2.A　3.B　4.C　5.A　6.B　7.A　8.B　9.C　10.B　11.B　12.D　13.D

### 二、多项选择题

1.ABCDE　2.ABC　3.ABD　4.ABC　5.ABD　6.CDE　7.ACDE　8.ABCDE　9.BC　10.ABC　11.BCD　12.ACD　13.ABCD　14.ABC　15.BC　16.ABCDE

三、判断题

1.√ 2.× 3.× 4.× 5.× 6.√ 7.× 8.× 9.√ 10.× 11.× 12.√ 13.× 14.√

四、计算分析题

1.（1）在第一个投资策略下的债券发行价格为：

$$\frac{1\,000}{(F/P,12\%,5)}=567.42\text{（元）}$$

（2）在同等发行价格下，第二个投资策略下的远期利率水平为：

设此发行价格下远期利率水平为f，则：

$$567.42\times(1+10\%)^2\times(1+f)^3=1\,000$$

$$f=13.35\%$$

（3）投资策略选择：

由于13.35% > 11%，所以应选择第一个投资策略进行投资。

2.（1）此时债券价值=100 000×5%×（P/A，6%，8）+100 000×（P/F，6%，8）=93 790（元）

（2）值得购买。

（3）100 000×5%×（P/A，i，8）+100 000×（P/F，i，8）=90 000

利用Excel计算可得，i=6.65% [i=Rate（8，100 000*5%，-90 000，100 000）]。

此时购买债券的到期实际收益率为6.65%。

3.（1）每年计息一次：

市场利率为6%的发行价=1 000×（P/F，6%，5）+1 000×8%×（P/A，6%，5）

=1 000×0.7473+1 000×8%×4.2124=1 084.3（元）

市场利率为8%的发行价=1 000×（P/F，8%，5）+1 000×8%×（P/A，8%，5）

=1 000×0.6806+1 000×8%×3.9927=1 000（元）

市场利率为10%的发行价=1 000×（P/F，10%，5）+1 000×8%×（P/A，10%，5）

=1 000×0.6209+1 000×8%×3.7908=924.16（元）

（2）到期一次还本付息（单利）：

市场利率为6%的发行价=1 000×（1+8%×5）×（P/F，6%，5）

=1 000×（1+8%×5）×0.7473=1 046.22（元）

市场利率为8%的发行价=1 000×（1+8%×5）×（P/F，8%，5）

=1 000×（1+8%×5）×0.6806=952.84（元）

市场利率为10%的发行价=1 000×（1+8%×5）×（P/F，10%，5）

=1 000×（1+8%×5）×0.6209=869.26（元）

（3）到期一次还本付息（复利）：

市场利率为6%的发行价=1 000×（F/P，8%，5）×（P/F，6%，5）

=1 000×1.4693×0.7473=1 098.00（元）

市场利率为8%的发行价=1 000×（F/P，8%，5）×（P/F，8%，5）

=1 000×1.4693×0.6806=1 000.00（元）

市场利率为10%的发行价=1 000×（F/P，8%，5）×（P/F，10%，5）

=1 000×1.4693×0.6209=912.28（元）

4.（1）A债券价值=1 000×（1+4×10%）×（P/F，12%，3）=996.492（元）

A债券被高估。

（2）B债券价值=1 000×5%×（P/A，6%，6）+1 000×（P/F，6%，6）=950.83（元）

B债券也被高估。

5.（1）P=5 000×5%×（P/A，4%，10）+5 000×（P/F，4%，10）

=5 000×5%×8.1109+5 000×0.6756 =5 406（元）

当市场利率为8%时，该债券的发行价格为5 406元。

（2）P=5 000×5%×（P/A，6%，10）+5 000×（P/F，6%，10）

=5 000×5%×7.3601+5 000×0.5584 =4 632（元）

当市场利率为12%时，该债券的发行价格为4 632元。

（3）设债券的到期收益率为2x，则：

4 800=5 000×5%×（P/A，x，10）+5 000×（P/F，x，10）

2x=11%

当市场利率大于11%时，不值得购买；当市场利率小于11%时，值得购买。

6.（1）P=1 000×14%×（P/A，12%，2）+1 000×（P/F，12%，2）

=1 000×14%×1.6901+1 000×0.7972

=1 033.81（元）<1 040元

因此，不应该购买该债券。

（2）P=1 000×14%×（P/A，10%，1）+1 000×（P/F，10%，1）

=1 000×14%×0.9091+1 000×0.9091=1 036.37（元）

7.2018—2024年甲公司股票相关数据见表3-5：

表3-5　**2018—2024年甲公司股票相关数据**　单位：元

| 年份 | 2018 | 2019 | 2020 | 2021 | 2022 | 2023 | 2024 |
|---|---|---|---|---|---|---|---|
| 每股收益 | 2.100 | 2.415 | 2.777 | 3.194 | 3.673 | 4.224 | 4.477 |
| 每股股利 | 0.690 | 0.794 | 0.913 | 1.049 | 1.207 | 1.388 | 2.910 |
| 股利现值 | | 0.697 | 0.703 | 0.709 | 0.716 | 0.722 | |
| 2023年年末股票预计价格 | | | | | | 46.190 | |
| 2023年年末股票预计价格现值 | | | | | | 24.044 | |
| 2019—2023年股利现值 | | | | | | 3.547 | |
| 当前股票价格 | | | | | | 27.59 | |

（1）2023年年末甲公司股票的预期价格=2.910÷（12.3%−6%）=46.190（元）

（2）当前股票价格=$P_0=0.697+0.703+0.709+0.716+0.722+\frac{2.910}{(12.3\%-6\%)\times(1+13.95\%)^5}$

=3.547+24.044=27.59（元）

8.（1）普通债券成本=1 200×10%×10=1 200（万元）

（2）可赎回债券前6年成本=1 200×12%×6=864（万元）

可赎回债券后4年成本：

当市场利率为6%时，可赎回债券后4年成本=1 200×6%×4+20=308（万元）

当市场利率为8%时，可赎回债券后4年成本=1 200×8%×4+20=404（万元）

当市场利率为10%时，可赎回债券后4年成本=1 200×10%×4+20=500（万元）

当市场利率为12%时，可赎回债券后4年成本=1 200×12%×4=576（万元）

当市场利率为14%时，可赎回债券后4年成本=1 200×12%×4=576（万元）

则：可赎回债券后4年成本的期望值=308×0.2+404×0.1+500×0.3+576×0.2+576×0.2=482.4（万元）

所以：可赎回债券成本=864+482.4=1 346.4（万元）

由上述分析可知，企业应发行普通债券，因为发行普通债券的成本低于发行可赎回债券的成本。

9. 该债券价值=1 000×10%×（P/A，12%，2）+1 000×（P/F，12%，2）

=100×1.6901+1 000×0.7972 =966.21（元）

（注意：计算债券价值时，只需要考虑未来的现金流入，本题中债券的到期日为2021年1月1日，计算的是2019年1月1日的债券价值，只需要考虑2019年1月1日至2021年1月1日的现金流入，包括2019年12月31日的利息、2020年12月31日的利息和2021年1月1日收回的本金）

10.（1）公司价值计算见表3-6。

表3-6　**泰达股份（000652）公司价值计算表**

| 项目 | 股数（万股） | 股票市价（元/股） | 股票价值（万元） |
|---|---|---|---|
| 总股数 | 147 557.39 | 3.92 | 578 424.97 |
| 股权市场价值 | | | 578 424.97 |
| 加：长期负债 | | | 403 612.52 |
| 减：现金+短期投资 | | | 313 494.50 |
| 公司价值 | | | 668 542.99 |

注：长期负债价值是公司2019年6月30日资产负债表中的账面金额。

（2）根据公司2019年6月30日的半年财务报告及其他资料，为简化，以净利润为起点计算2019年上半年的EBITDA，计算过程见表3-7：

表3-7　**泰达股份（000652）2019年上半年EBITDA计算表**　单位：万元

| 项目 | 金额 |
|---|---|
| 净利润 | 3 374.53 |
| 财务费用 | 27 106.53 |
| 所得税费用 | 649.86 |
| 折旧 | 1 482.66 |
| EBITDA | 32 613.58 |

公司价值乘数为：668 542.99÷32 613.58=20.50

**五、上机练习题**

债券投资决策计算表见表3-8。

表3-8 **债券投资决策计算表**

| 12 | B | C | D | E |
|---|---|---|---|---|
| 13 | 项目 | 利息（元） | 到期收益率 | 到期税后收益率 |
| 14 | 14长证债 | 4.87 | 3.34% | 2.37% |
| 15 | 17欧菲01 | 4.80 | 6.30% | 5.33% |

注：C14=E2*C3；D14=RATE（C5，C3，-E5，E2）；E14=RATE（C5，C3*（1-20%），-E5，E2）。

17欧菲01与上同理。

投资决策：应该选择17欧菲01。

**六、案例分析**

（1）①$r_s=\frac{D_1}{P_0}+\frac{P_1-P_0}{P_0}$

$P_0=\frac{D_1+P_1}{(1+r_s)}$

其中：$r_s$代表普通股股票预期收益率；$D_1$代表持有者在下一年的预期股利；$P_0$、$P_1$分别代表普通股每股现时价格和年末预期价格。

②股票的固定增长率是指股票的股利按照一个常数g增长。

$P_0=D_1÷（r_s-g）$　$r_s=D_1÷P_0+g$

③当$g>r_s$时，$P_0$会无限大。

（2）①第1年股利=2×1.06=2.12（元）

第2年股利=$2×1.06^2$=2.247（元）

第3年股利=$2×1.06^3$=2.382（元）

②$P_0$=2.12÷（16%-6%）=21.2（元）

③$P_1$=2.247÷（16%-6%）=22.47（元）

④期望股利收益=股票持有者获得的各期股利现值之和=2.12元

资本利得收益=股票持有者因股票价格变化形成的差异给股票持有者带来的收益

=22.47-21.2=1.27（元）

第1年总收益=2.12+1.27=3.39（元）

⑤（2.12+21.2×0.06）÷21.2×100%=16%

⑥P=2÷16%=12.5（元）

（3）相关计算数据见表3-9。

表3-9　　**XY公司股票价值计算表**　　单位：元

| t | 第t年股利 | 股利现值 $D_t$×（P/F，16%，t） |
|---|---|---|
| 1 | 2×1.3=2.6 | 2.6×（P/F，16%，1）=2.24 |
| 2 | $2\times1.3^2=3.38$ | 3.38×（P/F，16%，2）=2.51 |
| 3 | $2\times1.3^3=4.394$ | 4.394×（P/F，16%，3）=2.82 |

前3年股利现值和=2.24+2.51+2.82=7.57（元）

第3年年末的股票价值=2.82×1.06÷（16%-6%）=29.89（元）

将第3年年末股价折成现值= 29.89×（P/F，16%，3）=19.15（元）

股票现值=19.15+7.57=26.72（元）

第1年期望股利收益率=2.6÷21.2×100%=12.26%

第1年资本利得收益率=（$21.2\times1.3^2-21.2\times1.3$）÷（21.2×1.3）×100%=30%

第3年期望股利收益率=4.394÷（$21.2\times1.3^3$）×100%=9.43%

第3年资本利得收益率=$21.2\times1.3^3\times0.06$÷（$21.2\times1.3^3$）=6%

（4）前3年股利现值=2×（P/A，16%，3）=4.49（元）

第3年年末股价=2×1.06÷（16%-6%）=21.2（元）

折成现值= 21.2×（P/F，16%，3）=13.58（元）

股票现值=13.58+4.49=18.07（元）

第1年期望股利收益率=2÷21.2×100%=9.43%

第1年资本利得收益率=0

第4年期望股利收益率=2×1.06÷22.47×100%=9.43%

第4年资本利得收益率=6%

（5）股票价格= 2×（1-6%）÷（16%-6%）=18.8（元）

n=1　$D_1$=2×0.94=1.88（元）资本利得收益=18.8×（-6%）=-1.128（元）

n=2　$D_2=2\times0.94^2=1.77$（元）资本利得收益=18.8×（-6%）×0.94=-1.060（元）

n=3　$D_3=2\times0.94^3=1.66$（元）资本利得收益=18.8×（-6%）$\times0.94^2$=-0.997（元）

# 第4章 风险与收益

## 一、单项选择题

1. 现有两个投资项目，X、Y项目预期收益率分别为15%和23%，标准离差率分别为0.3和0.33，则下列说法正确的是（　　）。

A. X项目的风险程度小于Y项目的风险程度

B. X项目的风险程度大于Y项目的风险程度

C. X项目的风险程度等于Y项目的风险程度

D. X项目的收益性与Y项目的收益性不相关

2. 无法通过多样化投资予以分散的风险是（　　）。

A. 系统风险　　B. 非系统风险

C. 总风险　　D. 公司特有风险

3. 王某2019年以105元的价格购买了5年期票面面值为100元的债券，票面利率为8%。2020年以110元出售该债券，则该公司债券的持有收益率为（　　）。

A.4.76%　　B.8%　　C.10%　　D.12.39%

4. 如果投资组合由20种资产组成，则构成组合总体方差和协方差的项目个数分别为（　　）。

A.20和20　　B.400和20　　C.20和380　　D.420和20

5. 已知某风险资产组合的预期收益率和标准差分别为12%和15%，无风险收益率为6%，假设某投资者可以按无风险利率取得资金，将其自有资金800万元和借入资金200万元均投资于风险资产组合，则该投资者投资的预期收益率和标准差分别为（　　）。

A.13.5%和18.75%　　B.15.25%和12.5%

C.15.25%和18.75%　　D.13.5%和12.5%

6. 假设无风险收益率为6%，整个股票市场的平均收益率为10%，A公司股票的预期收益率与整个股票市场平均收益率之间的协方差为50，整个股票市场的平均收益率的标准差为5，则A公司股票的必要收益率为（　　）。

A.10.56%　　B.11.30%　　C.12.00%　　D.14.00%

7.假设市场投资组合的收益率和方差分别为12%和0.25，无风险收益率为8%，P股票收益率的方差是0.16，与市场投资组合收益率的相关系数为0.4，则该股票的必要收益率为（　　）。

A.9.02%　　B.9.28%　　C.10.28%　　D.10.56%

8.如果投资者预期未来的通货膨胀率将上升，并且投资者对风险更加厌恶，那么证券市场线SML的变化为（　　）。

A.向上移动，并且斜率增加　　B.向上移动，并且斜率减少

C.向下移动，并且斜率增加　　D.向下移动，并且斜率减少

9.某种证券j的风险溢价可表示为（　　）。

A.$r_m - r_f$　　B.$\beta_j \times (r_m - r_f)$

C.$r_f + \beta_j(r_m - r_f)$　　D.$r_j \times r_f$

10.下列关于资本资产定价原理的说法中，错误的是（　　）。

A.股票的预期收益率与β系数线性相关

B.在其他条件相同时，经营杠杆较高的公司β系数较大

C.在其他条件相同时，财务杠杆较高的公司β系数较大

D.若投资组合的β值等于1，表明该组合没有市场风险

## 二、多项选择题

1.根据资本资产定价模型，影响某种证券预期收益率的因素有（　　）。

A.无风险收益率　　B.该种证券的β系数

C.市场证券组合收益率　　D.该证券预期股利收益率

E.该种证券预期资本利得收益率

2.下列关于投资组合各种资产的β系数和标准差的表述中，正确的有（　　）。

A.标准差度量的是投资组合的非系统风险

B.投资组合的β系数等于被组合各证券β系数的加权平均值

C.投资组合的标准差等于被组合各证券标准差的加权平均值

D.β系数度量的是投资组合的系统风险

E.β系数度量的是投资组合的非系统风险

3.下列影响风险的因素中，公司不能通过组合投资予以分散的有（　　）。

A.经济衰退　　B.市场利率上升　　C.新产品试制失败

D.劳动纠纷　　E.国家政治形势变化

4.在投资分析中，投资风险与收益权衡的因素主要有（　　）。

A.该项资产的预期收益率　　B.该项资产预期收益率的风险

C.投资规模　　D.无风险收益率

E.投资者的风险偏好

5.下面关于投资组合的论述正确的有（　　）。

A.两种证券完全相关时可以消除风险

B.投资组合的风险是各单项资产风险的加权平均数

C.投资组合的收益率为组合中各单项资产预期收益率的加权平均数

D.两种证券正相关的程度越小，则其组合产生的风险分散效应就越大

E.当两种证券的相关系数为零时，它们的组合可以完全消除风险

6.下列关于资本资产定价模型的说法正确的有（　　）。

A.CAPM认为任何风险资产的收益都是该资产相对于市场的系统风险的线性函数

B.多因素模型认为，任何资产的收益率都是K个要素的线性函数

C.CAPM可以为评估风险资产的资本成本提供理论依据

D.资本资产定价三因素模型认为股票收益率受市场风险、公司规模、账面市场价值比三个因素的影响

E.CAPM揭示了任何资本市场中单项资产与市场组合在预期收益率与公司总风险上所存在的关系

7.下列关于资本资产定价模型中β系数的表述中，正确的有（　　）。

A.β系数可以为负数

B.β系数是影响证券收益率的唯一因素

C.投资组合的β系数一定会比组合中任一单只证券的β系数低

D.β系数反映的是证券的系统风险

E.β系数反映的是证券的全部风险

8.下列关于资本市场线的表述中，正确的有（　　）。

A.资本市场线描述的是由风险资产组合和无风险资产构成的投资组合的有效边界

B.资本市场线的斜率等于市场风险溢价与市场组合收益率标准差之比

C.资本市场线描述的是有效资产组合的期望收益与风险之间的关系

D.资本市场线测度风险的工具是β系数

E.资本市场是在完美资本市场假设下绘制成的

9.下列关于风险与收益的关系的描述，正确的有（　　）。

A.任何一项资产自身的协方差都等于它的方差

B.市场组合与自身的协方差等于市场组合收益率的方差

C.证券市场线的斜率等于β系数

D.证券市场线的斜率等于市场风险溢价

E.证券市场线描述的是市场组合收益率与市场组合风险的关系

10.关于证券市场线的定价功能的描述，正确的有（　　）。

A.在市场均衡状态下，所有资产和所有资产组合都应落在SML上

B.任何估计的收益率落在SML上方的证券应被认为定价过低

C.估计的收益率分布在SML上方的证券则被认为定价过高

D.估计的收益率分布在SML下方的证券则被认为定价过高

E.估计的收益率分布在SML下方的证券则被认为定价过低

## 三、判断题

1.在一个完美的资本市场中，预期收益率等于必要收益率　（　　）

2.标准差可用来比较各种不同投资方案的系统风险程度。　（　　）

3.在其他条件相同时，财务杠杆较高的公司β系数较大。　（　　）

4.根据投资组合理论，不同股票的投资组合可以降低风险，股票种类越多，风险越小，由市场全部股票构成的投资组合的风险为零。　（　　）

5.投资组合的β系数完全取决于投资组合内单项资产的β系数。　（　　）

6.由两项资产构成的投资组合的有效边界是一条直线或曲线。　（　　）

7.β系数实质上是不可分散风险的指数，用于反映个别证券收益变动相对于市场收益变动的敏感程度。　（　　）

8.无论资产之间的相关系数如何，投资组合的收益都不低于单项资产的最低收益，而投资组合的风险都不高于单项资产的最高风险。　（　　）

9.资本市场线只适用于有效证券组合。　（　　）

10.投资组合的风险可以用该组合收益率的协方差来衡量，它是投资组合中各项协方差的加权平均数。　（　　）

## 四、计算分析题

1.表4-1列出了X股票近10年来的历史收益率数据。

表4-1　**X股票近10年来的历史收益率数据**

| 年份 | 年收益率 | 年份 | 年收益率 |
|---|---|---|---|
| 2010 | -2.20% | 2015 | 10.30% |
| 2011 | 10.20% | 2016 | 12.50% |
| 2012 | 11.40% | 2017 | 20.40% |
| 2013 | -30.50% | 2018 | -10.90% |
| 2014 | 36.00% | 2019 | 30.00% |

要求：

（1）估计X股票的年平均收益率和标准差。

（2）假设公司这10年来都没有支付股利，2009年股票价格为30.6元，那么，2019年年末X股票的价格是多少？

（3）这10年间X股票价格的年几何收益率是多少？这与（1）中得到的年平均收益率相等吗？

2.现有A、B两种证券，相关参数见表4-2。

表4-2 A、B两种证券的相关参数

| 参数 | A | B | 相关系数 |
|---|---|---|---|
| 预期收益率 | 12% | 18% | |
| 标准差 | 25% | 30% | |
| A与B收益率的相关系数 | | | 0.60 |

要求：

（1）假设两种证券的投资比重相等，计算投资组合的预期收益率和标准差。

（2）你会选择以上的投资组合还是单一的证券（A或B），为什么？

（3）计算最小风险投资组合条件下A、B证券的投资比重、投资组合预期收益率和标准差；构造A证券投资比重从0至100%变化的投资组合图。

3.证券X和证券Y的有关数据见表4-3。

表4-3 证券X和证券Y的有关数据

| 证券 | 预期收益率 | 标准差 | 相关系数（与证券X） |
|---|---|---|---|
| X | 10.00% | 12.00% | 1.00 |
| $Y_1$ | 14.00% | 18.00% | -1.00 |
| $Y_2$ | 14.00% | 18.00% | -0.25 |
| $Y_3$ | 14.00% | 18.00% | 0.25 |
| $Y_4$ | 14.00% | 18.00% | 1.00 |

要求：

（1）计算两种证券在不同投资比重下（证券X的投资比重从0到100%）的预期收益率，不同相关系数下的投资组合标准差。

（2）画出以上每种情况下的投资组合预期收益率和标准差的曲线（标准差在x轴，投资组合平均收益率在y轴）。

（3）根据计算结果说明不同相关系数下投资组合风险和收益的关系。

4.现有X、Y两种证券，相关参数见表4-4。

表4-4　X、Y两种证券的相关参数

| 参数 | X | Y | 相关系数 |
|---|---|---|---|
| 预期收益率 | 12% | 15% | |
| 标准差 | 25% | 40% | |
| A与B收益率的相关系数 | | | -1.00 |

要求：

（1）如何构造一个无风险投资组合？该无风险投资组合的预期收益率是多少？

（2）假设你能从当地银行以8%的利率借入资金，你如何从中套利？

5. 现有A、B两种证券，相关参数见表4-5。

表4-5　A、B两种证券的相关参数

| 参数 | A | B |
|---|---|---|
| 预期收益率 | 15% | 6% |
| 标准差 | 40% | 0 |

要求：

（1）证券A与B之间的相关系数是多少？

（2）如果你要建立一个标准差为20%的投资组合，证券A、B各应占多大比重？

（3）这个投资组合的预期收益率是多少？

6. 假设证券A的预期收益率为10%，标准差是12%，证券B的预期收益率为15%，标准差是18%，证券A、B的投资比例分别为60%和40%。

要求：

（1）计算该投资组合的预期收益率。

（2）如果该投资组合的标准差为14%，计算证券A、B的相关系数。

（3）如果证券A、B的相关系数为0.6，投资组合与整个证券市场的相关系数为0.8，整个证券市场的标准差为10%，计算该投资组合的β系数。

7. 假设目前无风险收益率为5.4%，利达公司股票的β系数为1.8，预期收益率为13.5%。

要求：

（1）根据CAPM计算市场组合的风险溢价。

（2）如果卡莱公司股票的β系数为0.8，计算卡莱公司的股票预期收益率。

（3）如果某投资者打算将20 000元投资于利达公司和卡莱公司股票，该投资组合的β系数为1.1，那么，应该在各家公司投资多少？该投资组合的预期收益率是多少？

8. 假设市场无风险借贷利率均为6%，A股票预期收益率为15%，标准差为12%。

要求：

（1）如果你将10 000元投资于A股票与无风险资产，其中6 000元投资于A股票，其余4 000元投资于无风险资产，计算该证券组合的预期收益率与标准差。

（2）如果将拥有的10 000元全部投资于A股票，并另外借入5 000元投资于A股票，计算该证券组合的预期收益率和标准差。

（3）如果欲获得12.3%的投资收益率，应如何进行股票和无风险资产的组合，并计算这一组合将承担的风险。

9.甲公司持有A、B、C三种股票，各股票所占的投资比重分别为50%、20%和30%，其相应的β系数分别为1.8、1和0.5，市场收益率为12%，无风险收益率为7%，A股票当前每股市价6.2元，刚收到上一年派发的每股0.5元的现金股利，预计股利以后每年将按6%的比例稳定增长。

要求：

（1）根据资本资产定价模型计算以下指标：

①甲公司证券组合的β系数；

②甲公司证券组合的风险溢价；

③甲公司证券组合的必要收益率；

④投资于A股票的必要收益率。

（2）利用股票估价模型分析当前出售A股票是否对甲公司有利。

10.ABC公司β系数为2，该公司正在考虑收购XYZ公司，XYZ公司的β系数为1.5。两家公司的规模相同。

要求：

（1）计算收购后预期的β系数。

（2）若国库券收益率为8%，市场收益率为12%，分别计算ABC公司收购前和收购后的投资必要收益率。

（3）该公司最近一期刚支付每股2元的股利，如果收购失败，股利固定增长率每年为6%；如果收购成功，未来股利增长率每年为7%；分别计算该公司收购前和收购后的每股股票价值。

（4）根据（3）的计算结果，判断该公司是否应该收购XYZ公司。

11.假设有三个投资项目，投资期限都是1年，收益率状况取决于该年的经济状况，预期收益率见表4-6。

表4-6 三个投资项目的预期收益率

| 经济状况 | 概率 | 项目A | 项目B | 项目C |
|---|---|---|---|---|
| 衰退 | 0.25 | 20% | 18% | 28% |
| 一般 | 0.5 | 28% | 26% | 24% |
| 繁荣 | 0.25 | 32% | 36% | 20% |

要求：

（1）计算每一项目的预期收益率、方差、标准差和标准离差率。

（2）采用均值-方差对各待选项目进行判断，进行项目优劣排序。

（3）假设对上述三个项目按相同比例进行投资：

①计算投资组合的预期收益率。

②项目A与项目B，项目A与项目C，项目B与项目C的协方差和相关系数各是多少？

③计算投资组合的方差和标准差。

④假设项目A代表“市场”，则项目B和项目C的β系数各是多少？

12.对一项包括四个待选方案的投资进行分析。各方案的投资期都是1年，对应三种不同经济状况的估计收益率见表4-7。

表4-7　**各方案的预期收益率**

| 经济状况 | 概率 | 方案A | 方案B | 方案C | 方案D |
|---|---|---|---|---|---|
| 衰退 | 0.2 | 15.00% | 9.00% | 33.00% | 7.50% |
| 一般 | 0.6 | 15.00% | 16.50% | 21.00% | 22.50% |
| 繁荣 | 0.2 | 15.00% | 46.50% | -6.00% | 37.50% |

要求：

（1）计算各方案的预期收益率、方差、标准差。

（2）假设方案D代表市场组合投资，方案A代表无风险投资。计算各方案的β系数，而后应用SML评价方案B和方案C。

13.假设无风险收益率为10%，市场收益率为16%，股票A的β系数为1.2。

要求：

（1）股票A的必要收益率是多少？

（2）假设无风险收益率增加到12%，SML的斜率保持不变，这对股票A的收益率会有何影响？如果无风险收益率下降到9%，又会有何影响？

（3）假设无风险收益率保持不变，市场收益率增加到17%，对股票A的收益率有什么影响？

（4）假设无风险收益率为10%，市场收益率为16%保持不变，但股票A的β系数增加到1.4或下降到0.8，对股票A的收益率有何影响？

14.XYZ公司估计的β系数为1.5，无风险收益率为6%，预期市场收益率为12%，该公司预期下一年的股利为每股5元，以后每年按3%增长，目前，该公司的股票价格为45元。

要求：

（1）根据证券市场线计算投资者要求的必要收益率，据此判断目前公司的股票价格是否为均衡价格？

（2）你认为合适的均衡价格是多少？如何才能达到？

## 五、案例分析

1.假设你刚刚大学毕业，受聘于CFB理财公司。你的第一个任务是代客户进行投资，金额为100 000元，期限1年。1年后这笔资金另作他用。你的上司给你提供了下列投资备选方案，你需要填写表4-8中各方案的预期收益率、标准差、标准离差率、β系数。

表4-8 **投资备选方案收益率**

| 经济状态及指标 | 概率 | 估计收益率 | | | | |
|---|---|---|---|---|---|---|
| | | 国库券 | 股票A | 股票B | 股票C | 市场组合 |
| 萧条 | 0.1 | 8.0% | -22.0% | 28.0% | 10.0% | -13.0% |
| 复苏 | 0.2 | 8.0% | -2.0% | 14.7% | -10.0% | 1.0% |
| 正常 | 0.4 | 8.0% | 20.0% | 0.0% | 7.0% | 15.0% |
| 高涨 | 0.2 | 8.0% | 35.0% | -10.0% | 45.0% | 29.0% |
| 繁荣 | 0.1 | 8.0% | 50.0% | -20.0% | 30.0% | 43.0% |
| 预期收益率 | — | | | | | |
| 标准差 | — | | | | | |
| 标准离差率 | — | | | | | |
| β系数 | — | | | | | |

在上述各项预期数据中，股票A属于高科技产业，该公司经营电子产品；股票B属于采矿业，该公司主要从事金矿开采；股票C属于橡胶与塑料业，生产与此有关的各种产品；CFB理财公司持有一种“指数基金”，它包含了公开交易的所有股票，代表着市场的平均收益率。根据上述资料，回答下列问题：

（1）为什么国库券的收益率与经济状态无关？为什么股票A收益率的变动与经济状态变动的方向相同，而股票B收益率的变动与经济状态变动的方向相反呢？

（2）计算不同投资方案的预期收益率，并填入表4-8相应之处。

（3）你知道仅仅依靠预期收益率指标进行投资选择是不够的，还必须进行风险分析。况且你的委托人是一个风险规避者。衡量投资风险的一个重要指标是收益率的标准差，计算不同投资方案的标准差，并填入表4-8相应之处。

（4）计算不同投资方案的标准离差率，并填入表4-8相应之处。将标准离差率与标准差相比较，如果发生排序矛盾，你主张以哪种标准为主？为什么？

（5）各方案之间收益率的协方差见表4-9。根据表4-9的数据，说明不同方案收益率协方差的特点。

表4-9　**协方差矩阵**

| 证券 | 国库券 | 股票A | 股票B | 股票C | 市场组合 |
|---|---|---|---|---|---|
| 国库券 | 0 | 0 | 0 | 0 | 0 |
| 股票A | 0 | 4.01% | -2.68% | 2.63% | 3.05% |
| 股票B | 0 | -2.68% | 1.79% | -1.75% | -2.04% |
| 股票C | 0 | 2.63% | -1.75% | 3.54% | 2.10% |
| 市场组合 | 0 | 3.05% | -2.04% | 2.10% | 2.35% |

（6）假设你设计一个投资组合，将100 000元投资于股票A和股票B，投资比重相同，计算投资组合的预期收益率、标准差。比较投资组合风险与单独持有某一种股票的风险。

（7）计算各方案的β系数，填入表4-8相应之处。说明不同证券β系数的特点。

2.你是南方银行的一位分析员，最近你要评估一些投资机会。你需要回答下列问题：

（1）简要说明资本资产定价模型的起源和作用。（可上网查询）

（2）银行向你提供了各种证券的预期收益率及β系数，见表4-10。

表4-10　**各种证券预期收益率及β系数**

| 证券 | 预期收益率 | β系数 |
|---|---|---|
| PAR股票 | 18.0% | 1.29 |
| 市场组合 | 15.0% | 1.00 |
| APE股票 | 12.5% | 0.68 |
| 政府债券 | 8.0% | 0.00 |
| LUS股票 | 1.3% | -0.86 |

利用证券市场线计算各种证券的必要收益率，比较预期收益率与必要收益率之间的差异，LUS股票的投资收益率是否比政府债券收益率更小？假设将PAR股票与LUS股票按1∶1的比例进行投资组合，请计算这一投资组合的必要收益率和市场风险（β系数），如果是由PAR股票和APE股票组合投资，情况会发生什么变化？

（3）如果投资者预计通货膨胀率将在现在政府债券收益率8%的基础上再涨3个百分点，这对SML及高风险、低风险的债券有什么影响？假设投资者的偏好发生变化，使得市场风险溢价增加了3个百分点，这对SML及高风险、低风险债券有什么影响？

（4）写出关于总风险、市场风险及可分散风险的公式，并做适当的解释。

## 参考答案

### 一、单项选择题

1.A 2.B 3.D 4.C 5.A 6.D 7.B 8.A 9.B 10.D

相关答案说明：

3.持有收益率 $= \frac{110 - 105 + 100 \times 8\%}{105} = 12.39\%$

5.

预期收益率 $= \frac{1\,000 \times 12\% - 200 \times 6\%}{800} = 13.5\%$

预期收益率标准差 $= \frac{1\,000}{800} \times 15\% = 18.75\%$

6.

β系数 $= \frac{Cov(r_j, r_m)}{Var(r_m)} = \frac{50}{5^2} = 2$

必要收益率 $= 6\% + 2 \times (10\% - 6\%) = 14\%$

7.

β系数 $= \frac{Cov(r_j, r_m)}{Var(r_m)} = \frac{0.25^{1/2} \times 0.16^{1/2} \times 0.4}{0.25} = 0.32$

必要收益率 $= 8\% + 0.32 \times (12\% - 8\%) = 9.28\%$

### 二、多项选择题

1.ABC 2.BD 3.ABE 4.ABE 5.CD 6.ABCD 7.AD 8.ABCE 9.ABD 10.ABD

### 三、判断题

1.√ 2.× 3.√ 4.× 5.× 6.√ 7.√ 8.× 9.√ 10.×

### 四、计算分析题

1.

（1）年平均收益率和标准差，见表4-11。

表4-11 年平均收益率和标准差

| | A | B | C | D |
|---|---|---|---|---|
| 1 | 年份 | 收益率 | （各期收益率-均值）$^2$ | 说明 |
| 2 | 2010 | -2.20% | 1.19% | ←=（B2-$B$12）^2 |
| 3 | 2011 | 10.20% | 0.02% | ←=（B3-$B$12）^2 |
| 4 | 2012 | 11.40% | 0.07% | ←=（B4-$B$12）^2 |
| 5 | 2013 | -30.50% | 15.38% | ←=（B5-$B$12）^2 |

续表

| | A | B | C | D |
|---|---|---|---|---|
| 6 | 2014 | 36.00% | 7.44% | ←=（B6-$B$12）^2 |
| 7 | 2015 | 10.30% | 0.02% | ←=（B7-$B$12）^2 |
| 8 | 2016 | 12.50% | 0.14% | ←=（B8-$B$12）^2 |
| 9 | 2017 | 20.40% | 1.36% | ←=（B9-$B$12）^2 |
| 10 | 2018 | -10.90% | 3.85% | ←=（B10-$B$12）^2 |
| 11 | 2019 | 30.00% | 4.53% | ←=（B11-$B$12）^2 |
| 12 | 年平均收益率 | 8.72% | ←=AVERAGE（B2：B11） | |
| 13 | 合计 | | 34.02% | ←=SUM（C2：C11） |
| 14 | 方差 | | 3.78% | ←=C13/（10-1） |
| 15 | 方差 | | 3.78% | ←=VAR（B2：B11） |
| 16 | 标准差 | | 19.44% | ←=C14^（1/2） |
| 17 | 标准差 | | 19.44% | ←=STDEV（B2：B11） |

采用公式计算：

$$年平均收益率=\frac{-2.2\%+10.2\%+\cdots+20.4\%-10.9\%+30\%}{10}=8.72\%$$

$$Var(r_{1,\cdots,}r_N)=\frac{1}{N-1}\sum_{i=1}^{N}\left[r_i-\bar{r}(r_{1,\cdots,}r_N)\right]^2=\frac{34.02\%}{10-1}=3.78\%$$

$$Std(r_{1,\cdots,}r_N)=\sqrt{Var(r_{1,\cdots,}r_N)}=\sqrt{3.78\%}=19.44\%$$

（2）假设公司这10年来都没有支付股利，2009年股票价格为30.6元，那么，2019年年末X股票的价格：

$$股票价格_{2019}=30.6\times(0.978)\times(1.102)\times(1.114)\times(0.695)\times(1.36)\times(1.103)\times(1.125)\times(1.204)\times(0.891)\times(1.3)=60.09(元)$$

（3）这10年间X股票价格的年几何收益率：

$$年几何收益率=\sqrt[10]{60.09\div30.6}-1=6.98\%$$

计算结果表明，年几何收益率低于（1）中得到的年平均收益率。

2.

（1）假设两种证券的投资比重相等，计算投资组合的预期收益率和标准差。

$$投资组合预期收益率=50\%\times12\%+50\%\times18\%=15\%$$

$$Var(r_p)=50\%^2\times25\%^2+50\%^2\times30\%^2+2\times50\%\times50\%\times0.6\times25\%\times30\%$$
$$=6.06\%$$
$$Std(r_p)=\sqrt{6.06\%}=24.62\%$$

（2）选择证券A、证券B、投资组合取决于投资者的风险偏好；风险规避者可以选择证券A，风险偏好者可以选择证券B；根据（1）的计算结果，投资组合的预期收益率等于两种证券预期收益率之和的一半，投资组合的标准差低于两种证券标准差之和的一半，相对来说，投资组合的收益与风险好于单独投资某一种证券。

（3）最小风险投资组合权重、投资组合的收益率、标准差计算如下：

$$w_x=\frac{Var(r_y)-Cov(r_x,r_y)}{Var(r_x)+Var(r_y)-2Cov(r_x,r_y)}$$
$$w_A=\frac{0.30^2-0.6\times0.25\times0.30}{0.25^2+0.30^2-2\times0.6\times0.25\times0.30}=72\%$$
$$w_B=1-72\%=28\%$$
$$E(r_p)=72\%\times12\%+28\%\times18\%=13.68\%$$
$$Var(r_p)=72\%^2\times0.25^2+28\%^2\times0.30^2+2\times72\%\times28\%\times0.6\times0.25\times0.30$$
$$=5.76\%$$
$$Std(r_p)=\sqrt{5.76\%}=24\%$$

A、B两种证券不同投资比重下的投资组合的风险-收益机会集如图4-1所示。

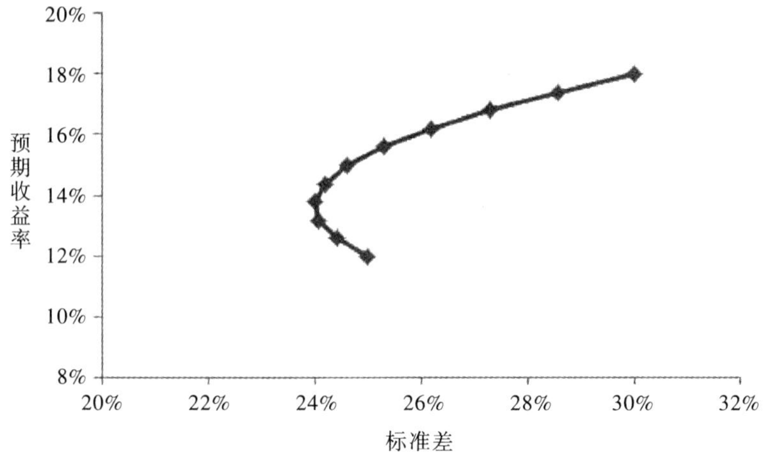


**图4-1 投资组合风险-收益机会集**

3.

（1）两种证券在不同投资比重下的预期收益率，不同相关系数下的投资组合标准差，见表4-12。

表4-12 **两种证券的预期收益率和投资组合标准差**

| 投资比重 | | 预期收益率 | 投资组合标准差 | | | |
|---|---|---|---|---|---|---|
| $W_x$ | $W_{yi}$ | | corr=-1.00 | corr=-0.25 | corr=+0.25 | corr=+1.00 |
| 0 | 100% | 14.00% | 18.00% | 18.00% | 18.00% | 18.00% |
| 10% | 90% | 13.60% | 15.00% | 15.94% | 16.54% | 17.40% |
| 20% | 80% | 13.20% | 12.00% | 13.99% | 15.18% | 16.80% |
| 30% | 70% | 12.80% | 9.00% | 12.21% | 13.94% | 16.20% |
| 40% | 60% | 12.40% | 6.00% | 10.67% | 12.87% | 15.60% |
| 50% | 50% | 12.00% | 3.00% | 9.49% | 12.00% | 15.00% |
| 60% | 40% | 11.60% | 0 | 8.82% | 11.38% | 14.40% |
| 70% | 30% | 11.20% | 3.00% | 8.78% | 11.06% | 13.80% |
| 80% | 20% | 10.80% | 6.00% | 9.37% | 11.06% | 13.20% |
| 90% | 10% | 10.40% | 9.00% | 10.50% | 11.38% | 12.60% |
| 100% | 0 | 10.00% | 12.00% | 12.00% | 12.00% | 12.00% |

注意：比例 = 0.60 给出了当相关系数 = -1时，标准差 = 0。

这个比例的确定：比例（X）= 标准差（Y）÷（标准差（X）+标准差（Y））

（2）根据表4-12中的数据画出以上每种情况下的投资组合预期收益率和标准差的曲线（如图4-2所示，标准差在x轴，投资组合平均收益率在y轴）。

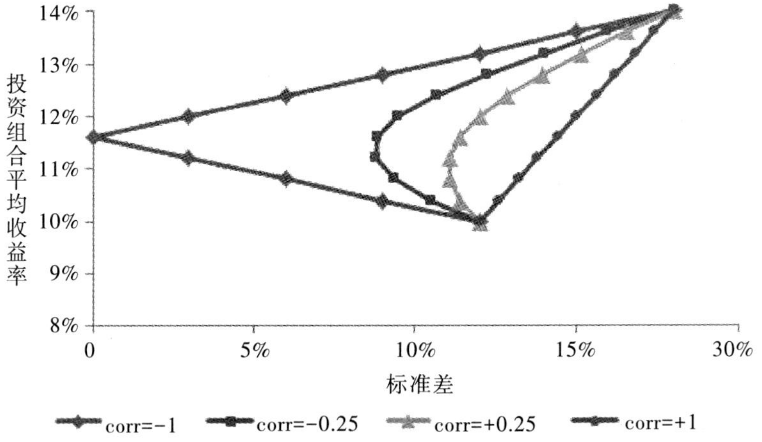


**图4-2 投资组合风险-收益机会集**

（3）从表4-12和图4-2中数据可以看出，在收益率相同的条件下，相关系数越小，投资组合的风险越低；在风险相同的条件下，相关系数越小，收益率越高。

4.

（1）构造一个无风险投资组合，计算投资组合的预期收益率。

投资组合收益率标准差等于零时，证券X的投资比重可根据下式计算：

$$w_x=\frac{Var(r_y)-Cov(r_x,r_y)}{Var(r_x)+Var(r_y)-2Cov(r_x,r_y)}=\frac{40\%-0}{(25\%+40\%)-0}=61.54\%$$

证券Y的投资比重=1-61.54%=38.46%

这一组合的预期收益率为13.15%。

预期收益率 = 61.54% × 12% + 38.46% × 15% = 13.15%

Excel中的“单变量求解”也可以解决这一问题。“单变量求解”是一组命令的组合。如果已知单个的预期结果，而用于确定此公式结果的输入值未知，这种情况可以使用“单变量求解”命令。采用Excel电子表格时，单变量求解从数据到假设分析，再到单变量求解输出。

在本例中，构造一个无风险投资组合，并求出投资组合收益率标准差为零时各种证券的投资比重。根据给出的数据，先假设两种证券投资比重相等时的预期收益率和收益率标准差，然后根据要求计算标准差等于零时的投资比重。假设条件下投资组合收益率和标准差见表4-13。

表4-13 **假设条件下投资组合收益率和标准差**

| | A | B | C | D |
|---|---|---|---|---|
| 17 | 参数 | 证券X | 证券Y | |
| 18 | 预期收益率 | 12% | 15% | |
| 19 | 标准差 | 25% | 40% | |
| 20 | A与B收益率的相关系数 | | | -1.00 |
| 21 | 第一步，假设证券A、B投资比重相等 | | | |
| 22 | 证券A投资比重 | 50% | 假设值 | |
| 23 | 证券B投资比重 | 50% | | |
| 24 | 投资组合的预期收益率 | 13.5% | | |
| 25 | 投资组合预期收益率的标准差 | 7.50% | | |

投资组合收益率标准差为零时的投资比重（单变量求解）见表4-14。

表4-14 **投资组合收益率标准差为零时的投资比重（单变量求解）**

| | A | B | C | D |
|---|---|---|---|---|
| 17 | 参数 | 证券X | 证券Y | |
| 18 | 预期收益率 | 12% | 15% | |
| 19 | 标准差 | 25% | 40% | |
| 20 | A与B收益率的相关系数 | | | -1.00 |
| 21 | 第二步，单变量求解 | | | |
| 22 | 证券A投资比重 | 61.54% | | |
| 23 | 证券B投资比重 | 38.46% | | |
| 24 | 投资组合的预期收益率 | 13.15% | | |
| 25 | 投资组合预期收益率的标准差 | 0 | | |

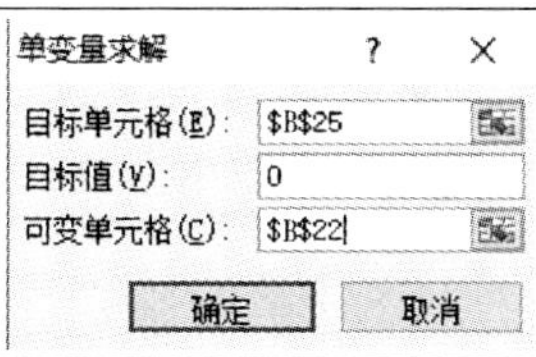

单变量求解从一个初始值开始，然后采用一种迭代方法使其结果与设定值逐渐靠近。可变单元格中的数值就作为初始值，在这里是50%。求解时，打开“单变量求解”对话框，在目标单元格输入：$B$25，目标值输入：0，可变单元格输入：$B$22，点击“确定”即可得到投资组合收益率标准差为零时各种证券的投资比重，此时投资组合的收益率为13.15%。

（2）按8%的利率借入资金，投资于收益率为13.15%投资组合中，套利5.15%。

5.

（1）由于证券B为无风险资产，因此，证券A与B的相关系数等于零。

（2）一种无风险资产和风险资产的投资组合，其收益率标准差等于20%，证券A的投资比重（$w_A$）计算如下：

$$Std(r_p) = w_A Std(r_A) = w_A \times 40\% = 20\%$$

$$w_A = 20\% \div 40\% = 50\%$$

证券B的投资比重为50%（1−50%）。

（3）这一组合的预期收益率：

$$E(r_P) = 50\% \times 15\% + 50\% \times 6\% = 10.5\%$$

6.

（1）该投资组合的预期收益率 = 10%×60% + 15%×40% = 12%

（2）假设证券A、B的相关系数为corr，则：

$$14\% = \sqrt{60\%^2 \times 12\%^2 + 40\%^2 \times 18\%^2 + 2 \times 60\% \times 40\% \times 12\% \times 18\% \times corr}$$

解得：corr = 0.89

（3）$$\text{投资组合的标准差} = \sqrt{60\%^2 \times 12\%^2 + 40\%^2 \times 18\%^2 + 2 \times 60\% \times 40\% \times 12\% \times 18\% \times 0.6} = 12.88\%$$

投资组合的β系数 = 0.8×12.88%÷10% = 1.03

7.

（1）市场组合的风险溢价=（13.5%−5.4%）÷1.8=4.5%

（2）卡莱公司的股票预期收益率=5.4%+0.8×4.5%=9%

（3）$\beta_P = w_{利达} \times 1.8 + (1 - w_{利达}) \times 0.8 = 1.1$

解得：$W_{利达} = 30\%, W_{卡莱} = 70\%$

因此，该投资者应分别投资于利达公司和卡莱公司股票6 000元和14 000元。

该投资组合的预期收益率=30%×13.5%+70%×9%=10.35%

8.

（1）$E(r_P) = \frac{6\,000}{10\,000} \times 15\% + \frac{4\,000}{10\,000} \times 6\% = 11.4\%$

$$Std(r_p) = 0.6 \times 12\% = 7.2\%$$

（2）$E(r_P) = \frac{15\,000}{10\,000} \times 15\% + \frac{-5\,000}{10\,000} \times 6\% = 19.5\%$

$$Std(r_p) = 1.5 \times 12\% = 18\%$$

（3）假设投入到无风险资产的资金占全部资金的比重为X，则：

$$E(r_P)=(1-X)\times 15\%+X\times 6\%=12.3\%$$

解得：X=0.3

$$Std(r_p)=0.7\times 12\%=8.4\%$$

9.

（1）相关指标计算如下：

①甲公司证券组合的β系数=50%×1.8+20%×1+30%×0.5=1.25

②甲公司证券组合的风险溢价=1.25×（12%−7%）=6.25%

③甲公司证券组合的必要收益率=7%+6.25%=13.25%

④A股票的必要收益率=7%+1.8×（12%−7%）=16%

（2）A股票的价值 $=\frac{0.5\times(1+6\%)}{16\%-6\%}=5.3$（元）

A股票的当前市价6.2元大于预期股票价值，因此出售A股票对甲公司有利。

10.

（1）收购后预期β系数=0.5×2+0.5×1.5=1.75

（2）收购前的投资必要收益率=8%+2×（12%−8%）=16%

收购后的投资必要收益率=8%+1.75×（12%−8%）=15%

（3）收购前股票价值：$P_0=\frac{2\times(1+6\%)}{16\%-6\%}=21.2$（元）

收购后股票价值：$P_0=\frac{2\times(1+7\%)}{15\%-7\%}=26.75$（元）

（4）根据（3）的计算结果可知，收购XYZ公司后，ABC公司的风险降低，增长率提高，股价上升，因此该项收购计划是可行的。

11.

（1）计算每一项目的预期收益率、方差、标准差和标准离差率，见表4−15。

表4−15 **投资项目预期收益率、方差、标准差和标准离差率**

| 指标 | 项目A | 项目B | 项目C |
|---|---|---|---|
| 预期收益率 | 27.00% | 26.50% | 24.00% |
| 方差 | 0.190% | 0.408% | 0.080% |
| 标准差 | 4.359% | 6.384% | 2.828% |
| 标准离差率 | 0.161 | 0.241 | 0.118 |

（2）项目A优于项目B，因为项目A具有相对较高的预期收益率和相对较低的方差；但均值−方差无法判断项目A和项目C，以及项目B和项目C的优劣。

（3）假设对上述三个项目按相同比例进行投资：

①投资组合预期收益率的计算如下：

$$投资组合预期收益率=27\%\times\frac{1}{3}+26.5\%\times\frac{1}{3}+24\%\times\frac{1}{3}=25.83\%$$

②投资组合协方差见表4-16，相关系数见表4-17。

表4-16　　协方差矩阵

| | 项目A | 项目B | 项目C |
|---|---|---|---|
| 项目A | 0.190% | 0.265% | -0.120% |
| 项目B | 0.265% | 0.408% | -0.180% |
| 项目C | -0.120% | -0.180% | 0.080% |

表4-17　　相关系数矩阵

| | 项目A | 项目B | 项目C |
|---|---|---|---|
| 项目A | 1.0000 | 0.9524 | -0.9733 |
| 项目B | 0.9524 | 1.0000 | -0.9969 |
| 项目C | -0.9733 | -0.9969 | 1.0000 |

项目A和项目B的协方差、相关系数计算如下：

$$Cov(r_A, r_B) = (20\% - 27\%) \times (18\% - 26.5\%) \times 0.25 + (28\% - 27\%) \times (26\% - 26.5\%) \times 0.5 + (32\% - 27\%) \times (36\% - 26.5\%) \times 0.25 = 0.265\%$$

$$Corr(r_A, r_B) = \frac{0.265\%}{4.359\% \times 6.384\%} = 0.9523$$

其他依此类推。

注意：表中数据是根据Excel电子表格计算的，与手工计算有点误差。

③投资组合方差和标准差计算如下：

$$Var(r_p) = \left(\frac{1}{3}\right)^2 \times 0.19\% + \left(\frac{1}{3}\right)^2 \times 0.408\% + \left(\frac{1}{3}\right)^2 \times 0.08\% + 2 \times \frac{1}{3} \times \frac{1}{3} \times 0.265\% + 2 \times \frac{1}{3} \times \frac{1}{3} \times (-0.12\%) + 2 \times \frac{1}{3} \times \frac{1}{3} \times (-0.18\%) = 0.00068$$

$$Std(r_p) = 0.00068^{1/2} = 0.02608$$

④假设项目A代表“市场”，则项目B和项目C的β系数计算如下：

$$项目B的β系数 = \frac{0.265\%}{0.19\%} = 1.39$$

$$项目C的β系数 = \frac{-0.12\%}{0.19\%} = -0.63$$

12.

（1）各方案的预期收益率、方差、标准差计算见表4-18：

表4-18　　各方案预期收益率、方差、标准差

| 经济状态 | 方案A | 方案B | 方案C | 方案D |
|---|---|---|---|---|
| 预期收益率 | 15.00% | 21.00% | 18.00% | 22.50% |
| 方差 | 0 | 0.0171 | 0.01656 | 0.009 |
| 标准差 | 0 | 13.077% | 12.869% | 9.487% |

（2）计算方案B和方案C的β系数，而后应用SML评价各方案。首先计算各方案之间的协方差，见表4–19。

表4–19 **协方差矩阵**

| 方案 | 方案A | 方案B | 方案C | 方案D |
|---|---|---|---|---|
| 方案A | 0 | 0 | 0 | 0 |
| 方案B | 0 | 0.0171 | −0.0167 | 0.0113 |
| 方案C | 0 | −0.0167 | 0.0166 | −0.0117 |
| 方案D | 0 | 0.0113 | −0.0117 | 0.0090 |

无风险收益率为15%，市场组合收益率为22.5%，各方案必要收益率与预期收益率见表4–20。

表4–20 **各方案必要收益率与预期收益率**

| 方案 | β系数 | 必要收益率 | 方案预期收益率 |
|---|---|---|---|
| 方案A | 0 | 15.00% | 15.00% |
| 方案B | 1.25 | 24.38% | 21.00% |
| 方案C | −1.30 | 5.25% | 18.00% |
| 方案D | 1.00 | 22.50% | 22.50% |

方案B的预期收益率小于必要收益率，应放弃方案B；方案C的预期收益率大于必要收益率，应接受方案C。

13.

（1）股票A的必要收益率=10%+1.2×（16%−10%）=17.2%

（2）如果无风险收益率增加到12%，SML的斜率保持不变，股票A的收益率将增至19.2%；如果无风险收益率下降到9%，股票A的收益率将降至16.2%。

（3）如果无风险收益率保持不变，市场收益率增加到17%，股票A的收益率将变为18.4%（10%+1.2×（17%−10%））。

（4）如果无风险收益率为10%，市场收益率为16%，股票A的β系数增加到1.4或下降到0.8，股票A的收益率将分别变为18.4%和14.8%。

14.

（1）必要收益率和股票价值的计算如下：

$$必要收益率=6\%+1.5\times(12\%-6\%)=15\%$$

$$股票价值=\frac{5}{15\%-3\%}=41.67(元)$$

股票内在价值（41.67元）低于市场价格（45元），市场价格可能被高估了。当然也可能股票内在价值的计算参数不准确，低估了股票的内在价值。

（2）如果投资者要求的收益率为15%，且每股股利每年以3%的比率增长，那么其均衡价格应当为41.67元。当投资者意识到股票价格被高估了，其预期收益率将低于15%，因此，他们会抛售该股票，这将使股票价格达到均衡。

**五、案例分析**

1.

（1）从理论上说，国库券的收益率反映的是无风险收益率，不论经济状态如何，政府都会到期还本付息。国债虽然没有违约风险，但存在通货膨胀风险。事实上，在实务中，政府也可能会破产。在分析中，为简化，通常假设国库券无违约风险。

股票A属于高科技公司，这类公司状况的好坏与经济形势关联较大，当经济形势好的时候，对高科技的需求会大大增加；当经济形势恶化时，对它的需求就会降低，因而股票A的收益率与经济状态呈同方向变化。股票B属于采矿业，当经济衰退时，人们对保值的需求大增，而当经济繁荣时却不会出现这种情况，因而股票的预期收益率与经济状态呈反向变化。

（2）（3）（4）（7）问题中各种指标的计算见表4-21。

表4-21　**各方案预期收益率与风险衡量指标**

| 指标 | 国库券 | 股票A | 股票B | 股票C | 市场组合 |
|---|---|---|---|---|---|
| 预期收益率 | 8 | 17.40% | 1.74% | 13.80% | 15.00% |
| 方差 | 0 | 4.01% | 1.79% | 3.54% | 2.35% |
| 标准差 | 0 | 20.04% | 13.36% | 18.82% | 15.34% |
| 标准离差率 | 0 | 1.151 | 7.680 | 1.364 | 1.022 |
| β系数 | 0 | 1.298 | −0.865 | 0.893 | 1.000 |

根据表中计算的结果，国库券预期收益率为8%，风险等于0；股票A的预期收益率高于市场组合的预期收益率，股票B和股票C的预期收益率低于市场组合的预期收益率。从风险指标看，股票A和股票C的标准差高于市场组合的标准差，股票B的标准差低于市场组合的标准差。按标准差排序，三种股票的风险高低依次为股票A、股票C、股票B；按标准离差率高低排序，三种股票依次为股票B、股票C、股票A。如果按标准差和标准离差率排序发生矛盾，应以标准离差率作为选择标准。因此，在这三只股票中，股票A的收益高、风险低。

（5）从协方差矩阵可以发现：①国库券的收益率恒为8%，标准差为0，则它与其他任何证券之间的协方差必定为零，这表明无风险证券与风险证券之间的收益率不存在线性关系，彼此独立。②股票A与股票B的协方差为负数，表示这两种证券的收益率变动方向相反；股票A与股票C的协方差为正数，表明这两种证券收益率变动方向相同；股票A与市场组合收益率的协方差为正数。③同理，股票B与其他证券收益率的协方差为负数，表明股票B与其他证券收益率变动方向相反。④股票C与股票B的协方差为负数，与股票A和市场组合协方差为正数。⑤比较协方差矩阵中各方案的协方差与各方案的方差可以发现，任一证券与自身的协方差等于这一证券收益率的方差。

（6）假设将100 000元投资于股票A和股票B，投资比重相同，投资组合的预期收益率、标准差计算如下：

$$E(r_p) = 50\% \times 17.4\% + 50\% \times 1.74\% = 9.57\%$$

$$\begin{aligned} Std(r_p) &= \sqrt{0.5^2 \times 4.01\% + 0.5^2 \times 1.79\% + 2 \times 0.5 \times 0.5 \times (-2.68\%)} \\ &= 3.32\% \end{aligned}$$

计算结果表明投资组合标准差小于股票A和股票B各自的标准差。

（7）各方案的β系数见表4-21，从表中可以看出，国库券的β系数等于零，市场组合的β系数等于1，股票A和股票C的β系数大于0，表明这两种证券的风险与市场风险同向变动，股票B的β系数小于0，表明其风险与市场风险反向变动。

2.

（1）马科维茨（Markowitz，1952）的分散投资与效率组合投资理论第一次以严谨的数理工具为手段向人们展示了一个风险厌恶的投资者在众多风险资产中如何构建最优资产组合的方法。应该说，这一理论带有很强的规范（normative）意味，告诉了投资者应该如何进行投资选择。但问题是，在20世纪50年代，即便有了当时刚刚诞生的电脑的帮助，在实践中应用马科维茨的理论仍然是一项烦琐、令人生厌的高难度工作；或者说，与投资的现实世界脱节得过于严重，进而很难完全被投资者采用。美国普林斯顿大学的鲍莫尔（William Baumol）在其1966年一篇探讨马科维茨-托宾体系的论文中就谈到，按照马科维茨的理论，即使以较简化的模式出发，要从1 500只证券中挑选出有效率的投资组合，当时每运行一次电脑需要耗费150~300美元，如果要执行完整的马科维茨运算，所需的成本至少是前述金额的50倍；且所有这些还必须有一个前提，就是分析师必须能够持续且精确地估计标的证券的预期报酬率、风险及相关系数，否则整个运算过程将变得毫无意义。

正是由于这一问题的存在，从20世纪60年代初开始，以夏普（W.Sharpe，1964）、林特纳（J.Lintner，1965）和莫辛（J.Mossin，1966）为代表的一些经济学家开始从实证的角度出发，探索证券投资的现实，即马科维茨的理论在现实中的应用能否得到简化?如果投资者都采用马科维茨资产组合理论选择最优资产组合，那么资产的均衡价格将如何在收益与风险的权衡中形成呢？或者说，在市场均衡状态下，资产的价格如何依风险而确定呢?

这些学者的研究直接导致了资本资产定价模型（capital asset pricing model，CAPM）的产生。作为基于风险资产期望收益均衡基础上的预测模型之一，CAPM阐述了在投资者都采用马科维茨的理论进行投资管理的条件下市场均衡状态的形成，把资产的预期收益率与预期风险之间的理论关系用一个简单的线性关系表达出来了，即认为一个资产的预期收益率与衡量该资产风险的一个尺度β系数之间存在正相关关系。应该说，作为一种阐述风险资产均衡价格决定的理论，单一指数模型，或以之为基础的CAPM不仅大大简化了投资组合选择的运算过程，使马科维茨的投资组合选择理论朝现实世界的应用迈进了一大步，而且也使得证券理论从以往的定性分析转入定量分析，从规范性转入实证性，进而对证券投资的理论研究和实际操作，甚至整个金融理论与实践的发展都产生了巨大影响，成为现代金融学的理论基础。

当然，近几十年，作为资本市场均衡理论模型关注的焦点，CAPM的形式已经远远超越了夏普、林特纳和莫辛提出的传统形式，有了很大的发展，如套利定价模型、跨时资本资产定价模型、消费资本资产定价模型等，目前已经形成一个较为系统的资本市场均衡理论体系。

CAPM最大的优点在于简单、明确。它把任何一种风险证券的价格都划分为三个因素：无风险收益率、风险的价格和风险的计算单位，并把这三个因素有机结合在一起。

CAPM的另一优点在于它的实用性。它使投资者可以根据绝对风险而不是总风险来对各种竞争报价的金融资产做出评价和选择。这种方法已经被金融市场上的投资者广为采纳，用来解决投资决策中的一般性问题。

CAPM也不是尽善尽美的，它本身存在着一定的局限性，具体表现在：

首先，CAPM的假设前提是难以实现的。假设之一是市场处于完善的竞争状态。但是，实际操作中完全竞争的市场是很难实现的，“做市”时有发生。假设之二是投资者的投资期限相同且不考虑投资计划期之后的情况。但是，市场上的投资者数目众多，他们的资产持有期间不可能完全相同，而且现在进行长期投资的投资者越来越多，所以假设二也就变得不那么现实了。假设之三是投资者可以不受限制地以固定的无风险利率借贷，这一点也是很难办到的。假设之四是市场无摩擦。但实际上，市场存在交易成本、税收和信息不对称等问题。假设之五、之六是理性人假设和一致预期假设。显然，这两个假设也只是一种理想状态。

其次，CAPM中的β系数难以确定。某些证券由于缺乏历史数据，其β系数不易估计。此外，由于经济的不断发展变化，各种证券的β系数也会产生相应的变化，因此，依靠历史数据估算出的β系数对未来的指导作用也要打折扣。

总之，由于CAPM的上述局限性，金融市场学家仍在不断探求比CAPM更为准确的资本市场理论。目前，已经出现另外一些颇具特色的资本市场理论（如套利定价模型），但尚无一种理论可与CAPM相匹敌。

（2）计算各种证券的必要收益率，见表4-22。

表4-22 **各种证券的必要收益率**

| 证券 | 预期收益率 | β系数 | 必要收益率 | 差异 |
| --- | --- | --- | --- | --- |
| PAR股票 | 18.0% | 1.29 | 17.03% | 0.97% |
| 市场组合 | 15.0% | 1.00 | 15.00% | 0.00% |
| APE股票 | 12.5% | 0.68 | 12.76% | -0.26% |
| 政府债券 | 8.0% | 0.00 | 8.00% | 0.00% |
| LUS股票 | 1.3% | -0.86 | 1.98% | -0.68% |

根据表中的计算结果，PAR股票的预期收益率大于必要收益率，而APE股票、LUS股票预期收益率小于必要收益率。从单一证券来看，应该购买PAR股票，放弃APE股票和LUS股票。LUS股票收益率低于政府债券收益率。

如果对PAR股票与LUS股票进行投资组合，投资比例为1∶1，则：

投资组合的β系数=50%×1.29+50%×（-0.86）=0.215

投资组合的必要收益率=50%×17.03%+50%×1.98%=9.51%

或：投资组合的必要收益率=8%+0.215×（15%-8%）=9.51%

如果对PAR股票与APE股票进行投资组合，投资比例为1∶1，则：

投资组合的β系数=50%×1.29+50%×0.68=0.985

投资组合的必要收益率=50%×17.03%+50%×12.76%=14.9%

或：投资组合的必要收益率=8%+0.985×（15%-8%）=14.9%

（3）当预期通货膨胀率上升3%时，由于无风险收益率也会上升3%，因此，无论高风险还是低风险证券，它们的必要收益率也会跟着上升3%，SML上移，无风险收益率从8%上升至11%。

如果人们的风险规避程度改变，使市场风险溢价增长3%，SML斜率会上升，此时，PAR股票的β系数将上升3.87个（1.29×3）百分点；市场组合的β系数将上升3个（1×3）百分点；APE股票的β系数将上升2.04个（0.68×3）百分点；LUS股票的β系数将下跌2.58个（0.86×3）百分点；政府债券保持不变。

（4）从理论上说，总风险=市场风险+公司特有风险，或=不可分散风险+可分散风险，其计算公式：

$$\mathrm{Var}(r_p)=\sum_{i=1}^{n}w_i^2\,\mathrm{Var}(r_i)+\sum_{i=1}^{n}\sum_{j=1}^{n}w_iw_j\mathrm{Cov}(r_i,r_j)\quad(i\neq j)$$

公式等号右方的第一项为各项资产的方差，反映了它们各自的风险状况；第二项为各项资产之间的协方差，反映了两两资产收益的风险状况。

风险与收益
解题思路

当n→∞，公式中的第一项将逐渐消失；公式中的第二项趋近各项之间的平均协方差，即协方差在投资资产个数增加时并不完全消失，而是趋于平均值。这个平均值是所有投资活动的共同运动趋势，反映了系统风险。

# 第 2 篇
# 财务决策

# 第5章 投资决策

## 一、单项选择题

1.以下各项中，不属于投资项目现金流出量的是（　　）。

A.经营付现成本　　B.固定资产折旧费用

C.固定资产投资支出　　D.垫支的营运资本

2.折旧具有抵减税负的作用，由于计提折旧而减少的所得税税额的计算公式为（　　）。

A.折旧额×所得税税率

B.折旧额×（1-所得税税率）

C.（经营付现成本+折旧额）×所得税税率

D.（净利润+折旧额）×所得税税率

3.某公司拟建一条新的生产线，预计投产后每年销售收入为160万元。新产品上市会增加该公司相关产品的销量，使得每年销售收入由原来的60万元上升到80万元，则与新建生产线相关的现金流量为（　　）万元。

A.20　　B.140　　C.160　　D.180

4.某项目的经营期为10年，预计投产第一年和第二年流动资产需用额分别为60万元和80万元，两年相应的流动负债筹资额分别为25万元和40万元，则第二年需要垫支的营运资本为（　　）万元。

A.5　　B.15　　C.35　　D.40

5.在计算项目的现金流量时，若某年取得的净残值收入为20 000元，按税法的规定预计的净残值为15 000元，所得税税率为25%，则下列处理方法正确的是（　　）。

A.按公司取得的实际净残值收入20 000元作为现金流量

B.按税法的规定，预计的净残值15 000元作为现金流量

C.按实际净残值减去资本利得税后的18 750元作为现金流量

D.按实际净残值加上资本利得税后的21 250元作为现金流量

6.某公司2年前以800万元购入一块土地，当前市价为920万元，如果公司计划在这块土地上兴建厂房，投资分析时应（　　）。

A.以120万元作为投资的机会成本　　B.以800万元作为投资的机会成本

C.以920万元作为投资的机会成本　　D.以920万元作为投资的沉没成本

7.某投资项目的年营业收入为600万元，年经营付现成本为400万元，年折旧额为100万元，所得税税率为25%，该项目的每年经营现金净流量为（　　）万元。

A.75　　B.100　　C.175　　D.250

8.当折现率为10%时，某项目的净现值为80元，则下列关于该项目的内部收益率的说法正确的是（　　）。

A.一定大于10%　　B.一定低于10%　　C.一定等于10%　　D.无法确定

9.下列各项中，计算时不考虑现金流量的指标是（　　）。

A.获利指数　　B.会计收益率　　C.净现值　　D.内部收益率

10.W公司正在考虑处置一台旧设备。该设备于3年前以610万元购入，税法规定的折旧年限为6年，按直线法计提折旧，预计净残值为10万元。目前可按250万元的价格售出，假设所得税税率为25%，则处置该设备对本期现金流量的影响是（　　）。

A.增加2 500 000元　　B.增加2 650 000元

C.减少150 000元　　D.减少600 000元

11.某公司计划投资一个项目，初始投资额为60万元，税法规定的折旧年限为12年，按直线法计提折旧，期满无残值。该项目投产后预计每年能够为公司创造净利润15万元，则该项目的投资回收期为（　　）年。

A.3　　B.4　　C.5　　D.6

12.按名义现金流量计算净现值时，若真实利率为9%，预期通货膨胀率为2%，则名义的折现率为（　　）。

A.6.82%　　B.7%　　C.11%　　D.11.18%

13.计算投资项目内部收益率不需要考虑的因素是（　　）。

A.投资项目的现金净流量　　B.投资项目的初始投资额

C.投资项目的有效年限　　D.投资项目的必要收益率

14.某投资项目的初始投资额为200万元，当年建设当年投产，投产后第1~5年每年净利润为20万元，第6~10年每年净利润为32万元，则该项目的会计收益率为（　　）。

A.10%　　B.13%　　C.20%　　D.26%

15.不考虑与公司其他项目的组合风险效应，单纯反映特定项目未来收益可能结果相对于预期值的离散程度的风险是（　　）。

A.市场风险　　B.项目风险　　C.公司风险　　D.系统风险

16.敏感性分析衡量的是（　　）。

A.全部因素的变化对项目评价标准（如NPV、IRR）的影响程度

B.确定性因素的变化对项目评价标准（如NPV、IRR）的影响程度

C.不确定性因素的变化对项目评价标准（如NPV、IRR）的影响程度

D.不确定性因素的变化对项目净利润的影响程度

17.假设某公司资本全部由股东权益构成，目前该公司股权资本成本为12%，无风险收益率为6%，市场风险收益率为4%，若该公司正在考虑一个比现有公司资产的β系数高出50%的新项目。新项目的期望内部收益率为14%。如果β系数是一个合适的风险衡量指标，则下列说法正确的是（　　）。

A.应该接受该项目，因为其内部收益率高于公司目前的资本成本

B.不应该接受该项目，因为项目风险调整折现率高出其内部收益率一个百分点

C.不应该接受该项目，因为项目风险调整折现率高出其内部收益率两个百分点

D.不应该接受该项目，因为β系数增大了50%，导致风险调整折现率达到了18%

18.甲公司拟投资一新项目，通过分析得出该项目根据无风险收益率计算出的各年现金流量现值的期望值为1 600元，根据各年现金流量标准差计算的该项目的总体标准差为420元，假设无风险收益率为4%，公司同类项目的风险收益系数为0.2，则风险调整折现率为（　　）。

A.4.45%　　B.5.25%　　C.6.05%　　D.9.25%

19.采用风险调整现金流量法进行投资项目风险分析时，需要调整的项目是（　　）。

A.无风险的折现率　　B.有风险的折现率

C.无风险的现金净流量　　D.有风险的现金净流量

20.在确定等值法下，通常现金流量的标准离差率与确定等值系数之间的关系是（　　）。

A.标准离差率越小，确定等值系数越小

B.标准离差率越大，确定等值系数越小

C.标准离差率等于1，确定等值系数也等于1

D.标准离差率等于0，确定等值系数趋近于无穷大

21.以下关于净现值盈亏临界点与会计利润盈亏临界点的论述错误的是（　　）。

A.净现值盈亏临界点考虑了投资的机会成本

B.净现值盈亏临界点是指净现值等于零时的销售量

C.会计利润盈亏临界点没有考虑投资的机会成本

D.会计利润盈亏临界点考虑了投资的机会成本

22.以下关于项目敏感性分析与概率分析的论述错误的是（　　）。

A.敏感性分析可以度量在不同经营状态下净现值的变动幅度

B.敏感性分析可以度量净现值为零的概率

C.概率分析通常根据投资项目产生的现金流序列进行均值-标准差分析

D.概率分析可以度量净现值为零的概率

## 二、多项选择题

1.下列项目中，属于现金流入项目的有（　　）。

A.现金销售收入　　B.成本费用节约额

C.回收垫支的营运资本　　D.固定资产残值变价收入

E.固定资产折旧形成的税负节余

2.对传统现金流量项目而言，如果一个投资方案的净现值大于零，则下列说法正确的有（　　）。

A.该方案未来现金流入量的现值之和大于未来现金流出量的现值之和

B.该方案的内部收益率大于投资者要求的必要收益率

C.该方案的投资回收期一定小于投资者预期的回收期

D.该方案的净资产收益率大于投资者要求的必要收益率

E.该项目的获利指数一定大于1

3.预测投资项目现金流量要遵循增量现金流量原则，一般需要考虑的成本有（　　）。

A.附加效应成本　　B.历史成本　　C.机会成本

D.经营付现成本　　E.沉没成本

4.影响项目投资回收期长短的因素有（　　）。

A.投资项目的使用期限

B.投资项目的初始投资额

C.投资项目产生的年平均经营收入

D.投资项目投产后前若干年每年的现金净流量

E.初始投资回收后投资项目各年产生的现金净流量

5.某公司拟投资生产一种新型产品，则与该投资项目有关的现金流量有（　　）。

A.需购置价值为280万元的生产流水线，同时垫支25万元的营运资本

B.公司曾支付8万元的咨询费，聘请相关专家对该项目进行可行性论证

C.利用公司现有的库存材料，目前市价为15万元

D.利用公司现有的闲置厂房，如将其出租可获租金收入50万元

E.公司拟采用借款方式为本项目筹集资金，每年借款的利息支出为20万元

6.影响投资项目净现值大小的因素有（　　）。

A.投资项目各年的现金净流量　　B.投资项目的有效年限

C.投资者要求的最低收益率　　D.投资项目的回收期限

E.现行的银行贷款利率

7.下列关于项目风险调整的说法正确的有（　　）。

A.风险调整主要有风险调整折现率法和风险调整现金流量法

B.风险调整折现率法根据项目的风险收益系数与标准离差率估计风险溢价

C.风险调整折现率法对风险大的项目采用较高的折现率

D.风险调整现金流量法采用无风险利率折现

E.管理层的风险规避程度越高，确定等值系数就越小

8.在互斥项目的决策分析中，采用净现值或内部收益率标准有时会得出相反的结论，产生这种现象的原因有（　　）。

A.项目的投资期限不同　　B.项目的年均成本不同

C.项目本身的获利能力不同　　D.项目的现金流量时间分布不同

E.项目的投资规模不同

9.某公司拟投资一个100 000元的项目，无建设期，投产后预计每年现金流入80 000元，每年付现成本50 000元，预计有效期5年，按直线法计提折旧，期满无残值，所得税税率为30%，则下列说法正确的有（　　）。

A.年经营现金净流量为41 000元　　B.年经营现金净流量为27 000元

C.投资回收期为2.44年　　D.投资回收期为3.70年

E.会计收益率为14%

10.在投资项目决策的评价标准中，需要以预先设定的折现率为计算依据的有（　　）。

A.净现值　　B.投资回收期　　C.会计收益率

D.内部收益率　　E.获利指数

11.下列属于投资项目风险来源的有（　　）。

A.对项目特有因素估计的误差

B.市场价格、消费者偏好等不确定性因素

C.对项目的各种费用的估计不足

D.利率、汇率变化导致筹资成本变化的不确定性

E.国家的投资及产业政策变化的不确定性

12.对投资项目进行敏感性分析的步骤包括（　　）。

A.确定影响分析对象的全部可能出现的不确定性因素

B.确定最能反映项目效益的指标作为敏感性分析对象

C.选择在成本收益构成中占比较大、对盈利能力有重大影响的因素

D.调整现金流量

E.计算所选择的各个不确定性因素的变化对分析对象的影响程度，确定因素的敏感度

13. 在项目风险分析中，模拟分析的优点主要有（　　）。
A. 可以得到的结果是净现值的概率分布和净现值小于零的概率
B. 可以计算净现值平均值，得到概率分布的标准偏差
C. 可以具体考察不同变量之间的相互关系
D. 影响项目价值的变量的概率分布较易获得
E. 可适用于对投资额较大的项目进行风险分析和投资决策

14. 通常，投资项目风险调整的方法有（　　）。
A. 内部收益率法　　B. 风险调整折现率法　　C. 风险调整现金流量法
D. 净现值法　　E. 投资组合法

15. 下列各项中，对确定等值系数特征的表述正确的有（　　）。
A. 它是指无风险现金流量和风险现金流量之间的等值系数
B. 它可以将不确定的现金流量调整为确定的现金流量
C. 它的取值范围在0~1之间
D. 它可以根据投资项目现金流量标准离差确定，标准离差越大，其值越小
E. 它可以由经验丰富的分析人员凭主观判断确定

## 三、判断题

1. 若某投资项目的净现值等于零，则意味着该项目所产生的现金流量正好收回了初始投资，因而该项目无利可图，不应对其进行投资。（　　）

2. 考虑所得税影响时，项目采用加速折旧法计提折旧计算出来的净现值比采用直线折旧法计提折旧计算出来的净现值大。（　　）

3. 在项目投资方案评价中，折旧既不是现金流入量也不是现金流出量，因而不必考虑。（　　）

4. 在投资决策中，沉没成本属于决策无关成本，在计算现金流量时不予考虑。（　　）

5. IRR是根据项目本身的现金流量计算的，反映项目投资的预期收益率；资本成本是投资者进行项目投资要求的最低收益率。（　　）

6. 一般情况下，使某投资方案的净现值小于零的折现率，一定大于该投资方案的内部收益率。（　　）

7. 各年现金流量部分相关时，可根据条件概率计算每一个特定的现金流量组合可能发生的联合概率。（　　）

8. 在互斥项目的选择排序中，NPV与IRR标准产生矛盾的根本原因是这两种标准隐含的再投资利率不同。（　　）

9. 对同一独立项目进行评价时，净现值、内部收益率可能会得出不同的结论。（　　）

10.内部收益率评价标准可以从动态的角度直接反映投资项目的实际收益率水平，因此在比较任何投资方案时，内部收益率最大的方案则是最优的投资方案。（　）

11.虽然投资回收期指标没有考虑货币的时间价值，但考虑了回收期满后的现金流量状况。（　）

12.某投资项目现金流量与公司其他项目现金流量的相关性越低，该项目对降低公司资产组合风险的贡献就越大。（　）

13.在公司众多的投资项目中，如果其中一个项目的收益具有高度的不确定性，那么这家公司的总风险必定很高。（　）

14.在敏感性分析中，如果某一因素在较大范围内发生变动，才会影响原定项目的盈利能力，那么表明该因素的敏感性较强。（　）

15.以会计利润计算的盈亏平衡点，实际上是处于亏损状态的，它丧失了投资资本的机会成本。（　）

16.采用模拟分析方法得到的结果不只是一个净现值，还有净现值的概率分布。（　）

## 四、计算分析题

1.XYZ公司计划设立一个新的生产销售中心，一年前，该公司曾委托一家咨询公司对该项目进行可行性研究，支付咨询费用6万元。现在投资该项目，厂房、设备共需投资800万元，项目年限4年，税法规定期满有净残值50万元，项目结束后，净残值的市场价格为65万元。此外，需垫支营运资本200万元，并于项目终结时一次性收回。该项目投资便可投产使用，即无建设期，预计投产后每年可为公司带来现金收入680万元，每年付现成本为360万元。公司所得税税率为25%，假设项目的资本成本为10%。

要求：

（1）假设采用年数总和法计提折旧，计算项目各年的折旧额。

（2）计算该项目各年的现金净流量和净现值。

（3）假设该投资项目采用直线法折旧，其他因素不变。计算该项目各年的现金净流量和净现值，并将计算结果与（2）的结果相比较，说明发生差异的原因。

2.ABC公司拟购买一台磨碎机，这台机器的价格是160 000元，为满足公司特定工艺要求，公司需要对这台机器进行改进，相关费用为40 000元，这台机器的使用年限为3年，每年的折旧率分别为固定资产总值的40%、32%和28%，预计3年后可按20 000元的价格出售。使用该机器需要垫支6 500元的营运资本，并且这台机器的使用不会增加公司目前的收入，但每年可以节约税前经营付现成本81 000元，该公司的所得税税率为25%。

要求：

（1）计算该机器第1年年初的现金净流量。

（2）计算第1年至第3年每年增加的经营现金净流量。

（3）计算第3年的非经营现金净流量。

（4）假设该项目的资本成本为10%，公司是否应该购买该设备？

3.ASS公司计划购置一台新机床以扩充生产能力，现有A、B两种类型的机床可供选择：

（1）购置A型机床需一次性投资60 000元，使用寿命为5年，5年后设备无残值，5年中每年销售收入为68 000元，每年付现成本为50 000元。

（2）购置B型机床需一次性投资81 000元，使用寿命也为5年，预计第5年年末净残值为1 000元，5年中每年销售收入为80 000元，付现成本第一年为54 000元，以后随着设备陈旧，逐年将增加设备的维修费用1 000元，另需垫支营运资本5 000元。

（3）假设两种类型的机床均按直线法计提折旧，所得税税率为25%，投资者要求的收益率为8%。

要求：

（1）分别计算A、B两种类型机床的现金净流量。

（2）计算购置两类机床的净现值，公司应购置哪种机床？

4.PSA公司由于生产需要，拟租赁或购买一台P型设备，目前，P型设备的市场价格为64 000元（包括买价、运费及安装调试费等），预计可使用7年，按直线法计提折旧，期满法定的残值与预计残值的出售价均为1 000元。如果采用经营租赁，则每年需支付的租赁费用为13 000元。假设租赁资产的折旧费由出租人提取，公司的所得税税率为25%，投资者要求的必要收益率为8%。

要求：

（1）如果租赁P型设备的租赁费用在每年的年初支付，应该购买还是租赁该设备。

（2）如果租赁P型设备的租赁费用在每年的年末支付，应该购买还是租赁该设备。

5. ACC公司通过半年多的市场考察，花费了10万元的调研费，公司生产部经理提出为提高公司的生产能力，可引进一台先进的电脑生产系统来取代繁杂的人工程序，减少人工成本，提高产品质量。

现有人工生产系统原值为500万元，已使用4年，预计还可使用6年，目前账面价值为310万元，若现在变卖可获得收入280万元，使用该系统每年付现成本为70万元。

生产部经理预计购入新的电脑生产系统需花费420万元，预计可使用6年。新生产系统的使用不会增加现有的销售收入，但会使人工成本大大降低，导致每年的经营付现成本降低到32万元。按税法的规定，无论是现有人工生产系统还是新的电脑生产系统均采用直线法计提折旧，并且净残值率均为5%。

假设ACC公司的所得税税率为30%，要求的投资必要收益率为10%。

要求：

（1）公司总经理要求你对是否应该引进电脑生产系统以更换现有人工生产系统的投资决策撰写一份分析报告。

（2）完成上述分析报告后，你便把报告呈报给公司总经理。他仔细阅读了你的建议，赞许你没有将市场调研费列入项目支出中，而是将其列入“沉没成本”。但他的助手不明白“沉没成本”如何影响上述分析的结果，除了本例中的“沉没成本”外，请你再举出一些例子来阐述“沉没成本”怎样影响投资项目的相关成本。此外，如果项目评估后，公司放弃购置新生产系统取代旧生产系统，前期发生的市场调研结果是否可以出售给其他公司？项目的市场调研费最终由谁负担？

（3）公司总经理提出，如果ACC公司的投资必要收益率在现有的基础上提高4个百分点，公司应如何做出投资决策？

6.某书店正考虑是否在大堂内开设一家咖啡店。有关资料如下：购置咖啡设备等的投资额为300 000元，期限为5年，采用直线法折旧，净残值为50 000元。

（1）预计咖啡店第1年营业收入为80 000元，此后4年每年递增5%；营运费用（付现成本）为营业收入的40%。

（2）咖啡店开张后，增加了书店的收入，预计第1年增加营业收入100 000元，此后4年，营业收入每年递增15%；税前营业利润率为40%。

（3）假设所得税税率为25%，折现率为12%。

要求：

（1）单独计算咖啡店的净现值。

（2）计算书店销售收入增量现值。

（3）你会开设这家咖啡店吗？

7.假设你正在考虑建立一家软件开发公司，有关的数据如下：预计购买计算机硬件，价值约为200 000元，硬件的折旧期为5年，使用直线法折旧；另外，需要租赁一间办公室，一年的费用为120 000元；估计软件工程师等人工费用每年为300 000元；市场营销费用每年为100 000元。根据分析，预计开发的软件每套为90元，第一年预计出售10 000套，以后4年每年销售量增长10%；生产所用原料的成本每套为35元；预计收入、成本费用的每年通货膨胀率增长3%。假设每年经营所需要的营运资本占营业收入的10%（假设营运资本投资是于每年年初进行的）；假设公司的所得税税率为25%。

要求：

（1）假设资本成本为12%，估计软件公司每年的现金流量、净现值和内部收益率，你是否会建立这一软件公司？

（2）假设软件公司的真实资本成本（不考虑通货膨胀因素）第1年为10%，以后各年逐年上升，到第5年上升至12.25%，预计通货膨胀率第1年为2%，到第5年上升至4%。在其他因素不变的情况下，重新计算净现值和内部收益率。

（3）比较（1）和（2）的内部收益率，试说明为什么内部收益率的计算与所选择的资本成本无关？

8. 某公司拟投资生产一种新产品，总投资额为150 000元，使用期限为5年，期满法定的净残值为零。经测算，该产品单位售价为80元，边际贡献率为30%，各年的销售量分别为：2 000件、2 500件、3 000件、1 200件和900件。假设该公司的所得税税率为30%。

该项目投资额的40%通过发行债券筹集，债券的利率为6%，其余部分由股权资本满足。预计未来5年股票指数的收益率分别为9%、12%、18%、-3%和4%；经风险评估，该投资项目收益率与股票指数收益的相关系数为0.90273；无风险收益率为4%。

要求：

（1）计算该项目的投入资本收益率（假设从项目出资者的角度出发，以投资额作为各期投入资本，则：投入资本收益率=息前税后利润÷投入资本）。

（2）计算该投资项目无负债β系数和负债β系数。

（3）计算该项目的加权平均资本成本。

（4）计算该项目的净现值和内部收益率，并评价该项目的财务可行性。

9. 假设某公司是一家无负债公司，目前正在评估投资一条新的产品生产线。根据项目评估，预计产品生产线的设备投资为5 000 000元，使用年限为10年，采用直线法折旧。同时，预计在项目存续期，每年产品销售量为600 000件，每件4元；单位产品付现成本为2元；所得税税率为25%。假设营运资本占销售收入的比率为20%，在第1年年初支出，项目结束后收回。

如果公司接受这个项目，项目将使用该公司的废弃仓库。该仓库的账面价值为300 000元。你的上司正在计划以每年75 000元的租金把这个仓库租给另一家公司，折现率为12%，项目存续期为10年。根据会计准则，租赁资产的折旧由承租人承担。

假设项目的资本全部来自股权融资，且项目的风险与公司的风险相同。为了估计该项目的折现率，你发现具有可比性的上市公司的β系数见表5-1。

表5-1 可比上市公司的β系数

| 公司名称 | 负债÷股东权益 | 税率 | β系数 |
|---|---|---|---|
| ASS | 0.5 | 40% | 1.3 |
| BBC | 1.0 | 50% | 1.5 |

目前的长期国债利率为5%，市场风险溢价为6.5%。

要求：

（1）估计项目合适的折现率。

（2）项目使用这个仓库的机会成本是多少？

（3）项目存续期内，每年税后经营现金流量是多少？

（4）这个项目的净现值是多少？

10.假设你是公司财务经理，现有A、B两个投资项目，它们的初始投资额均为100万元，资本成本均为12%，各项目预计现金净流量见表5-2。

表5-2 **各项目预计现金净流量** 单位：万元

| 年份 | 0 | 1 | 2 | 3 | 4 | 5 |
|---|---|---|---|---|---|---|
| A项目 | -100 | 32 | 32 | 32 | 32 | 32 |
| B项目 | -100 | 60 | 35 | 20 | 20 | 10 |

要求：

（1）分别计算两个项目的净现值、现值指数、内部收益率、修正内部收益率、投资回收期。

（2）如果这两个项目是互相独立的，哪个项目会被接受，请说明理由。

（3）如果这两个项目是互相排斥的，按NPV和IRR标准分别评价两个项目会出现什么现象，此时应如何决策，请说明理由。

（4）分别计算A、B项目的修正内部收益率（MIRR），据此做出决策。

（5）如果资本成本为10%，是否还会出现上述的排序矛盾，说明理由，并分析出现这种现象的根本原因。

11.BBA公司的资本全部来自股权投资，它有三个分部，具有不同的风险水平，见表5-3。

表5-3 **各分部的风险水平**

| 分部 | 电子品分部 | 保健品分部 | 出版分部 |
|---|---|---|---|
| β系数 | 1.2 | 0.8 | 1 |
| 各分部投资额占公司投资总额的比率 | 45% | 35% | 20% |
| 无风险收益率 | 6% | 6% | 6% |
| 市场风险溢价 | 7% | 7% | 7% |

目前，公司各分部项目及预期收益率见表5-4。

表5-4 **各分部项目及预期收益率**

| 电子品分部 | 保健品分部 | 出版分部 |
|---|---|---|
| A项目 IRR =15% | C项目 IRR=12% | E项目 IRR=13% |
| B项目 IRR =13.50% | D项目 IRR=10% | F项目 IRR=15% |

要求：

（1）计算BBA公司的加权平均β系数和资本成本。

（2）根据公司资本成本进行投资项目分析，公司应接受哪些项目？

（3）根据项目的风险水平进行投资项目分析，公司应接受哪些项目？如果结论与（2）发生矛盾，请提出你的观点。

12.RIC公司是一家食品生产公司。最近公司准备投资建设一家汽车制造厂，并于2018年1月1日正式投产运营，预计经营期为6年。公司财务经理通过调研得到以下相关信息：

（1）为了解汽车行业的市场状况以及本公司的市场潜力，公司已经支付前期的市场调研费用和咨询费用，共计300万元。

（2）利用现有闲置的一套厂房，原价7 000万元，已提折旧2 500万元，若该厂房现在处置，其市场价值为4 000万元。但为了不影响公司正常生产，公司规定不得出售厂房。

（3）公司需要购置12台生产设备，新设备的买价共计7 850万元，还需支付50万元的运杂费和100万元的安装调试费，2008年1月1日一次性购入、安装并当即投入使用。设备的使用年限为6年，法定净残值率为10%，按直线法计提折旧，预计6年经营期满后不再生产汽车可将这些设备出售，其售价为500万元。

（4）公司计划对原厂房进行装修，预计装修费用为900万元，于2008年1月1日装修完工时支付，预计第3年年末还要进行同样的装修，并且两次装修费用分别在下一次装修前、经营期满止采用直线法摊销。

（5）公司正式运营后，预计每年实现收入为8 500万元，付现成本为5 900万元（不含设备的折旧和装修费用的摊销）。

（6）该项目第1年年初（和设备投资同时）和第2年年初预计当年相关的流动资产需用额分别为500万元和800万元，相应的流动负债需用额分别为200万元和400万元。

（7）目前公司的目标资本结构为40%的债务和60%的股权资本，为保证公司的目标资本结构不变，该汽车制造厂建设项目所需的资本仍然按这一比例来筹措，其中所需的债务资本通过发行公司债券取得（不考虑相关的手续费用），债券的利率为8.44%。

（8）在确定项目系统风险时，公司财务人员对三家已经上市的汽车制造公司BMC、FTC和BCC进行了详细分析，相关的财务数据见表5-5。

表5-5　　三家公司的相关财务数据

| 项　目 | BMC | FTC | BCC |
| --- | --- | --- | --- |
| 有负债的β系数（$\beta_L$） | 0.8 | 1.5 | 2.4 |
| 资本结构： | | | |
| 债务资本 | 30% | 50% | 60% |
| 股权资本 | 70% | 50% | 40% |
| 公司所得税税率 | 25% | 30% | 20% |

（9）目前证券市场的无风险收益率为6%，证券市场的平均收益率为11%。

（10）RIC公司的所得税税率为25%。

要求：

（1）计算汽车制造厂建设项目的投资必要收益率。

（2）计算净现值，并评价RIC公司是否应该投资建设该汽车制造厂。

13. KRJ公司正在评估一项投资，购置生产设备需720 000元，使用年限为8年，采用直线法计提折旧，到期账面无余额，无残值收入。每年产品销售量为120 000件，单价18元，单位变动成本为12元，固定成本（不包括折旧）为500 000元，所得税税率为25%，投资项目资本成本为10%。

要求：

（1）计算基本情景下的现金净流量和NPV。

（2）当销售量减少1 000件时，计算NPV相对于销售量变化的敏感程度。

14. FU公司面临着一个投资机会，在最初的投资项目评估中没有考虑该项目风险的条件下，预计的现金净流量见表5-6，假设FU公司要求的投资必要收益率为12%。

表5-6　　**FU公司项目现金净流量**　　金额单位：万元

| 年份 | 0 | 1 | 2 | 3 | 4 | 5 | 6 |
|---|---|---|---|---|---|---|---|
| 固定资产投资 | -100 | | | | | | |
| 垫支营运资本 | -24 | | | | | | |
| 经营现金流量： | | | | | | | |
| 销售量（台） | | 5 000 | 5 000 | 5 000 | 5 000 | 5 000 | 5 000 |
| 销售单价（元） | | 360 | 360 | 360 | 360 | 360 | 360 |
| 销售收入 | | 180 | 180 | 180 | 180 | 180 | 180 |
| 单位变动成本（元） | | 220 | 220 | 220 | 220 | 220 | 220 |
| 变动成本总额 | | 110 | 110 | 110 | 110 | 110 | 110 |
| 固定成本（不含折旧） | | 15 | 15 | 15 | 15 | 15 | 15 |
| 折旧 | | 15 | 15 | 15 | 15 | 15 | 15 |
| 息税前利润 | | 40 | 40 | 40 | 40 | 40 | 40 |
| 所得税（25%） | | 10 | 10 | 10 | 10 | 10 | 10 |
| 税后利润 | | 30 | 30 | 30 | 30 | 30 | 30 |
| 残值回收额 | | | | | | | 10 |
| 垫支营运资本回收额 | | | | | | | 24 |
| 现金净流量 | -124 | 45 | 45 | 45 | 45 | 45 | 79 |

要求：

（1）计算该项目的净现值。

（2）对该项目的销售量、销售单价、单位变动成本、固定成本（不含折旧）以及项目资本成本进行敏感性分析，即计算上述各因素围绕基数值分别增加或减少5%、10%和15%（每次只有一个因素变化）时新的净现值，做出敏感性分析图并进行分析。

15.假设某公司正在考虑一项投资，初始投资额为150万元，使用年限10年，无残值。第1~10年每年的销售量为100万件，单位售价为3.75元，单位变动成本为3元，固定成本总额为30万元，假设所得税税率为50%，折现率为10%。

要求：

（1）计算会计利润为零时的盈亏平衡点销售量。

（2）计算净现值为零时的盈亏平衡点销售量。

（3）说明净现值盈亏平衡点与会计利润盈亏平衡点的区别。

16.SPT公司正在考虑一个投资方案，投资额为800万元，因环境因素变化，公司预期未来3年的现金净流量及其概率如图5-1所示。

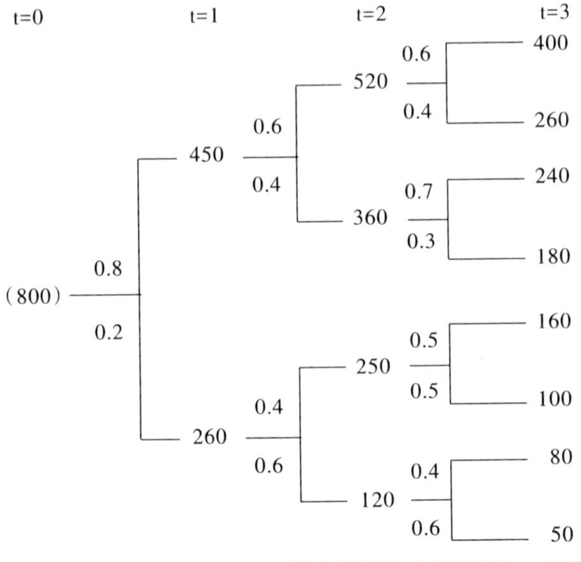


**图5-1 投资项目现金净流量及其概率（金额单位：万元）**

假设该公司以内部留存收益作为投资项目的资金来源，其股票的β系数为1.2。该项投资与公司现有投资项目的风险相同。市场投资收益率为11%，国库券利率为6%。

要求：

（1）根据上述资料，分析该公司是否应采纳这一投资方案。

（2）计算该投资项目净现值小于零的概率。

17.假设某公司正在考虑一项投资，初始投资额为1 010万元，第1~5年每年净现金流量为400万元，折现率为12%。预计项目投资额和各年现金净流量在不同经济状态下的概率和可能值见表5-7。

表5-7　**项目投资额、各年现金净流量概率和可能值**　金额单位：万元

| 项目 | 概率 | 可能值 |
|---|---|---|
| 投资额（第0年） | 0.2<br>0.5<br>0.3 | 900<br>1 000<br>1 100 |
| 现金净流量（第1~5年） | 0.2<br>0.6<br>0.2 | 300<br>400<br>500 |

要求：

（1）采用模拟分析法进行项目评价。设定投资模拟100次，采用“RANDBETWEEN”函数和“VLOOKUP”函数产生一个随机数，并确定每一个变量的相应数值，每个随机变量（投资额和每年现金净流量）的随机数为100。

（2）用NPV函数计算每一次模拟试验的净现值。

（3）计算100个NPV的平均值、标准差、最小值、最大值，净现值小于零的概率。

（4）根据最小值和最大值确定NPV的上频数区间。

（5）用函数“FREQUENCY”统计100个NPV落入区间的频数和频率。

（6）绘制NPV频率直方图。

注意：问题（4）、（5）、（6）可选做，参阅教材的Excel相关内容。

18.某公司有三个方案可供选择，相关资料见表5-8。

表5-8　**投资方案现金净流量及其概率分布**　金额单位：万元

| | 方案A | | 方案B | | 方案C | |
|---|---|---|---|---|---|---|
| 年份 | NCF | 概率 | NCF | 概率 | NCF | 概率 |
| 0 | -2 000 | 1.00 | -500 | 1.00 | -500 | 1.00 |
| 1 | 1 200<br>900<br>600 | 0.20<br>0.50<br>0.30 | | | | |
| 2 | 1 000<br>800<br>600 | 0.30<br>0.40<br>0.30 | | | | |
| 3 | 900<br>800<br>700 | 0.20<br>0.40<br>0.40 | 1 200<br>850<br>600 | 0.30<br>0.40<br>0.30 | 1 500<br>800<br>500 | 0.20<br>0.60<br>0.20 |

假设无风险收益率为5%。

要求：

（1）分别计算三个方案的标准离差率。

（2）若同类项目风险收益系数为0.2，按风险调整折现率法计算每个方案的净现值并进行评价。

（3）如果公司财务分析人员根据以往经验确定的标准离差率与确定等值系数之间的关系（见表5-9），要求采用风险调整现金流量法分别计算三个方案的净现值，并做出三个方案互斥条件下的决策。

表5-9 标准离差率与确定等值系数之间的关系

| 标准离差率 | 确定等值系数 |
|---|---|
| 0 ~ 7% | 1.00 |
| 8% ~ 20% | 0.90 |
| 21% ~ 35% | 0.80 |
| 36% ~ 50% | 0.75 |
| 51% ~ 66% | 0.60 |
| 67% ~ 80% | 0.45 |

## 五、案例分析

1.2021年4月7日上午，XYZ家具公司正在召开会议，讨论新产品生产线开发及资本支出预算等有关问题。参加会议的有公司董事长、总经理、研究开发部经理、财务部经理等有关人员。会上，项目部经理首先介绍了新产品的特点、作用、研究开发费用以及开发项目的现金流量等。项目部经理指出，为了解家具的市场状况，公司首先在相关地区进行了市场调研，支付调研费10万元；为生产该产品购置专用设备、包装用品设备等需投资200万元，预计设备使用年限5年，采用直线法计提折旧，净残值率为10%。

项目部经理与一家市场调研公司合作，预期客户对家具的兴趣可能会出现三种情况：高、中、低，每种情况下的销售量、销售价格、单位变动成本见表5-10。

表5-10 客户对家具兴趣的情况

| 客户兴趣 | 销售量（件） | 销售价格（元） | 单位变动成本（元） |
|---|---|---|---|
| 低 | 5 000 | 200 | 110 |
| 中 | 10 000 | 260 | 130 |
| 高 | 15 000 | 320 | 160 |

为简化，假设已知客户兴趣的某种状态后，这些变量的值在销售产品的5年内保持不变。例如，如果在项目的第1年客户的兴趣为“低”，那么第2年至第5年客户的兴趣仍然会比较低，依此类推。

预期项目的固定成本（不包括折旧）为每年50万元，每年年初需要的净经营性营运资本为当年销售额和变动成本总额的10%，公司所得税税率为25%。

项目部经理构建了以客户兴趣为“中”的状态下的项目现金净流量，见表5-11。

表5-11 **项目现金净流量预测** 金额单位：万元

| 年份 | 0 | 1 | 2 | 3 | 4 | 5 |
|---|---|---|---|---|---|---|
| 项目初始投资额 | -200 | | | | | |
| 经营现金流量： | | | | | | |
| 销售量（万件） | | 1 | 1 | 1 | 1 | 1 |
| 销售价格（元） | | 260 | 260 | 260 | 260 | 260 |
| 销售收入 | | 260 | 260 | 260 | 260 | 260 |
| 单位变动成本（元） | | 130 | 130 | 130 | 130 | 130 |
| 变动成本总额 | | 130 | 130 | 130 | 130 | 130 |
| 固定成本总额 | | 50 | 50 | 50 | 50 | 50 |
| 折旧 | | 36 | 36 | 36 | 36 | 36 |
| 息税前利润 | | 44 | 44 | 44 | 44 | 44 |
| 所得税 | | 11 | 11 | 11 | 11 | 11 |
| 净利润 | | 33 | 33 | 33 | 33 | 33 |
| 经营现金净流量 | | 69 | 69 | 69 | 69 | 69 |
| 经营性营运资本 | 39 | 39 | 39 | 39 | 39 | 0 |
| 经营性营运资本变动额 | -39 | 0 | 0 | 0 | 0 | 39 |
| 收回固定资产净残值 | | | | | | 20 |
| 现金净流量 | -239 | 69 | 69 | 69 | 69 | 128 |

项目部经理介绍完毕，大家展开了讨论，在分析了市场状况、投资机会以及同行业发展水平的基础上，确定公司投资机会成本为10%。

在项目讨论会上，主要提出了以下问题需要项目部经理进一步解释：

（1）公司销售部经理首先提出新生产线开发项目投资额中为什么没有包括产品市场调研费？

（2）公司的财务部经理提出在项目现金净流量中是否包括与融资相关的现金流

量，如利息、股息等，为什么？

（3）在预计项目现金净流量时，假设该生产线所使用的厂房能够以每年25 000元的价格租赁给另一家公司使用，这会影响你的分析吗？如果有影响，试确定对项目现金净流量的影响。

（4）假设该项目投产后每年会减少公司其他产品的销售收入50 000元，这对各年的现金净流量有什么影响？

（5）假设该项目不是新的或扩展项目，而是一个重置项目，对它的分析会有所不同吗？

（6）假设不考虑问题（3）和（4）中的假设，试计算投资项目的净现值、内部收益率和投资回收期，并根据其他因素，做出你最终的选择：是接受项目还是放弃项目。

2.2021年5月15日上午，XYZ家具公司再次召开会议，讨论新产品生产线资本支出等问题。会上，项目部经理首先对上次会议提出的问题进行了解答，根据预计的现金净流量和资本成本，项目的净现值为59.2万元，项目的内部收益率为18.43%，由于项目的净现值大于零，内部收益率大于资本成本，因此项目在财务上是可行的。投资回收期为3.464年，虽然回收期大于项目周期的一半，但考虑到项目的周期只有5年，因此总体上项目可行。

在项目讨论会上，公司总经理认为项目部提供的评估报告仅根据项目的平均状态（客户对新产品的兴趣）进行评价，没有充分考虑项目的风险水平，因此，他提出对项目进行风险评估。为此，公司总经理提出了下列问题需要项目部解答：

（1）说明项目风险的主要来源，以及项目风险、公司风险和市场风险之间的关系。

（2）简要说明敏感性分析法的特点。根据表5-11的数据，以销售量、销售价格、单位变动成本、固定成本四个变量为例，进行敏感性分析，假设以表5-11的净现值为基础状态，在此基础上，分析四个变量上下变动10%、20%、30%对净现值的影响。

（3）根据市场调研，项目销售收入可能会出现低、中、高三种状态，销售收入分别为150万元、260万元、460万元，对应的概率分别是0.2、0.5、0.3，假设其他因素不变，试计算不同状态下的净现值、净现值标准差、标准离差率。

（4）假设XYZ公司资产标准离差系数平均值在0.4~0.7之间，那么如何评价新产品生产线项目的风险？公司接受这一新项目对公司资产总体的风险有什么影响？

（5）如果资本成本提高或降低3个百分点，这一项目是否可行？

（6）如果项目初始投资额在当前预测的基础上上升1%至10%，对项目净现值和内部收益率有什么影响？

（7）假设XYZ公司的目标负债率为50%，负债资本成本为10%，无风险利率为8%，市场风险溢价为6%，所得税税率为25%，假设新项目的β系数为1.2，那么这一项目的市场风险溢价是多少？根据CAPM计算股权资本成本、项目加权平均资本成本。根据新的资本成本重新计算项目的净现值。假设项目的负债率与公司负债率相同。

3.TRS灯具公司正在考虑为一年后下届奥运会生产一种特殊的照明灯具。新产品生产线需要投资1 000万元购买新设备，设备安装费50万元，安装费计入设备购置费，转化为资本后计提折旧。

2018年，TRS公司花费5万元请咨询公司作了一次论证。咨询公司认为，TRS公司现有的零件存储仓库适合作为新生产线的厂房，目前，这一仓库的折旧已全部提完。此外，公司经理认为，如果不建新生产线，那么这座仓库连同其地皮在缴纳各种佣金、清理费和各种税金后，出售净价为20万元。由于TRS公司不能发挥仓库其他方面的作用，因此如果该公司不投资这项特殊照明灯具项目，将出售仓库。

新设备被纳入特别制造设备类，可采用快速折旧法，假设使用年限为5年，各年可按年数总和法计提折旧。

该项目要求公司增加营运资本，增加部分主要用于原材料及备用零部件储存。但是，预计的原材料采购额的增加也增加了该公司的应付账款，最终结果是要求经营性营运资本增加5万元。

新生产线投资后于2019年1月1日安装完成并投入生产，2019年至2023年各年经营现金发生在每年年末。投产后不包括折旧的固定成本每年为100万元，变动成本为销售收入的65%，所得税税率为25%，根据同类项目风险评估的资本成本为10%。

项目5年经济年限结束后，工厂将关闭。公司计划拆除生产线、拆毁厂房，将这一块地皮捐给本市作为公园的园址，捐赠作为公益事项可免征一部分税款，免税额与清理厂址费用大致相等。如果不捐赠，该生产线可按其估计残值出售，售价要取决于经济状况。工程部所作的最乐观的估计是：最低50万元，最高200万元。如果经济不景气，对二手设备的需求很小，那么税前残值只有50万元；如果经济状况一般，税前残值估计为100万元；如果经济繁荣，对二手设备需求很大，设备在转卖市场上的售价将高达200万元。

工程技术人员和成本分析专家在考察了投资支出情况后，认为以上的数据基本上准确，固定成本、变动成本的数据也是可靠的，但销售量或销售收入取决于照明灯具业总体经营水平，而后者取决于经济状况。如果经济保持目前的增长水平，2019年的销售收入可达1 000万元（销售量1 000套，单价10 000元）。在项目5年经济寿命期内，预计销售量稳定不变。但相应的销售单价预计随着通货膨胀而增长，预计在未来的5年每年通货膨胀率为5%。如果2019年经济不景气，销售量只有900套；相反，2019年经济繁荣，则可达到1 100套。

在编制项目资本预算时，不论经济状态出现何种情况，5年内各年销售量均可依据第1年销售量水平进行估计，而同销售单价相对的销售收入则按通货膨胀率同步增长。然而，TRS公司的经济管理专家们预计经济发展状态的概率为：保持一般的可能性为50%；不景气的可能性为25%；繁荣的可能性为25%。

根据TRS公司项目部对该项目所建立的现金流量预测等相关资料回答下列问题：

（1）在分析投资项目时，存在两种风险：总风险和市场风险（用β系数表示）。请说明本案例评估的是哪一种风险，并讨论两种风险及它们与投资决策的相关性。

（2）假设经济不景气，项目可于2020年年末下马。因设备的磨损程度不严重，可出售800万元。建筑物（包括厂房）及地皮不捐赠给市政府而是在市场出售，其税后价值为15万元。此外，可收回经营性营运资本5万元。计算该情况下的净现值。

（3）假设各年销售量为1 000套，销售价格按通货膨胀率调整，其他数据保持不变。首先，计算在销售量1 000套的情况下项目的净现值；然后，选择销售量和残值两个变量进行敏感性分析，假设销售量和残值在±10%、±20%和±30%之间变动。当销售量变化时，残值不变；反之亦然，并说明分析结果。

## 参考答案

### 一、单项选择题

1.B 2.A 3.D 4.A 5.C 6.C 7.C 8.A 9.B 10.B 11.A 12.D 13.D 14.D 15.B 16.C 17.B 18.D 19.D 20.B 21.C 22.B

部分解析：

3.新产品的投产会对该公司现有产品的销量产生附加效应，因此与新建生产线相关的现金流量=160+（80-60）=180（万元）。

4.第1年需要垫支的营运资本=60-25=35（万元），第2年需要的营运资本=80-40=40（万元），则在第一年的基础上第二年需要垫支的营运资本=40-35=5（万元）。

5.由于实际的净残值20 000元大于税法规定的净残值15 000元，需要对差额部分上交所得税1 250元（（20 000-15 000）×25%），是该项目的一项现金流出，因此现金流量为18 750元（20 000-1 250）。

7.$NCF_1$=（600-400-100）×（1-25%）+100 =175（万元）

或者：$NCF_1$=（600 -400）×（1-25%）+100×25%=175（万元）

10.该设备的年折旧额=（6 100 000-100 000）÷6=1 000 000（元）

目前该设备的账面价值=6 100 000-1 000 000×3=3 100 000（元），目前变现价值为2 500 000元，产生变现损失600 000元（3 100 000-2 500 000），但可以抵减所得税150 000元（600 000×25%），因此处置该设备使本期现金流量增加2 650 000元（2 500 000+150 000）。

11.该投资项目的年折旧额=60÷12=5（万元），预计每年的NCF=15+5=20（万元）。

该投资项目的投资回收期=60÷20=3（年）

12.名义的折现率=（1+真实利率）×（1+预期通货膨胀率）-1

=（1+9%）×（1+2%）-1=11.18%

14.该项目的会计收益率 $= \dfrac{20 \times 5 + 32 \times 5}{200 \div 2} \times 100\% = 26\%$

17.该公司的β系数可通过6%+4%×β=12%，得出β=1.5，该投资项目的β系数为：1.5×（1+50%）=2.25，因此该投资项目的风险调整折现率=6%+4%×2.25=15%，可见，该项目的风险调整折现率高出其内部收益率（14%）一个百分点，因此该项目不应该被接受。

18.风险调整折现率=无风险利率+同类项目风险收益系数×特定项目的标准离差率

=4%+0.2×（420÷1 600）=9.25%

## 二、多项选择题

1.ABCDE 2.ABE 3.ACD 4.BD 5. ACD 6.ABC 7.ACDE 8.DE 9.BDE 10.AE 11.ABCDE 12.BCDE 13.ABCE 14.BC 15.ABCDE

部分解析：

9.该项目的年折旧额=100 000÷5=20 000（元）

该项目经营现金净流量：

$NCF_{1\sim5}$=（80 000-50 000-20 000）×（1-30%）+20 000=27 000（元）

或者：$NCF_t$=（80 000-50 000）×（1-30%）+20 000×30%=27 000（元）

该项目的投资回收期=100 000÷27 000=3.7（年）

该项目的会计收益率 $= \dfrac{(80\,000 - 50\,000 - 20\,000) \times (1 - 30\%)}{100\,000 \div 2} \times 100\% = 14\%$

## 三、判断题

1.× 2.√ 3.× 4.√ 5.√ 6.√ 7.× 8.√ 9.× 10.× 11.× 12.√ 13.× 14.× 15.√ 16.√

## 四、计算分析题

1.[①]

（1）按年数总和法计算项目各年的折旧额（$D_i$，i=1，2，3，4）

$D_1 = (800 - 50) \times \dfrac{4}{10} = 300$（万元），$D_2 = (800 - 50) \times \dfrac{3}{10} = 225$（万元）

$D_3 = (800 - 50) \times \dfrac{2}{10} = 150$（万元），$D_4 = (800 - 50) \times \dfrac{1}{10} = 75$（万元）

（2）该公司一年前委托咨询公司对该项目进行可行性研究支付的6万元咨询费，属于沉没成本，预测现金流量时不予考虑。所以各年的现金净流量计算如下：

$NCF_0$=-（800+200）=-1 000（万元）

各年经营现金净流量：

$NCF_1$=（680-360-300）×（1-25%）+300=315.00（万元）

① 此题因保留小数位数不同而存在尾差。

$NCF_2$=（680-360-225）×（1-25%）+225=296.25（万元）

$NCF_3$=（680-360-150）×（1-25%）+150=277.50（万元）

$NCF_4$=（680-360-75）×（1-25%）+75=258.75（万元）

终结现金净流量=200+65-（65-50）×25%=261.25（万元）

$$NPV=-1\,000+\frac{315.00}{(1+10\%)}+\frac{296.25}{(1+10\%)^2}+\frac{277.50}{(1+10\%)^3}+\frac{258.75+261.25}{(1+10\%)^4}$$

$$=-1\,000+1\,094.855=94.855\text{（万元）}$$

（3）采用直线法，项目各年的折旧额=（800-50）÷4=187.50（万元），项目各年的现金净流量计算见表5-12：

表5-12 **投资项目各年现金净流量（直线法折旧）** 单位：万元

| 年份 | 0 | 1 | 2 | 3 | 4 |
| --- | --- | --- | --- | --- | --- |
| 初始投资 | -800.00 | | | | |
| 垫支营运资本 | -200.00 | | | | |
| 各年经营现金净流量 | | 286.88 | 286.88 | 286.88 | 286.88 |
| 收回垫支的营运资本 | | | | | 200.00 |
| 固定资产税后净残值 | | | | | 61.25 |
| 项目现金净流量 | -1 000.00 | 286.88 | 286.88 | 286.88 | 548.13 |

表中各年经营现金净流量：

$$NCF_{1\text{-}4}=(680-360-187.50)\times(1-25\%)+187.50=286.88\text{（万元）}$$

或：

$$NCF_{1\text{-}4}=(680-360)\times(1-25\%)+187.50\times25\%=286.88\text{（万元）}$$

$$NPV=-1\,000+\frac{286.88}{(1+10\%)}+\frac{286.88}{(1+10\%)^2}+\frac{286.88}{(1+10\%)^3}+\frac{286.88+261.25}{(1+10\%)^4}$$

$$=-1\,000+1\,087.792=87.792\text{（万元）}$$

采用不同的折旧方法，虽然提取折旧的总额相等（750万元），但各年的折旧额不同。在加速折旧法下，折旧额前期提得多，后期提得少；在直线法下，各年折旧额相等，从而引起两种方法下现金流量的时间分布不同，从而导致加速折旧法下的净现值大于直线法下的净现值7.10万元（155.7－148.6），见表5-13。这一差额刚好等于不同折旧方法下项目的净现值之差7.063万元（94.855－87.792）。

表5-13 **不同折旧方法抵税对现值的影响** 单位：万元

| 年份 | 0 | 1 | 2 | 3 | 4 |
| --- | --- | --- | --- | --- | --- |
| 年数总和法各年折旧 | | 300.0 | 225.0 | 150.0 | 75.0 |
| 折旧抵税 | | 75.0 | 56.3 | 37.5 | 18.8 |
| 现值 | 155.7 | 68.2 | 46.5 | 28.2 | 12.8 |
| 直线法各年折旧 | | 187.5 | 187.5 | 187.5 | 187.5 |
| 折旧抵税 | | 46.9 | 46.9 | 46.9 | 46.9 |
| 现值 | 148.6 | 42.61 | 38.74 | 35.22 | 32.02 |

2.

各年现金净流量及项目净现值计算见表5-14：

表5-14 各年现金净流量及项目净现值 单位：元

| 年份 | 0 | 1 | 2 | 3 |
|---|---|---|---|---|
| （1）初始现金净流量 | -206 500 | | | |
| 每年折旧 | | 80 000 | 64 000 | 56 000 |
| （2）每年经营现金净流量 | | 80 750 | 76 750 | 74 750 |
| （3）第3年年末非经营现金净流量 | | | | 21 500 |
| 现金净流量 | -206 500 | 80 750 | 76 750 | 96 250 |
| （4）净现值 | 2 653 | | | |

表中有关数据计算如下：

（1）$NCF_0 = -160\,000 - 40\,000 - 6\,500 = -206\,500$（元）

（2）各年经营现金净流量，以第1年为例：

第1年折旧额=（160 000+40 000）×40%=80 000（元）

$NCF_1 = (81\,000 - 80\,000) \times (1 - 25\%) + 80\,000 = 80\,750$（元）

其他依此类推。

（3）第3年非经营现金净流量

$NCF_3 = 6\,500 + 20\,000 \times (1 - 25\%) = 21\,500$（元）

（4）$NPV = -206\,500 + \frac{80\,750}{(1+10\%)} + \frac{76\,750}{(1+10\%)^2} + \frac{96\,250}{(1+10\%)^3} = 2\,653$（元）

因为NPV>0，所以应该购买该磨碎机。

3.

（1）购置不同类型机床的现金净流量、净现值见表5-15和表5-16：

表5-15 A型机床的现金净流量和净现值 单位：元

| 年份 | 0 | 1 | 2 | 3 | 4 | 5 |
|---|---|---|---|---|---|---|
| 初始投资 | -60 000 | | | | | |
| 垫支营运资本 | 0 | | | | | |
| 每年销售收入 | | 68 000 | 68 000 | 68 000 | 68 000 | 68 000 |
| 付现成本 | | 50 000 | 50 000 | 50 000 | 50 000 | 50 000 |
| 折旧 | | 12 000 | 12 000 | 12 000 | 12 000 | 12 000 |
| 经营现金净流量 | | 16 500 | 16 500 | 16 500 | 16 500 | 16 500 |
| 非经营现金净流量 | | | | | | 0 |
| 现金净流量 | -60 000 | 16 500 | 16 500 | 16 500 | 16 500 | 16 500 |
| 净现值 | 5 880 | ←=-60000+NPV（8%，16500，16500，16500，16500，16500）或<br>←=-60000+PV（8%，5，-16500） | | | | |

在表5-15中：

折旧=60 000÷5=12 000（元）

$NCF_{1\sim5}$=（68 000-50 000-12 000）×（1-25%）+12 000=16 500（元）

表5-16　**B型机床的现金净流量和净现值**　单位：元

| 年份 | 0 | 1 | 2 | 3 | 4 | 5 |
|---|---|---|---|---|---|---|
| 初始投资 | -81 000 | | | | | |
| 垫支营运资本 | -5 000 | | | | | |
| 每年销售收入 | | 80 000 | 80 000 | 80 000 | 80 000 | 80 000 |
| 付现成本 | | 54 000 | 55 000 | 56 000 | 57 000 | 58 000 |
| 折旧 | | 16 000 | 16 000 | 16 000 | 16 000 | 16 000 |
| 经营现金净流量 | | 23 500 | 22 750 | 22 000 | 21 250 | 20 500 |
| 非经营现金净流量 | | | | | | 6 000 |
| 现金净流量 | -86 000 | 23 500 | 22 750 | 22 000 | 21 250 | 26 500 |
| 净现值 | 6 383 | ←=-86000+NPV（8%，23500，22750，22000，21250，26500） | | | | |

在表5-16中：

折旧=（81 000-1 000）÷5=16 000（元）

$NCF_1$=（80 000-54 000-16 000）×（1-25%）+16 000=23 500（元）

其他依此类推。

第5年年末非经营现金净流量=5 000+1 000=6 000（元）

（2）根据表5-15和表5-16的计算结果，购置B型机床创造的净现值大于购置A型机床创造的净现值503元（6 383-5 880），因此应购置B型机床。

4.

购置设备费用现值、年初（末）支付租赁设备费用的现值见表5-17。

表5-17　**购置设备费用现值**

| 购置P型设备费用现值（元） | | |
|---|---|---|
| 购买价格 | 64 000.00 | |
| 折旧 | 9 000.00 | ←=（64000-1000）/7 |
| 折旧抵税 | 2 250.00 | ←=9000*25% |
| 折旧抵税现值 | 11 714.33 | ←=PV（8%，7，-2250） |
| 残值现值 | 583.49 | ←=PV（8%，7，，-1000） |
| 费用合计 | 51 702.18 | ←=64000-11714.33-583.49 |
| 租赁经营费用现值（元） | | |
| 租赁费用 | 13 000 | |
| 税后租赁费 | 9 750.00 | ←=13000*（1-25%） |
| 年初支付租赁费用现值 | 54 823.08 | ←=PV（8%，7，-9750，，1） |
| 年末支付租赁费用现值 | 50 762.11 | ←=PV（8%，7，-9750） |

将购置设备费用现值与租赁费用现值比较见表5-18。

表5-18 购置设备费用现值与租赁费用现值比较 单位：元

| | | |
|---|---|---|
| 购置设备费用现值 | 51 702.18 | 51 702.18 |
| 年初支付租赁费用现值 | 54 823.08 | |
| 年末支付租赁费用现值 | | 50 762.11 |
| 费用差异 | -3 120.90 | 940.07 |
| 结论 | 购置设备比租赁节约费用 | 租赁比购置设备节约费用 |

5.

（1）（3）采用现有系统和新系统的成本费用现值和净现值见表5-19：

表5-19 采用现有系统和新系统的成本费用现值和净现值 金额单位：万元

| 项目 | 现有系统 | 新系统 | 新系统计算 |
|---|---|---|---|
| 初始投资 | 0 | 131.00 | ←=420-280-（310-280）*30% |
| 各年折旧费（1~6年） | 47.5 | 66.50 | ←=420*（1-5%）/6 |
| 各年成本费用（1~6年） | 34.75 | 2.45 | ←=32*（1-30%）-66.5*30% |
| 残值（第6年） | 25.00 | 21.00 | ←=420*5% |
| 折现率 | 10% | 10% | |
| 成本费用现值 | 137.23 | 129.82 | ←=131+PV（10%，6，-2.45）-21/（1+10%）^6 |
| 使用新系统费用差额 | | -7.41 | ←=129.82-137.23 |
| 折现率 | 14% | 14% | ←=10%+4% |
| 成本费用现值 | 123.74 | 130.96 | ←=131+PV（14%，6，-2.45）-21/（1+14%）^6 |
| 使用新系统费用差额 | | 7.22 | ←=130.96-123.74 |

表中列示了新系统成本费用现值的计算方式，现有系统成本费用现值计算方式以此类推。

根据表中的数据，当折现率为10%时，相对现有的生产系统，采用新系统节约的成本费用现值为7.41万元，因此应采用新系统；当折现率为14%时，相对现有的生产系统，采用新系统增加的成本费用现值为7.22万元，因此，应继续使用现有系统。

（2）项目分析中的“沉没成本”，通常指产品研发费、市场调研费等，属于项目决策的无关成本。例如，在企业生产经营中，企业需要的零部件既可以自己生产也可以从外部购买，如果自己制造可以利用已有的生产设备，假设单位固定成本为5元，变动成本为10元，则单位生产成本为15元。如果从外部购买，市场价格为12元。那么零部件是自制还是外购？如果单纯比较成本，外购成本低于自制成本，应该从外部购买。但仔细分析就会发现，在成本构成中，固定成本属于沉没成本，如果不自制零部件，那么这些固定费用需要其他产品分摊，自制零部件的增量成本只是变动成本，如果将固定成本看作与决策无关的沉没成本，这时自制的增量成本为10元，外购的增量成本是12元，这样，企业应自制零部件而不是外购。

6.

（1）咖啡店投资净现值计算见表5-20。

表5-20　**咖啡店投资净现值**　单位：元

| 年份 | 0 | 1 | 2 | 3 | 4 | 5 |
|---|---|---|---|---|---|---|
| 咖啡收入 | | 80 000 | 84 000 | 88 200 | 92 610 | 97 241 |
| 营运费用 | | 32 000 | 33 600 | 35 280 | 37 044 | 38 896 |
| 折旧 | | 50 000 | 50 000 | 50 000 | 50 000 | 50 000 |
| 息税前利润 | | -2 000 | 400 | 2 920 | 5 566 | 8 344 |
| 所得税 | | -500 | 100 | 730 | 1 392 | 2 086 |
| 税后利润 | | -1 500 | 300 | 2 190 | 4 175 | 6 258 |
| 加：折旧 | | 50 000 | 50 000 | 50 000 | 50 000 | 50 000 |
| 经营现金净流量 | | 48 500 | 50 300 | 52 190 | 54 175 | 56 258 |
| 投资额 | -300 000 | | | | | |
| 残值 | | | | | | 50 000 |
| 现金净流量 | -300 000 | 48 500 | 50 300 | 52 190 | 54 175 | 106 258 |
| 净现值 | -84 727 | | | | | |

（2）书店增量收入现值，见表5-21。

表5-21　**书店增量收入现值**　单位：元

| 年份 | 0 | 1 | 2 | 3 | 4 | 5 |
|---|---|---|---|---|---|---|
| 书店收入 | | 100 000 | 115 000 | 132 250 | 152 088 | 174 901 |
| 税前利润 | | 40 000 | 46 000 | 52 900 | 60 835 | 69 960 |
| 所得税 | | 16 000 | 18 400 | 21 160 | 24 334 | 27 984 |
| 税后利润 | | 24 000 | 27 600 | 31 740 | 36 501 | 41 976 |
| 现值 | 113 038 | | | | | |

（3）根据表5-20和表5-21的数据，虽然开设咖啡店的净现值小于零，但它却增加了图书的销量，增加价值为113 038元。弥补咖啡店亏损后还可以增加价值28 311元（113 038-84 727）。因此，书店应投资咖啡店，获得附加效应。

7.

（1）建立软件公司的现金流量、净现值和内部收益率见表5-22。

表5-22　**软件公司项目的现金流量、净现值和内部收益率**　金额单位：元

| 年份 | 0 | 1 | 2 | 3 | 4 | 5 |
|---|---|---|---|---|---|---|
| 销售收入 | | 900 000 | 1 019 700 | 1 155 320 | 1 308 978 | 1 483 072 |
| 减：材料费用 | | 350 000 | 396 550 | 449 291 | 509 047 | 576 750 |
| 人工费用 | | 300 000 | 309 000 | 318 270 | 327 818 | 337 653 |
| 租赁费用 | | 120 000 | 123 600 | 127 308 | 131 127 | 135 061 |
| 折旧费用 | | 40 000 | 40 000 | 40 000 | 40 000 | 40 000 |
| 营销费用 | | 100 000 | 103 000 | 106 090 | 109 273 | 112 551 |
| 税前利润 | | -10 000 | 47 550 | 114 361 | 191 713 | 281 057 |
| 减：所得税 | | -2 500 | 11 888 | 28 590 | 47 928 | 70 264 |
| 税后利润 | | -7 500 | 35 663 | 85 771 | 143 785 | 210 793 |
| 加：折旧 | | 40 000 | 40 000 | 40 000 | 40 000 | 40 000 |
| 营运资本 | 90 000 | 101 970 | 115 532 | 130 898 | 148 307 | 0 |
| 追加营运资本 | -90 000 | -11 970 | -13 562 | -15 366 | -17 409 | 148 307 |
| 计算机硬件投资 | -200 000 | | | | | |
| 现金净流量 | -290 000 | 20 530 | 62 100 | 110 405 | 166 375 | 399 100 |
| 净现值 | 188 615 | | | | | |
| IRR | 27% | | | | | |

结论：由于项目的净现值大于零、内部收益率大于项目的资本成本，软件公司项目是可行的。

（2）改变资本成本后软件公司项目的净现值和内部收益率见表5-23。

表5-23　　改变资本成本后软件公司项目的净现值和内部收益率　　金额单位：元

| 年份 | 0 | 1 | 2 | 3 | 4 | 5 |
|---|---|---|---|---|---|---|
| 资本成本： | | | | | | |
| 真实资本成本 | | 10.00% | 10.56% | 11.13% | 11.69% | 12.25% |
| 预计通货膨胀率 | | 2.00% | 2.50% | 3.00% | 3.50% | 4.00% |
| 名义资本成本 | 0 | 12.20% | 13.33% | 14.46% | 15.60% | 16.74% |
| 累计折现因子 | 0 | 12.20% | 27.15% | 45.54% | 68.24% | 96.40% |
| 现金净流量 | −290 000 | 20 530 | 62 100 | 110 405 | 166 375 | 399 100 |
| 现金净流量现值 | −290 000 | 18 298 | 48 839 | 75 860 | 98 894 | 203 209 |
| 净现值 | 155 101 | | | | | |
| IRR | 27% | | | | | |

（3）比较（1）和（2）的结果，不论资本成本为多少，软件公司项目的内部收益率均为27%。这是因为内部收益率反映的是项目本身的预期收益率，资本成本是项目要求的最低收益率，只要项目的预期收益率（IRR）大于项目的资本成本就会创造增量价值。在计算项目内部收益率时，IRR的大小只与项目的现金流量有关，与项目的资本成本无关。只有在项目决策时将资本成本作为项目选择的评价标准，即只有项目的预期收益率或内部收益率大于资本成本，项目才是可行的。这也表明在估计项目现金流量时，不需要考虑与债务融资有关的利息和利息抵税效应，即假设项目的投资决策独立于融资决策，不论项目的资金从哪里来，都不影响项目的现金流量和预期收益。与融资有关的利息与利息抵税效应反映在项目的资本成本中。

8.

（1）计算项目投入资本收益率，见表5-24。

表5-24　　项目投入资本收益率　　金额单位：元

| 年份 | 1 | 2 | 3 | 4 | 5 |
|---|---|---|---|---|---|
| 销售量（件） | 2 000 | 2 500 | 3 000 | 1 200 | 900 |
| 销售收入 | 160 000 | 200 000 | 240 000 | 96 000 | 72 000 |
| 边际贡献 | 48 000 | 60 000 | 72 000 | 28 800 | 21 600 |
| 折旧 | 30 000 | 30 000 | 30 000 | 30 000 | 30 000 |
| 息税前利润 | 18 000 | 30 000 | 42 000 | −1 200 | −8 400 |
| 息前税后利润 | 12 600 | 21 000 | 29 400 | −840 | −5 880 |
| 现金净流量 | 42 600 | 51 000 | 59 400 | 29 160 | 24 120 |
| 投入资本收益率 | 8.40% | 14.00% | 19.60% | −0.56% | −3.92% |

表5-24中第1年数据计算如下：

边际贡献=160 000×30%=48 000（元）

折旧=150 000÷5=30 000（元）

息税前利润=48 000-30 000=18 000（元）

息前税后利润=18 000×（1-30%）=12 600（元）

现金净流量=12 600+30 000=42 600（元）

投入资本收益率=12 600÷150 000×100%=8.40%

其他依此类推。

（2）和（3）的计算见表5-25。

表5-25 **项目无负债β系数、负债β系数和资本成本**

| | A | B | C | D | E | F | G |
|---|---|---|---|---|---|---|---|
| 1 | 年份 | | 1 | 2 | 3 | 4 | 5 |
| 2 | 投资项目收益率 | | 8.40% | 14.00% | 19.60% | -0.56% | -3.92% |
| 3 | 股票指数收益率 | | 9.00% | 12.00% | 18.00% | -3.00% | 4.00% |
| 4 | 项目收益率标准差 | 0.09809 | ←=STDEV（C2：G2） | | | | |
| 5 | 股指收益率标准差 | 0.07969 | ←=STDEV（C3：G3） | | | | |
| 6 | 收益率相关系数 | 0.90273 | ←=CORREL（C2：G2，C3：G3） | | | | |
| 7 | 项目无负债β系数 | 1.11118 | ←=B6*B4/B5 | | | | |
| 8 | 所得税税率 | 30% | | | | | |
| 9 | 负债率 | 40% | | | | | |
| 10 | 项目负债β系数 | 1.62973 | ←=B7*（1+（1-B8）*B9/（1-B9）） | | | | |
| 11 | 项目加权平均资本成本 | | | | | | |
| 12 | 股票指数平均收益率 | 8.00% | ←=AVERAGE（C3：G3） | | | | |
| 13 | 无风险利率 | 4% | | | | | |
| 14 | 股权资本成本 | 10.52% | ←=B13+B10*（B12-B13） | | | | |
| 15 | 债务利率 | 6% | | | | | |
| 16 | 税后债务成本 | 4.20% | ←=B15*（1-B8） | | | | |
| 17 | 加权平均资本成本 | 7.99% | ←= B16*B9+B14*（1-B9） | | | | |

表5-25中单元格B7的计算公式如下：

$$\beta_j=\frac{Cov(r_j,r_m)}{Var(r_m)}=\frac{Std(r_j)\times Corr(r_j,r_m)}{Std(r_m)}$$

（4）项目净现值和内部收益率见表5-26。

表5-26 项目净现值和内部收益率 金额单位：元

| | A | B | C | D | E | F | G |
|---|---|---|---|---|---|---|---|
| 18 | 年份 | 0 | 1 | 2 | 3 | 4 | 5 |
| 19 | 现金净流量 | -150 000 | 42 600 | 51 000 | 59 400 | 29 160 | 24 120 |
| 20 | 净现值 | 18 206 | ←=B19+NPV（B17，C19：G19） | | | | |
| 21 | 内部收益率 | 12.94% | ←=IRR（B19：G19） | | | | |

由于该项目的净现值大于零，内部收益率大于项目资本成本，因此该项目具备财务可行性。

9.

（1）项目折现率

ASS公司无负债β系数 =1.3÷［1+（1-20%）×0.5］=0.9286

BBC公司无负债β系数 =1.5÷［1+（1-25%）×1］=0.8571

可比公司平均无负债β系数=（0.9286+0.8571）÷2=0.8929

采用行业无负债β系数代替该公司的无负债β系数，由于项目负债率=0，则负债β系数=无负债β系数。

项目股权资本成本=5%+0.8929×6.5%=10.8036%

（2）使用仓库的机会成本现值

税后租金收入=75 000×（1-25%）=56 250（元）

税后租金收入现值计算如下：

$$PV = 56\,250 \times \left[\frac{1-(1+12\%)^{-10}}{12\%}\right] = 317\,825\text{（元）}$$

（3）项目现金净流量

初始现金净流量=-（5 000 000+480 000+317 825）=-5 797 825（元）

经营现金净流量计算如下：

折旧=5 000 000÷10=500 000（元）

息税前利润=2 400 000 ÷（4 - 2）- 500 000 = 700 000（元）

经营现金净流量=700 000 ×（1 - 25%）+ 500 000 = 1 025 000（元）

终结现金净流量=480 000元

（4）项目净现值

$$NPV = -5\,797\,825 + 1\,025\,000 \times \left[\frac{1-(1+10.8036\%)^{-10}}{10.8036\%}\right] + \frac{480\,000}{(1+10.8036\%)^{10}}$$

=460 751（元）

10.

（1）项目净现值、现值指数、内部收益率、修正内部收益率见表5-27，投资回收期见表5-28。

表5-27　　项目净现值、现值指数、内部收益率、修正内部收益率　　金额单位：万元

| | A | B | C | D | E |
|---|---|---|---|---|---|
| 1 | 年份与指标 | A项目 | B项目 | A项目-B项目 | B项目计算 |
| 2 | 0 | -100 | -100 | 0 | |
| 3 | 1 | 32 | 60 | -28 | |
| 4 | 2 | 32 | 35 | -3 | |
| 5 | 3 | 32 | 20 | 12 | |
| 6 | 4 | 32 | 20 | 12 | |
| 7 | 5 | 32 | 10 | 22 | |
| 8 | 资本成本 | 12% | 12% | 12% | |
| 9 | NPV | 15.35 | 14.09 | 1.26 | ←=C2+NPV（C8，C3：C7） |
| 10 | PI | 1.15 | 1.14 | | ←=（-C2+C9）/-C2 |
| 11 | IRR | 18.03% | 19.72% | 13.67% | ←=IRR（C2：C7） |
| 12 | MIRR | 15.25% | 14.99% | | ←=MIRR（C2：C7，C8，C8） |

表5-28　　项目投资回收期　　单位：万元

| 项目 | 0 | 1 | 2 | 3 | 4 | 5 |
|---|---|---|---|---|---|---|
| A项目 | -100 | 32 | 32 | 32 | 32 | 32 |
| B项目 | -100 | 60 | 35 | 20 | 20 | 10 |
| B项目累计现金净流量 | -100 | -40 | -5 | 15 | 35 | 45 |

$$PP_A = \frac{100}{32} = 3.125(\text{年})$$

$$PP_B = 2 + \frac{5}{20} = 2.25(\text{年})$$

（2）如果A、B项目是相互独立的，两个项目都可以接受，因为它们的净现值均大于零，现值指数均大于1，内部收益率均大于投资者要求的必要收益率12%。但A项目的投资回收期大于项目周期的一半，投资回收期有些长。

（3）如果A、B项目是相互排斥的，A项目净现值（15.35万元）大于B项目净现值（14.09万元），应选择A项目，但根据内部收益率，A项目的IRR（18.03%）小于B项目的IRR（19.72%），应选择B项目，出现排序矛盾。当两个评价标准发生排序矛盾时，应以净现值标准为依据，有关说明见（4）。

（4）在本例中，按照NPV和IRR标准评价项目发生排序矛盾的根本原因不仅

是这两个项目现金流量的模式不同，最重要的原因是两种评价标准隐含的再投资利率不同，NPV评价标准假设项目未来产生的现金流量按项目的资本成本进行再投资，而IRR评价标准假设项目未来产生的现金流量按项目本身产生的IRR进行再投资。正确的再投资利率应该是资本成本r，在市场均衡的条件下，它代表项目投资者投入资本要求获得的最低收益。而这种设想隐含在净现值中，且对所有的投资项目（现在或未来）来说再投资利率都是相同的。当没有其他更确切的信息时，净现值评价标准关于再投资利率的假设是一种较为客观、合理的预期。IRR评价标准假设的再投资利率，是以所要考虑的各个项目的现金流量为转移的，投资项目的IRR高，假设的再投资利率也高；反之亦然。这对未来的项目投资来说，是不现实的。由于各项目的IRR不同，各项目的再投资利率也不同，这不仅影响评价标准的客观性，也不利于各项目间的比较。由于IRR不能代表期间现金流量适宜的再投资利率，而NPV评价标准隐含的再投资利率是投资者要求的收益率，能够较准确地测定投资机会。因此，从理论上讲，净现值标准优于内部收益率标准。

在本例中，如果两个项目均采取资本成本作为再投资利率，修正内部收益率（MIRR）对项目的排序与NPV排序相一致，见表5-27。

（5）如果资本成本为10%，仍会出现上述的排序矛盾。不同折现率下的净现值曲线如图5-2所示。

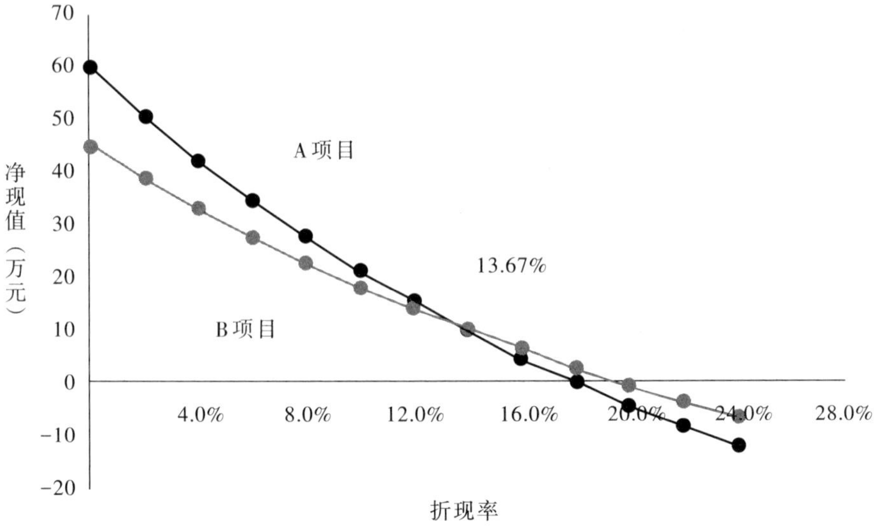


**图5-2 项目净现值曲线**

在图5-2中，两个项目净现值曲线与横轴的交点分别代表各自的内部收益率，与纵轴的交点则表示r=0时各自的净现值。从图5-2中可以看出，不论投资者要求的收益率或资本成本（r）为多少，按内部收益率排序，B项目总是优于A项目。按净现值排序，结果与所选择的折现率有关，如果r < 13.67%，A项目优于B项目；如果r > 13.67%，B项目优于A项目；如果r = 13.67%，则两个项目的净现值相等，或者说13.67%代表了两个项目净现值相等时的收益率。如果投资者要求的收益率或资本成本等于或大于这一交点，按NPV或IRR两种标准排序的结论相一致；如果投资者要求的收益率或资本成本小于这一交点，则按NPV排序与按IRR排序的结论会发生冲突。

11.

（1）公司加权平均β系数和资本成本。

公司加权平均β系数=1.2×45%+0.8×35%+20%×1=1.02

公司资本成本=6%+1.02×7%=13.14%

（2）采用公司资本成本进行项目决策时，应选择A项目、B项目和F项目，因为这三个项目的内部收益率大于公司资本成本。

（3）各分部的资本成本和项目决策，见表5-29。

表5-29 **各分部的资本成本和项目决策**

| 项目 | 内部收益率 | 项目资本成本 | 决策 | 公司资本成本 | 决策 |
|---|---|---|---|---|---|
| A | 15.00% | 14.40% | 接受 | 13.14% | 接受 |
| B | 13.50% | 14.40% | 拒绝 | 13.14% | 接受 |
| C | 12.00% | 11.60% | 接受 | 13.14% | 拒绝 |
| D | 10.00% | 11.60% | 拒绝 | 13.14% | 拒绝 |
| E | 13.00% | 13.00% | 接受 | 13.14% | 拒绝 |
| F | 15.00% | 13.00% | 接受 | 13.14% | 接受 |

为比较方便，上表分别列示了以项目资本成本作为评价标准的项目决策（第4列）和以公司资本成本作为评价标准的项目决策（第6列）的结果。从表中资料可以看出，两种不同的评价标准的结论发生了矛盾，如B项目、C项目、E项目的决策刚好相反。

图5-3描述了项目收益率和风险的关系，从图中可以看出，以公司资本成本作为评价标准，应接受A项目、B项目、F项目，因为这三个项目的收益率高于公司资本成本（13.14%）；如果以项目资本成本作为评价标准，应接受A项目、C项目、E项目、F项目，因为这四个项目的收益率高于或等于项目各自的资本成本。

在项目决策中，如果项目的风险与公司风险水平相同，则可采取公司资本成本作为项目决策的标准；如果项目的风险与公司的风险水平不同，则应采用项目资本成本作为项目决策的标准。如果按公司资本成本进行项目评价标准，就有可能接受了风险大的项目，放弃了风险小的项目。例如，对B项目来说，根据项目风险水平确定的项目投资要求的最低收益率为14.4%，但项目的预期收益率为13.5%，如果对B项目进行投资，将不能弥补项目的风险。

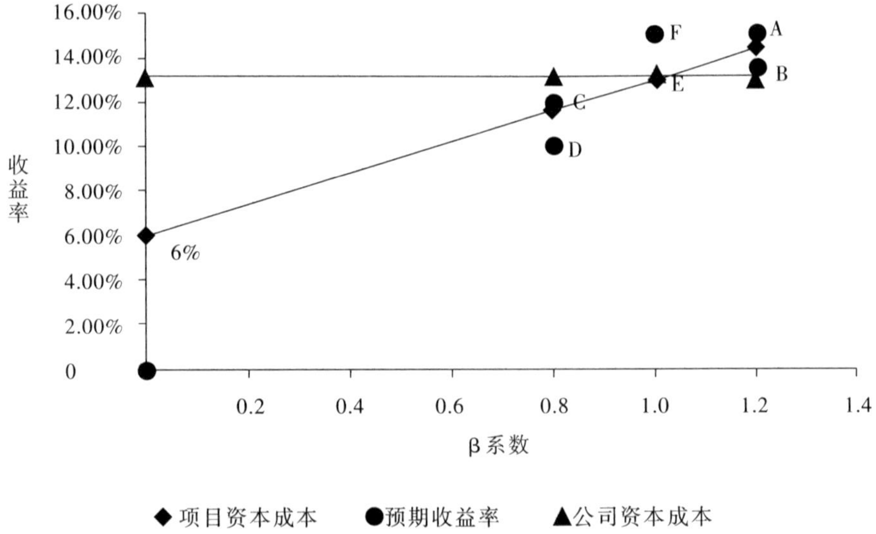


图5-3　项目收益率和风险的关系

12.

（1）项目的投资必要收益率的计算见表5-30。

表5-30　项目的投资必要收益率计算表

| 项目 | BMC | FTC | BCC | RIC |
|---|---|---|---|---|
| 有负债的β系数 | 0.8 | 1.5 | 2.4 | 1.2894 |
| 资本结构： | | | | |
| 债务资本 | 30% | 50% | 60% | 40% |
| 股权资本 | 70% | 50% | 40% | 60% |
| 公司所得税税率 | 25% | 30% | 20% | 25% |
| 无负债的β系数 | 0.6054 | 0.8824 | 1.0909 | 0.8596 |
| 无风险收益率 | | | | 6% |
| 市场平均风险收益率 | | | | 11% |
| 股权资本成本 | | | | 12.45% |
| 税前债务资本成本 | | | | 8.44% |
| 税后债务资本成本 | | | | 6.33% |
| 投资必要收益率 | | | | 10.00% |

表中相关数据计算如下：

$$\text{BMC公司的}\beta_U=\frac{0.8}{1+(1-25\%)\times 0.3\div 0.7}=0.6054$$

其他公司的无负债β系数依此类推。

RIC公司的$\beta_U=(0.6054+0.8824+1.0909)\div 3=0.8596$

RIC公司的$\beta_L=0.8596\times[1+(1-25\%)\times 0.4\div 0.6]=1.2894$

税后债务资本成本=8.44%×（1–25%）=6.33%

RIC公司股权资本成本 = 6% + 1.2894 ×（11% − 6%）= 12.45%

项目的投资必要收益率 = 6.33% × 40% + 12.45% × 60% = 10%

（2）市场前期的调研费用和咨询费用属于沉没成本，决策中不予考虑；不允许出售的原有厂房不存在机会成本，项目现金净流量与净现值见表5–31。

表5–31　**项目现金净流量与净现值**　单位：万元

| 年份 | 0 | 1 | 2 | 3 | 4 | 5 | 6 |
|---|---|---|---|---|---|---|---|
| 投资： | | | | | | | |
| （1）设备投资 | −8 000 | | | | | | 575* |
| 折旧 | | 1 200 | 1 200 | 1 200 | 1 200 | 1 200 | 1 200 |
| 累计折旧 | | 1 200 | 2 400 | 3 600 | 4 800 | 6 000 | 7 200 |
| 年末设备折余价值 | | 6 800 | 5 600 | 4 400 | 3 200 | 2 000 | 800 |
| （2）厂房装修费用 | −900 | | | −900 | | | |
| （3）年末营运资本 | −300 | −400 | | | | | |
| （4）增量营运资本 | −300 | −100 | | | | | 400 |
| 投资现金流量合计 | −9 200 | −100 | 0 | −900 | 0 | 0 | 975 |
| 经营现金流量： | | | | | | | |
| 销售收入 | | 8 500 | 8 500 | 8 500 | 8 500 | 8 500 | 8 500 |
| 经营付现成本 | | 5 900 | 5 900 | 5 900 | 5 900 | 5 900 | 5 900 |
| 设备折旧 | | 1 200 | 1 200 | 1 200 | 1 200 | 1 200 | 1 200 |
| 装修费用摊销 | | 300 | 300 | 300 | 300 | 300 | 300 |
| 息税前利润 | | 1 100 | 1 100 | 1 100 | 1 100 | 1 100 | 1 100 |
| 所得税（25%） | | 275 | 275 | 275 | 275 | 275 | 275 |
| 净利润 | | 825 | 825 | 825 | 825 | 825 | 825 |
| 经营现金净流量 | | 2 325 | 2 325 | 2 325 | 2 325 | 2 325 | 2 325 |
| 现金净流量合计 | −9 200 | 2 225 | 2 325 | 1 425 | 2 325 | 2 325 | 3 300 |
| 净现值 | 709.25 | | | | | | |

*设备投资中第6年年末设备残值出售实际所得的价款。根据预测设备6年后的出售价格为500万元，而账面的价值却为800万元，出售价格低于账面价值的差额说明RIC公司处置资产发生净损失，这一损失可以使公司当年少缴纳所得税75万元（（800–500）×25%），视同现金流入，因此出售设备后现金净流入为575万元（500+75）。

$$NPV=-9\,200+\frac{2\,225}{(1+10\%)}+\frac{2\,325}{(1+10\%)^2}+\frac{1\,425}{(1+10\%)^3}+\frac{2\,325}{(1+10\%)^4}+\frac{2\,325}{(1+10\%)^5}+\frac{3\,300}{(1+10\%)^6}$$
$$=709.25(万元)$$

投资建设汽车制造厂的净现值为709.25万元，大于零，所以RIC公司应该投资此项目。

13.

（1）（2）不同情景下的现金净流量、净现值及敏感性分析见表5-32。

表5-32 **不同情景下的现金净流量、净现值及敏感性分析** 金额单位：元

| 项目 | 基本情景 | 销售量减少 | 说明 |
|---|---|---|---|
| 投资额 | 720 000 | 720 000 | |
| 使用年限（年） | 8 | 8 | |
| 年折旧 | 90 000 | 90 000 | ←=720000/8 |
| 销售量 | 120 000 | 119 000 | ←=120000-1000 |
| 销售收入 | 2 160 000 | 2 142 000 | ←=119000*18 |
| 变动成本 | 1 440 000 | 1 428 000 | ←=119000*12 |
| 固定成本 | 590 000 | 590 000 | ←=500000+90000 |
| 息税前利润 | 130 000 | 124 000 | ←=2142000-1428000-590000 |
| 税后利润 | 97 500 | 93 000 | ←=124000*（1-25%） |
| 现金净流量 | 187 500 | 183 000 | ←=93000+90000 |
| 资本成本 | 10% | 10% | |
| 净现值 | 280 299 | 256 291 | ←=-720000+PV（10%，8，-183000） |
| 敏感性分析： | | | |
| 销售量变动百分比 | -0.833% | ←=-1000/120000 | |
| 净现值变动百分比 | -8.565% | ←=（256291-280299）/280299 | |
| 销售量变动百分比 | 1% | | |
| 净现值变动百分比 | 10.282% | ←=-8.565%*1%/（-0.833%） | |

从敏感性分析可知，销售量下降0.833%，净现值下降8.565%。也可以说，销售量下降1%，净现值下降10.282%。这表明项目的净现值对销售量的敏感性较强。

14.

（1）项目净现值计算如下：

$$NPV=-124+45\times\left[\frac{1-(1+12\%)^{-5}}{12\%}\right]+\frac{79}{(1+12\%)^{6}}$$

$$=78.24(\text{万元})$$

（2）采用模拟分析法，各因素变化对净现值的影响如表5-33和图5-4所示。

表5-33　　**各因素变化对净现值的影响**　　金额单位：万元

| 因素变化 | 销售量 | 销售单价 | 单位变动成本 | 固定成本 | 项目资本成本 |
|---|---|---|---|---|---|
| 85% | 45.86 | −5.02 | 129.12 | 85.18 | 89.83 |
| 90% | 56.65 | 22.73 | 112.16 | 82.86 | 85.85 |
| 95% | 67.45 | 50.49 | 95.20 | 80.55 | 81.99 |
| 100% | 78.24 | 78.24 | 78.24 | 78.24 | 78.24 |
| 105% | 89.03 | 105.99 | 61.28 | 75.93 | 74.59 |
| 110% | 99.82 | 133.74 | 44.32 | 73.61 | 71.05 |
| 115% | 110.62 | 161.49 | 27.36 | 71.30 | 67.61 |
| 标准差 | 23.31 | 59.95 | 36.64 | 5.00 | 8.00 |

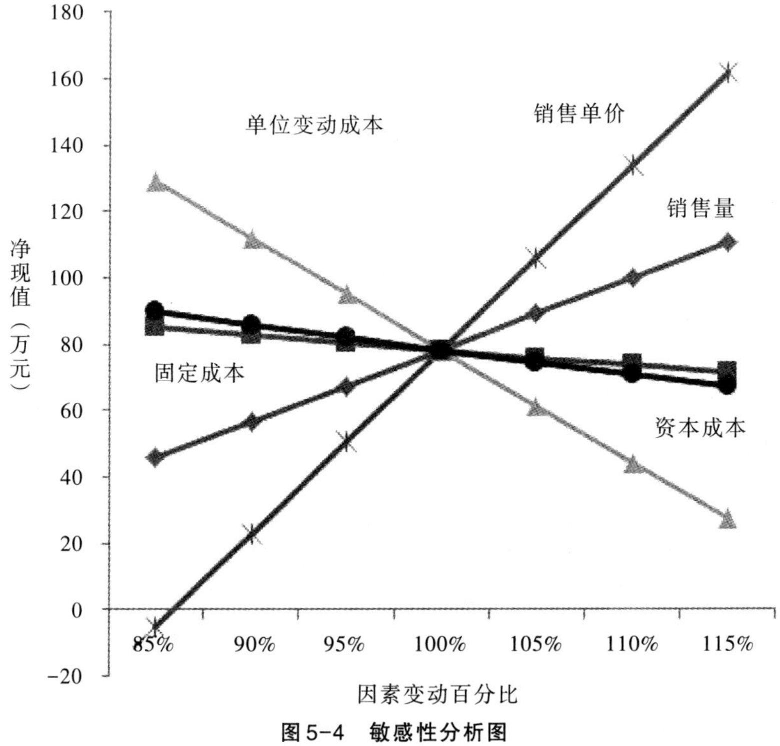


图5-4　敏感性分析图

从敏感性分析图中可知，敏感性分析的五条线都汇聚在100%变化点，即基本预测状况下的净现值为78.24万元，此时，所有变量都处于基本预计状况。销售量和销售单价线都向上倾斜，表明该因素取值越大，净现值相应越高；单位变动成本、固定成本和项目资本成本线向下倾斜，表明较高的单位变动成本、固定成本或项目资本成本会导致净现值下降。在图中，销售单价线的斜率最大，说明NPV相对于销售单价变化的敏感程度最大，其次为单位变动成本、销售量、项目资本成本和固定成本，这与表5-33中反映的各种因素敏感性大小的标准差一致。此外，这些线的斜率越高，说明风险越大。

15.

（1）会计利润盈亏平衡点的销售量为60万件，计算过程见表5-34。

表5-34 不同销售量下的税后利润 金额单位：万元

| 销售量（万件） | 销售收入 | 变动成本 | 固定成本 | 折旧 | 所得税 | 成本+所得税 | 税后利润 |
|---|---|---|---|---|---|---|---|
| 0 | 0.00 | 0.00 | 30.00 | 15.00 | -22.50 | 22.50 | -23 |
| 10 | 37.50 | 30.00 | 30.00 | 15.00 | -18.75 | 56.25 | -19 |
| 20 | 75.00 | 60.00 | 30.00 | 15.00 | -15.00 | 90.00 | -15 |
| 30 | 112.50 | 90.00 | 30.00 | 15.00 | -11.25 | 123.75 | -11 |
| 40 | 150.00 | 120.00 | 30.00 | 15.00 | -7.50 | 157.50 | -8 |
| 50 | 187.50 | 150.00 | 30.00 | 15.00 | -3.75 | 191.25 | -4 |
| 60 | 225.00 | 180.00 | 30.00 | 15.00 | 0.00 | 225.00 | 0 |
| 70 | 262.50 | 210.00 | 30.00 | 15.00 | 3.75 | 258.75 | 4 |
| 80 | 300.00 | 240.00 | 30.00 | 15.00 | 7.50 | 292.50 | 8 |
| 81 | 303.75 | 243.00 | 30.00 | 15.00 | 7.88 | 295.88 | 8 |
| 82 | 307.50 | 246.00 | 30.00 | 15.00 | 8.25 | 299.25 | 8 |
| 83 | 311.25 | 249.00 | 30.00 | 15.00 | 8.63 | 302.63 | 9 |
| 84 | 315.00 | 252.00 | 30.00 | 15.00 | 9.00 | 306.00 | 9 |
| 85 | 318.75 | 255.00 | 30.00 | 15.00 | 9.38 | 309.38 | 9 |
| 86 | 322.50 | 258.00 | 30.00 | 15.00 | 9.75 | 312.75 | 10 |

（2）净现值盈亏平衡点的销售量为85万件，计算过程及结果如表5-35和图5-5所示。

表5-35　　**不同销售量下的净现值**　　金额单位：万元

| 销售量（万件） | 税后利润 | 折旧 | 投资额 | 经营现金净流量 | 净现值 |
|---|---|---|---|---|---|
| 0 | -23 | 15 | 150 | -8 | -196 |
| 10 | -19 | 15 | 150 | -4 | -173 |
| 20 | -15 | 15 | 150 | 0 | -150 |
| 30 | -11 | 15 | 150 | 4 | -127 |
| 40 | -8 | 15 | 150 | 8 | -104 |
| 50 | -4 | 15 | 150 | 11 | -81 |
| 60 | 0 | 15 | 150 | 15 | -58 |
| 70 | 4 | 15 | 150 | 19 | -35 |
| 80 | 8 | 15 | 150 | 23 | -12 |
| 81 | 8 | 15 | 150 | 23 | -9 |
| 82 | 8 | 15 | 150 | 23 | -7 |
| 83 | 9 | 15 | 150 | 24 | -5 |
| 84 | 9 | 15 | 150 | 24 | -3 |
| 85 | 9 | 15 | 150 | 24 | 0 |
| 86 | 10 | 15 | 150 | 25 | 2 |
| 87 | 10 | 15 | 150 | 25 | 4 |
| 88 | 11 | 15 | 150 | 26 | 7 |
| 89 | 11 | 15 | 150 | 26 | 9 |
| 90 | 11 | 15 | 150 | 26 | 11 |
| 100 | 15 | 15 | 150 | 30 | 34 |

（3）会计利润盈亏平衡点的销售量为60万件，净现值盈亏平衡点的销售量为85万件。其原因在于当采用会计利润估计盈亏平衡点时，每年提取折旧15万元，经过10年刚好弥补项目的初始投资额150万元。如果公司每年销售60万件产品，销售收入足以弥补经营成本和归还最初的投资额，但不足以弥补150万元的资本机会成本，假设将150万元投资到其他业务，将获得10%的收益，那么年度投资回收成本就不是15万元，而是24.41万元。

$$\text{年度回收成本} = 150 \times \frac{10\%}{1-(1+10\%)^{-10}} = 24.41(\text{万元})$$

采用Excel函数输入方式：=PMT（10%，10，-150）。

上述计算表明，年销售量为85件时，项目的年度销售收入为319万元，这足以弥补变动成本、固定成本和税金，而且每年还有24.41万元来弥补150万元的初始投资额，保证获得10%的投资收益。

图5-5为净现值等于零时的盈亏平衡点。

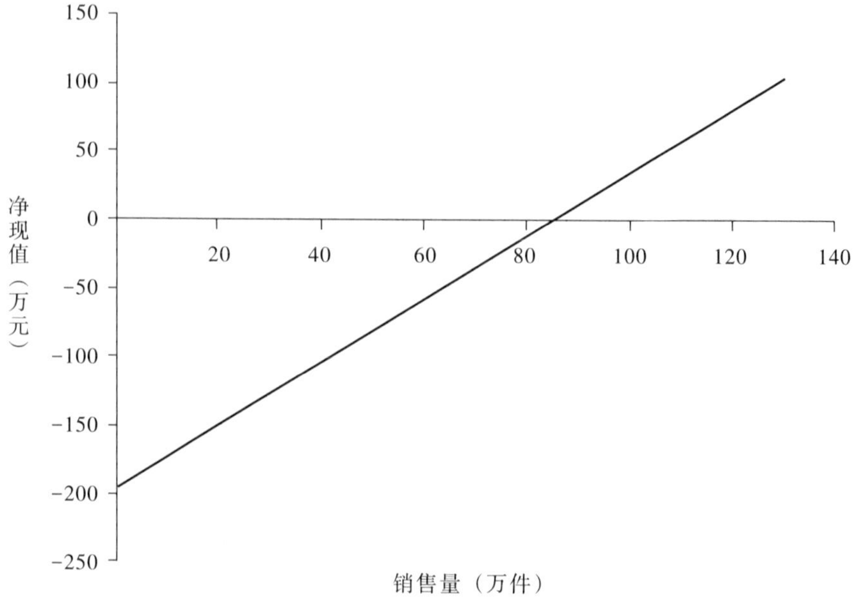


**图5-5 净现值等于零时的盈亏平衡点**

16.

投资项目净现值的分析结果见表5-36。

表5-36 **投资项目净现值** 金额单位：万元

| | A | B | C | D | E | F | G | H | I |
|---|---|---|---|---|---|---|---|---|---|
| 1 | 第1年 | | 第2年 | | 第3年 | | 组合 | 联合概率 | 净现值 |
| 2 | 概率 | NCF | 概率 | NCF | 概率 | NCF | | | |
| 3 | 0.8 | 450 | 0.6 | 520 | 0.6 | 400 | 1 | 0.288 | 301.04 |
| 4 | 0.8 | 450 | 0.6 | 520 | 0.4 | 260 | 2 | 0.192 | 201.39 |
| 5 | 0.8 | 450 | 0.4 | 360 | 0.7 | 240 | 3 | 0.224 | 59.60 |
| 6 | 0.8 | 450 | 0.4 | 360 | 0.3 | 180 | 4 | 0.096 | 16.90 |
| 7 | 0.2 | 260 | 0.4 | 250 | 0.5 | 160 | 5 | 0.04 | -254.67 |
| 8 | 0.2 | 260 | 0.4 | 250 | 0.5 | 100 | 6 | 0.04 | -297.38 |
| 9 | 0.2 | 260 | 0.6 | 120 | 0.4 | 80 | 7 | 0.048 | -415.25 |
| 10 | 0.2 | 260 | 0.6 | 120 | 0.6 | 50 | 8 | 0.072 | -436.60 |
| 11 | 计算结果 | | | | | | | | |
| 12 | 净现值期望值 | | | 66.89 | ←=SUMPRODUCT（I3：I10，H3：H10） | | | | |
| 13 | 净现值标准差 | | | 250.69 | ←=SQRT（SUMPRODUCT（（I3：I10-D12）^2，H3：H10）） | | | | |
| 14 | 标准离差率 | | | 3.75 | ←=D13/D12 | | | | |
| 15 | 净现值小于零的概率 | | | 20% | ←=H7+H8+H9+H10 | | | | |

净现值分析结果表明，该项目的净现值大于零，即该项目在财务上是可行的，但净现值小于零的概率为20%，表明项目的风险比较大，需结合其他因素，以及投资者的风险偏好进一步评估项目的可行性。

17.

（1）（2）参考答案见表5-37。

表5-37　　**净现值模拟**　　金额单位：万元

| | A | B | C | D | E | F |
|---|---|---|---|---|---|---|
| 1 | 项目 | 概率 | 累计概率 | 随机数区间 | 对应的随机数 | 可能值 |
| 2 | 投资额 | 0.2 | 0.2 | 0 ~ 19 | 0 | 900 |
| 3 | | 0.5 | 0.7 | 20 ~ 69 | 20 | 1 000 |
| 4 | | 0.3 | 1.0 | 70 ~ 99 | 70 | 1 100 |
| 5 | 现金净流量 | 0.2 | 0.2 | 0 ~ 19 | 0 | 300 |
| 6 | | 0.6 | 0.8 | 20 ~ 79 | 20 | 400 |
| 7 | | 0.2 | 1.0 | 80 ~ 99 | 80 | 500 |
| 8 | 净现值模拟结果（前10次，最后1次） | | | | | |
| 9 | 投资额 | | 现金净流量 | | NPV（12%，5） | |
| 10 | 随机号码 | 可能值 | 随机号码 | 可能值 | | |
| 11 | 23 | 1 000 | 55 | 400 | 442 | |
| 12 | 73 | 1 100 | 37 | 400 | 342 | |
| 13 | 4 | 900 | 86 | 500 | 902 | |
| 14 | 11 | 900 | 90 | 500 | 902 | |
| 15 | 72 | 1 100 | 53 | 400 | 342 | |
| 16 | 40 | 1 000 | 70 | 400 | 442 | |
| 17 | 19 | 900 | 20 | 400 | 542 | |
| 18 | 97 | 1 100 | 12 | 300 | -19 | |
| 19 | 19 | 900 | 72 | 400 | 542 | |
| 20 | 18 | 900 | 0 | 300 | 181 | |
| ⋮ | ⋮ | ⋮ | ⋮ | ⋮ | ⋮ | |
| 110 | 89 | 1 100 | 21 | 400 | 342 | |

（3）计算100个NPV的平均值、标准差、最小值、最大值，净现值小于零的概率，见表5-38。

表5-38　　净现值模拟分析结果　　金额单位：万元

| | |
|---|---|
| 净现值平均值 | 445 ←=AVERAGE（E11：E110） |
| 净现值标准差 | 244 ←=STDEV（E11：E110） |
| 净现值最大值 | 902 ←=MAX（E11：E110） |
| 净现值最小值 | -19 ←=MIN（E11：E110） |
| 净现值为负的概率 | 8.00% ←=COUNTIF（E11：E110，"<0"）/100（除“100”表示样本元素个数） |

（4）（5）参考答案见表5-39。

表5-39　　净现值概率分布　　金额单位：万元

| 系统分组 | 频率 | 概率 |
|---|---|---|
| -20 | — | 0 |
| 0 | 3 | 3.0% |
| 50 | — | 0 |
| 100 | 9 | 9.0% |
| 150 | — | 0 |
| 200 | 5 | 5.0% |
| 250 | — | 0 |
| 300 | — | 0 |
| 350 | 24 | 24.0% |
| 400 | — | 0 |
| 450 | 24 | 24.0% |
| 500 | — | 0 |
| 550 | 14 | 14.0% |
| 600 | — | 0 |
| 650 | — | 0 |
| 700 | — | 0 |
| 750 | 4 | 4.0% |
| 800 | — | 0 |
| 850 | 12 | 12.0% |
| 900 | — | 0 |
| 900以上 | 5 | 5.0% |
| | 100 | 100.0% |

（6）净现值概率分布直方图如图5-6所示。

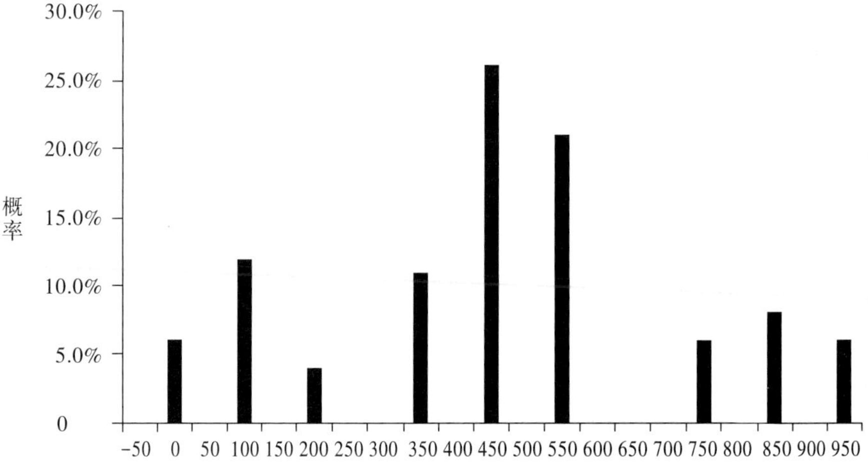


**图5-6　净现值概率分布直方图（单位：万元）**

在本例中，模拟100次后项目净现值平均值为445万元，净现值标准差为244万元，以及净现值小于零的概率为8%。需要注意的是，上述净现值模拟结果并不是唯一的，每运行一次Excel工作表（即按【F9】键），得到的结果都是有差别的。但当模拟次数足够多时，这种差别并不大。

18.

（1）（2）参考答案见表5-40，各投资方案现金流量期望值、标准差、净现值见表5-41。

表5-40　**各投资方案净现值（风险调整折现率法）**　金额单位：万元

| 方案A | | | 方案B | | | 方案C | | |
|---|---|---|---|---|---|---|---|---|
| 年份 | $\overline{NCF}$ | 标准差 | 年份 | $\overline{NCF}$ | 标准差 | 年份 | $\overline{NCF}$ | 标准差 |
| 1 | 870.0 | 210.00 | 1 | 0 | 0 | 1 | 0 | 0 |
| 2 | 800.0 | 154.92 | 2 | 0 | 0 | 2 | 0 | 0 |
| 3 | 780.0 | 74.83 | 3 | 880.00 | 233.67 | 3 | 880.00 | 331.06 |
| 计算结果 | | | | | | | | |
| 现金流量现值 | 2 228 | | 现金流量现值 | 760.18 | | 现金流量现值 | 760.18 | |
| 总体标准差 | 252.83 | | 总体标准差 | 201.85 | | 总体标准差 | 285.98 | |
| 标准离差率 | 11.35% | | 标准离差率 | 26.55% | | 标准离差率 | 37.62% | |
| 风险调整后折现率 | 7.27% | | 风险调整后折现率 | 10.31% | | 风险调整后折现率 | 12.52% | |
| 净现值 | 138.21 | | 净现值 | 155.59 | | 净现值 | 117.66 | |

(3) 如果三个方案是独立的，在净现值均大于零的情况下，三个方案在财务上均是可行的。如果三个方案是互斥的，在考虑风险的条件下，应该选择方案B，因为方案B的风险调整后的净现值最大。

表5-41 **各投资方案净现值（风险调整现金流量法）** 金额单位：万元

方案A净现值

| 年份 | 0 | 1 | 2 | 3 | 净现值 |
|---|---|---|---|---|---|
| 现金流量期望值 | -2 000 | 870 | 800 | 780 | |
| 标准差 | | 210 | 154.92 | 74.83 | |
| 标准离差率 | | 24.14% | 19.36% | 9.59% | |
| 确定等值系数 | 1 | 0.80 | 0.90 | 0.90 | |
| 确定等值 | -2 000 | 696 | 720 | 702 | -77.67 |

方案B净现值

| 年份 | 0 | 1 | 2 | 3 | 净现值 |
|---|---|---|---|---|---|
| 现金流量期望值 | -500 | | | 880 | |
| 标准差 | | | | 233.67 | |
| 标准离差率 | | | | 26.55% | |
| 确定等值系数 | 1 | | | 0.80 | |
| 确定等值 | -500 | | | 704.00 | 108.14 |

方案C净现值

| 年份 | 0 | 1 | 2 | 3 | 净现值 |
|---|---|---|---|---|---|
| 现金流量期望值 | -500 | | | 880.00 | |
| 标准差 | | | | 331.06 | |
| 标准离差率 | | | | 37.62% | |
| 确定等值系数 | 1 | | | 0.75 | |
| 确定等值 | -500 | | | 660.00 | 70.13 |

从以上计算可知，在确定等值法下，方案A各年现金流量的标准离差率较高，其确定的现金流量较低，从而导致方案的净现值小于零，方案变得不可行。而方案B和方案C在排除风险因素之后，其期望净现值均大于零，具有可行性，但作为互斥方案，应该选择方案B，因为方案B的净现值较方案C要大。

## 五、案例分析

1.

（1）根据增量现金流量的原则，新产品市场调研费属于新项目的沉没成本，不论是否进行项目投资，都不会改变已发生的费用，在进行项目决策时不予考虑。

（2）项目经营现金流量不包括利息费用，项目的现金流量与筹资方式无关，即不论项目的资金来自股权还是债务，都不影响项目创造的收益。举债和利息对项目的影响一般是在资本成本中体现的。股息作为利润分配的一部分，不影响项目的现金流量。

（3）假设该生产线所用的厂房能够以每年25 000元的价格租赁给另一家公司使用，这是新产品投资的机会成本，会影响项目的现金流量，这种影响有两种计算方法。

方法1：将每年税后租金收入作为项目机会成本计入项目各年的现金流量。

税后租金收入=25 000×（1−25%）=18 750（元）

税后租金收入冲减各期经营现金净流量。

方法2：将作为机会成本的各年租金收入，采用一定的折现率调整到第0期，计入初始投资额中。假设折现率为10%，则税后租金收入现值为71 077元（在Excel电子表格中输入：=PV（10%，5，−18 750）），作为机会成本计入第0期投资成本中。

此外，还要考虑厂房的折旧税收效应，如果出租人提取厂房的折旧，那么折旧税=各年折旧×所得税税率，这一数额会增加项目的现金流量。如果承租人提取折旧，则公司不需要计算折旧抵税的现金流量。

（4）假设该项目会减少公司其他产品的销售收入50 000元，则应将其税后收入作为项目的附加负效应（50 000×（1−所得税税率））冲减项目现金流量。但是各年减少的金额可能随着新产品的销售收入、成本等不同而发生变化。

（5）分析方法不同，分析重置项目时主要关心项目的增量现金流量，即新、旧项目现金流量的差额。

（6）项目净现值、内部收益率、投资回收期见表5−42。

表5−42　**项目净现值、内部收益率、投资回收期**　金额单位：万元

| 年份 | 0 | 1 | 2 | 3 | 4 | 5 |
|---|---|---|---|---|---|---|
| 现金净流量 | −239 | 69 | 69 | 69 | 69 | 128 |
| 累计现金净流量 | −239 | −170 | −101 | −32 | 37 | 165 |
| 净现值 | 59.20 | | | | | |
| 内部收益率 | 18.43% | | | | | |
| 投资回收期（年） | 3.464 | | | | | |

净现值大于零，项目的内部收益率大于资本成本，虽然投资回收期大于项目周期的一半，但考虑到项目的周期只有5年，因此总体上项目在财务上是可行的。

2.

（1）投资项目风险的来源可根据影响净现值的因素进行分析，从项目经营风险分析，主要影响因素有销售量、单价、单位变动成本、固定成本、项目投资额、项目期限等。从项目的财务风险分析，主要影响因素有资本来源、利率、汇率变化。其他风险，主要是指社会、政治、经济的稳定程度，项目施工与经营管理的水平，技术进步与经济发展的状况，国家的投资及产业政策，投资决策部门的预测能力，项目设计质量和可靠性，通货膨胀水平和汇率等。

在研究风险时，要注意项目风险、公司风险、市场风险之间的关系。公司风险是指不考虑投资组合因素，纯粹站在公司的立场上来衡量的投资风险。通常采用公司资产收益率标准差进行衡量。如果将公司资产看作多个投资项目的组合，那么可参照投资组合风险分析方法衡量公司风险。在这种情况下，公司风险由三个要素构成：每种资产（或项目）所占的比重、每种资产的风险以及公司资产之间的相关系数或协方差。某一项目可能具有高度的不确定性，但如果该项目在整个公司资产中所占的比重相对比较小，而且该项目收益与公司其他资产的收益并不密切相关，那么该投资项目的风险就可以在与公司其他资产组成的组合中被分散掉，公司规模越大，这种风险分散效应就越大。

市场风险是站在拥有高度多元化投资组合的公司股票持有者的角度来衡量投资项目风险的。或者说，在投资项目风险中，无法由多元化投资加以消除的那部分，就是该项目的市场风险，通常用投资项目的β系数表示。

（2）敏感性分析是衡量不确定性因素变化对项目评价标准（如NPV或IRR）的影响程度。如果某一因素在较小范围内发生变动，就会影响原定项目的盈利能力，即表明该因素的敏感性强；如果某一因素在较大范围内发生变动，才会影响原定项目的盈利能力，即表明该因素的敏感性弱。敏感性分析的目的是找出投资机会的“盈利能力”对哪些因素最敏感，从而为决策者提供重要的决策信息。

采用模拟分析法，销售量、单价、单位变动成本、固定成本的变动对项目净现值的影响如表5-43和图5-7所示。

表5-43　**敏感性分析**　单位：万元

| 变动百分比 | 销售量 | 销售单价 | 单位变动成本 | 固定成本 |
|---|---|---|---|---|
| -30% | 34 | 7 | 86 | 69 |
| -20% | 42 | 24 | 77 | 66 |
| -10% | 51 | 42 | 68 | 63 |
| 0 | 59 | 59 | 59 | 59 |
| 10% | 68 | 77 | 50 | 56 |
| 20% | 76 | 94 | 41 | 52 |
| 30% | 85 | 111 | 33 | 49 |
| 标准差 | 18 | 38 | 19 | 7 |

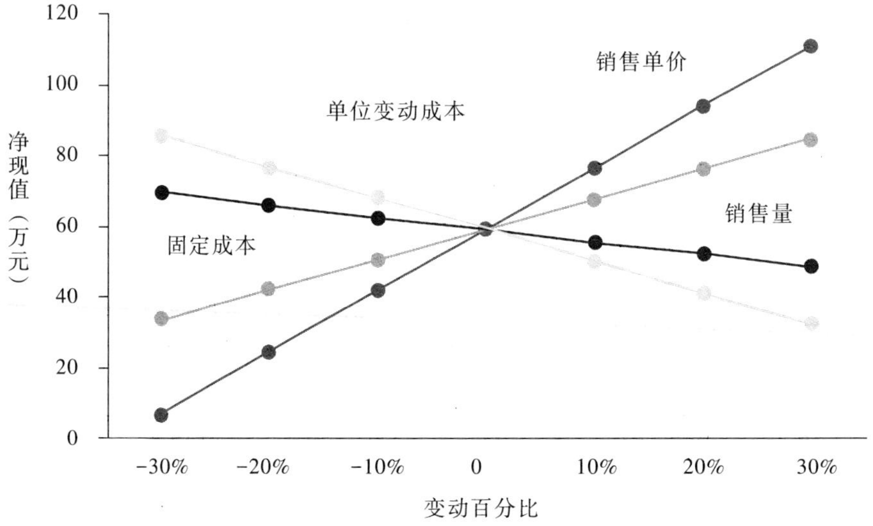


**图 5-7 各因素敏感性分析**

在上述四个因素中，按对净现值敏感性大小排序依次为销售单价、单位变动成本、销售量和固定成本。无论是从四个因素影响净现值的标准差大小分析，还是从图中各因素的斜率分析，得出的结论都是一致的。

（3）销售收入在不同状态下的净现值、净现值标准差、标准离差率见表 5-44。

表 5-44 **不同经济状态下的净现值**

| 经济状态 | 销售收入（万元） | 净现值（万元） |
|---|---|---|
| 0.2 | 150 | -14.30 |
| 0.5 | 260 | 59.20 |
| 0.3 | 460 | 192.84 |
| 净现值 | | 84.59 |
| 净现值标准差 | | 76.11 |
| 标准离差率 | | 0.8998 |

（4）假设 XYZ 公司资产标准离差系数平均值在 0.4~0.7 之间，假设以销售收入变动对净现值的影响代表新产品生产线项目的风险，这表明项目的风险（0.8998）略高于公司的风险。新生产线风险属于项目特有风险，与经济形势相关性较大，如果经济繁荣，随着收入增加，会增加家具销售量；反之，如果经济萧条，消费者购买家具的意愿较小，从而降低销售量。如果公司接受这一项目，会增加公司的整体风险。增加风险大小不仅取决于特有项目的风险，还取决于这一项目价值在公司价值中所占的比重。

（5）资本成本上升或下降 3% 对净现值的影响，见表 5-45。

表 5-45　　资本成本变动对净现值的影响

| 资本成本变动 | 资本成本 | 净现值（万元） | 净现值变动 |
|---|---|---|---|
| -3% | 7.0% | 86 | 45.24% |
| 0 | 10% | 59 | |
| 3% | 13% | 36 | -39.67% |

资本成本下降或上升3%，项目净现值都大于零，这表明资本成本对净现值的变化敏感性不太强，当资本成本下降3%时，净现值上升了45.24%；当资本成本上升3%，净现值下降了39.67%。

（6）设备投资额增长率对项目净现值和内部收益率的影响如表5-46和图5-8所示。

表 5-46　　投资增长率对项目净现值和内部收益率的影响

| 投资额增长率 | NPV（万元） | IRR |
|---|---|---|
| 0 | 59 | 18.43% |
| 1% | 58 | 18.14% |
| 2% | 54 | 17.57% |
| 3% | 49 | 16.71% |
| 4% | 42 | 15.60% |
| 5% | 33 | 14.24% |
| 6% | 21 | 12.64% |
| 7% | 7 | 10.84% |
| 8% | -10 | 8.84% |
| 9% | -32 | 6.68% |
| 10% | -57 | 4.38% |

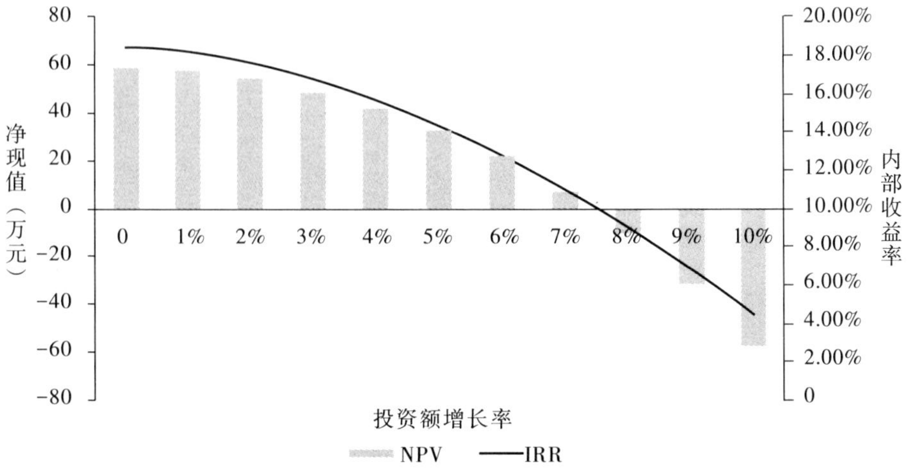


图5-8　投资额增长率对项目净现值和内部收益率的影响

如果项目初始投资额增长7%以上，项目的净现值将会小于零，内部收益率小于项目的资本成本。

（7）

股权资本成本=8%+1.2×6%=15.2%

税后债务成本=10%×（1−25%）=7.5%

加权平均资本成本=7.5%×50%+15.2%×50%=11.35%

由于项目的β系数为1.2，高于市场风险，因此获得的风险溢价也高于市场风险溢价（6%），项目的市场风险溢价为7.2%（1.2×6%）。

按新资本成本11.35%计算的净现值为48.25万元，比按10%计算的净现值降低了10.95万元（59.2－48.25）。

3.

（1）本案例估计的风险是总风险，总风险是在不考虑股东个人投资分散影响的前提下所考察的项目风险。β系数则是股东通过多元化投资，消除公司特有风险后的剩余风险或风险溢价。尽管项目有时总风险很高，但如果股东进行多元化投资，公司承担的项目风险可根据所持股份比率进行衡量。在大部分情况下，总风险与市场风险具有高度的相关性，即总风险较高，公司的市场风险也会较高；反之亦然。

（2）如果经济不景气，项目可于2020年年末下马，项目净现值的计算见表5-47。

表5-47 **项目经营2年后净现值** 金额单位：元

| 年份 | 2018年 | 2019年 | 2020年 |
|---|---|---|---|
| 投资额 | 10 000 000 | | |
| 设备安装费 | 500 000 | | |
| 机会成本（仓库出售净值） | 200 000 | | |
| 经营性营运资本 | 50 000 | | |
| 经营现金流量： | | | |
| 销售量（套） | | 900 | 900 |
| 单价 | | 10 000 | 10 500 |
| 销售收入 | | 9 000 000 | 9 450 000 |
| 变动成本 | | 5 850 000 | 6 142 500 |
| 固定成本（不含折旧） | | 1 000 000 | 1 000 000 |
| 折旧 | | 3 500 000 | 2 800 000 |
| 息税前利润 | | −1 350 000 | −492 500 |
| 所得税 | | −337 500 | −123 125 |

续表

| 年份 | 2018年 | 2019年 | 2020年 |
| --- | --- | --- | --- |
| 净利润 | | -1 012 500 | -369 375 |
| 现金净流量 | | 2 487 500 | 2 430 625 |
| 收回经营性营运资本 | | | 50 000 |
| 建筑物及地皮出售净价值 | | | 150 000 |
| 设备残值出售价值 | | | 8 000 000 |
| 设备折余价值 | | | 4 200 000 |
| 设备出售所得税 | | | 950 000 |
| 现金净流量 | -10 750 000 | 2 487 500 | 9 680 625 |
| 净现值 | -488 120 | | |

项目2020年年末下马的决策会导致项目净现值为负数，但这一决策所造成的损失要小于经济不景气时继续经营所造成的损失。这相当于及时止损，从期权的角度来说是一种放弃期权的决策，将在实物期权一章做介绍。

（3）假设各年销售量为1 000套，单价按通货膨胀率调整的项目净现值见表5-48。

表5-48 **项目净现值** 金额单位：元

| 年份 | 2018年 | 2019年 | 2020年 | 2021年 | 2022年 | 2023年 |
| --- | --- | --- | --- | --- | --- | --- |
| 投资额 | 10 000 000 | | | | | |
| 设备安装费 | 500 000 | | | | | |
| 仓库出售净值 | 200 000 | | | | | |
| 经营性营运资本 | 50 000 | | | | | |
| 经营现金流量： | | | | | | |
| 销售量（套） | | 1 000 | 1 000 | 1 000 | 1 000 | 1 000 |
| 销售量变动 | | 100% | | | | |
| 销售量（套） | | 1 000 | 1 000 | 1 000 | 1 000 | 1 000 |
| 单价 | | 10 000 | 10 500 | 11 025 | 11 576 | 12 155 |
| 销售收入 | | 10 000 000 | 10 500 000 | 11 025 000 | 11 576 250 | 12 155 063 |
| 变动成本 | | 6 500 000 | 6 825 000 | 7 166 250 | 7 524 563 | 7 900 791 |
| 固定成本 | | 1 000 000 | 1 000 000 | 1 000 000 | 1 000 000 | 1 000 000 |

续表

| 年份 | 2018年 | 2019年 | 2020年 | 2021年 | 2022年 | 2023年 |
|---|---|---|---|---|---|---|
| 折旧 | | 3 500 000 | 2 800 000 | 2 100 000 | 1 400 000 | 700 000 |
| 息税前利润 | | -1 000 000 | -125 000 | 758 750 | 1 651 688 | 2 554 272 |
| 所得税 | | -250 000 | -31 250 | 189 688 | 412 922 | 638 568 |
| 净利润 | | -750 000 | -93 750 | 569 063 | 1 238 766 | 1 915 704 |
| 现金净流量 | | 2 750 000 | 2 706 250 | 2 669 063 | 2 638 766 | 2 615 704 |
| 收回经营性营运资本 | | | | | | 50 000 |
| 残值 | | | | | | 1 125 000 |
| 残值变动 | | | | | | 100% |
| 残值 | | | | | | 1 125 000 |
| 现金净流量 | -10 750 000 | 2 750 000 | 2 706 250 | 2 669 063 | 2 638 766 | 3 790 704 |
| 净现值 | 147 918 | | | | | |

销售量和残值变动对净现值的影响如表5-49和图5-9所示。

表5-49　**销售量和残值变动对净现值的影响**　金额单位：元

| 变动 | 销售量 | 残值 |
|---|---|---|
| 70% | -3 120 673 | -61 643 |
| 80% | -2 031 143 | 8 210 |
| 90% | -941 612 | 78 064 |
| 100% | 147 918 | 147 918 |
| 110% | 1 237 448 | 217 771 |
| 120% | 2 326 978 | 287 625 |
| 130% | 3 416 508 | 357 479 |

从表5-49和图5-9中可发现，销售量变动对项目净现值的敏感性较强，而残值变动对项目净现值的敏感性较弱。

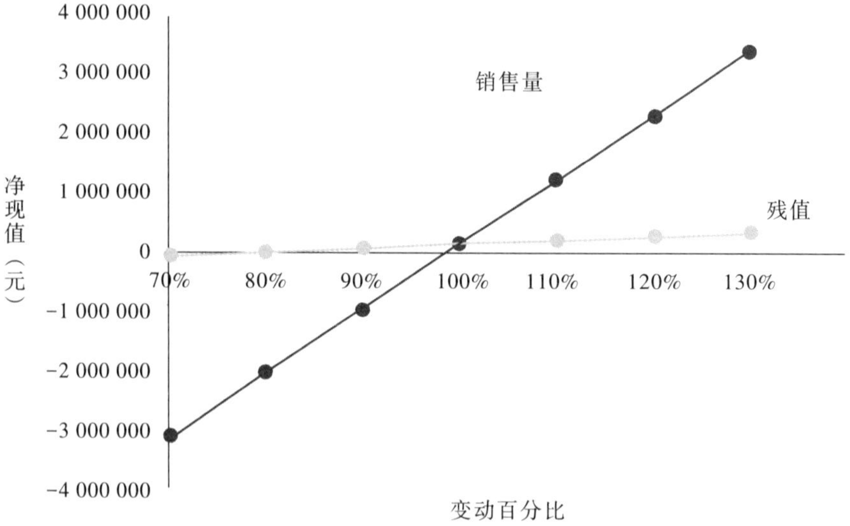


图5-9 销售量和残值变动对净现值的影响

投资决策解题思路

# 第6章 杠杆效应与资本结构

## 一、单项选择题

1.一般来说，在企业的各种资金来源中，资本成本最高的是（　　）。

A.优先股　　B.普通股　　C.债券　　D.长期借款

2.在资本成本计算过程中，需要考虑所得税因素的是（　　）。

A.长期借款　　B.普通股　　C.留存收益　　D.优先股

3.根据MM定理，在考虑企业所得税的条件下，有负债企业与无负债企业之间的价值关系为（　　）。

A.前者大于后者　　B.前者小于后者　　C.前者等于后者　　D.不能确定

4.根据含税的MM模型，有负债企业的股本成本等于同一风险等级的无负债企业的股本成本加上（　　）。

A.所得税税率　　B.风险溢价　　C.债务成本　　D.资本成本

5.根据权衡理论，当企业不能够及时足额地偿还债务时，企业就会陷入（　　）。

A.信用危机　　B.财务危机　　C.运营危机　　D.筹资管理

6.当公司处于财务危机中时，股东（债务人）不是想办法去寻找能够带来正的净现值的投资项目，从而使公司摆脱财务危机的困境，而是放弃投资项目坐以待毙，这属于（　　）。

A.风险转移　　B.信用危机　　C.资产替代　　D.放弃投资

7.某上市公司以面值发行优先股2 000万元，筹资费率为5%，优先股股息率为12.35%，那么该优先股的资本成本为（　　）。

A.16%　　B.14%　　C.12%　　D.13%

8.某公司为上市公司，以面值发行普通股4 000万元，筹资费率为4%，预计下一次的股利率为12%，以后每年增长3%，那么普通股的资本成本为（　　）。

A.15.5% B.12.5% C.15% D.16.37%

9.某公司普通股每股市价为12元，筹资费率为5%，预计第一期每股股利为2.4元，股利固定增长率为4%，那么企业留存收益的资本成本为（　　）。

A.25.05% B.21.05% C.24% D.25.83%

10.某企业某年的财务杠杆系数为1.5，经营杠杆系数为2，普通股每股收益的变动率为15%，假定其他因素不变，则该年销售量的变动率为（　　）。

A.45% B.5% C.10% D.7.5%

## 二、多项选择题

1.长期资本包括的内容有（　　）。

A.长期负债 B.应收票据 C.优先股

D.普通股 E.短期负债

2.以下各项中，不含税的MM模型的假设条件包括（　　）。

A.企业的经营风险可衡量 B.没有交易成本

C.负债利率为无风险利率 D.没有企业和个人所得税

E.没有财务危机成本

3.计算普通股资本成本的方法包括（　　）。

A.现金流量折现法 B.资本资产定价法

C.债券成本加风险溢价法 D.到期收益率法

E.风险调整法

4.运用资本成本确定企业最佳资本结构是建立在一些假设的基础上的，这些假设有（　　）。

A.企业的资产总额保持不变

B.企业的资产总额扩大

C.企业的资产总额缩小

D.企业资本结构的调整会对营业收入产生影响

E.企业资本结构的调整不会对营业收入产生影响

5.负债公司价值的决定因素包括（　　）。

A.无负债公司价值 B.所得税税率

C.债务总额 D.财务危机发生的概率

E.固定资产总额

6.补偿性余额的约束使借款企业所受的影响有（　　）。

A.减少了可用资金 B.提高了资本成本

C.减少了应付利息 D.增加了应付利息

E.降低了资本成本

7.下面属于财务危机成本的有（　　）。

A.破产清算过程中公司支付的律师费

B.发生财务危机而错过的发展机会

C.管理人员变卖长期资产

D.公司用高利率来举债

E.供货商拒绝提供商业信用

8.计算加权平均资本成本时，各项资金来源权重的计算方法有（　　）。

A.账面价值法　　B.市场价值法

C.未来价值法　　D.行业标准法

E.目标价值法

9.下面关于杠杆分析的说法正确的有（　　）。

A.之所以会有财务杠杆存在，是由于存在固定性的财务费用

B.由于存在固定性的经营费用，经营杠杆才会存在

C.在财务管理中，通常采用财务杠杆系数衡量财务杠杆大小和财务风险水平

D.当公司不存在负债或者优先股时，财务杠杆系数为1，即不存在任何财务风险

E.总杠杆系数反映每股收益随息税前利润变动的幅度

10.根据优序融资理论，下列说法正确的有（　　）。

A.公司首先应考虑内部积累资金，其次是债务融资，最后才考虑发行股票进行融资

B.一些经营好的公司负债率低，是因为这些公司的目标负债率低

C.不存在明确的目标负债率，当实际的现金流量、股利和实际的投资机会出现不平衡时负债率就会发生变化

D.资本结构与公司价值不相关，无论采用何种资本结构均不能影响公司价值

E.以信息不对称理论为基础

## 三、判断题

1.包括短期负债在内的企业全部资本，在债务性资本来源和股权性资本来源之间分配的结构称为资本结构。（　　）

2.长期借款的资本成本应由无风险收益率与违约风险收益率之和来确定。（　　）

3.留存收益与普通股在根本性质上是一致的，也要考虑发行费用。（　　）

4.根据权衡理论，企业最佳的资本结构存在于，每增加一元的负债，其代理成本正好等于所减少的股权代理成本。（　　）

5.从信息占有量的角度来看，由于股东是出资人，因此能够比经营者更多地了解企业的具体经营情况，能够掌握经营者所不了解的信息。（　　）

6.根据信号理论，投资者可以通过资本结构来判别企业的价值高低，高价值的企业愿意采用较多的负债进行筹资，而低价值的企业则更多地依赖股票筹资。（　　）

7.抵税效应导致负债的资本成本低于股权资本成本，因此负债的增加必然会导致企业加权资本成本的降低。（　　）

8.在盈亏平衡点处，经营杠杆系数最小。（　　）

9.当财务杠杆系数为1时，企业的利息和优先股股息为零。（　　）

10.权衡理论修正了MM理论的不足，考虑了负债在带来税负节余的同时所产生的相关成本。（　　）

## 四、计算分析题

1.有U和L两家企业，其经营风险相同，但资本结构不同，U企业的资本全部为股权资本，L企业的资本由负债和股权资本两部分组成。假设两家企业的营业净收益全部作为股利发放，企业的预期增长率为零，其他资料见表6-1、表6-2。

表6-1　负债企业和无负债企业价值比较（不考虑所得税）　金额单位：元

| 项　目 | U企业（负债=0） | L企业（负债=600 000） |
|---|---|---|
| 股权资本（S） | 2 000 000 | 1 400 000 |
| 股权资本成本（$K_s$） | 10% | 11.29% |
| 负债资本（B） | | 600 000 |
| 负债资本成本（$K_b$） | | 7% |
| 息税前收益 | 200 000 | 200 000 |
| 减：利息费用（I） | A | D |
| 股东收入（股利）（DIV） | B | E |
| 证券持有者收入（DIV+I） | C | F |

要求：

（1）如果不考虑所得税，确定A、B、C、D、E、F的数值，并分别计算U、L两家企业的价值。

（2）当所得税税率为40%时，确定H、I、J、K、L、M、N、P、Q的数值，并分别计算U、L两家企业的价值。

（3）对比（1）和（2）的计算结果，并运用MM理论做出解释。

表6-2　**负债企业和无负债企业价值比较（考虑所得税）**　金额单位：元

| 项　　目 | U企业（负债=0） | L企业（负债=600 000） |
| --- | --- | --- |
| 股权资本（S） | 2 000 000 | 1 400 000 |
| 股权资本成本（$K_s$） | 10% | 11.29% |
| 负债资本（B） | | 600 000 |
| 负债资本成本（$K_b$） | | 7% |
| 息税前收益 | 200 000 | 200 000 |
| 减：利息费用（I） | H | L |
| 税前利润（EBT） | 200 000 | M |
| 减：所得税（T） | I | N |
| 股东收入（股利）（DIV） | J | P |
| 证券持有者收入（DIV+I） | K | Q |

2.公司今年由于投资失败，而陷入财务危机，无法偿还的债务数额为5 000万元。目前，该公司面临着A、B两个项目的选择。两个项目的收益情况见表6-3。

表6-3　**项目投资及收益资料**　金额单位：万元

| 项目名称 | 投资额 | 收益 | 概率 | 净现值 |
| --- | --- | --- | --- | --- |
| A | 1 000 | 8 000 | 0.1 | -200 |
| | | 0 | 0.9 | |
| B | 1 000 | 5 000 | 0.4 | 2 200 |
| | | 2 000 | 0.6 | |

要求：分别站在债权人和股东的角度做出投资决策，并解释原因。

3.某公司在初创时向银行借入长期借款2 000万元，年贷款利率为8%，期限3年，每年付息一次，到期一次偿还本金。在借款过程中，公司向银行支付的各种手续费和评估费占贷款总额的5%，公司的所得税税率为25%。

要求：计算公司长期借款的资本成本。

4.某公司2020年的目标资本结构是40%的长期债券、10%的优先股、50%的普通股。已知长期债券的票面利率为10%，筹资费率为2%，企业所得税税率为25%；优先股发行费率为3%，优先股股息率为8%；该公司股票的β系数为1.5，政府债券报酬率为6%，股票市场平均收益率为12%。

要求：计算该公司加权平均资本成本。（结果保留两位小数）

5.公司无负债时价值为2 000万元，经测算，该公司最佳资本结构为20%的负债比率，因此准备采用股转债的方式将公司的资本结构调整为最佳资本结构。该公司的所得税税率为40%，由于负债经营而可能产生财务危机的概率为0.3。破产成本为公司价值的15%。

要求：计算资本结构调整之后的公司价值。

6. 某企业负债总额为25万元，负债利息率为6%，全年固定成本总额为18万元，该企业销售额为70万元，变动成本率为40%。

要求：

（1）计算该企业的息税前利润。

（2）计算该企业的经营杠杆系数。

（3）若明年销售额增加10%，计算明年该企业的息税前利润变动率；

（4）计算明年该企业的息税前利润。

7. 某公司2020年净利润为750万元，固定成本和费用为400万元（含利息费用）。公司资产总额为6 000万元，资产负债率为40%，负债平均利息率为5%，公司适用的所得税税率为25%。

要求：

（1）计算该公司的经营杠杆系数。

（2）计算该公司的财务杠杆系数。

（3）计算该公司的总杠杆系数。

（4）若销售量增长10%，则公司每股收益增长多少？

8. 公司拟筹资4 000万元，其中按面值发行债券1 500万元，票面利率为10%，筹资费率为1%；发行优先股500万元，股利率为12%，筹资费率为2%；按面值发行普通股2 000万元，筹资费率为4%，预计第1年股利率为12%，以后每年按4%递增，所得税税率为25%。

要求：

（1）计算该公司的债券资本成本及资本比重。

（2）计算该公司的优先股资本成本及资本比重。

（3）计算该公司的普通股资本成本及资本比重。

（4）计算该公司的综合资本成本。

9. 公司拟发行债券筹集资金，债券期限为8年，票面利率为9.5%，每半年付息一次，按照面值发行。发行费用为发行金额的4.5%，所得税税率为25%。

要求：计算拟发行债券的资本成本。

10. 某公司计划以发行普通股的形式为W项目融资，已知该公司的β系数为1.2，政府债券报酬率为4%，市场平均风险溢价为3%。

要求：计算该公司发行股票募集资金的资本成本。

11. 找出下列上市公司：用友软件、中国远洋、武钢股份、三九药业、东方航空，回答问题。要求：

（1）这些公司2014—2018年，每年的销售收入是多少？销售收入增长率是多少？每年的每股收益是多少？每股收益增长多少？每年的负债比率是多少？

（2）根据销售收入和每股收益的变化情况，计算每家公司的总杠杆水平，并对期间内每家公司的每股收益变动情况做出解释。

（3）观察各家公司在2014—2018年间，总杠杆情况的变化和负债比率的变化，并分析哪些因素影响总杠杆的变化。

（4）分析不同行业的总杠杆水平差异，并指出差异产生原因。

## 参考答案

### 一、单项选择题

1.B　2.A　3.A　4.B　5.B　6.D　7.D　8.A　9.C　10.B

### 二、多项选择题

1. ACD　2. ABCDE　3. ABC　4. AE　5. ABCD　6. AB　7. ABCDE　8. ABE　9.ABCD　10.ACE

### 三、判断题

1.×　2.√　3.×　4.√　5.×　6.√　7.×　8.×　9.√　10.√

### 四、计算分析题

1.

（1）A=0

B=200 000元

C=200 000元

D=42 000元

E=158 000元

F=200 000元

$V_U$=200 000÷10%=2 000 000（元）

$V_L$=（200 000−42 000）÷11.29%+42 000÷7%=1 400 000+600 000=2 000 000（元）

（2）H=0

I=80 000元

J=120 000元

K=120 000元

L=42 000元

M=158 000元

N=63 200元

P=94 800元

Q=134 800元

$V_U$=200 000×（1−40%）÷10%=1 200 000（元）

$V_L$=$V_u$+B×T=1 200 000+600 000×0.4=1 440 000（元）

（3）上述计算结果表明，在（1）的情况下，即不考虑所得税的情况下，处于同一风险级别的不同资本结构的两家企业，总价值相等；在（2）的情况下，即考虑所得税的情况下，负债企业的价值比无负债企业增加了240 000元，这是由于利息减税而造成的。

2.

从债权人的角度出发，应选择项目B。因为债权人最关心的是借款的安全性，因此要选择净现值大且风险小的项目。

从股东的角度出发，应选择项目A。因为现在公司已经处于财务危机之中，如果选择项目A，投资成功，将获得8 000万元的收益，偿还5 000万元债务之后，还有3 000万元收益；如果投资失败，则对股东来说没有任何损失，只是债权人又损失1 000万元。如果选择项目B，两种情况下收益都小于等于5 000万元，而公司仍然处于财务危机当中，因而公司的股东并没有得到任何好处。

3.

2 000×（1−5%）=2 000×8%×（1−25%）×（P/A，$r_d$，3）+2 000×（P/F，$r_d$，3）

用插值法计算，得：

$r_d$=7.94%

4.

长期债券资本成本=10%×（1−25%）÷（1−2%）=7.65%

优先股资本成本=8%÷（1−3%）=8.25%

普通股资本成本=6%+1.5×（12%−6%）=15%

加权平均资本成本=40%×7.65%+10%×8.25%+50%×15%=11.39%

5.

$V_L$=2 000+40%×20%×2 000−0.3×15%×2 000=2 070（万元）

6.

（1）变动成本=70×40%=28（万元）

息税前利润=70−28−18=24（万元）

（2）经营杠杆系数=（70−28）÷24=1.75

（3）息税前利润变化率=10%×1.75=17.5%

（4）明年的息税前利润=24×（1+17.5%）=28.2（万元）

7.

利息费用=6 000×40%×5%=120（万元）

固定经营成本=400−120=280（万元）

税前利润=750÷（1−25%）=1 000（万元）

EBIT=1 000+120=1 120（万元）

（1）DOL=（1 120+280）÷1 120=1.25

（2）DFL=1 120÷（1 120−120）=1.12

（3）DTL=1.25×1.12=1.4

（4）每股收益增长率=1.4×10%=14%

8.

（1）债券资本成本=$\frac{10\%\times(1-25\%)}{1-1\%}$=7.58%　债券比重=$\frac{1\ 500}{4\ 000}$×100%=37.5%

（2）优先股资本成本=$\frac{12\%}{1-2\%}$=12.24%　优先股比重=$\frac{500}{4\ 000}$×100%=12.5%

（3）普通股资本成本=$\frac{12\%}{1-4\%}$+4%=16.5%　普通股比重=$\frac{2\ 000}{4\ 000}$×100%=50%

（4）综合资本成本=7.58%×37.5%+12.24%×12.5%+16.5%×50%=12.62%

9.设债券的实际资本成本为i，则有如下等式成立：

1−4.5%=9.5%÷2×（1−25%）×（P/A，i，16）+1×（P/F，i，16）

解得：i=3.95%

债券的资本成本=（1+3.95%）$^2$−1=8.06%

10.利用资本资产定价模型可得：

股票融资资本成本=4%+1.2×3%=7.6%

11.解略。

# 第7章 股利政策

## 一、单项选择题

1. 股利政策无关论是由莫迪格利尼和米勒（Modigliani & Miller，MM）提出来的，以下不是该理论假设基础的是（　　）。

A. “完美市场”假设　　B. “理性行为”假设

C. “完全的确定性”假设　　D. “资源稀缺性”假设

2. 信号理论认为，当公司终止发放股利或者减少股利时，投资者会将该行为视作公司未来业绩（　　）的信号。

A. 持续好转　　B. 持续恶化　　C. 即将好转　　D. 无法确定

3. 发放现金股利和进行股票回购的相似点在于，二者都使公司价值（　　）。

A. 提高　　B. 降低　　C. 不变　　D. 无法确定

4. 在实务中，制定企业目标股利支付率应首先确定（　　）。

A. 最佳的资本预算总额　　B. 目标资本结构

C. 资本预算所需股权资本数量　　D. 留存收益的数量

5. 股票回购与现金股利的不同点之一在于，股票回购会使公司股票价格（　　）。

A. 上升　　B. 降低　　C. 不变　　D. 不能确定

6. 从会计处理的角度来看，发放股票股利最终增加的是（　　）。

A. 资本公积　　B. 盈余公积　　C. 未分配利润　　D. 资本

7. 股票股利的优点主要表现为（　　）。

A. 可以调整过低的股价　　B. 可以留存大量现金

C. 可以调整资本结构　　D. 处理费用比现金股利要低

8. 股票分割与股票股利最大的区别在于（　　）。

A. 增加股票绝对数量　　B. 处理费用较高

C.股票市价下降　　D.不引发所有者权益结构的变化

9.公司每年发放的股利不会随着公司收益的变动而变动，从而使公司的股利支付极为稳定，这种股利政策是（　　）。

A.剩余股利政策　　B.固定股利支付政策

C.固定股利支付率政策　　D.低正常股利加额外股利政策

10.下列各项中，容易使股利支付与盈余脱节的股利政策是（　　）。

A.剩余股利政策　　B.固定股利或稳定增长股利政策

C.固定股利支付率政策　　D.低正常股利加额外股利政策

## 二、多项选择题

1.“完美市场”假设包括（　　）。

A.投资者偏好盈利而不是损失

B.没有交易成本，如证券交易时发生的佣金和转让费用

C.在支付股利与获得资本利得之间，利润分配与不分配之间，税负没有差别

D.没有足以影响市场价格的证券买者和卖者

E.对于投资者而言，通过股利还是资本利得来增加财富没有区别

2.信号理论认为，股利通常具有“黏性”，即管理人员轻易不会改变既定的股利政策，所以从股利政策的变动能够推测出管理人员对未来业绩的预期。对此理解正确的有（　　）。

A.当盈利水平提高时，管理人员不会立即增加股利，只有确定盈利水平提高并非暂时性后，管理人员才会提高股利水平

B.当盈利水平下滑时，管理人员不会立即减少股利，只有确定盈利水平下降具有持续性后，管理人员才会降低股利水平

C.根据股利政策的变动，投资者可以推断管理人员对公司未来业绩的判断

D.当公司首次发放股利或者增加股利时，投资者会将其视为公司未来业绩持续好转的信号，并给予正面反应

E.当公司终止发放股利或者减少股利时，投资者会将其视为公司未来业绩持续恶化的信号，并给予负面反应

3.根据剩余股利政策，公司确定最佳股利支付率时需要考虑的因素包括（　　）。

A.投资者对于股利和资本利得的偏好

B.公司的投资机会

C.公司的目标资本结构

D.外部资本的可获得性与成本

E.管理层对现金的偏好程度

4.股票股利作为股利支付的一种方式，其主要优点在于（　　）。

A.调整过高股价　B.留存大量现金
C.处理费用比现金股利更低　D.调整资本结构
E.提高每股市价

5.在我国常见的股利支付方式有（　）。
A.现金股利　B.股票回购　C.股票分割
D.股票股利　E.股票期权

6.现金股利与股票回购的相同之处在于（　）。
A.企业价值都将降低　B.都产生现金流出
C.都将减少股东权益　D.股票价格都会有所变化
E.都将减少发行在外的流通股股数

7.在下列各项中，属于股利实施政策的有（　）。
A.剩余股利政策　B.固定股利政策
C.非固定股利政策　D.低正常股利加额外股利政策
E.固定股利支付率政策

8.我国相关的法律对公司股利的分配进行了一定的限制，主要内容包括（　）。
A.资本保全　B.公司积累　C.净利润
D.超额累计利润　E.兼顾各方利益

9.如果某公司认为，目前的股票市价较高，要想降低公司的股票价格，可以采用的方式有（　）。
A.发放股票股利　B.发放现金股利　C.进行股票分割
D.进行股票合并　E.回购股票

10.影响股利政策的因素有（　）。
A.法律性因素　B.契约性约束因素　C.公司因素
D.股东因素　E.社会因素

## 三、判断题

1.根据股利政策无关论的相关假设，公司价值仅取决于当期和后续的营业利润。（　）

2.信号理论认为，股利政策变动能够向市场传递管理人员对未来业绩的预期，同时股利本身也具有信号作用。（　）

3.实施固定股利政策的公司，其实际发放的股利水平出现稳定增长局面的原因是受通货膨胀因素的影响。（　）

4.在债务契约中一般会对股利政策加以限制，其目的在于防止股东通过股利转移资本，更好地保护债权人的利益。（　）

5.发放股票股利，由于企业的价值总量不变，而发行在外的股票数量增加，这

样会导致企业每股收益和每股价格的下降。（　　）

6.发放股票股利前后，企业股东的财务状况没有任何变化，持有比率也没有改变，因此，发放股票股利对于股东来说并没有任何好处。（　　）

7.股票股利可以看作现金股利的一种替代方式。（　　）

8.从会计处理的角度来分析，股票分割不会产生任何财务结构上的变化，甚至资产负债表中的各个项目也不会发生变化。（　　）

9.采用固定股利政策分配利润时，股利不受经营状况的影响，有利于公司股票价格的稳定。（　　）

10.某公司董事会于2019年8月16日在报纸上公告：该公司于2019年10月16日向2019年9月17日登记在册的所有股东每10股发放1元的股利。2019年8月16日为股利宣告日，除息日为2019年9月17日。（　　）

## 四、计算分析题

1.公司现在面临一个投资项目，初始投资额为100万元，净现值为100万元。公司的基本情况见表7-1。对于初始投资额的资金来源，现在存在两个方案：甲方案将使用公司的留存收益；乙方案将对外发行100万元的普通股，而将全部留存收益用于现金股利的发放。

表7-1　**基本财务情况**　金额单位：万元

| 项　　目 | 金　　额 |
|---|---|
| 当期企业价值 | 1 000 |
| 每期经营现金流量 | 100 |
| 投资收益率 | 10% |
| 发行在外的普通股股数（万股） | 50 |
| 每股价格（元/股） | 20 |
| 投资者要求的收益率 | 10% |
| 新项目的NPV | 50 |
| 投资项目所需资本 | 100 |

要求：

（1）根据股利无关论，对这两个方案做出比较；

（2）将分析结果填入表7-2中。

表 7-2 **股利政策和公司价值比较表**

| 项　　目 | 甲方案（不发放股利） | 乙方案（发放股利） |
|---|---|---|
| 每股股利（元） | | |
| 当期普通股股数（万股） | | |
| 发行新股的数量（万股） | | |
| 新股发行价格（元/股） | | |
| 新股发行募集资本数量（万元） | | |
| 新股发行后普通股股数（万股） | | |
| 投资后企业市场价值（万元） | | |
| 股票价格（元/股） | | |
| 投资者收益率 | | |
| 当期企业市场价值（万元） | | |

2. 公司2018年实现净利润1 000万元，公司的目标资本结构为20%的负债和80%的股权。若该公司2019年投资计划所需的资本为2 000万元。

要求：按照剩余股利政策预计企业的股利发放额和股利支付率。

3. 甲公司2019年度收益为1 000万元，公司决定发放20%的股票股利，股票的市场价格为2.5元/股。发放股票股利前的资产负债表见表7-3。

表 7-3 **发放股票股利前的资产负债表** 单位：万元

| | |
|---|---|
| 资产10 000 | 负债4 000 |
| | 普通股（面额1元，已发行2 000万股）2 000 |
| | 资本公积2 500 |
| | 留存收益1 500 |
| | 股东权益合计6 000 |
| 资产总计10 000 | 负债和股东权益总计10 000 |

要求：编制发放股票股利后的资产负债表，计算每股净资产。

4. 承上题，假设该公司按1∶2的比例进行股票分割。

要求：

（1）编制股票分割后的资产负债表并计算此时的每股净资产。

（2）对比计算题3和计算题4中编制的两张资产负债表，说明股票股利和股票分割对公司权益影响的不同之处。

5. 乙公司2019年度收益总额为1 000万元，在外流通的普通股股数为1 000万股。现已确定当年的股利发放率为20%，但在股利发放的形式上存在两个方案：A方案，发放现金股利；B方案，进行股票回购。发放股利之前的资产负债表见表7-4。

表7-4　　发放股利前的资产负债表　　单位：万元

| | |
|---|---|
| 库存现金2 000 | 负债4 000 |
| 其他资产7 000 | 股东权益合计5 000 |
| 资产总计9 000 | 负债和股东权益总计9 000 |

要求：

（1）编制A方案实施之后的资产负债表，并计算在外流通的普通股股数以及每股市价；

（2）编制B方案实施之后的资产负债表，并计算在外流通的普通股股数以及每股市价。

6.上网查找下列上市公司：用友软件、中国远洋、武钢股份、三九药业、东方航空。要求回答下列问题：

（1）确定各家上市公司2013—2019年每年的股利水平，并确定所采用的股利政策；

（2）查找各家公司除息日，并观察除息日后公司股票价格变动和发放股利水平之间的关系；

（3）确定各家公司股利宣告日，并观察当公司增加股利时，公司股票价格变动情况；

（4）确定上述公司中哪些层级发放股票股利，并观察股票股利发放后，公司股票价格的变动情况与股票股利水平的关系。

## 参考答案

### 一、单项选择题

1.D　2.B　3. B　4.A　5.C　6.D　7.B　8.D　9.B　10.B

### 二、多项选择题

1. BCD　2. ABCDE　3. ABCD　4. ABC　5. AD　6. DE　7. ABDE　8. ABCD　9.ABC　10.ABCD

### 三、判断题

1.√　2.×　3.√　4. √　5.√　6.×　7.×　8.√　9.√　10.×

### 四、计算分析题

1.

（1）如果企业采用甲方案，那么企业将不发放股利，也不必募集新股，因此在接受新项目之后的价值等于企业原来的价值再加上新项目的净现值，为1 100万元

(1 000+100)。而股东在该期间内获得的收益率为10%((1 100−1 000)÷1 000×100%)。企业当期的价值应当为1 000万元((0+1 100)÷(1+10%))。

如果企业采用乙方案，企业将当期的经营现金流量100万元作为股利发放，每位股东获得股利2元(100÷50)。此时，企业需要通过发行新股来募集100万元的项目初始投资额。企业按照现时股票价格20元/股发行股票5万股来完成资本的募集任务。此时，企业发行在外的股票达到55万股(50+5)，企业的价值为1 100万元(20×55)。在该时期内，企业的股票价格没有发生变动，股东的投资收益来自企业发放的现金股利，股东的投资收益率为10%(2÷20×100%)。企业当期的价值为1 000万元((100+50×20)÷(1+10%))。

(2)分析结果见表7−5。

表7−5 **股利政策和公司价值比较表**

| 项 目 | 甲方案(不发放股利) | 乙方案(发放股利) |
|---|---|---|
| 每股股利(元) | 0 | 200÷100=2 |
| 当期普通股股数(万股) | 50 | 50 |
| 发行新股的数量(万股) | 0 | 5 |
| 新股发行价格(元/股) | 0 | 20 |
| 新股发行募集资本数量(万元) | 0 | 100 |
| 新股发行后普通股股数(万股) | 50 | 50+5=55 |
| 投资后企业市场价值(万元) | 1 000+100=1 100 | 1 000−100+100+100=1 100 |
| 股票价格(元/股) | 1 100÷50=22 | 1 100÷55=20 |
| 投资者收益率 | (22−20)÷20×100%=10% | (2+20−20)÷20×100%=10% |
| 当期企业市场价值(万元) | (0+1 100)÷(1+10%)=1 000 | (100+50×20)÷(1+10%)=1 000 |

2.

资本预算所需要的股权资本=2 000×20%=400(万元)

股利发放额=1 000−400=600(万元)

股利发放率=600÷1 000×100%=60%

3.

依据所给资料编制的发放股票股利后的资产负债表见表7-6。

表7-6　　**发放股票股利后的资产负债表**　　单位：万元

| | |
|---|---|
| 资产10 000 | 负债4 000 |
| | 普通股（面额1元，已发行2 400万股）2 400 |
| | 资本公积3 100 |
| | 留存收益500 |
| | 股东权益合计6 000 |
| 资产总计10 000 | 负债和股东权益总计10 000 |

此时，每股净资产=6 000÷2 400=2.5（元/股）

4.

（1）依据所给资料编制的股票分割后的资产负债表见表7-7。

表7-7　　**进行股票分割后的资产负债表**　　单位：万元

| | |
|---|---|
| 资产10 000 | 负债4 000 |
| | 普通股（面额0.5元，已发行4 000万股）2 000 |
| | 资本公积2 500 |
| | 留存收益1 500 |
| | 股东权益合计6 000 |
| 资产总计10 000 | 负债和股东权益总计10 000 |

此时，每股净资产=6 000÷4 000=1.5（元/股）

（2）虽然两种方式有很多相似之处，且对股东权益总额都没有产生影响，但二者之间还是存在差异的。发放股票股利，虽然对股东权益总额不产生影响，但在权益内部却进行了重新分配，普通股股本增加，资本公积增加，并且二者增加数之和恰巧等于留存收益的减少数。而进行股票分割则有所不同，不但对股东权益总额没有影响，而且对股东权益内的各项也没有影响。

5.

（1）发放现金股利情况下：

股利发放总额=1 000×20%=200（万元）

据此编制的发放现金股利后的资产负债表见表7-8。

表7-8　　发放现金股利后的资产负债表　　单位：万元

| | |
|---|---|
| 库存现金1 800 | 负债4 000 |
| 其他资产7 000 | 股东权益合计4 800 |
| 资产总计8 800 | 负债和股东权益总计8 800 |

在外流通的普通股股数=1 000万股

每股市价=4 800÷1 000=4.8（元/股）

（2）股票回购情况下：

依据所给资料编制的股票回购后的资产负债表见表7-9。

表7-9　　进行股票回购后的资产负债表　　单位：万元

| | |
|---|---|
| 库存现金1 800 | 负债4 000 |
| 其他资产7 000 | 股东权益合计4 800 |
| 资产总计8 800 | 负债和股东权益总计8 800 |

发放股利前股票市价=5 000÷1 000=5（元/股）

回购股票数额=200÷5=40（万股）

回购后在外流通的普通股股数=1 000-40=960（万股）

每股市价=4 800÷960=5（元/股）

6.解略。

# 第8章 长期融资

## 一、单项选择题

1.以下各项中，属于筹集股权资本形式的是（　　）。

A.长期借款　　B.发行公司债券　　C.发行普通股　　D.租赁

2.上市公司首次公开向不特定的社会公众发行普通股募集资本的行为称为（　　）。

A.IPO　　B.ITO　　C.PE　　D.SEO

3.上市公司确定的股票发行价格不会（　　）。

A.等于股票面值　　B.高于股票面值

C.低于股票面值　　D.考虑股票面值

4.按照我国《民法典》的相关规定，当公司采用募集设立方式向社会公开发行新股时，必须由证券经营机构承销，承销期最长不得超过（　　）天。

A.30　　B.40　　C.60　　D.90

5.增发股票按规定不能采用的发售方式是（　　）。

A.承销方式　　B.直销方式　　C.代销方式　　D.包销方式

6.目前，我国采用的新股发行定价方式是（　　）。

A.市盈率定价方式　　B.新股询价方式

C.每股收益定价方式　　D.投标询价方式

7.常常为创业时期公司提供资本，并偏好于高风险、高回报项目群的投资者称为（　　）。

A.创业者　　B.风险投资公司

C.天使投资者　　D.机构投资者

8.企业在进行长期借款时，如果资金市场利率波动不大、资金供应比较平衡，一般采用的利率为（　　）。

A.浮动利率　B.变动利率　C.分期调整利率　D.固定利率

9.银行要求借款公司定期向银行提交财务报表，这属于保护性条款中的（　　）。

A.一般性保护条款　B.例行性保护条款

C.特殊性保护条款　D.常规性保护条款

10.债券持有人在公司破产清偿时拥有债权的排列顺序低于信用债券和其他债券，但高于优先股和普通股的债券是（　　）。

A.附认股权债券　B.零息债券

C.收益债券　D.附属信用债券

11.下列描述中，不属于零息债券特征的是（　　）。

A.票面利率为零　B.不必支付利息

C.按高于面值的价格出售　D.到期按面值归还本金

12.如果公司赚取利润时才支付利息，这种债券属于（　　）。

A.零息债券　B.商品链接债券　C.收益债券　D.指数债券

13.按照国际惯例，债券信用等级一般分为十个级别，最高级为（　　）。

A.EEE　B.CCC　C.BBB　D.AAA

14.在长期借款方式下，如果每年支付的利息相等，这种还款方式是（　　）。

A.到期一次还本付息　B.定期付息、到期一次偿还本金

C.每年偿还一定数额的本金和利息　D.到期偿还剩余本金

15.长期借款有四种偿还的方式，这四种方式使企业未来现金流出总额最大的是（　　）。

A.到期一次还本付息　B.定期付息、到期一次偿还本金

C.每年偿还一定数额的本金和利息　D.到期偿还剩余本金

16.售后回租又称为（　　）。

A.资本租赁　B.经营租赁　C.转租赁　D.返租赁

17.站在承租人角度，不存在的租赁形式是（　　）。

A.直接租赁　B.售后回租　C.转租赁　D.融资租赁

18.在形式上可能包含变量但实质上无法避免的付款额称为（　　）。

A.固定付款额　B.实质固定付款额

C.租赁付款额　D.变动付款额

19.承租人偿付租金时，常常采用（　　）。

A.复利法支付　B.单利法支付

C.等额年金法支付　D.一次支付法支付

20.无论是出租人还是承租人，都将承担的风险是（　　）。

A.违约风险　B.利率风险

C.到期风险　D.流动性风险

21.如果企业的长期借款采用到期一次还本付息方式进行偿还（单利），则到期

偿付的总金额为（　　）。

A.借款本金×（F/P，利率，期数）　　B.借款本金×（P/F，利率，期数）

C.借款本金×（1+利率×期数）　　D.借款本金×（1+利率）×期数

## 二、多项选择题

1.风险投资较天使投资不同，风险投资具有的特征有（　　）。

A.投资风险低

B.投资出现在公司的创业时期

C.投资出现在公司的种子时期

D.投资数额高于天使投资的数额

E.投资者是特定的投资公司而不是个人

2.股票的融资方式有（　　）。

A.私募股权融资　　B.IPO融资　　C.配股融资

D.增发融资　　E.红利转投资融资

3.股票上市的方式有（　　）。

A.按国家规定的条件上市　B.借壳上市　　C.买壳上市

D.造壳上市　　E.租壳上市

4.股票发行底价的确定方法有（　　）。

A.市盈率法　　B.每股净资产倍率法　　C.每股净现值法

D.收入乘数法　　E.询价定价法

5.上市公司进行股权再融资的方式有（　　）。

A.配股　　B.派股　　C.增发新股

D.送股　　E.派发股利

6.下列有关长期借款的保护性条款中，属于一般性保护条款内容的有（　　）。

A.规定最高资产负债率　　B.限制投资支出

C.限制现金流出　　D.限制对外提供担保

E.限制对固定资产的处置

7.长期借款的缺点主要有（　　）。

A.风险较高　　B.限制条件较多　　C.融资数量有限

D.借款利率高　　E.融资速度较慢

8.随着竞争的加剧，投资银行家帮助公司进行债券品种创新，其原因主要有（　　）。

A.增加融资速度　　B.降低风险　　C.降低交易成本

D.降低信用成本　　E.降低税收负担

9.下列属于“投机级债券”级别的有（　　）。

A.AAA B.BBB C.BB
D.CCC E.A

10.相对于发行债券而言，长期借款融资的显著优点有（ ）。
A.资本使用不受限制 B.资本成本较低
C.融资速度快 D.借款弹性大
E.具有财务杠杆正效应

11.下列属于债券融资优点的有（ ）。
A.资本成本较股票低 B.财务风险较低
C.能增强公司信誉 D.可以保障原有股东的控制权
E.可以发挥财务杠杆的正效应

12.保护性条款包括的内容有（ ）。
A.一般性保护条款 B.例行性保护条款 C.特殊性保护条款
D.优惠保护条款 E.违约惩罚条款

13.按照租赁是否租回和转租赁标准区分，租赁包括（ ）。
A.杠杆租赁 B.经营租赁 C.直接租赁
D.返租赁 E.转租赁

14.站在出租人角度，租赁可以划分为（ ）。
A.经营租赁 B.杠杆租赁 C.融资租赁
D.直接租赁 E.售后回租

15.计算租赁租金时，必须考虑的项目有（ ）。
A.固定付款额 B.实质固定付款额
C.购买选择权的行权价格 D.行使终止租赁选择权需支付的款项
E.承租人担保余值中预计应支付的款项

16.下列各项中，能够影响债券发行价格的因素有（ ）。
A.债券期限 B.市场利率 C.债券面值
D.付息方式 E.债券票面利率

17.有些因素与债券的发行价格同方向变动，这些因素有（ ）。
A.债券的面值 B.债券的票面利率 C.债券的期限
D.市场利率 E.付息方式

18.租金的支付可以采用（ ）。
A.定期支付 B.先付租金支付 C.不定期支付
D.后付租金支付 E.固定利率支付

19.取决于指数或比率的可变租赁付款额包括（ ）。
A.与消费者价格指数挂钩的款项
B.与基准利率挂钩的款项
C.为反映市场租金费率变化而变动的款项

D.与基准贷款利率挂钩的款项
E.为反映消费价格变化而变动的款项

20.租赁融资的优点有（　　）。

A.融资、融物迅速　　B.融资弹性大　　C.限制条款较少
D.资本成本低　　E.具有节税作用

## 三、判断题

1.对于公司而言，资本主要分为股权资本和债权资本两类。（　　）

2.私募股权融资是每一家公司发展中必定采用的融资方式之一。（　　）

3.从本质上讲，风险投资与天使投资都具有高风险投资的特征。（　　）

4.财务投资者可能成为公司的潜在竞争者。（　　）

5.风险投资者要求在产权流动中实现其投资回报，他们关注公司上市。（　　）

6.买壳上市是上市公司的母公司（集团公司）通过将主要资产注入上市的子公司中实现母公司上市的行为。（　　）

7.例行性保护条款是为了使借款人保持某一特定的财务状况和管理结构而制定的制约借款人行为的条款，它对借款人的日常经营具有限制性作用，因此又称为限制性条款。（　　）

8.在利率一定的情况下，除了采用到期一次性支付法付息外，任何情况下的付息方式都会使实际利率高于名义利率。（　　）

9.部分分期等额偿还法与完全分期等额偿还法的区别在于，前者每年等额小比例还本，而后者是每年等额偿还本利额，各年偿还的本金不相等。（　　）

10.长期借款由于借款期限长、风险大，因此其借款成本一般高于其他长期债务筹资方式的成本。（　　）

11.收益债券是指在公司赚取利润时才支付利息的一种债券，这种债券一般在公司改组时发行。（　　）

12.如果存在租赁激励，计算租金时不需要考虑租赁激励的相关金额。（　　）

13.通过回租，公司可以将固定资产变为现金，从而为改善其财务状况提供一定的资金保证。（　　）

14.如果债券的票面利率为8%，每半年复利一次，则该债券的实际利率低于8%。（　　）

15.贴现发行的债券需要支付利息，必须以低于债券面值的价格折价出售，到期按面值偿还。（　　）

16.在长期借款的偿还方式中，按单利分期付息，到期一次还本方式下支付的总金额小于按复利计息，到期一次还本付息方式下的总金额。（　　）

17.如果债券票面利率大于市场利率，应采用折价方式发行；反之，如果债券

票面利率小于市场利率，应采用溢价方式发行。（　）

18.直接租赁不包括短期租赁和低价值资产租赁。（　）

19.如果租赁中的设备使用者、承租人和设备供应商是同一“人”，则这种租赁方式为售后租回。（　）

20.如果租赁期反映出承租人将行使终止租赁选择权，计算租金时，应考虑行使终止租赁选择权需支付的款项。（　）

## 四、计算分析题

1.某股份有限公司拟发行股票筹资1 000万元，该公司采用市盈率定价法来确定股票发行的价格底价。该公司的每股收益为4元，行业平均市盈率为10。

要求：计算该公司需要发行股票的最低股数。

2.某上市公司拟采用公募形式增发总价值为50 000元的新股。目前该公司的权益账面价值为200 000元，普通股股数为20 000股，税后利润为16 000元，市盈率为10，市场上同类行业的净资产收益率为9%。假定新股发行后的市盈率不变。

要求：

（1）计算该公司目前的每股账面价值、每股收益、股票市价和净资产收益率；

（2）如果投资后的净资产收益率为12%，计算老股东因公司投资所增加的每股价格。

3.兴泰公司为一家上市公司，现打算投资一个新项目，公司决定采取发行新股方式融资，新股发行前公司的财务状况见表8-1。

表8-1　发行新股前的财务数据　金额单位：元

| 项　目 | 金　额 |
| --- | --- |
| 股权账面价值 | 800 000 |
| 股数（股） | 8 000 |
| 每股账面价值 | 100 |
| 税后利润 | 48 000 |
| 每股收益 | 6 |
| 市盈率 | 10 |
| 股票价格（元/股） | 60 |
| 股权市场价值 | 480 000 |
| 净资产收益率 | 6% |

目前，市场上同行业的净资产收益率为10%。假定该公司拟发行总价值为

10 000元的新股，新股发行后的市盈率不变。

要求：

（1）如果投资后的净资产收益率为6%，计算增发新股的价格；

（2）如果投资后的净资产收益率为10%，计算增发新股的价格；

（3）如果投资后的净资产收益率为20%，计算增发新股的价格；

（4）依据上述计算结果，总结使股价上涨的前提条件。

4.某企业拟扩大再生产，所需资金由长期银行借款解决，共需借款200万元，双方协商的借款利率为9%，期限为5年，采用分期等额年末还款方式偿还本利。

要求：

（1）计算此种偿还方式下的年偿还额。

（2）完成表8-2（由于计算过程中保留了两位小数而在最后一年出现尾差，将尾差表示在最后一年的年末支付金额中。后续如有此种情况发生，也按此方法处理）。

表8-2　**分期等额年末还款方式下本息偿还计算表**　单位：万元

| 年份 | 年初尚未偿还债务 | 本年利息 | 年末支付金额 | 年末尚未偿还债务 |
|---|---|---|---|---|
| 第1年 | | | | |
| 第2年 | | | | |
| 第3年 | | | | |
| 第4年 | | | | |
| 第5年 | | | | |
| 到期偿付总金额 | | | | |

5.假设某公司向银行借款1 000万元，期限为6年，年利率为10%。

要求：

（1）如果按复利计息，到期一次还本付息，计算应偿还的金额；

（2）如果按单利计息，到期一次还本付息，计算应偿还的金额；

（3）如果采用完全分期等额偿还法偿还本利，计算每年应偿还的金额。

6.某公司从银行借入4年期的借款1 000万元，借款年利率为6%。有三种偿还本息方式可供选择：方式一，到期一次偿还本息方式（以复利形式计息）；方式二，每年付息，到期一次偿还本金方式（以单利形式计息）；方式三，每年等额偿还本息方式。

要求：

（1）分别计算不同偿还方式下每年应支付的利息、每年年末支付的本金、尚未偿还的债务额以及债务期间公司应支付的总金额。

（2）如果该公司用所筹资金拟投资一良好的项目，预计项目的收益率远远高于银行借款的利率，预计投资回收期为2.5年。请为该公司选择偿还本息的方式。

7.某公司拟于2021年1月1日发行面值为1 000元的债券，票面利率为8%，期限为5年，每年1月1日支付利息。

要求：

（1）如果市场利率为10%，计算债券的发行价格；

（2）如果市场利率为8%，计算债券的发行价格；

（3）如果市场利率为6%，计算债券的发行价格。

8.某企业采用租赁方式从租赁公司租入一台设备，设备价款为500万元，租期为10年，到期后设备归企业所有。双方商定的折现率为10%。

要求：

（1）若企业每年年末支付等额租金，计算企业每年应支付的租金额；

（2）若企业每年年初支付等额租金，计算企业每年应支付的租金额。

9.某公司从租赁公司租入一台设备，设备买价及运杂费为580万元，预计设备净残值为2万元，租赁公司为购进设备向银行借入资金550万元，借款利息率为6%，租赁手续费为设备购置成本的10%，折现率为8%，租赁期限为8年。

要求：

（1）如果租金于每年年末支付，计算每年需支付的租金额；

（2）如果租金于每年年初支付，计算每年需支付的租金额。

10.请上网查找上市公司：中国石油化工股份有限公司（股票代码为600028）2010年5月发行的债券。

要求：

（1）说明2010年5月发行债券的类别及信用等级；

（2）说明债券的发行价格、发行方式、发行规模、票面利率；

（3）计算债券的年偿付额、债务到期时的支付额以及债务期间的偿付总额。

## 五、案例分析

1.蓝星清洗的再融资策略

蓝星清洗自1996年上市以来，依托其控股股东，主营业务收入和主营业务利润均一直保持着较高的增长率，是目前国内工业清洗剂生产规模最大、技术力量最强、生产设备最先进的企业。蓝星清洗的报表显示：公司2000年生产销售产品2.52万吨，占2000年国内市场总产量的80%以上，1998年、1999年、2000年和2001年1—6月扣除非经常性损益前的平均净资产收益率分别为11.28%、10.56%、11.49%和3.57%，主营业务利润以年均高于18%的速度增长。作为国内的新兴产业，面对如此迅猛的发展势头，蓝星清洗扩大生产规模势在必行，然而资金短缺成了公司进一步发展的最大障碍。只有通过再融资才能保证资金及时到位，蓝星清洗股份有限公司决定采取股权再融资的方式募集资金。

本次所需资金约为3亿元，相对于公司规模数额不大，同时公司近3年的资产负债率水平较低，也不需要引进新的战略投资者。截至2000年12月31日，公司总股数为15 345万股，国有法人持股7 740万股，占总股本的50.44%；社会公众股为7 605万股，占总股本的49.56%。蓝星清洗作为一家成功的上市公司，再融资的渠道也很多，然而究竟选择哪种渠道才能保证资金及时到位而又成本最低，这成了蓝星清洗决策层和管理层的成员们都在思考的问题。

问题与思考：

（1）蓝星清洗在面临股权再融资时，有哪些方式可供选择？它们各自的特征是什么？

（2）结合本案例，分析蓝星清洗应选择哪种方式融资，并说明理由。

（3）若蓝星清洗选择配股方式进行融资，并打算按10∶3的比例向股权登记日持有本公司股份的全体股东配售股份，控股股东持股比例为55%，若其他股东全部放弃配售权利，计算社会公众股股东可配售的股份。

（4）如果蓝星清洗进行配股定价，应如何确定配股价？

（5）分析蓝星清洗最终确定配股价时应考虑的问题。

2.中石化股票筹资

中国石油化工股份有限公司（简称“中石化”，证券代码为600028）于2000年2月28日以独家发起方式成立，2000年10月18日在纽约成功挂牌上市，2000年10月19日在中国香港和伦敦成功挂牌上市，发行股票共计180.385亿股，共筹资37.3亿美元。其中发售H股167.8亿股，发行价为1.35港元/股，市盈率为11。

2001年为了寻找新的战略突破点，该公司管理层根据发展战略拟定了三个重要的投资项目：（1）拟投资64.461亿元收购集团公司所持有的重组后的新星公司100%的权益。新星公司属于一个较有前途的资源性公司，收购后将会加大该公司油气开采力度，从而使其经济效益上升。（2）拟投资20.92亿元建设宁波-上海、南京进口原油管道工程项目。通过实施该项目可以将从宁波进口的原油直接运送到所需的上海和南京，从而增大原油的储存能力，有效地锁定成本。（3）拟投资34.8亿元建设大西南成品油管道工程项目。实施该项目可以及时满足大西南成品油的需求，从而提高成品油的销量。

为了满足投资所需的资金，该公司拟向银行借款16.716亿元，并决定发行A股筹资。事实上，该公司所需股权资本可以继续通过增发B股解决，但考虑到B股市场长期低迷，再加之中国当时在海外上市的一些公司的市场表现不佳，从而导致海外投资者对中国企业了解不足，因此该公司决定调整发行计划，于2001年6月22日刊登招股意向书，宣布增发A股28亿股，并详细规定了对法人投资者的配售办法，配售对象有战略投资者（与其有密切联系的法人）、一般法人投资者和证券投资基金。

此次股本发行，中石化采用在网下向法人投资者配售和向一般投资者网上定价发行相结合的发售方式，选择的承销商是中国国际金融有限公司，由其组织承销团队并以余额包销方式承销，承销期为2001年6月22日至7月23日，承销商可以根据网上中签率确定是否启动股票回拨机制，并最终确定网上、网下的配售比例。

2001年7月2日，中石化开始接受网下法人投资者报价申购并公布了报价区间。原定网上、网下配售比例为30%、70%，规定：当网上申购中签率（网上发行量÷有效申购量×100%）低于2%时，主承销商可以将7亿股网下股票回拨至网上，从而使网上、网下配售股票的数量比例为55%、45%；网下法人投资者申购报价的区间为每股3.9~4.3元，报价时间为7月2日至7月9日。

主承销商和发行人于7月2日至7月9日对机构投资者的申购进行了簿记建档，拟根据网下簿记建档情况确定发行价格，考虑的因素主要有：（1）公司发行当年的盈利情况及预计今后数年的收益增长情况；（2）发行时的市场情况；（3）同行业上市公司的股价情况；（4）预路演、路演时投资者对公司的反应；（5）公司对资金的需求情况。

7月3日至7月5日，中石化管理层先后在北京、上海、深圳三地举行了现场推介会，7月12日又在全景网络上进行了4个小时的网上路演，随后公布本次股票的发行价格为每股4.22元，预计承销费用为1.7724亿元，2001年预计实现净利润180.23亿元，稀释每股收益为0.21元，稀释后的发行市盈率为20.10。

7月13日，在路演完毕和发行价格确定后，中石化在各大媒体上公布了网上发行的相关事项并对此进行了详细的说明，规定网上申购投资者可在7月16日之前进行申购并存入资金。在申购过程中，主承销商启动了股票回拨机制，回拨股票7亿股。

申购日后的2日内（即7月17日和7月18日），各证券营业部根据申购者的资金确认申购是否有效；申购日后的第3日，公布申购号和中签率，并摇号抽签，进行股份确认；申购日后的第4日，公布摇号结果；7月23日公布网下配售情况。

中石化此次A股发行获得圆满成功，筹集资金总额为118.16亿元，本次实际网上发行量为15.4亿股，实际有效申购户数为2 399 947户，有效申购股数为1 347.56491亿股，上网发行中签率为1.14280209%；战略投资者配售5.7亿股，一般法人投资者区分A、B、C三类，配售的股数分别为0.637695亿股、4.850772亿股、1.411533亿股。网上发行的15.4亿股于2001年8月8日在上交所挂牌交易，C类一般法人投资者配售购入的股票于11月8日开始上市流通；A、B类一般法人投资者配售购入的股票于12月10日开始上市流通；战略投资者配售购入的股票于2002年4月8日开始上市流通。

问题与思考：

（1）中石化为什么要筹资？其数额是如何确定的？筹资结构如何？

（2）为什么说B股市场低迷？中石化为什么不发行B股筹资而是选择发行A股筹资？

（3）简要说明中石化股票发行的具体程序。

（4）说明中石化采用的股票发行方式。

## 参考答案

### 一、单项选择题

1.C　2.A　3.C　4.D　5.B　6.B　7.B　8.D　9.B　10.D　11.C　12.C　13.D　14.B　15.B　16.D　17.D　18.B　19.C　20.B　21.C

### 二、多项选择题

1.BDE　2.ABCD　3.ABC　4.ABC　5.AC　6.ABCE　7.ABC　8.BCDE　9.CD　10.BCD　11.ADE　12.ABE　13.CDE　14.AC　15.ABCDE　16.ABCE　17.AB　18.BD　19.ABC　20.ABCE

### 三、判断题

1.√　2.√　3.√　4.×　5.√　6.×　7.×　8.√　9.√　10.×　11.√　12.×　13.√　14.×　15.×　16.√　17.×　18.√　19.√　20.√

### 四、计算分析题

1.

每股发行价格=4×10=40（元/股）

需要发行股票的最低股数=10 000 000÷40=250 000（股）

2.

（1）每股账面价值=200 000÷20 000=10（元）

每股收益=16 000÷20 000=0.8（元）

股票市价=0.8×10=8（元/股）

净资产收益率=16 000÷200 000×100%=8%

（2）新股投资利润=50 000×12%=6 000（元）

发行新股后的股权市场价值=（16 000+6 000）×10=220 000（元）

发行新股后的老股市场价值=220 000−50 000=170 000（元）

新股价格=170 000÷20 000=8.5（元/股）

老股东因公司投资所增加的每股收益额=8.5−8=0.5（元）

3.

（1）新股投资利润=10 000×6%=600（元）

发行新股后的股权市场价值=（48 000+600）×10=486 000（元）

发行新股后的老股市场价值=486 000−10 000=476 000（元）

新股价格=476 000÷8 000=59.5（元/股）

（2）新股投资利润=10 000×10%=1 000（元）

发行新股后的股权市场价值=（48 000+1 000）×10=490 000（元）

发行新股后的老股市场价值=490 000-10 000=480 000（元）

新股价格=480 000÷8 000=60（元/股）

（3）新股投资利润=10 000×20%=2 000（元）

发行新股后的股权市场价值=（48 000+2 000）×10=500 000（元）

发行新股后的老股市场价值=500 000-10 000=490 000（元）

新股价格=490 000÷8 000=61.25（元/股）

（4）比较上述三种情况的计算结果得知：只有在第三种情况下，公司的股价才会高于原来的股价。因此，新上项目后，公司股价上涨的前提条件是：新上项目的净资产收益率大于行业的净资产收益率。

4.

（1）年偿还额=200÷（P/A，9%，5）=200÷3.8897≈51.42（万元）

（2）计算结果见表8-3。

表8-3　**分期等额年末还款方式下本息偿还计算表**　单位：万元

| 年份 | 年初尚未偿还债务 | 本年利息 | 年末支付金额 | 年末尚未偿还债务 |
|---|---|---|---|---|
| 第1年 | 200 | 18 | 51.42 | 166.58（200-（51.42-18）） |
| 第2年 | 166.58 | 14.99 | 51.42 | 130.15（166.58-（51.42-14.99）） |
| 第3年 | 130.15 | 11.71 | 51.42 | 90.44（130.15-（51.42-11.71）） |
| 第4年 | 90.44 | 8.14 | 51.42 | 47.16（90.44-（51.42-8.14）） |
| 第5年 | 47.16 | 4.24 | 51.40* | 0 |
| 到期偿付总金额=257.1（51.42×5） | | | | |

注：*表中计算差额为尾差调整所致。

5.

（1）按复利计息，到期一次还本付息方式下应偿还的金额=1 000×（F/P，10%，6）=1 000×1.7716
=1 771.6（万元）

（2）按单利计息，到期一次还本付息方式下应偿还的金额=1 000×（1+10%×6）
=1 600（万元）

（3）每年应偿还的金额=1 000÷（P/A，10%，6）=1 000÷4.3553
≈229.61（万元）

6.

（1）方式一：到期一次偿还本息方式（复利）

前3年每年支付的利息均为零。

第4年年末应支付的利息=1 000×$(1+6\%)^4$-1 000
=1 000×1.2625-1 000=262.5（万元）

前3年每年年末支付的本金均为0；尚未偿还的债务额为1 000万元。

第4年年末支付的本金是1 000万元；尚未偿还的债务额为0。

4年间应支付的总金额=1 000×（1+6%）$^4$=1 262.5（万元）

方式二：每年付息，到期一次偿还本金方式（单利）

4年间每年年末支付的利息=1 000×6%=60（万元）

前3年每年年末支付的本金均为0；尚未偿还的债务额均为1 000万元。

第4年年末支付的本金为1 000万元；尚未偿还的债务额为0。

4年间应支付的总金额=1 000×（1+6%×4）=1 240（万元）

方式三：每年等额偿还本息方式

每年等额偿付额=1 000÷（P/A，6%，4）=1 000÷3.4651≈288.59（万元）

第1年年末支付的利息=1 000×6%=60（万元）

第2年年末支付的利息=［1 000-（288.59-60）］×6%=771.41×6%
≈46.28（万元）

第3年年末支付的利息=［771.41-（228.59-46.28）］×6%=589.1×6%
≈35.35（万元）

第4年年末支付的利息=［589.1-（228.59-35.35）］×6%=395.86×6%
≈23.75（万元）

第1年年末支付的本金=288.59-60=228.59（万元）

尚未偿还的债务额=1 000-228.59=771.41（万元）

第2年年末支付的本金=228.59-46.28=182.31（万元）

尚未偿还的债务额=771.41-182.31=589.1（万元）

第3年年末支付的本金=228.59-35.35=193.24（万元）

尚未偿还的债务额=589.1-193.24=395.86（万元）

第4年年末支付的本金=1 000-228.59-182.31-193.24=395.86（万元）

尚未偿还的债务额=0

4年间应支付的总金额=228.59×4=914.36（万元）

（2）由于项目的投资回收期为2.5年，因此与此相适应的借款偿还方式只能选择到期一次偿还本息方式。

7.

（1）如果市场利率为10%，债券的发行价格为：

债券的发行价格=1 000×8%×（P/A，10%，5）+1 000×（P/F，10%，5）≈924.28（元）

（2）如果市场利率为8%，债券的发行价格为：

债券的发行价格=1 000×8%×（P/A，8%，5）+1 000×（P/F，8%，5）≈1 000（元）

（3）如果市场利率为6%，债券的发行价格为：

债券的发行价格=1 000×8%×（P/A，6%，5）+1 000×（P/F，6%，5）≈1 084.28（元）

8.

（1）年租金$=\dfrac{500}{(P/A,10\%,10)}=\dfrac{500}{6.1446}\approx 81.37$（万元）

（2）年租金$=\dfrac{500}{[(P/A,10\%,10-1)+1]}=\dfrac{500}{6.7591}\approx 73.97$（万元）

或： $\frac{500}{(P/A,10\%,10)(1+10\%)}\approx 73.97$（万元）

9.

（1）每年年末支付等额租金：

$$年租金=\frac{580\times(1+10\%)+550\times6\%\times(P/A,8\%,8)-2\times(P/F,8\%,8)}{(P/A,8\%,8)}$$

$=143.83$（万元）

（2）每年年初支付等额租金：

$$年租金=\frac{580\times(1+10\%)+550\times6\%\times(P/A,8\%,8)-2\times(P/F,8\%,8)}{(P/A,8\%,7)+1}$$

$=133.18$（万元）

10.

（1）中国石油化工股份有限公司于2010年5月21日面向社会公众投资者网上公开发行了两种债券：一种是5年期品种，网上发行代码为“751971”，简称为“10石化01”；另一种是10年期品种，网上发行代码为“751972”，简称为“10石化02”。这两种债券于2010年5月21日至5月25日面向机构投资者网下发行，5月25日债券发行工作结束，债券的信用等级为AAA。

（2）公司债券不超过200亿元，发行价格为每张100元，采取网上面向社会公众投资者公开发行和网下面向机构投资者协议发行相结合的方式，并最终决定5年期品种发行规模为110亿元，10年期品种发行规模为90亿元，票面利率分别为3.75%和4.05%。

（3）依据相关资料进行计算。

5年期的债券：

每年偿付利息额=110×3.75%=4.125（亿元）

2015年到期时的支付额=110+4.125=114.125（亿元）

5年一共支付的金额=110×（1+3.75%×5）=130.625（亿元）

10年期的债券：

每年偿付利息额=90×4.05%=3.645（亿元）

2020年到期时的支付额=90+3.645=93.645（亿元）

10年一共支付的金额=90×（1+4.05%×10）=126.45（亿元）

**五、案例分析**

1.（1）公司上市后进行股权再融资的方式主要有两种：配股和增发。配股是指上市公司依照有关规定和程序向现有股东按其持股的一定比例配售股份的融资行为。其显著特征是：①融资面向现有股东，因此股东的持股比例一般不变；②配股方式属于有偿配股，股东需要按照规定的价格和持股比例用现金认购股票，由此公司获得所需的现金；③公司的配股价格常常低于股票的市场价格，这使得原有股东从中受益；④由于放弃配股权股东的权益可能被摊薄，因而存在强制老股东认购的倾向。增发是指上市公司向原股东和社会公众再次发售股票的融资行为。其显著特点是：①增发的对象不仅包括现有股东，还有新的机构投资者和公众投资者，因此原有的股权结构会发生变动；②增发数量较配股限制少；③发行价格较配股更加接近二级市场流通股价，因此可以筹到更多的资金；④由于新股东的加入，可能会摊薄股票内在价值，从而对老股东利益产生影响；⑤发行方式按规定采用承销方式；⑥增发股价取决于项目的预期未来投资收益。

（2）根据蓝星清洗的实际情况，应选择配股筹资。其原因有二：一是考虑到公司筹集资金投资项目所需资金不大，公司近3年的资产负债率水平较低，且公司不需要引进新的战略投资者；二是考虑如果增发新股会给市场带来较大的压力，加大老股东每股收益的稀释。基于此，蓝星清洗应该采用向老股东配股的方式再融资。

（3）若蓝星清洗打算按10∶3的比例向股权登记日持有本公司股份的全体股东配售股份，则：

本次配售股份总额=15 345×3÷10=4 603.5（万股）

控股股东持有配售股份=4 603.5×55%=2 531.925（万股）

社会公众实际可配售的新股=4 603.5−2 531.925=2 071.575（万股）

（4）由于配股不涉及新老股东利益，因此配股价格是按照我国发行公告发布时的股票市场价格的一定折价比例确定的。蓝星清洗可选择配股说明书刊登日前20个交易日均价的75%~90%（正常情况下，折价比例为10%~25%）来确定配股价格。

（5）一般来说，在大盘走强初期，由于市场的供求关系是良性的，资金多余，此时参与配股相对风险较小，承销商乐于配合上市公司，借助各种利好拉抬股价，达到顺利承销的目的；而在大盘强势末期与弱势初期，因存在市场的整体系统风险，市场供大于求的局面开始出现，投资者套现的心理加重，股价易于跌至配股价附近，甚至跌破配股价。基于此，蓝星清洗最终确定的配股价格，应分别考虑市场目前的状况，若股票市场持续低迷，股票价格不断下跌，作为主承销商的证券公司的承销风险将加速加剧，同时股东的信心将难以维持，此时可适当降低配股价格，反之，可适当提升配股价格。

2.（1）中石化之所以要筹资是由拟上马的投资项目所决定的，三个投资项目预计共需资金120.181亿元（64.461+20.92+34.8），其中向银行借款16.716亿元，资金缺口为103.465亿元，如果拟发行股票28亿股，申购报价的区间为每股3.9~4.3元，以每股3.9元计算，可获资金109.2亿元，扣除筹资费，完全可以弥补资金缺口。从筹资结构来看，股票筹资约占86.09%，可见存在对外部股权融资的偏好。

（2）B股市场低迷表现为发行价和市盈率指标偏低，中石化发行H股的发行价为每股1.35港元，市盈率为11，而A股的发行价格为每股4.22元，市盈率为20.10，显然A股市场具有更大的吸引力。中石化之所以不发行B股，原因有两个：一是B股市场发行价格低；二是海外投资者对中国企业了解不足。

（3）中石化发行A股的程序如下：2001年6月22日刊登招股意向书并做出相

关的规定；7月2日公布价格区间；7月2日至7月9日接受网下法人投资者报价申购，并对机构投资者的申购进行簿记建档，同时在7月3日至7月5日进行路演；7月12日进行网上路演并确定发行价格；7月13日至7月16日进行网上申购；7月17日至7月18日确认申购是否有效；7月19日公布中签率并摇号抽签；7月20日公布摇号结果；7月23日公布网下配售情况。

（4）中石化发行的A股为有偿增资发行；从发行对象来看，为公募发行与私募发行相结合；从中介机构来看，该公司委托中国国际金融有限公司采用余额包销方式承销，属于直接筹资。

# 第9章

# 营运资本管理

## 一、单项选择题

1.如果用流动资产减流动负债，该指标是（　　）。

A.流动比率　　B.速动比率　　C.营运资本　　D.经营资本

2.下列各项中，收益几乎为零的项目是（　　）。

A.现金　　B.存货　　C.应收账款　　D.应收票据

3.能够使持有现金的机会成本、管理成本和短缺成本三项之和最低的目标现金持有量模式是（　　）。

A.成本分析模式　　B.现金周转模式　　C.存货模式　　D.随机模式

4.假定某公司的存货周转期为60天，应付账款周转期为20天，应收账款周转期为30天，计算该公司的现金周转期是（　　）天。

A.60　　B.50　　C.70　　D.40

5.假定甲公司的现金周转期为60天，现金年需要量为3 600万元，则该公司的现金周转率及目标现金余额是（　　）。

A.6次和500万元　　B.5次和600万元

C.6次和600万元　　D.5次和500万元

6.如果采用随机模式确定目标现金持有量，其假定是（　　）。

A.全年现金需要量固定　　B.未来现金流量固定

C.每日现金需要量呈正态分布　　D.每年现金需要量呈正态分布

7.假定某公司现金收支状况比较稳定，预计未来一年需要现金300万元，现金与有价证券的转换成本每次为6 000元，有价证券的年利率为10%，则该公司的目标现金余额是（　　）元。

A.400 000　　B.500 000　　C.600 000　　D.700 000

8.若供应商为公司提供现金折扣信用条件，公司拟享受现金折扣，则最佳的付款日期是（　　）。

A.折扣期的最后一天　　B.折扣期的第一天

C.折扣期的中间一天　　D.信用期的到期日

9.公司银行存款账户上的现金余额与公司存款账户余额之间的差额称为（　　）。

A.现金余额　　B.现金利用量

C.现金浮游量　　D.现金管理量

10.以下各项，不属于5C评估法内容的是（　　）。

A.品质　　B.能力　　C.资本　　D.机会

11.应收账款管理中，不需要考虑的成本是应收账款的（　　）。

A.管理成本　　B.坏账成本　　C.机会成本　　D.产品成本

12.计算应收账款机会成本时，不需要考虑的因素是（　　）。

A.销售收入　　B.变动成本　　C.固定成本　　D.变动成本率

13.公司对应收账款投资进行规划与控制而确立的基本原则与行为规范称为（　　）。

A.信用政策　　B.信用条件　　C.信用期限　　D.收账政策

14.现金折扣越高或现金折扣期限越长，放弃现金折扣的年成本率（　　）。

A.越高　　B.越低　　C.不变　　D.无规律

15.下列各项中，不属于应收账款日常管理内容的是（　　）。

A.信用条件决策　　B.建立客户档案

C.实施ABC分类管理　　D.及时确认坏账

16.下列各项中，不属于商业信用具体形式的是（　　）。

A.应付账款　　B.应付票据　　C.预收款项　　D.应付职工薪酬

17.由公司间的直接信用行为形成的短期融资方式是（　　）。

A.商业信用　　B.公司信用　　C.应计项目　　D.预计项目

18.商业本票也就是（　　）。

A.商业信用　　B.短期银行借款　　C.短期融资券　　D.应计项目

19.以下说法正确的是（　　）。

A.短期融资券都是公司自行直接发行的

B.短期融资方式对信用没有要求

C.短期融资方式是公司通过发行商业信用进行的短期融资

D.短期融资券融资的利率很高

20.与长期借款相比较，短期借款融资的优点主要表现为融资速度快、融资有弹性及（　　）。

A.融资成本低　　B.融资成本高

C.财务风险低　　D.融资数量无限

21.长期融资不仅满足永久性流动资产及固定资产的资本需求，而且还部分满足临时性流动资产的资本需求，该种融资组合策略是（　　）。

A.稳健型组合策略　　B.激进型组合策略

C.折中型组合策略　　D.保守型组合策略

22.对于固定资产投资所需的资本，应该采用的融资方式是（　　）。

A.短期资本融资方式　　B.长期资本融资方式

C.商业信用　　D.短期银行借款

## 二、多项选择题

1.公司持有现金的目的包括（　　）。

A.满足交易性需要　　B.满足预防性需要　　C.满足投机性需要

D.满足投资性需要　　E.满足规划性需要

2.现金管理的内容包括（　　）。

A.确定目标现金余额　　B.编制现金预算

C.控制日常的现金收回　　D.合理进行短期融资与投资

E.控制日常的现金支出

3.目标现金余额即目标现金持有量，也称最佳现金持有量，其确定方法有（　　）。

A.成本分析模式　　B.现金周转模式　　C.存货模式

D.随机模式　　E.因果模式

4.确定目标现金余额采用的存货模式以一些假设为前提，这些假定包括（　　）。

A.公司将闲置的现金全部投资于有价证券

B.公司现金支出平稳，当现金趋于零时，所需现金可以通过有价证券变现补充

C.一定时期的现金总需要量和每次的现金转换成本可以预先确定

D.每次发生的机会成本和短期有价证券转换成本相等

E.每年现金流量不固定

5.随机模式下持有现金应考虑的相关成本有（　　）。

A.机会成本　　B.管理成本　　C.转换成本

D.短缺成本　　E.销售成本

6.公司日常可以采取的现金流量控制措施主要有（　　）。

A.加速收现　　B.延缓付款　　C.实施综合控制

D.拒绝付款　　E.检查现金支出的合法性

7.在对现金支付过程实施控制时，公司可以采取的延缓付款策略有（　　）。

A.选择最有利的支付时间　　B.运用现金浮游量

C.选择有利的支付工具　　D.超出信用期限付款

E.超出现金折扣期限付款

8.公司持有应收账款必然会发生与其占用相关的成本，具体包括（　　）。

A.机会成本　　B.管理成本　　C.坏账成本

D.历史成本　　E.监督成本

9.公司的信用政策包括（　　）。

A.信用标准　　B.管理政策　　C.收账政策

D.信用条件　　E.坏账确认政策

10.应收账款管理的目标有（　　）。

A.将公司的“纸面富贵”变成“真金白银”

B.在充分发挥应收账款强化竞争、扩大销售功能效应的同时，尽可能地降低应收账款占用资本的相关成本

C.增加应收账款

D.加强账款的回笼

E.减少应收账款的资金占用

11.5C评估法或称5C评估系统，其内容包括（　　）。

A.品质　　B.能力　　C.资本

D.抵押　　E.条件

12.通常，获取客户信用资料的方式有（　　）。

A.客户的财务报表

B.信用评估机构对客户的信用评价

C.客户开户银行对客户的信用评价

D.客户的供应商对客户的信用评价

E.客户在证券市场上的价格表现

13.应收账款日常管理工作的主要内容包括（　　）。

A.建立客户档案和业务追踪记录　　B.实施ABC分类管理

C.分析相关指标　　D.及时确认坏账并积极处理

E.制定应收账款的信用政策

14.通常可以采取的坏账处理方式有（　　）。

A.贴现方式　　B.债转股

C.以非现金资产收回债权　　D.出售债权

E.注销坏账

15.商业信用的具体形式有（　　）。

A.应付账款　　B.应付票据　　C.预收账款

D.预付账款　　E.应付职工薪酬

16.公司利用商业信用融资的主要优点包括（　　）。

A.容易取得　　B.限制条件少　　C.融资期限长

D.低资本成本　　E.低风险

17.实际中，关于临时性流动资产和永久性流动资产的资本来源配置问题有着不同的组合，一般的组合策略类型有（　　）。

A.稳健型组合策略　　B.激进型组合策略　　C.折中型组合策略

D.保守型组合策略　　E.合理型组合策略

18.信用条件包括（　　）。

A.信用期限　　B.信用额度　　C.现金折扣

D.商业折扣　　E.折扣期限

19.下列各项中，属于短期融资方式的有（　　）。

A.商业信用　　B.应计项目　　C.短期借款

D.短期融资券　　E.短期流动资金

20.按照国际惯例，信用借款中涉及的信用条件主要有（　　）。

A.信贷额度　　B.周转信贷协议　　C.补偿性余额

D.利息支付方式　　E.利率的形式

## 三、判断题

1.现金是流动资产中变现能力最强的资产，它具有普遍的可接受性。（　　）

2.通常，为满足交易性目的而持有的现金主要取决于公司的销售水平，销售增加，所需现金也会增加；反之，则减少。（　　）

3.如果公司的现金流量波动大，预测的准确性差，就需要保持较高数额的预防性现金余额；否则，就可以降低现金持有量。（　　）

4.目标现金持有量的存货模式也称鲍莫尔模式，该模式与随机模式考虑的相关成本不同。（　　）

5.日常的现金收支可以从现金流入量与现金流出量两方面入手进行管理，一方面力求加速收款，另一方面应在不影响公司信誉的前提下，尽量延缓付款。（　　）

6.现金流量日常管理不包括审查现金管理的合法性。（　　）

7.若供应商为公司提供现金折扣，该公司放弃现金折扣的前提条件是：短期投资项目的预期收益率高于现金折扣的成本。（　　）

8.如果存在现金折扣，信用成本前收益=销售收入-现金折扣成本-（销售收入-现金折扣成本）×变动成本率。（　　）

9.公司多延迟一天付款，就有可能多获得收益，公司应尽量延缓现金支出的时间。（　　）

10.现金浮游量是指公司银行存款账户上的现金余额与公司存款账户余额之间的差额。（　　）

11.应收账款的机会成本一般按有价证券利息率计算。（　　）

12.信用期限决策中，如果某方案的信用成本前收益高于其信用成本，则一定选择该方案。 ( )

13.如果仅对信用卓著的客户给予赊销待遇，采用较紧的信用标准，虽然可以防止坏账的发生，降低应收账款的机会成本和管理成本，但会由此失去一部分来自信用较差客户的销售收入，进而导致销售利润的降低。 ( )

14.如果买方在现金折扣期限内付款，此类属于有代价融资。 ( )

15.如果某公司规定“2/10，n/30”的信用条件，则该公司放弃现金折扣的年成本率是2%。 ( )

16.应计项目是指在公司结算过程中，一些发生在前、支付在后的费用项目。 ( )

17.信用额度条件下，如果借款公司的信誉恶化，即使银行曾同意过按信用额度提供贷款，此时公司也可能得不到借款。 ( )

18.可以充当短期借款抵押品的有：借款公司的固定资产、应收账款、应收票据、存货等。 ( )

19.收款法下，短期借款的实际利率高于名义利率。 ( )

20.为了提高公司的资产流动性，避免陷入财务危机，公司应拥有充裕的现金余额。 ( )

## 四、计算分析题

1.假设某公司的存货采购全部采用赊购方式，产品销售全部采用赊销形式，该企业每年现金的需求量为600万元，从存货的采购到销售需要53天，应收账款平均34天可以收回，应付账款周转期为27天。全年按照360天计算。

要求：

（1）计算该公司的现金周转期；

（2）计算该公司的现金周转率；

（3）计算该公司的最佳现金持有量。

2.假定A公司现金收支平稳，预计全年（360天）现金需要量为640 000元，现金与有价证券的转换成本为每次300元，有价证券的年均报酬率为6%。

要求：

（1）运用存货模式计算最佳现金持有量；

（2）计算最佳现金持有量下的最低现金管理相关总成本、全年现金转换成本和全年现金持有机会成本。

3.某企业每月现金需要量为10万元，短期有价证券的年报酬率为12%，假定按照存货模式确定的企业现金管理的最低相关总成本为600元/月。

要求：

（1）计算有价证券每次交易成本的限额；

（2）计算最佳现金持有量；

（3）计算现金与有价证券之间的最佳交易间隔期（每月按30天计算）。

4.某公司日现金流量的方差为900万元，最低现金余额为8万元，有价证券的年报酬率为16%，每次证券的转换成本为100元。

要求：运用随机模式计算该公司的目标现金余额、现金余额的上限和平均现金余额。

5.上网查找上市公司沈阳机床（股票代码000410）2009年年度合并财务报表。

要求：计算其现金周转率和现金周转期。

6.某公司目前采用30天按发票金额付款的信用条件，实现的销售额为3 000万元，平均收账期为40天，坏账损失率估计为2%，收账费用为20万元。为了刺激销售，该公司拟将信用期限放宽到50天。如果采用这种信用条件，预计销售额会增加10%，坏账损失率将提高到3%，收账费用将增加到25万元。信用条件变化后，新老客户的付款习惯无差别。产品的变动成本率为60%，该公司对应收账款投资所要求的报酬率为15%。

要求：计算相关成本与收益，并为该公司做出是否延长信用期限的决策。

7.某公司预测的年度赊销收入净额为2 400万元，变动成本率为65%，资本成本为20%。假设公司收账政策不变，固定成本总额不变。该公司关于信用条件有三个备选方案可供选择：

方案A：维持“n/30”的信用条件；坏账损失率为2%，收账费用为24万元。

方案B：将信用条件放宽到“n/60”；赊销收入增长10%，坏账损失率上升至3%，收账费用为40万元。

方案C：将信用条件放宽到“n/90”；赊销收入为2 800万元，坏账损失率为5%，收账费用达到56万元。

要求：完成表9-1（列示计算过程）。

表9-1 **信用政策备选方案计算表** 金额单位：万元

| 项　　目 | 方案A | 方案B | 方案C |
|---|---|---|---|
| 年赊销额 | | | |
| 应收账款周转率 | | | |
| 变动成本 | | | |
| 信用成本前收益 | | | |
| 机会成本 | | | |
| 坏账损失 | | | |
| 收账费用 | | | |
| 信用成本后收益 | | | |
| 决策 | | | |

8.接上题资料，如果公司选择了方案B，但为了加速应收账款的回收，决定将赊销条件改为“2/10，1/20，n/60”，并将其定为方案D，估计有60%的客户（按赊销额算）会利用2%的折扣；15%的客户会利用1%的折扣。赊销收入不变，预计坏账损失率降为2%，收账费用降为30万元。

要求：根据以上资料，试分析是否应该改变赊销条件。

9.某企业计划购入100 000元A材料，销货方提供的信用条件是“1/10，n/30”。

要求：针对以下两种情况判断企业是否应该享受现金折扣。

（1）企业现金不足，需要从银行借入资金支付购货款，此时银行借款利率为10%；

（2）企业有支付能力，但现有一短期投资机会，预计投资报酬率为20%。

10.某企业打算向银行申请借款200万元，期限1年，银行给定的利率为10%。

要求：计算下列几种情况下的实际利率。

（1）按收款法付息；

（2）按贴现法付息；

（3）银行规定补偿性余额为20%（不考虑补偿性余额存款的利息）；

（4）银行规定补偿性余额为20%（不考虑补偿性余额存款的利息），并按贴现法付息；

（5）银行规定本金每月月末等额偿还，不考虑资金时间价值；

（6）银行规定补偿性余额为20%（考虑补偿性余额存款的利息），银行存款利率为2.5%；

（7）根据计算结果确定哪个方案最差。

11.某企业拟采购一批商品，供应商报价如下：如果30天内付款，价格为10 000元；如果立即付款，可以享受优惠，价格为9 870元。目前银行借款利率为10%，每年按360天计算。

要求：

（1）计算立即付款享受的现金折扣；

（2）计算放弃现金折扣的成本；

（3）如果该企业可以从银行取得借款，分析应否放弃现金折扣。

12.某企业拟采购一批商品，供应商报价如下：（1）立即付款，价格为9 750元；（2）30天内付款，价格为9 870元；（3）30~60天内付款，价格为10 000元。目前企业资金充裕。全年按360天计算。

要求：

（1）计算立即付款条件下的现金折扣和放弃现金折扣的成本率；

（2）计算30天内付款条件下的现金折扣和放弃现金折扣的成本率；

（3）分析30~60天内付款条件下的现金折扣并确定最有利的付款日期；

（4）如果企业资金紧张，银行借款的利率为8%，分析企业应否放弃现金折扣；

（5）如果企业现有一短期投资机会，预计投资收益率为20%，分析企业应否放弃现金折扣。

## 五、案例分析

1.苏宁电器的发展

苏宁电器股份有限公司成立于1990年12月26日，自成立以来一直保持着快速稳健的发展势头。公司从空调专营起步，1999年进入综合电器经营领域，2000年在全国率先拓展信息家电，目前已经成为集家电、电脑、通信为一体的全国大型3C电器专业连锁企业。2004年7月，苏宁电器在深圳证券交易所成功上市，募集资金4亿元，股本总额达到9 316万元。2005年8月4日，苏宁电器股权分置改革方案获股东大会通过，实现全面流通。截至2007年年底，苏宁电器总股本扩张到14.42亿元，2007年实现营业总收入401.52亿元，净利润14.65亿元。与许多传统行业扩张"赚规模不赚利润"相比，作为中国家电连锁巨头之一的苏宁的扩张是"既赚规模又赚利润"。

苏宁电器2004年至2007年年度财务报表数据见表9-2。

表9-2　　苏宁电器2004年至2007年年度财务报表相关数据　　单位：百万元

| 项目＼年份 | 2004 | 2005 | 2006 | 2007 |
|---|---|---|---|---|
| 应收账款 | 64 | 206 | 91 | 108 |
| 存货 | 769 | 2 017 | 3 495 | 4 552 |
| 应付账款 | 668 | 1 771 | 1 905 | 3 146 |
| 应付票据 | 244 | 997 | 3 183 | 6 583 |
| 销售收入 | 9 107 | 15 936 | 24 927 | 40 152 |

问题与思考：

（1）苏宁电器各年度的现金周转期分别是多少天（全年按365天计算）？

（2）现金周转期是否越长越好？

（3）企业如何才能降低现金周转期？

2.Sino公司的应收账款管理

Sino公司（化名）是一家全球范围内提供运送服务的快速物流中外合资公司，其母公司在国外，该公司实行总经理负责制，下设市场部、销售部、财务部、营业部等。2006年该公司的应收账款回收率全年平均达到80%，全年平均应收账款周转天数达到38.9天，坏账损失率低于0.2%，这三个指标不仅远远好于同行业的其他企业，也远远好于当前其他行业的该项指标。据朱菲娜提供的资料①，我国企业的平均坏账率为5%~10%。相比之下，该公司的应收账款管理取得了骄人的成绩，其成功得益于应收账款的全程监控体系的运行，其先进的管理理念、详尽的制度规定、有力的控制措施、有效的考评激励机制都值得其他企业借鉴，尤其是应收账款居高不下的国有企业更应借鉴。该公司的主要做法如下：

（1）设立专职机构并明确责任

Sino公司按照地域将全国划分成东北、华北、华东、西南、华南、西北、东南七个大区，大区下辖几个地域相近的分公司。该公司借鉴其国外母公司的先进管理经验，从2003年开始在公司内部全面推行信用控制管理制度，将信用控制管理职能设置在各地分公司的财务部，由专职人员担任。经过近2年的运行，公司看到了一些问题，也积累了一些经验，为加大应收账款的管理力度，Sino公司在2005年年初，对信用控制管理机构进行了重组。重组后，Sino公司在各个大区层面设立了专门的信用控制管理小组，该小组归属于大区财务部，由其对辖区内各分公司的赊销客户进行全面管理。重组后由于管理得当，措施有力，当年就产生了良好的效果，应收账款各项指标均达到历史最优水平。

Sino公司对信用控制小组中的信用控制管理人员有着明确的职责划分。概括地讲，信用控制管理人员的职责是：协调好各方面的关系，根据信用控制政策，完成内部的操控流程，负责应收账款的电话催款工作和对电话销售的管理；申请关闭账号、停止赊销业务，避免赊销风险的扩大，并监控账号重开的申请流程等。具体可以细化为以下几项内容：

①协调关系主要是协调与客户以及与各相关职能部门之间的关系。a.与客户之间的关系：主观上要积极与客户合作，保持良好的关系，研究客户的内部流程，配合客户共同加快付款流程；b.与各相关职能部门之间的关系：要积极与各相关职能部门协调，加速问题的解决，从而加速应收账款的回收。

②负责在应收账款管理系统中录入客户电话、账号并维护客户的信息档案；在客户服务系统中录入收取现金与支票、更改账单、未来应做的收取工作及确认是否完成信息。

③专业地处理客户关于付款问题的查询；清晰、准确、礼貌地回答客户关于账单及其他相关问题的查询；跟进网络查询，确保账单问题得到快速解决。

④及时制作并申报账单调整表、坏账申请表、重制账单申请表等，为总公司在全国范围内提供应收账款的相关信息服务。之所以出现重制账单是因为账期结束时，会统一产生各个客户的账款及明细，此时需要发给客户核对并催收账款；如果客户有异议，核对时发现部分账单中的信息需要调整，在这种情况下，就需要重新制作账单，再次发给客户，并对重制账单的原因进行分析：是系统的原因？还是人

① 朱菲娜. 建立信用风险管理机制是企业的立足之本［N］. 中国经济时报，2005-10-27.

为录入原因？还是其他？针对不同的原因，采取相应对策，尽量避免类似问题的再次发生。

⑤定期完成准确、详细的应收账款回款分析报告、信用控制指标分析报告，并将相关信息及时提供给相关职能部门及管理层。

⑥协助销售部选择应拜访的信誉差的客户，监控客户业务量的变化，及时申请信用调查等，以降低潜在的赊销风险；另外每月必须提供超过30天、60天、90天的应收账款分析报告给销售部。

（2）明确信用控制流程并进行制度规范

Sino公司认为：应收账款管理的好坏与其收账流程直接相关，一个有效的收账流程应该是：持续合理地与客户保持联系，并严格控制其信用期限；迅速地将对账单和发票送至客户手里；及时解决客户对账单方面的专业问题；使用技巧，有效收款；及时、有效地销账；合理地分配资源。该公司基于此理念，以“顾客至上”原则为出发点，建立了完善的信用控制流程，如图9-1所示。实际中，通过该流程的整体不断运作，使得劣质客户不断被淘汰，优质客户被保留和扶持，从而提高了公司的销售行为的效率，降低了运营成本，使得信用管理一直处于良性循环状态。

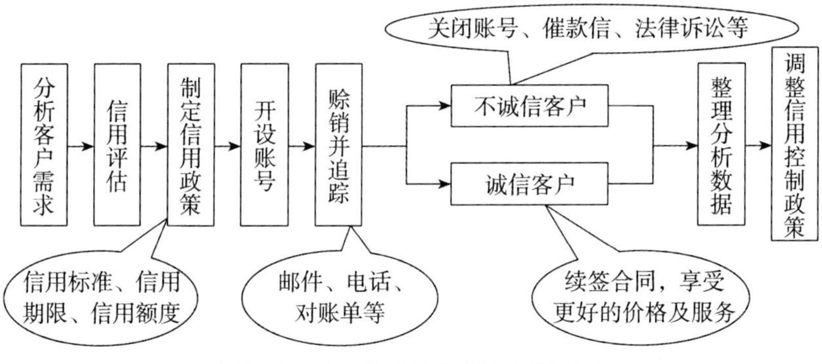


图9-1　Sino公司的信用控制流程图

Sino公司在明确信用控制流程的同时，还制定了严格、全面的应收账款管理系列规章制度，主要制度有《赊销协议的进程》《信用控制制度与流程》《客户信用档案管理制度》《非标准信用期限客户的信用管理办法》《超信用额度的预收款规定》等。这些制度的内容详尽而完善，其中对于各种具体的工作方法和技巧有着细致的解释，如规范了电话礼仪、提出了应对付款推脱电话的策略等。这些制度起到了工作手册的作用，从而为信用管理人员的日常工作指明了方向。

（3）实施信用流程的事前控制

信用流程的事前控制是指赊销业务未发生前的控制。该公司在此阶段的控制重点体现在对客户赊销账号的开设与关闭、信用调查、信用期限、信用限额等的各项规定及操作上。

①控制赊销账号的开设与关闭。该公司对于客户赊销账号的开设、关闭、重新

开设、账号变更等都有着细致的制度规定。要求开设赊销账号，客户必须具备一定的条件（如赊销的对象是在中华人民共和国取得合法经营资格的公司、企业或代理人等；公司不与任何个人（自然人）签订协议等；规定对于较长的时间内，未有业务发生的账号，销售部应及时与总部的账号管理部门沟通并关闭该账号，以节约网络资源）。如此类似的规定几乎涵盖了各类情况，因此相关控制人员能够及时应对各种情况的发生，并解决问题。

②进行信用调查。信用调查由销售部和财务部的信用控制人员共同完成。调查对象应结合实际提出，原则上，对于每个客户每年都要重新进行信用调查，经过调查，依据公司制定的客户评价体系，将客户分为AA、A、BB、B、C、D、E、F八个信用级别，具体分类情况见表9-3。对于确认为D、E级的客户应采用较严的信用控制政策。对于确认为F级的客户不应给予赊销。

表9-3　**信用等级分类表**

| 信用等级 | 内容说明 |
| --- | --- |
| AA级 | 说明该企业信用优良，业务往来无问题 |
| A级 | 说明该企业信用良好，目前业务往来无问题 |
| BB级 | 说明该企业信用尚佳，目前正常业务往来尚无问题（可能有未来的不利信息） |
| B级 | 说明该企业信用尚可，宜在有保证的条件下进行业务往来 |
| C级 | 说明该企业信用普通，进行大宗交易时应谨慎 |
| D级 | 说明该企业信用欠佳，进行业务往来时应注意 |
| E级 | 说明该企业信用不良，不宜进行业务往来 |
| F级 | 说明该企业成立未满一年或歇业或信用资料不全或为非法人企业且具备前三个条件之一，不予评级 |

③制定合理的信用期限政策。Sino公司根据自身业务的特点，总结了行业的经验，制定了适用于自身的信用期限政策，并以详尽的制度形式予以规范。该公司将标准信用期限定为30天。一般客户所签协议的信用期限不能超过30天，若签订超过30天的信用期限，必须符合《非标准信用期限客户的信用管理办法》中的相关规定，否则不能享受。客户要享受30天的信用期限，也有着明确的规定。例如：a.各利润中心年均应收账款周转天数考核未达到合格标准的，原则上不得申请开立新的超过30天信用期限的赊销账号；b.申请开立超过30天赊销账号的，在得到正式批准前只能与客户签订最多30天信用期限的赊销协议，待正式批准后才能与客户补签协议或更改协议；c.无注册资金、非法人企业客户，不得签订超过30天信用期限的协议；d.对于经外部评估，信用评级确定为D、E级的赊销客户，不得签

订超过30天信用期限的协议，但可以建议其签订不超过14天的信用期限的协议；e.对于信用评级被确定为F级的客户不予赊销。

④制定合理的信用限额政策。对于信用限额，该公司也做出了明确的规定，要求由各大区提出并得到信用控制小组的批准，该公司给予客户信用额度的上限值是其注册资本的70%，低于该标准的，报由大区总经理批示，随着额度的不断升级，审批的级别也随之升级。在此环节，原则上，对于发件量（即实际赊销额）超过信用限额50%的账号每周发布一次警示报告，直至该账号的应收账款余额低于该标准（即信用限额的150%以下）为止或重新申请更高额度的赊销。

（4）实施信用流程的事中控制

信用流程的事中控制是指从赊销业务发生至款项正常收回期间的控制。在此阶段，该公司的信用控制人员主要关注以下问题：

①关注应收账款周转天数（DSO）指标。DSO指标既是一个事后考核指标，也是一个事中反映公司应收账款回款控制能力的指标，比较而言，后者的作用更为重要。该公司根据每一阶段的不同发展策略，在传统DSO指标含义的基础上对其做了修正。

市场处于大力拓展阶段，为了积极拓展业务覆盖范围，争取更大的市场份额，公司将应收账款平均余额计算的期初和期末间隔定义为3个月，变通后的DSO的计算公式如下：

$$\frac{\text{应收账款}}{\text{周转天数}}(\text{DSO})=\frac{\text{本月日}}{\text{历天数}}+\frac{\text{本月应收账款总数}-\text{本月应收账款借方发生额}}{\text{近3个月借方发生额}\div\text{近3个月日历天数}}$$

上述公式体现的基本思想是，在计算应收账款周转天数时，不考虑当期发生的正常赊销期限内的应收账款，只考虑当期的回款额；当期销售收入越大，对计算的DSO越有利。此公式，给足了客户正常的赊销期限，这一点成了该公司销售部在与客户发展业务时的一个卖点，同时也是在培养客户按期付款的习惯。

当市场进入成熟阶段，经过一段时间的培育，企业已经拥有自己相对固定的客户群，并且客户已经习惯到期付款，此时公司的策略有所变动：争取更高、更有效的回款是其目标。公司此时对此指标的解释不同于传统解释，该公司站在现金流量的角度阐释该指标：如果每天赊销额为100万元，则每降低DSO 1天，公司将比目前增加流动资金100万元。形象而生动的实例阐释，使得非财务人员足以理解加强应收账款回款的重要性，从而使应收账款管理理念更加深入人心。基于此，该公司确定该阶段的DSO计算公式为：

$$\frac{\text{应收账款}}{\text{周转天数}}(\text{DSO})=\frac{\text{本月应收账款余额}}{\text{近3个月借方发生额}}\times\frac{\text{近3个月}}{\text{日历天数}}$$

在此公式的引导下，当期的销售收入如能在当期收回，对DSO有着积极的正向影响，这样使得与该指标相关的人员会想方设法积极地促成款项的尽早收回。

②关注日常控制。日常信用控制人员控制的内容主要有以下几项：a.了解客户

存在的问题，每天通过电话与相关客户取得联系，对其反映的问题及时与销售、客服及作业等部门人员进行沟通并采取相应措施解决；b.对于信用期限较为敏感的客户，如果信用控制人员在与客户联系过程中发现其出现资金紧张、签发空头支票等情况，会立即将此情况汇报给上级主管，上级主管将立即与销售部门取得联系，研究一致的处理方案；c.每月信用控制人员对所有账号的收款情况进行统计，并将超期而未付款的账号通知销售部，销售部将分析客户未付款的原因，然后通过进一步的联系督促客户遵守协议付款；d.对于大客户或特殊的客户，公司会配备专门的销售人员重点负责；e.为了更好地养成客户准时付款的好习惯，该公司允许对符合条件迅速回款的客户给予现金折扣；f.该公司的作业车辆与信用控制人员所用系统保持一致，因此全部的应收款项都可以由本公司的业务人员上门收款，这样大大方便了客户，提高了回款率。

（5）实施信用流程的事后控制

信用流程的事后控制是指对超期赊销款项的控制。该公司由于前期和中期控制工作做得较有成效，因此，到了事后控制环节，真正形成的坏账金额都在企业的预期坏账率的目标范围内。

在此阶段，信用控制人员采用电话、拜访、催款信和律师信四种形式进行催收，运用最多的是后两种形式。催款信和律师信将按规定时间直接由系统产生，催款信由财务部负责发送并通知销售部，信用控制组负责监督执行。此类信件的发送，任何人不得无故阻拦，相关信件的发送时间规定见表9-4。

表9-4 催款信及律师信的发送时间表

<table>
<tr><th>第一封催款信</th><th>第二封催款信</th><th>第三封催款信</th><th>律师信</th></tr>
<tr><td rowspan="2">信用期限到期后<br>15天内</td><td>信用期限到期后<br>40天内</td><td>信用期限到期后<br>55天内</td><td rowspan="2">信用期限到期后<br>75天内</td></tr>
<tr><td colspan="2">需信用控制主管、财务经理签字</td></tr>
</table>

对于超过信用期限60天及E级客户超过信用期限30天的赊销客户由信用控制组委托的律师直接将律师信发给客户，然后通知财务部和市场部；市场部将立即关闭该客户的账号，同时通过E-mail向其阐明原因。

上述手段对于超期时间不长，不是恶意拖欠的客户，还是非常有效的。若利用这些手段催款无果，则可采取法律诉讼；如不采取法律诉讼，也可委托第三方收款。若所有行为均无效，应根据外部结案报告，申请坏账。

为了更好地做到资源共享，防止损失，Sino公司设立了一项黑名单制度。建立此项制度的目的是汇总全国信用状况极差的客户信息，供各地分公司在开设客户账号之前作为参考依据。通常上了黑名单的客户，是信用控制组认为缺乏基本诚信，有恶意拖欠、欺诈、无理拒付等行为发生，不值得再与其有任何赊销往来的客户，信用控制组每月都会在网上更新此类信息。

（6）信用规划与业绩考核相结合

Sino公司每年都进行信用规划，确立目标。年初时，以上年的应收账款完成指标作为基准，结合当年的销售预期计划对其进行调整并提出更高的要求。计划执行至年中（一般约在8月）还要做6+6预算（6个月实际绩效+6个月的预算计划），以此来重新审视年初所定指标的合理性，并决定是否做出调整。

Sino公司有着完善的信用管理绩效考评制度和体系。每年年末，该公司都以预算为依据，将其和相关人员的工资、奖金、下年工资调整的标准直接挂钩。

①从考核人员来看。上至公司总经理、财务部经理、信用控制主管，下至信用控制管理人员、销售人员、营业人员等都属于被考核的对象。

②从考核指标体系来看。既有定量指标也有定性指标，定量指标主要有：应收账款金额回收率、客户账号回收率、应收账款周转天数、坏账损失率、逾期应收账款等；定性指标主要有：标准电话礼仪熟练度、电话沟通技巧使用率、客户电话的覆盖率等。通常，对于管理层只考核定量指标，考核总经理的指标除有销售收入完成指标外，还有应收账款周转天数；对于基层人员的考核则全面，如对于信用控制人员的考核就包括了上述所有的指标。

③从考核标准来看。该公司无论对定量指标还是对定性指标都制定了标准分值及对应的权重。而关于一些主要定量指标，还有更细致的规定：①应收账款金额回收率和应收账款周转天数被区分为以下四档：超额完成预算120%的为优秀；100%完成预算的为良好；低于预算，并达到预算90%的为合格；低于预算90%的为不合格。对于不同档所制定的分值是不同的。②逾期应收账款。对此规定了超过60天应收账款金额占应收账款总额的比例；超过90天应收账款金额占应收账款总额的比例；还规定了应收账款的余额：超过120天应收账款的余额为零（不包括法律诉讼、重制账单）；超过1年应收账款的余额为零。③坏账损失率。规定坏账总额应小于年赊销额的0.3%。

④从考核方法来看。通过编制考核表予以考核。该表每月按照年初设定的定量、定性考核指标列示，表中设有标准值、标准分值、所占权重和实际得分几个栏目，通过计算实际得分与相关指标所占权重的乘积，就可以得出被考核人员的绩效分数。将其结果与本人沟通确认后，可以直接以此计算信用控制人员的绩效工资和奖金。

⑤从奖惩尺度来看。如果当月的绩效考核达到满分，可以拿到相当于月度工资与奖金的140%的金额；如果当月各类指标达成不好，最低降至月度工资80%的水准。

Sino公司的考核指标贯穿了应收账款管理的全过程，自实行以来，由于工作绩效与应收账款的各项指标直接挂钩且较为合理，员工经过努力都可以达到，因此考核体系得到了全体员工的认可，它较好地引导了员工工作的重心方向，并激发了员工的服务意识和工作热情。

问题与思考：

（1）Sino公司应收账款管理的核心是什么？

（2）该公司应收账款管理成功的原因是什么？

## 参考答案

### 一、单项选择题

1.C 2.A 3.A 4.C 5.C 6.C 7.C 8.A 9.C 10.D 11.D 12.C 13.A 14.A 15.A 16.D 17.A 18.C 19.C 20.A 21.A 22.B

### 二、多项选择题

1. ABC 2. ABCDE 3. ABCD 4. ABC 5. AC 6. ABC 7. ABC 8. ABC 9.ACD 10.ABD 11.ABCDE 12.ABCDE 13.ABCD 14.ABCD 15.ABC 16.AB 17.ABC 18.ACE 19.ABCD 20.ABC

### 三、判断题

1.√ 2.√ 3.√ 4.× 5.√ 6.× 7.√ 8.× 9.× 10.√ 11.√ 12.× 13.√ 14.× 15.× 16.√ 17.√ 18.× 19.× 20.×

### 四、计算分析题

1.

（1）现金周转期=53−27+34=60（天）

（2）现金周转率=360÷60=6（次）

（3）最佳现金持有量=600÷6=100（万元）

2.

（1）最佳现金持有量=$\sqrt{\dfrac{2\times 640\,000\times 300}{6\%}}$=80 000（元）

（2）最低现金相关总成本=$\dfrac{80\,000}{2}\times 6\%+\dfrac{640\,000}{80\,000}\times 300$=4 800（元）

或 $\sqrt{2\times 640\,000\times 300\times 6\%}$=4 800（元）

全年现金转换成本=$\dfrac{640\,000}{80\,000}\times 300$=2 400（元）

全年现金持有机会成本=$\dfrac{80\,000}{2}\times 6\%$=2 400（元）

3.

（1）月机会成本率=12%÷12=1%

600=$\sqrt{2\times 100\,000\times \text{有价证券每次交易成本}\times 1\%}$

有价证券每次交易成本=180元

（2）最佳现金持有量=$\sqrt{\dfrac{2\times 100\,000\times 180}{1\%}}$=60 000（元）

（3）最佳交易次数=100 000÷60 000≈1.67（次/月）

最佳交易间隔期=30÷1.67≈18（天）

4.

$$R=\sqrt[3]{\frac{3\times100\times9\ 000\ 000}{4\times(16\%\div360)}}+80\ 000=91\ 494.64\text{（元）}$$

H=3R−2L=3×91 494.64−2×80 000=114 483.92（元）

$$\text{平均现金余额}=\frac{4\times91\ 494.64-80\ 000}{3}\approx95\ 326.19\text{（元）}$$

5.

依据沈阳机床2009年年度合并财务报表进行计算：

$$\text{存货周转率}=\frac{4\ 686\ 506\ 182.03}{(2\ 637\ 498\ 757.67+3\ 010\ 182\ 778.48)\div2}\approx1.66\text{（次）}$$

$$\text{存货周转天数}=\frac{360}{1.66}\approx217\text{（天）}$$

$$\text{应付账款周转率}=\frac{4\ 686\ 506\ 182.03}{(2\ 323\ 157\ 123.48+2\ 867\ 013\ 495.29)\div2}\approx1.81\text{（次）}$$

$$\text{应付账款周转天数}=\frac{360}{1.81}\approx199\text{（天）}$$

$$\text{应收账款周转率}=\frac{5\ 977\ 696\ 808.82}{(2\ 067\ 025\ 202.66+1\ 218\ 509\ 212.24)\div2}\approx3.64\text{（次）}$$

$$\text{应收账款周转天数}=\frac{360}{3.64}\approx99\text{（天）}$$

现金周转天数=217−199+99=117（天）

$$\text{现金周转率}=\frac{360}{117}\approx3.08\text{（次）}$$

6.

现行方案的成本与收益：

信用成本前收益=3 000×（1−60%）=1 200（万元）

机会成本=3 000÷360×40×15%×60%=30（万元）

坏账成本=3 000×2%=60（万元）

收账费用=20万元

信用成本=30+60+20=110（万元）

扣除信用成本后的收益=1 200−110=1 090（万元）

新方案的成本与收益：

信用成本前收益=3 000×（1+10%）×（1−60%）=1 320（万元）

机会成本=3 000×（1+10%）÷360×50×15%×60%=41.25（万元）

坏账成本=3 000×（1+10%）×3%=99（万元）

收账费用=25万元

信用成本=41.25+99+25=165.25（万元）

扣除信用成本后的收益=1 320−165.25=1 154.75（万元）

因为现行方案的信用成本后收益为1 090万元，新方案的信用成本后收益为1 154.75万元，前者低于后者，所以应选择新方案。

7. 信用政策备选方案计算表见表9-5。

表9-5　信用政策备选方案计算表　金额单位：万元

| 项　目 | 方案A | 方案B | 方案C |
|---|---|---|---|
| 年赊销额 | 2 400 | 2 400×（1+10%）=2 640 | 2 800 |
| 应收账款周转率 | 360÷30=12 | 360÷60=6 | 360÷90=4 |
| 变动成本 | 2 400×65%=1 560 | 2 640×65%=1 716 | 2 800×65%=1 820 |
| 信用成本前收益 | 2 400−1 560=840 | 2 640−1 716=924 | 2 800−1 820=980 |
| 机会成本 | 2 400÷12×65%×20%=26 | 2 640÷6×65%×20%=57.2 | 2 800÷4×65%×20%=91 |
| 坏账损失 | 2 400×2%=48 | 2 640×3%=79.2 | 2 800×5%=140 |
| 收账费用 | 24 | 40 | 56 |
| 信用成本后收益 | 840−26−48−24=742 | 924−57.2−79.2−40=747.6 | 980−91−140−56=693 |
| 决策：因为方案B信用成本后收益>方案A信用成本后收益>方案C信用成本后收益，所以应该选择方案B | | | |

8.

方案D：

应收账款的平均信用期限=60%×10+15%×20+25%×60=24（天）

应收账款周转率=360÷24=15（次）

应收账款平均余额=2 640÷15=176（万元）

维持赊销业务需要的资金=176×65%=114.4（万元）

应收账款的机会成本=114.4×20%=22.88（万元）

坏账成本=2 640×2%=52.8（万元）

现金折扣=2 640×（60%×2%+15%×1%）=35.64（万元）

信用成本前收益=2 640−2 640×65%−35.64=888.36（万元）

信用成本后收益=888.36−22.88−52.8−30=782.68（万元）

因为方案D的信用成本后收益大于方案B的信用成本后收益，所以应该改变赊销条件。

9.

（1）放弃现金折扣的年成本率$=\frac{1\%}{1-1\%}\times\frac{360}{30-10}\approx 18.18\%$

由于从银行贷款的利率为10%，融资成本远远低于放弃现金折扣的代价，此时，企业应贷款并享受现金折扣。

（2）企业享受现金折扣的收益率为18.18%，而放弃折扣的机会收益率为20%，此时，企业应选择放弃现金折扣，以获取更高的短期投资收益。

10.

（1）按收款法付息时：

实际利率=10%

（2）按贴现法付息时：

实际利率=10%÷（1−10%）×100%≈11.11%

（3）有补偿性余额时：

实际利率=10%÷（1−20%）×100%=12.5%

（4）有补偿性余额，同时使用贴现法付息时：

贴现息=200×10%=20（万元）

补偿性余额=200×20%=40（万元）

实际可供使用的资金=200−20−40=140（万元），而支付的利息为20万元，则：

实际利率=20÷140×100%≈14.29%

或　10%÷（1−10%−20%）×100%≈14.29%

（5）本金每月月末等额偿还时：

实际利率≈10%×2=20%

（6）有补偿性余额，同时考虑补偿性余额存款的利息时：

实际利率=$\frac{10\% - 20\% \times 2.5\%}{1 - 20\%}$×100%≈11.88%

（7）根据不同情况的计算结果可知，本金每月月末等额偿还的情况下，实际利率最高，方案（5）最差。

11.

（1）现金折扣=$\frac{10\,000 - 9\,870}{10\,000}$×100%=1.3%

（2）放弃现金折扣的成本率=$\frac{1.3\% \times 360}{(1 - 1.3\%) \times (30 - 0)}$≈15.81%

（3）因为银行借款利率低于放弃现金折扣的成本，所以应该从银行借款支付采购款，享受现金折扣。

12.

（1）如果立即付款，则：

现金折扣=$\frac{10\,000 - 9\,750}{10\,000}$×100%=2.5%

放弃现金折扣的成本率=$\frac{2.5\% \times 360}{(1 - 2.5\%) \times (60 - 0)}$≈15.38%

（2）如果第30天付款，则：

现金折扣=$\frac{10\,000 - 9\,870}{10\,000}$×100%≈1.3%

放弃现金折扣的成本率=$\frac{1.3\% \times 360}{(1 - 1.3\%) \times (60 - 30)}$≈15.81%

（3）如果第60天付款，则没有现金折扣。

因为企业资金充裕，应该享受最高的现金折扣成本率，因此最有利的付款日期是第30天。

（4）如果企业资金紧张，但借款利率低于现金折扣成本率，因此企业应该借款并享受现金折扣。

（5）由于投资机会的预计收益率高于放弃现金折扣的成本率，所以应该放弃现金折扣而进行短期投资。

**五、案例分析**

1.（1）2004年

应收账款周转期=64×365÷9 107≈3（天）

存货周转期=769×365÷9 107≈31（天）

应付账款周转期=668×365÷9 107≈27（天）

现金周转期=3+31-27=7（天）

2005年

应收账款周转期=206×365÷15 936≈5（天）

存货周转期=2 017×365÷15 936≈47（天）

应付账款周转期=1 771×365÷15 936≈41（天）

现金周转期=5+47-41=11（天）

2006年

应收账款周转期=91×365÷24 927≈2（天）

存货周转期=3 495×365÷24 927≈52（天）

应付账款周转期=1 905×365÷24 927≈28（天）

现金周转期=2+52-28=20（天）

2007年

应收账款周转期=108×365÷40 152≈1（天）

存货周转期=4 552×365÷40 152≈42（天）

应付账款周转期=3 146×365÷40 152≈29（天）

现金周转期=1+42-29=14（天）

（2）现金周转期不是越长越好。因为现金周转期是指企业从购买材料支付现金至销售商品收回现金所需要的天数，天数越小，表示企业生产经营周转一次所需时间越短，占用资金越少，因此，现金周转期越短越好。

（3）企业资金的周转期计算公式为：

现金周转期=存货周转期+应收账款周转期-应付账款周转期

从计算公式可以看出，要想降低现金周转期，减少流动资产占用的货币资金，需要从存货管理、应收账款管理和应付账款管理三个方面入手。对于存货管理，一方面要加强销售，通过销售的增长来降低存货周转期；另一方面要通过确定订货成本、采购成本以及储存成本计算经济订货批量，将存货占用的资金控制在最低水平。对于应收账款管理，在信用风险分析的基础上，要制定合理的信用标准、信用条件和收账政策，鼓励客户尽早付款，从而加速应收账款的周转。对于应付账款管理，一般而言拖延付款时间对企业有利，但由于延期付款可能引起信誉恶化，所以企业必须通过衡量和比较做出决定，选择最佳方案。

2.（1）Sino公司应收账款管理的核心是对应收账款回款的控制。

（2）略。

# 第3篇
# 财务管理专题

# 第10章 公司业绩与价值评估

## 一、单项选择题

1.以下关于利润表、资产负债表和现金流量表相互关系的解释，说法错误的是（　　）。

A.现金的变化最终反映到资产负债表中现金及等价物项目的变动情况

B.利润表中的净利润会影响资产负债表中未分配利润项目的变动情况

C.净利润经过“经营”“投资”“筹资”三项重要的现金变动转变为最终的现金变化

D.利润表主要用于评价公司的资产配置结构和财务状况

2.某公司2020年税后利润为210万元，所得税税率为25%，利息费用为40万元，则该公司2020年利息保障倍数为（　　）倍。

A.6.45　　B.6.75　　C.8.00　　D.8.25

3.公司通过利润表与资产负债表之间的比率关系（　　）。

A.反映收入与费用的对比关系　　B.反映公司财务杠杆变动情况

C.反映公司资产使用效率　　D.反映公司的可持续增长能力

4.关于财务分析有关指标的说法中，错误的是（　　）。

A.速动比率很低的公司不可能偿还到期的流动负债

B.权益乘数是资产负债率的另一个替代指标

C.销售毛利率是衡量公司初始获利能力的最重要的指标

D.现金周转率是存货周转率、应收账款周转率和应付账款周转率的函数

5.某公司2020年销售净利率为5.73%，总资产周转率为2.17；2021年销售净利率为4.89%，总资产周转率为2.88。若两年的资产负债率相同，2021年的净资产收益率与2020年相比的变化趋势为（　　）。

A.上升　　B.不变　　C.下降　　D.难以确定

6.关于财务成本比率的分析，在其他因素一定的情况下，下列说法错误的是（　　）。

A.公司负债越多，这一比率就越小

B.公司负债越多，净资产收益率就越低

C.如果公司全部为股权筹资，则这一比率等于1

D.只有在财务费用比率等于1的情况下，这一指标才大于1

7.在杜邦分析体系中，假设其他情况相同，下列说法中错误的是（　　）。

A.权益乘数大则财务风险大　　B.权益乘数大则净资产收益率大

C.权益乘数反映公司股东权益大小　　D.权益乘数小则净资产收益率小

8.影响公司现金的因素与资产负债表和利润表有关，以下说法错误的是（　　）。

A.非现金资产类项目变化与现金呈反方向变化

B.负债与股东权益类项目变化与现金呈反方向变化

C.负债与股东权益类项目变化与现金呈同方向变化

D.留存收益项目变化与现金呈同方向变化

9.假设不考虑非经常性损益，下列关于税后净经营利润（NOPAT）的说法正确的是（　　）。

A.NOPAT等于净利润加上利息费用

B.NOPAT等于净利润加上税后利息费用

C.NOPAT等于息税前利润加上利息费用

D.NOPAT等于税后利润加上税后利息费用

10.标准普尔利用财务比率进行公司信用评级时，其基本程序是（　　）。

A.根据各种财务比率和信用评级标准对公司进行风险信用等级分类

B.根据公司的商业风险调整财务风险

C.确定公司的信用级别

D.包括以上各项内容

11.采用销售百分比法预测资金需要量时，下列项目中被视为不随销售收入的变动而变动的是（　　）。

A.现金　　B.应付账款　　C.存货　　D.公司债券

12.仅依靠新增的留存收益和自然融资形成的资金（假设折旧全部用于当年的更新改造）所能达到的最大增长率为（　　）。

A.历史增长率　　B.预期增长率

C.内含增长率　　D.可持续增长率

13.采用债务作为预计财务报表的“调整变量”时，下列各项表述错误的是（　　）。

A.公司外部资金需求全部来自举债融资

B.如果留存收益和自然融资大于资金需求量，公司应偿还债务

C.公司外部融资需求应保持目标杠杆比率

D.如果公司的销售增长率低于可持续增长率，可减少债务融资

14.在价值评估中，以下关于公司价值（EV）的表述错误的是（　　）。

A.公司价值反映了股东和债权人对公司资产要求权益的价值

B.在计算公司价值（EV）时，通常将现金和现金等价物作为负债从债务总额中扣除

C.在计算公司价值（EV）时需要考虑与商业信用相关的债权和债务价值

D.公司价值（EV）是指公司核心经营资产创造的价值

15.股权自由现金流量与公司现金流量的关系可用（　　）描述。

A.$FCFE = FCFF - I \times (1-T) + \Delta L$　　B.$FCFE = FCFF - I + \Delta L$

C.$FCFE = FCFF + I \times (1-T) - \Delta L$　　D.$FCFE = FCFF - I \times T + \Delta L$

## 二、多项选择题

1.根据我国现行的财务报告体系，下列各项属于财务报告内容的有（　　）。

A.资产负债表　　B.利润表　　C.现金流量表

D.报表附注　　E.股东权益变动表

2.在其他条件不变的情况下，公司过度提高现金比率，可能导致的结果有（　　）。

A.机会成本增加　　B.财务风险加大　　C.获利能力提高

D.营运效率降低　　E.破产风险加大

3.以资产负债表和利润表为基础的财务比率主要有（　　）。

A.资产负债表各项目之间的存量比率

B.利润表各项目之间的流量比率

C.利润表中某一流量项目与资产负债表中某一存量之间的比率

D.利润表中某一存量项目与资产负债表中某一流量之间的比率

E.利润表中某一流量项目与资产负债表中某一流量之间的比率

4.会计分析是指根据公认的会计准则对财务报表的可靠性和相关性进行分析，主要包括（　　）。

A.确认关键因素的会计政策　　B.评价会计政策的灵活性

C.评价会计信息披露策略　　D.识别和评价危险信号

E.调整财务报表

5.投入资本收益率中的投入资本，一般是指（　　）。

A.资产总额

B.负债和股东权益总额

C.付息债务、普通股和优先股价值之和

D.普通股和优先股价值之和

E.资产总额减去商业信用之后的余额

6.已知A公司2019年年末负债总额为400万元，资产总额为1 000万元，流动资产为240万元，流动负债为160万元，2019年利息费用为40万元，净利润为200万元，所得税为60万元，则（　　）。

A.2019年年末资产负债率为40%　　B.2019年年末权益乘数为1.677

C.2019年年末资产负债率为60%　　D.2019年年末流动比率为1.5

E.2019年利息保障倍数为7.5倍

7.下列有关应收账款周转天数的表述正确的有（　　）。

A.提取的应收账款减值准备越多，应收账款风险越小

B.计算应收账款周转天数时应考虑由销售引起的应收票据

C.应收账款周转天数与公司的信用政策有关

D.用于业绩评价时，应收账款的余额最好使用多个时点的平均数

E.如果公司应收账款周转天数低于行业平均数，一般表明公司信用风险较小

8.采用不同方法预测股票价值时，下列各项解释正确的有（　　）。

A.采用FCFF模型计算的股票价值一定高于FCFE和DDM模型的计算结果

B.采用FCFF模型时应以加权平均资本成本作为折现率

C.公司付息债务越多，采用FCFF与FCFE和DDM模型计算的差异越大

D.如果税后债务成本等于股权资本成本，那么三种方法的计算结果一定相同

E.采用FCFE和DDM模型计算的公司价值相同

9.市盈率是投资者评价股票价值的重要尺度，下列关于市盈率的说法中正确的有（　　）。

A.这一指标已成为股票市场评价股票投资价值最常用的估价模型

B.这一指标的数学意义是表示每1元净利润对应的股票价格

C.这一指标越高，投资者面临的风险就越小

D.如果公司未来各年的收益不变，市盈率也可被作为回收最初投资的年数

E.这一指标越高，投资者的预期收益率就会越高

10.在实务中，为判断各种财务比率是否恰当，需要注意（　　）。

A.财务比率的有效性和相关性　　B.财务比率的可比性

C.财务信息的可靠性　　D.财务比率的比较方式

E.财务比率的极端值问题

11.某公司能够达到的可持续增长率为5%，若公司预计销售增长率大于5%，可以采用的方法有（　　）。

A.降低杠杆比率　　B.提高杠杆比率

C.提高销售净利率　　　　D.降低股利支付率

E.提高股利支付率

12.如果公司新增的股东权益仅来自留存收益，那么，有关留存收益增加额或债务增加额的计算方法正确的有（　　）。

A.留存收益增加额=下一年度净利润×（1－股利支付率）

B.留存收益增加额=本年度净利润×（1－股利支付率）

C.留存收益增加额=本年度净利润×股利增长率

D.借款增加额=留存收益增加额×债务与股权的比率

E.借款增加额=留存收益增加额×债务与资产的比率

13.下列关于内含增长率的说法正确的有（　　）。

A.销售净利率越高，内含增长率越高

B.杠杆比率越高，内含增长率越高

C.股利支付率越高，内含增长率越高

D.内含增长率是追加外部资金所能达到的最大增长率

E.内含增长率是仅依靠新增的留存收益和自然融资所能达到的最大增长率

14.对增长率进行因素分解，可以分解成6个指标，除了留存收益比率外，还包括（　　）。

A.息税前利润率　　　　B.总资产周转率

C.财务成本率　　　　D.权益乘数

E.税收效应比率

## 三、判断题

1.公司一般会在报表附注中对财务报表的编制基础、依据、原则和方法做出说明，并对主要项目（如公司合并、分立，重大投资、筹资等）进行解释。（　　）

2.结构百分比分析法是指通过将两个有关的会计项目数据相除，从而得到各种财务比率以揭示同一张财务报表中不同项目之间，或不同财务报表不同项目之间内在关系的一种分析方法。（　　）

3.与同行业比较，如果公司的毛利率显著高于同行业水平，说明公司或存在成本上的优势，或产品质量好、价格高，竞争力较强。（　　）

4.市净率指标可以反映公司没有计入资产负债表中的资产或负债，如商标、高新技术、品牌、良好的管理、未决诉讼、过时的生产线、低劣的管理等。（　　）

5.经营性营运资本为正数，表明有部分长期资产由流动负债提供资金来源。（　　）

6.某公司今年与上年相比，销售收入增长10%，净利润增长8%，资产总额增加12%，负债总额增加9%。可以判断，该公司净资产收益率比上年上升了。（　　）

7.净资产收益率不仅反映了为股东创造的收益，而且反映了公司各种经营活动

的效率。 ( )

8.同一行业里的不同公司之间，无论所在地的所得税税率有多大差异，或是财务杠杆有多大差异，采用EBIT都能更为准确地比较盈利能力。 ( )

9.EBITDA指标可以剔除不同公司间的财务杠杆、折旧政策、税收政策的差异，主要用于衡量公司主营业务产生现金流的能力。 ( )

10.财务危机预警分析最常用的方法是运用财务指标判断公司处于何种状况（财务危机或财务健康），既可以根据单一财务比率进行分析，也可以从多个财务比率中筛选出能提供较多信息的变量，建立判别函数，对公司的财务状况所属类别进行判别。 ( )

11.将销售商品、提供劳务收到的现金与购进商品、接受劳务支付的现金进行比较，这一比率大，说明公司的销售利润多，销售回款好，创现能力强。 ( )

12.经营活动产生的现金流量与会计利润之比若小于1，说明会计利润可能受到人为操纵或存在大量应收账款，利润质量较差。 ( )

13.财务预测建模时，有些变量是由公司的政策决定的，如销售成本占销售收入的百分比取决于产品的性能、设备性能以及制造过程的特性等。 ( )

14.经营性流动负债是指流动负债减去应付账款、应付票据等的剩余部分。 ( )

15.计算资本成本时，采用付息债务与投入资本的比率作为负债率可以更好地反映公司的财务杠杆。 ( )

## 四、计算分析题

1.根据下列资料，填充资产负债表划线项目（见表10-1，假设资产类平均占用额用期末数代替）：

表10-1 **简易资产负债表** 单位：元

| 资产 | 金额 | 负债及股东权益 | 金额 |
|---|---|---|---|
| 现金 | ______ | 应付账款 | 100 000 |
| 应收账款 | ______ | 长期负债 | ______ |
| 存货 | ______ | 普通股 | 100 000 |
| 固定资产 | ______ | 留存收益 | 100 000 |
| 资产总计 | ______ | 负债及股东权益总计 | ______ |

（1）长期负债与股东权益为0.5：1；

（2）总资产周转率为2.5次；

（3）应收账款平均收现期（假设全年为360天，且所有的销售均为赊销）为18天；

（4）存货周转率9次；

（5）销售毛利率10%；

（6）速动比率1∶1。

2.AA公司年末流动比率为2，负债与股东权益比率为0.6，存货周转率为10次，年初该公司的存货金额为2万元，公司当年的销售收入为100万元，销售毛利率为60%。请根据已知的数据和资料完成表10-2（该公司全部账户均已包括在表10-2中）。

表10-2　**AA公司简易资产负债表**　单位：万元

| 资产 | 金额 | 负债及股东权益 | 金额 |
|---|---|---|---|
| 货币资金 | 5 | 短期借款 | 5 |
| 应收账款净额 | ? | 应付账款 | ? |
| 存货 | ? | 长期负债 | ? |
| 固定资产原值 | 60 | 股本 | 50 |
| 累计折旧 | 10 | 未分配利润 | ? |
| 资产总计 | 85 | 负债及股东权益总计 | ? |

3.表10-3列示了贵州茅台（2013—2018年）的营业收入与营业成本。

表10-3　**贵州茅台（600519）营业收入与营业成本**　单位：亿元

| 年份 | 2013年 | 2014年 | 2015年 | 2016年 | 2017年 | 2018年 |
|---|---|---|---|---|---|---|
| 营业收入 | 309.22 | 315.74 | 326.60 | 388.62 | 582.18 | 736.39 |
| 营业成本 | 21.94 | 23.39 | 25.38 | 34.10 | 59.40 | 65.23 |

要求：

（1）计算贵州茅台营业收入同比增长率、在此期间的平均增长率以及复合增长率。上网查询贵州茅台产品类型，说明贵州茅台酒在全部产品收入中的比重。

（2）分析贵州茅台产品毛利和毛利率及其变动趋势。

（3）选择至少5家同行业公司比较2018年的销售毛利率。

（4）说明毛利率的主要影响因素。

4.表10-4和表10-5列示了贵州茅台关于货币资金、财务杠杆的相关数据。

表10-4　**贵州茅台资产负债表主要项目**　单位：亿元

| 日期 | 2013年<br>12月31日 | 2014年<br>12月31日 | 2015年<br>12月31日 | 2016年<br>12月31日 | 2017年<br>12月31日 | 2018年<br>12月31日 |
|---|---|---|---|---|---|---|
| 货币资金 | 251.85 | 277.11 | 368.01 | 668.55 | 878.69 | 1 120.75 |
| 资产总计 | 554.54 | 658.73 | 863.01 | 1 129.35 | 1 346.10 | 1 598.47 |
| 流动负债 | 113.07 | 105.44 | 200.52 | 370.20 | 385.75 | 424.38 |
| 非流动负债 | 0.18 | 0.18 | 0.16 | 0.16 | 0.16 | |
| 所有者权益 | 441.29 | 553.12 | 662.34 | 758.99 | 960.20 | 1 174.08 |

表10-5　　　　贵州茅台现金流量表主要项目　　　　单位：亿元

| 年份 | 2013年 | 2014年 | 2015年 | 2016年 | 2017年 | 2018年 |
|---|---|---|---|---|---|---|
| 经营活动现金流入量 | 367.13 | 354.88 | 400.14 | 672.79 | 673.69 | 893.46 |
| 经营活动现金流出量 | 240.58 | 228.55 | 225.78 | 298.28 | 452.16 | 479.60 |
| 经营活动现金净流量 | 126.55 | 126.33 | 174.36 | 374.51 | 221.53 | 413.86 |
| 投资活动现金流入量 | 7.59 | 1.25 | 1.06 | 0.06 | 0.21 | 0.11 |
| 投资活动现金流出量 | 60.99 | 47.05 | 21.55 | 11.08 | 11.42 | 16.40 |
| 投资活动现金净流量 | -53.40 | -45.80 | -20.49 | -11.02 | -11.21 | -16.29 |
| 筹资活动现金流入量 | 0.06 | 1.02 | 0.22 | 0.16 | 0.06 | 0 |
| 筹资活动现金流出量 | 73.92 | 51.44 | 56.10 | 83.51 | 89.05 | 164.41 |
| 筹资活动现金净流量 | -73.86 | -50.42 | -55.88 | -83.35 | -88.99 | -164.41 |
| 现金净流量 | -0.71 | 30.11 | 97.99 | 280.14 | 121.33 | 233.16 |
| 期初现金和现金等价物余额 | 220.62 | 219.92 | 249.97 | 347.80 | 627.95 | 749.28 |
| 期末现金和现金等价物余额 | 219.91 | 250.03 | 347.96 | 627.94 | 749.28 | 982.44 |

要求：

（1）货币资金分析：货币资金时间序列分析；货币资金比率分析，包括货币资金/营业收入、货币资金÷资产总额。

（2）关注两类货币资金，即使用受限资金（例如，存放中央银行法定存款准备金、存放中央银行超额存款准备金、不能随时支取的定期银行存款、银行承兑汇票保证金）、使用不受限资金（例如，库存现金、银行存款和其他货币资金等）。

（3）将资产负债表中的“货币资金”与现金流量表中的“现金和现金等价物余额”进行比较。说明现金和现金等价物净增加额的来源。

（4）分析贵州茅台资产负债情况，说明其财务风险。

5.假设XYZ公司财务数据与教材【例10-2】相同，编制预计财务报表的调整变量为现金和现金等价物，其计算公式：

现金和现金等价物=负债和股东权益－非现金流动资产－固定资产净值

假设长期债务保持不变，股利支付率前5年为40%，第6年以后长期为50%。

要求：

（1）计算股权自由现金流量、债权人现金流量。

（2）采用两种方法计算公司自由现金流量：

①将现金和现金等价物视为经营性流动资产，计算公司自由现金流量。

②假设预测的现金和现金等价物为公司满足经营需要的最低现金需求量，即流动资产为经营性流动资产，确定经营性营运资本，计算公司自由现金流量。

（3）分析降低股利支付率后对付息债务÷股东权益的影响。

6.假设ESP公司要求你采用二阶段模型评估股票价值，预计高速增长期为5年（2021—2025年），自第6年（2026年）起进入稳定增长期，假设稳定增长期的增长率为5%。

（1）ESP公司2020年年末资产负债表、2020年利润表分别见表10-6和表10-7。

表10-6　**ESP公司资产负债表**　单位：亿元

| 年份 | 2020年年末实际 |
|---|---|
| 货币资金 | 5.00 |
| 应收账款 | 100.00 |
| 存货 | 75.00 |
| 其他应收款 | 20.00 |
| 减：应付账款 | 40.00 |
| 其他应付款 | 10.00 |
| 经营性营运资本 | 150.00 |
| 固定资产原值 | 350.00 |
| （折旧提取） | 30.00 |
| 减：累计折旧 | 100.00 |
| 固定资产净值 | 250.00 |
| 投入资本总计 | 400.00 |
| 短期借款 | 80.00 |
| 长期借款 | 40.00 |
| 有息负债合计 | 120.00 |
| 股本 | 200.00 |
| 年初未分配利润 | 20.00 |
| 本年净利润 | 40.88 |
| 本年股利 | 28.70 |

表10-7　**ESP公司利润表**　单位：亿元

| 年份 | 2020年实际 |
|---|---|
| 主营业务收入 | 500.00 |
| 减：主营业务成本 | 364.00 |
| 主营业务利润 | 136.00 |
| 加：其他业务利润 | 0.00 |
| 减：销售和管理费用 | 40.00 |
| 折旧费 | 30.00 |
| 短期借款利息 | 4.80 |
| 长期借款利息 | 2.80 |
| 财务费用合计 | 7.60 |
| 营业利润 | 58.40 |
| 加：投资收益 | 0.00 |
| 营业外收入 | 0.00 |

续表

| 年份 | 2020年实际 |
|---|---|
| 减：营业外支出 | 0.00 |
| 利润总额 | 58.40 |
| 减：所得税 | 17.52 |
| 净利润 | 40.88 |
| 加：年初未分配利润 | 20.00 |
| 可供分配的利润 | 60.88 |
| 减：应付普通股股利 | 28.70 |
| 未分配利润 | 32.18 |

（2）2021年至2026年资产负债表预测假设、利润表预测假设分别见表10-8和表10-9。

表10-8 资产负债表预测假设

| 年 份 | 基期 | 2021年 | 2022年 | 2023年 | 2024年 | 2025年 | 2026年 |
|---|---|---|---|---|---|---|---|
| 销售收入（亿元） | 500.00 | 560.00 | 616.00 | 665.28 | 705.20 | 740.46 | 777.48 |
| 货币资金/销售收入 | 1.00% | 1.00% | 1.00% | 1.00% | 1.00% | 1.00% | 1.00% |
| 应收账款/销售收入 | 20.00% | 20.00% | 20.00% | 20.00% | 20.00% | 20.00% | 20.00% |
| 存货/销售收入 | 15.00% | 15.00% | 15.00% | 15.00% | 15.00% | 15.00% | 15.00% |
| 其他应收款/销售收入 | 4.00% | 4.00% | 4.00% | 4.00% | 4.00% | 4.00% | 4.00% |
| 应付账款/销售收入 | 8.00% | 8.00% | 8.00% | 8.00% | 8.00% | 8.00% | 8.00% |
| 其他应付款/销售收入 | 2.00% | 2.00% | 2.00% | 2.00% | 2.00% | 2.00% | 2.00% |
| 固定资产净值/销售收入 | 50.00% | 50.00% | 50.00% | 50.00% | 50.00% | 50.00% | 50.00% |
| 短期借款/投入资本 | 20.00% | 20.00% | 20.00% | 20.00% | 20.00% | 20.00% | 20.00% |
| 长期借款/投入资本 | 10.00% | 10.00% | 10.00% | 10.00% | 10.00% | 10.00% | 10.00% |

表10-9 利润表预测假设

| 年 份 | 基期 | 2021年 | 2022年 | 2023年 | 2024年 | 2025年 | 2026年 |
|---|---|---|---|---|---|---|---|
| 销售增长率 | 12.00% | 12.00% | 10.00% | 8.00% | 6.00% | 5.00% | 5.00% |
| 销售成本率 | 72.80% | 72.80% | 72.80% | 72.80% | 72.80% | 72.80% | 72.80% |
| 销售和管理费用/销售收入 | 8.00% | 8.00% | 8.00% | 8.00% | 8.00% | 8.00% | 8.00% |
| 折旧/销售收入 | 6.00% | 6.00% | 6.00% | 6.00% | 6.00% | 6.00% | 6.00% |
| 短期债务利率 | 6.00% | 6.00% | 6.00% | 6.00% | 6.00% | 6.00% | 6.00% |
| 长期债务利率 | 7.00% | 7.00% | 7.00% | 7.00% | 7.00% | 7.00% | 7.00% |
| 平均所得税税率 | 30.00% | 30.00% | 30.00% | 30.00% | 30.00% | 30.00% | 30.00% |

要求：

（1）编制ESP公司预计财务报表，利润表与资产负债表的数据是相互衔接的，现金流量表由前两张表生成。其中包括如下调整项目：

资产负债表：股东权益=投入资本－付息债务

利润表：预测期各年股利=本年利润－（期末股东权益－期初股东权益）

表中其他项目根据各种预测假设计算填列。

（2）预测股权自由现金流量和公司自由现金流量。

（3）假设在预测期，公司加权平均资本成本为12%，预测公司价值和股权价值。

（4）公司流通在外的普通股股数为30亿股，计算市盈率、公司价值乘数、销售收入乘数、市净率乘数。

（5）假设资本成本预测如下：在高速增长阶段，无风险利率为5%，β系数为1.05，市场风险溢价为7%；在稳定增长阶段，无风险利率为5%，β系数为1.0，市场风险溢价为6%。其他因素保持不变，分别按股权自由现金流量、公司自由现金流量、股利现金流量计算公司价值。将计算结果与（3）的结果进行比较，说明每股价值发生差异的原因。

7.FAS公司价值评估相关数据如下：

（1）FAS公司2020年利润表、2020年年末资产负债表见表10-10、表10-11。

表10-10　**FAS公司利润表**　单位：万元

| 年份 | 2020年 |
|---|---|
| 营业收入 | 31 836 |
| 营业成本 | 14 581 |
| 毛利 | 17 255 |
| 销售与管理费 | 11 206 |
| 其中：折旧 | 1 673 |
| 其他经营费用 | 141 |
| 非经常性经营损失 | 0 |
| 经营利润 | 5 908 |
| 利息收入 | 91 |
| 利息费用 | 204 |
| 其他收益或利得 | 411 |
| 税前利润 | 6 206 |
| 所得税 | 1 552 |
| 非持续经营收益 | 0 |
| 净利润 | 4 654 |
| 股利 | 2 094 |
| 留存收益 | 2 560 |

表10-11　　**FAS公司资产负债表**　　单位：万元

| 年份 | 2020年年末 |
| --- | --- |
| 资产 | |
| 现金 | 1 337 |
| 交易性金融资产 | 2 382 |
| 应收账款 | 3 281 |
| 存货 | 1 664 |
| 其他流动资产 | 596 |
| 流动资产合计 | 9 260 |
| 长期债券投资 | 3 573 |
| 固定资产原值 | 17 522 |
| 减：累计折旧 | 9 454 |
| 固定资产净值 | 8 068 |
| 商誉 | 5 268 |
| 其他非流动资产 | 2 693 |
| 非流动资产合计 | 19 602 |
| 资产总计 | 28 862 |
| 负债和股东权益 | |
| 负债 | |
| 应付账款 | 1 895 |
| 短期借款 | 298 |
| 一年内到期的非流动负债 | 361 |
| 其他流动负债 | 4 506 |
| 流动负债合计 | 7 060 |
| 非流动负债 | 2 680 |
| 递延税款 | 1 191 |
| 其他非流动负债 | 4 460 |
| 非流动负债合计 | 8 331 |
| 负债总计 | 15 391 |
| 普通股 | 5 236 |
| 资本公积 | 650 |
| 累计留存收益 | 7 585 |
| 股东权益合计 | 13 471 |
| 负债和股东权益总计 | 28 862 |

（2）财务报表预测基本假设见表10-12和表10-13。

表10-12 **利润表预测假设**

| 年份 | 2021年 | 2022年 | 2023年 | 2024年 | 2025年 | 2026年 |
|---|---|---|---|---|---|---|
| 营业收入增长率 | 9.0% | 8.0% | 7.0% | 7.0% | 6.0% | 4.0% |
| 营业成本/营业收入 | 45.8% | 45.8% | 45.8% | 45.8% | 45.8% | 45.8% |
| 销售和管理费用/营业收入 | 30.0% | 30.0% | 30.0% | 30.0% | 30.0% | 30.0% |
| 折旧率 | 10.0% | 10.0% | 10.0% | 10.0% | 10.0% | 10.0% |
| 其他经营费用/营业收入 | 0.5% | 0.5% | 0.5% | 0.5% | 0.5% | 0.5% |
| 交易性金融资产投资利率 | 4.0% | 4.0% | 4.0% | 4.0% | 4.0% | 4.0% |
| 债务利率 | 6.0% | 6.0% | 6.0% | 6.0% | 6.0% | 6.0% |
| 其他收益或得利/营业收入 | 1.2% | 1.2% | 1.2% | 1.2% | 1.2% | 1.2% |
| 所得税税率 | 25.0% | 25.0% | 25.0% | 25.0% | 25.0% | 25.0% |

表10-13 **资产负债表预测假设**

| 年份 | 2021年 | 2022年 | 2023年 | 2024年 | 2025年 | 2026年 |
|---|---|---|---|---|---|---|
| 现金周转期（天） | 15.00 | 15.00 | 15.00 | 15.00 | 15.00 | 15.00 |
| 短期交易性金融资产/总资产 | 8.0% | 8.0% | 8.0% | 8.0% | 8.0% | 8.0% |
| 应收账款周转期（天） | 45.00 | 45.00 | 45.00 | 45.00 | 45.00 | 45.00 |
| 存货周转期（天） | 9.10 | 9.10 | 9.10 | 9.10 | 9.10 | 9.10 |
| 其他流动资产/总资产 | 2.0% | 2.0% | 2.0% | 2.0% | 2.0% | 2.0% |
| 长期证券投资/总资产 | 12.0% | 12.0% | 12.0% | 12.0% | 12.0% | 12.0% |
| 固定资产原值增长率 | 9.0% | 8.0% | 7.0% | 7.0% | 6.0% | 4.0% |
| 商誉增长率 | 6.0% | 6.0% | 6.0% | 6.0% | 6.0% | 6.0% |
| 其他非流动资产增长率 | 5.0% | 5.0% | 5.0% | 5.0% | 5.0% | 5.0% |
| 应付账款周转期（天） | 45.00 | 45.00 | 45.00 | 45.00 | 45.00 | 45.00 |
| 短期借款/总资产 | 2.0% | 2.0% | 2.0% | 2.0% | 2.0% | 2.0% |
| 一年内到期的长期借款/总资产 | 5.0% | 5.0% | 5.0% | 5.0% | 5.0% | 5.0% |
| 其他流动负债/总资产 | 14.0% | 14.0% | 14.0% | 14.0% | 14.0% | 14.0% |
| 非流动负债/总资产 | 6.0% | 6.0% | 6.0% | 6.0% | 6.0% | 6.0% |
| 递延税款/总资产 | 4.0% | 4.0% | 4.0% | 4.0% | 4.0% | 4.0% |
| 其他非流动负债增长率 | 9.0% | 8.0% | 7.0% | 7.0% | 6.0% | 4.0% |
| 资本公积增长率 | 15.0% | 15.0% | 15.0% | 15.0% | 15.0% | 15.0% |

预计报表中的其他项目假设如下：

各年折旧按各年固定资产原值平均值计算。

各年利息收入按各年交易性金融资产平均值计算。

各年利息费用按各年借款的平均值计算。

本期股利=(本期负债总额+本期少数股东权益+本期优先股+本期普通股和资本公积+前期留存收益+本期净利润−本期普通股股利−本期优先股股利+本期其他综合收益+本期库藏股)−本期资产总额

普通股各年保持不变。

累计留存收益=期初留存收益+本期净利润−本期股利

（3）预测期各年资本成本计算相关数据见表10-14。

表10-14　　预测期资本成本计算相关数据

| 年份 | 2021年 | 2022年 | 2023年 | 2024年 | 2025年 | 2026年 |
|---|---|---|---|---|---|---|
| 无风险利率 | 4.00% | 4.00% | 4.00% | 4.00% | 4.00% | 4.00% |
| β系数 | 85.00% | 85.00% | 85.00% | 85.00% | 85.00% | 80.00% |
| 风险溢价 | 6.50% | 6.50% | 6.50% | 6.50% | 6.50% | 6.00% |
| 股权资本成本 | 9.53% | 9.53% | 9.53% | 9.53% | 9.53% | 8.80% |
| 所得税税率 | 25.00% | 25.00% | 25.00% | 25.00% | 25.00% | 25.00% |
| 长期借款利率 | 6.00% | 6.00% | 6.00% | 6.00% | 6.00% | 6.00% |
| 税后债务成本 | 4.50% | 4.50% | 4.50% | 4.50% | 4.50% | 4.50% |

要求：

（1）根据上述资料编制预计利润表、预计资产负债表，按间接法编制预计现金流量表。

（2）计算股权自由现金流量、债权现金流量、公司自由现金流量。

（3）根据公司自由现金流量计算公司价值和股权价值及每股股票预测价格。

（4）假设以2020年股东权益作为股东的初始投资，2026年股权账面价值能准确反映市场价值，考虑预测期公司发放的股利，计算预测期股东权益的收益率。

## 五、案例分析

1.格力电器财务报表分析

格力电器股份有限公司于1991年在珠海市成立，是一家主要从事空调研发、生产、销售、服务的家电公司。自2013年起，该公司相继进军智能装备、通信设备、模具等领域，目前格力智能装备已为家电、汽车、食品、3C数码、建材卫浴等众多行业提供服务，格力电器已经从专业的空调生产公司迈入多元化的高端技术产业时代。

为分析格力电器的经营成果及财务状况，可扫描二维码，下载格力电器10年的财务报表。

格力电器报表分析

（1）分析格力电器利润表，以2010年至2019年间（以下称分析期）的数据为依据，关注四个要点：营业收入及收入构成、毛利率、费用率、利润及利润率。在分析时既要进行时间序列分析，也可选择同行业（至少1家）公司进行比较分析。

格力电器2019年年度报告

①分析期营业（总）收入同比增长率、复合增长率；查询格力电器报表附注，分析格力电器的收入到底是如何构成的？哪一业务或产品推动其增长？未来能否继续推动下去？格力电器收入的地区分布具有什么特点？

②主要产品毛利及毛利率分析。

③主要产品成本费用分析，可计算成本占营业收入比率，三项费用（销售费用、管理费用、财务费用）占营业收入比率、三项费用占销售毛利比率。注：如果利润表中的财务费用是正数（利息收支相抵后，是净支出），就把它和销售、管理费用加总一起计算费用率；如果财务费用是负数（利息收支相抵后，是净收入），就只用（销售费用+管理费用）÷营业总收入计算费用率。

④利润结构及利润率分析，计算分析息税前利润，折旧、摊销、息税前利润，税后净经营利润的变动趋势；计算以利润表为基础的利润率指标；结合资产负债表计算以资产总额、净资产、投入资本为基础的收益率指标；分析ROE的影响因素。

（2）资产负债表分析：主要关注公司资产结构、资本结构与财务风险、投资收益率等。

①计算分析期主要资产类项目（如应收账款（票据）、存货、固定资产等）占营业收入比率、占资产总额比率，以便分析各主要项目的变化趋势。

②货币资金分析：货币资金时间序列分析；货币资金结构分析，包括货币资金÷营业收入、货币资产÷资产总额；关注两类货币资金，即使用受限资金（例如，存放中央银行法定存款准备金、存放中央银行超额存款准备金、不能随时支取的定期银行存款、银行承兑汇票保证金）、使用不受限资金（例如，库存现金、银行存款和其他货币资金等）；将资产负债表中的"货币资金"与现金流量表中的"现金和现金等价物余额"进行比较。

③应收账款（票据）和应付账款（票据）分析：应收账款是对供应链下游企业的议价能力，应付账款是对供应链上游企业的议价能力。应付账款可以理解为购买原材料（营业成本）而待支付的部分，应收账款则是销售收入待收回的部分，是体现在利润表且没有实现的收入。因此，可以用议价能力比率（应付账款÷应收账款）的大小来比较公司在供应链上下游企业中的议价能力。

④周转率分析：计算分析期应收账款周转率、存货周转率、应付账款周转率、现金周转率、固定资产周转率、总资产周转率，以及各自的周转天数，并进行简要分析。

⑤偿债能力分析：计算短期偿债能力比率和长期偿债能力比率，分析公司的财务风险。

（3）现金流量及信用风险分析。

①现金流量表分析主要是分析现金流量及其结构，以此可以了解公司现金的来

龙去脉和现金收支构成，评价公司经营状况、创造现金能力、筹资能力和资金实力。

②计算Z-Score值，了解格力电器的信用风险情况。

（4）电器行业比较分析，选择5—10家公司，以2019年财务报表为基础，比较6项财务数据：总收入、净利润、总资产、总负债、股权权益、现金净流量，并与行业中位值进行比较分析；比较6项财务比率：销售毛利率、营业利润率（营业利润÷营业收入）、总资产收益率、净资产收益率、资产负债率、总资产周转率，并与行业中位值进行比较分析。

（5）格力电器财务报表总体评价，列示关键财务比率。

2.格力电器财务预测与价值评估

根据案例1格力电器财务报表，编制预计财务报表，评估格力电器股票价值。

（1）构造简明经营财务报表①

上市公司财务报告披露内容庞杂，在进行财务报表预测前首先要对财务报表进行重构。财务报表重构的基本目标是在价值评估基本框架下构造出简明的主业持续经营报表。这里的“主业持续经营”是财务报表只考虑主营业务的收支，不考虑投资收益、营业外收支，以及非经营性损益。

对于利润表来说，主要的项目是经营活动的收入、成本、费用和利润。根据我国的企业会计准则，非现金的成本项目，如折旧、摊销按照资产的用途被分别记录在其他业务成本、管理费用等项目，但在财务报表中并未进行详细披露。但价值评估需要计算息税前利润（EBIT）和未扣除折旧、摊销、利息和所得税的利润（EBITDA）。

对于资产负债表来说，公司的投资者包括股权投资者和债权投资者，前者对公司的投资形成了公司的股东权益；后者对公司的投资形成了公司的付息债务；投入资本主要包括股东权益和付息债务。从投入资本的运用看，主要表现为现金（一般指经营活动最低需要量，即从货币资金中扣除超额现金）、经营性营运资本和固定资产等长期资产。

（2）利润表假设

格力电器财务报表预测期分两阶段，2020—2025年为第一阶段，过去10年格力电器营业收入复合增长率为14.1%，考虑2020年的特殊经营环境，假设营业收入2020—2024年各年增长率分别为6%、12%、11%、10%、9%，2025年后为稳定增长期，增长率为5%。利润表预测假设和资产负债表预测假设见表10-15和表10-16。

① 格力电器简明财务报表预测与价值评估，可以查看重构后的格力电器简明财务报表，可参考二维码“格力电器报表预测与价值”。

表10-15 **利润表预测假设**

| | | |
|---|---|---|
| 营业成本÷营业收入 | 69.78% | 近3年报表项目平均值 |
| 税金及附加÷营业收入 | 0.89% | 近3年报表项目平均值 |
| 销售费用÷营业收入 | 10.01% | 近3年报表项目平均值 |
| 管理费用÷营业收入 | 2.74% | 近3年报表项目平均值 |
| 研发费用÷营业收入 | 3.25% | 近3年报表项目平均值 |
| 折旧率 | 9.00% | 近3年报表项目平均值 |
| 无形资产摊销率 | 4.00% | 近3年报表项目平均值 |
| 利率 | 5.10% | 近3年报表项目平均值为7.87%，假设利率下跌 |
| 所得税 | 15.00% | 2019年最新税率15.42%，假设税率下降至15% |
| 少数股东损益÷净利润 | 0.56% | 近3年报表项目平均值 |
| 股利支付率（前5年） | 51.15% | 2019年股利支付率 |
| 股利支付率（第6年以后） | 60.00% | 假设稳定增长期股利支付率上升 |
| 其他项目 | 0.00 | 假设其他经营损益、非经营业务损益、非经常性损益均为0 |

表10-16 **资产负债表预测假设**

| | | | |
|---|---|---|---|
| 应收票据（账款）周转天数 | 营业收入×2÷应收账款均值 | 4.65 | 近3年报表项目平均值 |
| 预付款项周转天数 | 营业成本×2÷预付账款平均值 | 48.66 | 近3年报表项目平均值 |
| 存货周转天数 | 营业成本×2÷存货均值 | 7.28 | 近3年报表项目平均值 |
| 其他流动资产 | 其他流动资产÷营业收入 | 9.00% | 近3年报表项目平均值 |
| 固定资产净值 | 固定资产净值÷营业收入 | 10.24% | 近3年报表项目平均值 |
| 无形资产 | 无形资产净值÷营业收入 | 2.64% | 近3年报表项目平均值 |
| 开发支出和商誉 | 年增长率 | 5.00% | 预测 |
| 短期借款 | 短期借款÷营业收入 | 0.10 | 根据报表项目预测 |
| 应付票据（账款）周转天数 | 营业成本×2÷应付账款均值 | 2.60 | 近3年报表项目平均值 |
| 预收款项周转天数 | 营业收入×2÷预收账款均值 | 16.94 | 近3年报表项目平均值 |
| 应交税费 | 应交税费÷营业收入 | 0.02 | 近3年报表项目平均值 |
| 其他金融类流动负债 | 预测 | 0.00 | 不考虑 |

表10-16中没有列示的项目均假设预测期等于最新年报数据。

资产负债表中的货币资金为报表调整项目，其计算公式如下：

货币资金=负债和股东权益－非现金流动资产－非流动资产

（3）编制预计利润表、预计资产负债表、预计现金流量表。

（4）预测股权自由现金流量、公司自由现金流量。

（5）预测格力电器股权资本成本、债务资本成本、加权平均资本成本。请根据近期60个月格力电器股票收益率（按对数收益率计算）和沪深300的指数收益率（%）预测格力电器股票的β系数，假设无风险利率为4%，市场风险溢价为6%。

（6）采用FCFE、FCFF、DDM法预测格力电器的股票价值。

（7）计算格力电器的市盈率乘数、公司价值乘数、市净率乘数、市销率乘数。

## 参考答案

### 一、单项选择题

1.D　2.C　3.C　4.A　5.A　6.D　7.C　8.B　9.B　10.D　11.D　12.C　13.C　14.C　15.A

### 二、多项选择题

1.ABCDE　2.AD　3.ABC　4.ABCDE　5.CE　6.ABDE　7.BCDE　8.BC　9.ABD　10.ABCDE　11.BCD　12.AD　13.ABE　14.ABCDE

### 三、判断题

1.√　2.×　3.√　4.×　5.×　6.×　7.×　8.√　9.√　10.√　11.√　12.√　13.×　14.×　15.√

### 四、计算分析题

1. 简易资产负债表见表10-17。

表10-17　**简易资产负债表**　单位：元

| 资产 | 金额 | 负债及股东权益 | 金额 |
|---|---|---|---|
| 现金 | 50 000 | 应付账款 | 100 000 |
| 应收账款 | 50 000 | 长期负债 | 100 000 |
| 存货 | 100 000 | 普通股 | 100 000 |
| 固定资产 | 200 000 | 留存收益 | 100 000 |
| 资产总计 | 400 000 | 负债及股东权益总计 | 400 000 |

（1）长期负债÷股东权益=0.5÷1=长期负债÷（100 000+100 000）

长期负债=0.5×200 000=100 000（元）

（2）销售收入÷资产总额=2.5=销售收入÷400 000=2.5

销售收入=400 000×2.5=1 000 000（元）

销售毛利÷销售收入=10%=销售毛利÷1 000 000×100%=10%

销售毛利=1 000 000×10%=100 000（元）

（3）360×应收账款期末余额÷销售收入=18

应收账款期末余额=（销售收入÷360）×18=（1 000 000÷360）×18=50 000（元）

(4)（销售收入-销售毛利）÷存货余额=9

(1 000 000-100 000）÷存货余额=9

存货余额=900 000÷9=100 000（元）

（5）(现金+应收账款）÷应付账款=1÷1=（现金+50 000）÷100 000=1，现金=50 000元

2. 简易资产负债表见表10-18。

表10-18 **简易资产负债表** 单位：万元

| 资产 | 金额 | 负债及股东权益 | 金额 |
| --- | --- | --- | --- |
| 货币资金 | 5.00 | 短期借款 | 5.00 |
| 应收账款净额 | 24.00 | 应付账款 | 12.50 |
| 存货 | 6.00 | 长期负债 | 14.375 |
| 固定资产原值 | 60.00 | 股本 | 50.00 |
| 累计折旧 | 10.00 | 未分配利润 | 3.125 |
| 资产总计 | 85.00 | 负债及股东权益总计 | 85.00 |

销售成本 = 销售收入×（1-销售毛利率）

= 100×（1-60%） = 40（万元）

存货周转率 = 销售成本÷[（期初存货 + 期末存货）/2]

=40÷[（2+期末存货）/2]=10（次）

由此求得，期末存货 = 6万元

应收账款净额 = 85 - 6 - 5 - 50 = 24（万元）

负债及股东权益总计 = 资产总计 = 85万元

流动比率 = 流动资产÷流动负债

= 35÷流动负债 = 2

所以，流动负债 = 17.5万元

应付账款 = 17.5-5=12.5（万元）

又已知：负债与股东权益比率为0.6，即：

负债÷股东权益 = 0.6

所以：股东权益总额 = 资产总额 - 负债总额

= 资产总额 - 0.6×股东权益总额

1.6×股东权益总额 = 资产总额 = 85

股东权益总额 = 85÷1.6=53.125（万元）

未分配利润 = 股东权益 - 股本

= 53.125-50 = 3.125（万元）

负债总额 = 0.6×股东权益总额

= 0.6×53.125 = 31.875（万元）

长期负债 = 负债总额 - 流动负债

= 31.875 - 17.5 = 14.375（万元）

3.贵州茅台毛利率分析

（1）贵州茅台营业收入及增长率分析

贵州茅台2013年至2018年营业收入及同比增长率如图10-1所示。从图10-1可以看出，贵州茅台的营业收入在2015年至2017年增长加快，随后增长率下降，在2013年至2018年，营业收入增长率的平均值为20.17%，复合增长率为18.95%。图10-2描述了贵州茅台营业收入构成及茅台酒占比。从图中可以看出，贵州茅台的营业收入主要由茅台酒、系列酒和其他业务构成，其中茅台酒营业收入占全部营业收入的比重在分析期间平均值为90.8%，最高值为95.1%，最低值为84.8%。在限制公款消费那几年，茅台酒销售额占比反而大幅提高，2017年、2018年才有所回落。2018年茅台酒占比84.8%，说明茅台酒火爆，一瓶难求，才能带动茅台王子酒、茅台迎宾、赖茅等“系列酒”销售。

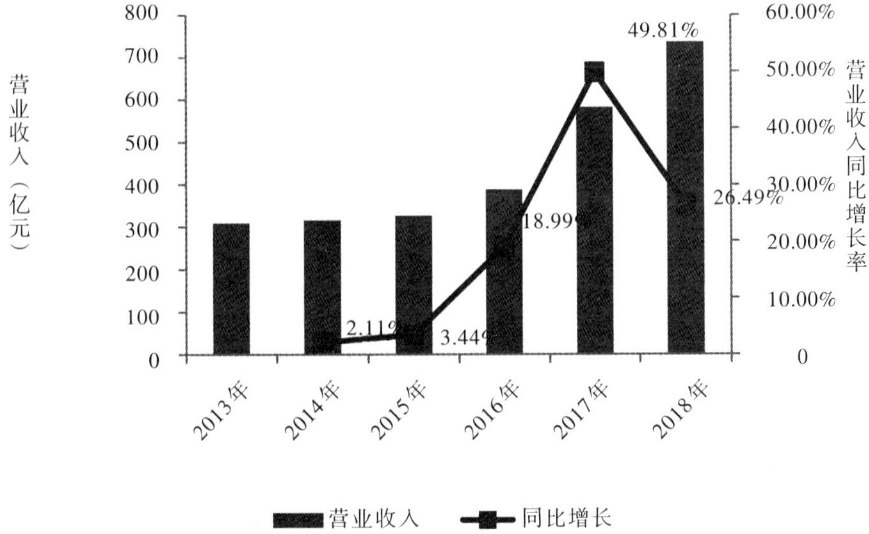


图10-1　营业收入及同比增长率（2013—2018年）

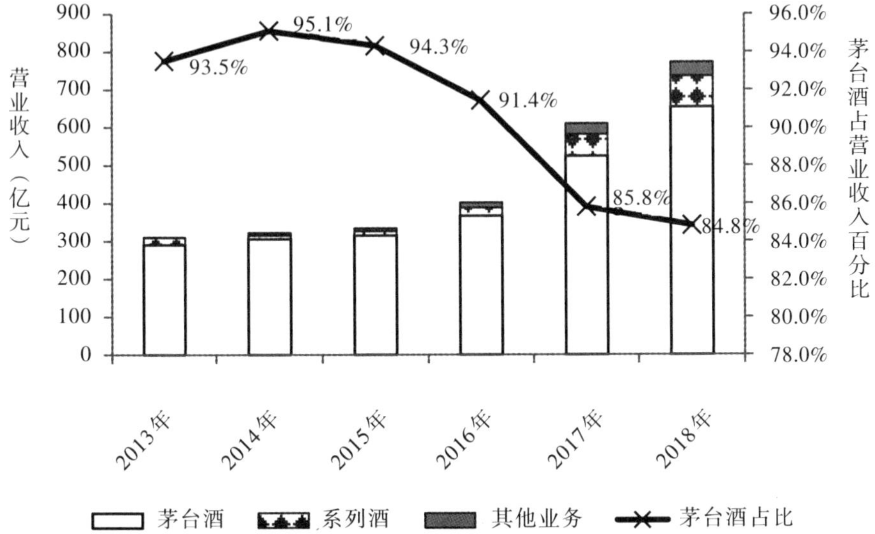


图10-2　营业收入构成及茅台酒占收入比（2013—2018年）

（2）贵州茅台产品毛利及毛利率变动趋势

图10-3描述了贵州茅台产品在2013年至2018年毛利及毛利率的变动趋势，从图10-3中可以看出，贵州茅台酒的毛利逐年上升，毛利率最高值为92.90%，最低值为89.80%，平均值为91.65%。图10-4描述了茅台酒、系列酒和其他业务各期毛利率。从图中可以看出，其他业务的毛利率均值为98.9%，茅台酒毛利率均值为60.7%，系列酒的毛利率均值为60.7%。

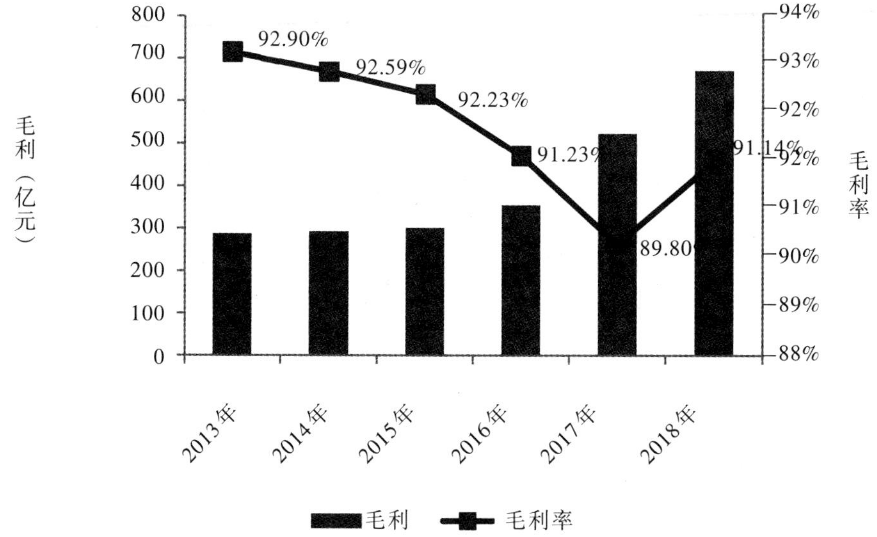


图10-3　毛利及毛利率（2013—2018年）

图10-4　茅台酒、系列酒和其他业务毛利率（2013—2018年）

（3）同行业销售毛利率（2018年）

图10-5描述了同行业2018年销售毛利率，贵州茅台销售毛利率远高于同行业毛利率水平。2018年，所选择的同行业毛利率中位值为69.05%，贵州茅台销售毛利率为89.54%（这与按报表计算的有一点偏差）。

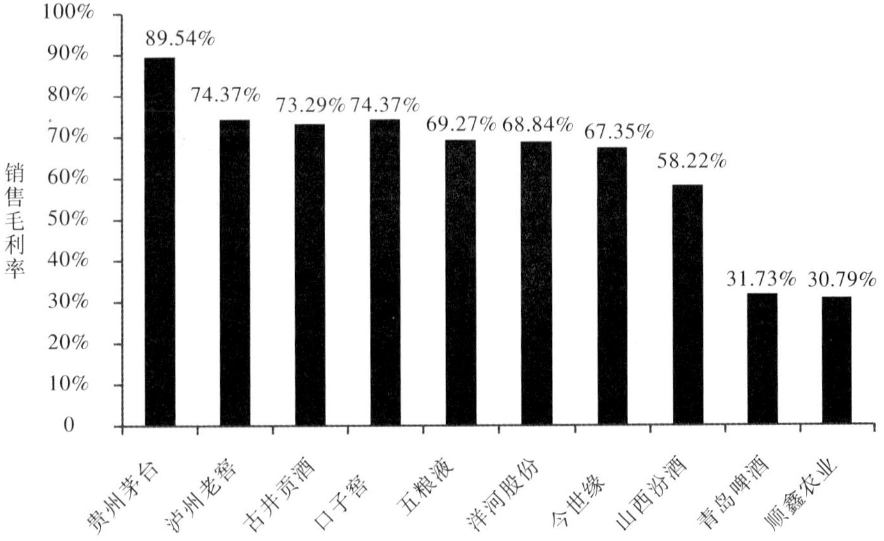


**图10-5　同行业销售毛利率（2018年）**

数据来源：Wind金融数据库。

（4）毛利率的主要影响因素

一般来说，影响毛利率的因素主要是产品价格和产品成本。贵州茅台是中国白酒龙头企业，主要生产和销售茅台酒及茅台系列酒。公司主导产品“贵州茅台酒”是世界三大蒸馏名酒之一，也是集国家地理标志产品、有机食品和国家非物质文化遗产于一身的白酒品牌。贵州茅台作为全国白酒行业领军公司，具有较强的产品定价权，在2013年至2018年间，贵州茅台酒的销售均价如图10-6所示，在此期间销售均价为1.155（百万元/吨）。

贵州茅台酒超高毛利率的另一个原因是较低的生产成本。公司的经营模式是：采购原料——生产产品——销售产品；原料采购根据公司生产和销售计划进行；产品生产工艺流程为：制曲——制酒——贮存——勾兑——包装；销售模式为：以扁平化的区域经销为主，以公司直销为辅。茅台酒营业成本占营业收入百分比在2013—2018年间的均值为8.35%。营业成本占营业收入比重变动趋势（2013—2018年）如图10-7所示。

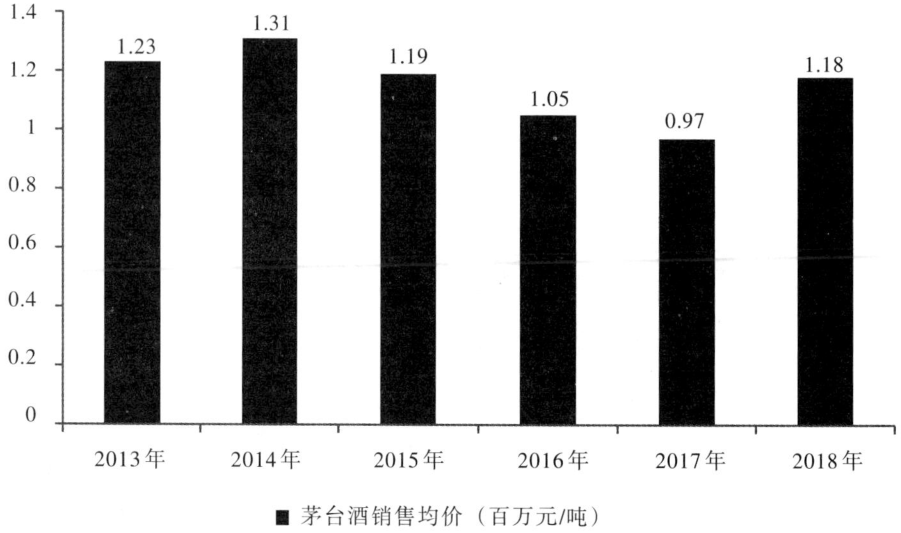


图 10-6　茅台酒销售均价（2013—2018 年）

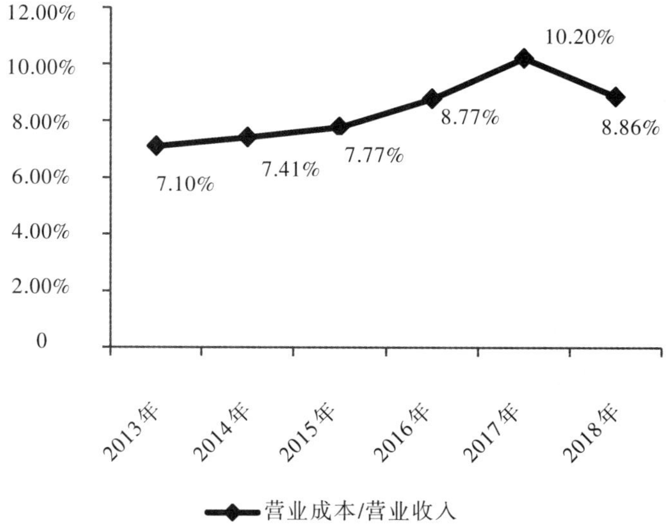


图 10-7　营业成本占营业收入比重变动趋势（2013—2018 年）

如何分析产品销售价格、成本等的影响因素？其中一条主线是根据哈佛商学院著名教授波特提出的五力模型，分析影响毛利率的背后因素。五力模型要表达的意思是，公司在市场上，任何时候都存在五种力量的角逐，公司产品最终的定价取决于这五种力量的平衡。这五种力量分别如图 10-8 所示。

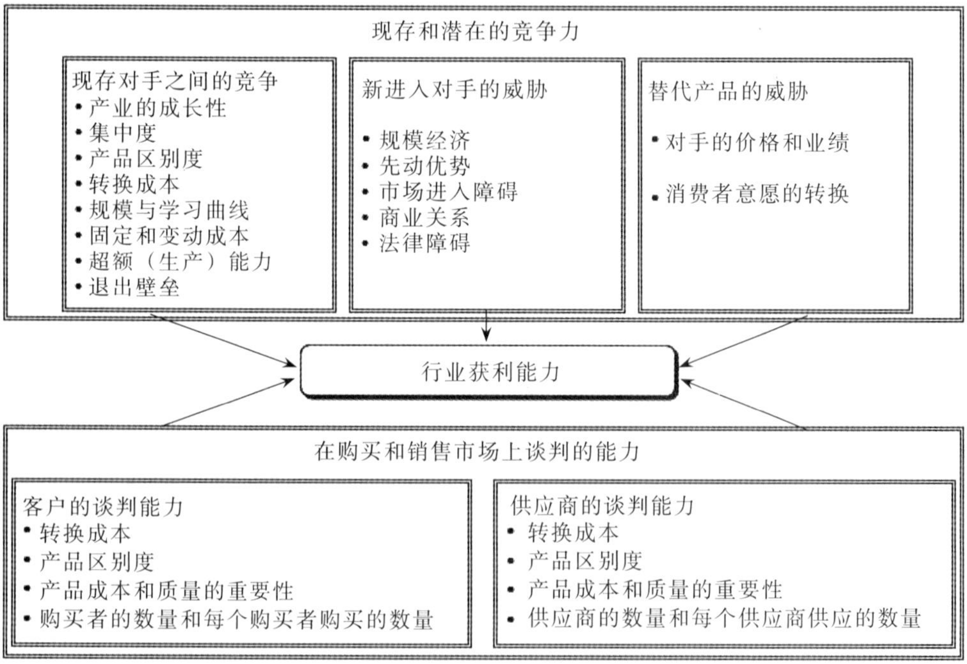


**图10-8　波特五力模型**

在通常情况下，公司的毛利率既体现了与客户及供应商的议价能力，同时也体现了与竞争对手的比较优势，以及与新进入者及替代品生产商之间力量的平衡关系。因此，毛利率对一家公司来说，代表了一家公司的竞争能力与结果，隐含了公司的技术研发能力、议价能力或行业地位、成本控制管理能力和建立准入门槛的高低等因素。

4.

（1）货币资金分析，货币资金分析思维导图如图10-9所示。

根据货币资金分析思维导图，对贵州茅台货币资金分析如下：

首先，对贵州茅台2013—2018年间货币资金及其占比进行时间序列分析。在图10-10中，货币资金逐年上升，到2018年年末，持有的货币资金达到1 120.75亿元，比2017年增长了27.55%，这一持有额相当于当年营业总收入的1.45倍，当年资产总额的70.11%，当年流动负债的2.64倍。从分析期看，在2013年到2018年间，货币资金均值为594.1654亿元，货币资金相当于营业总收入的1.22倍，资产总额的54%，流动负债的2.24倍。一般来说，持有货币资金越多，公司资产的流动性越好，支付能力越强，但也会带来一定的机会成本。从贵州茅台的利润表中可知公司各年的利息收入很少，这在一定程度上表明公司并未有效地利用闲置资金，例如，购买理财产品或进行短期投资。

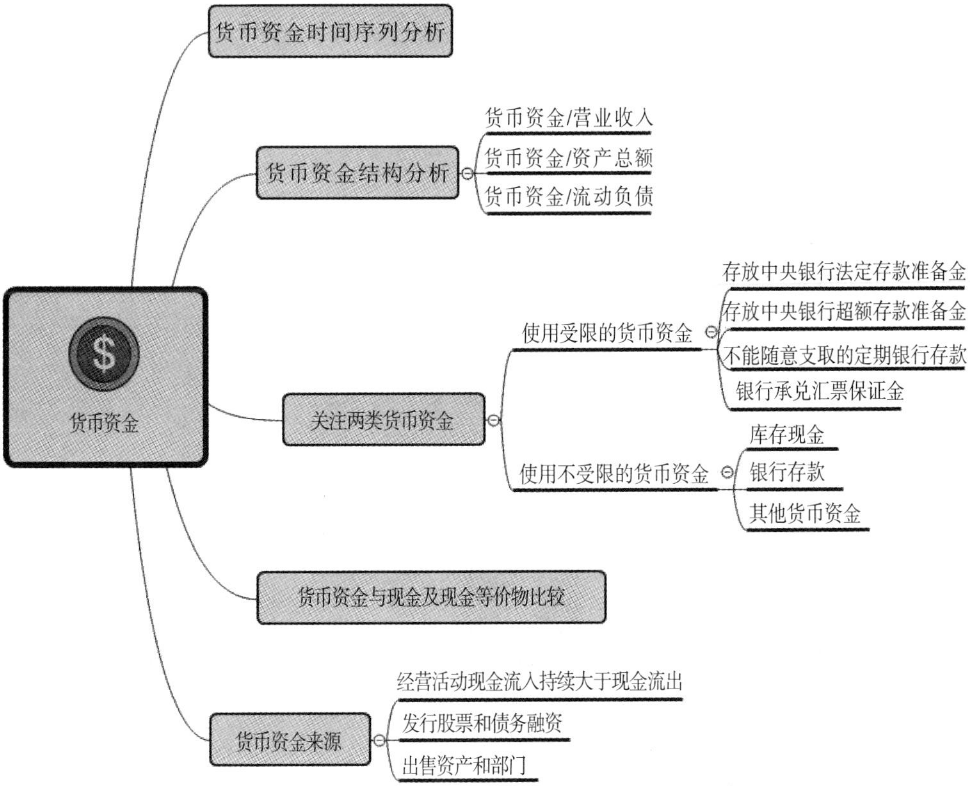


图10-9 货币资金分析思维导图

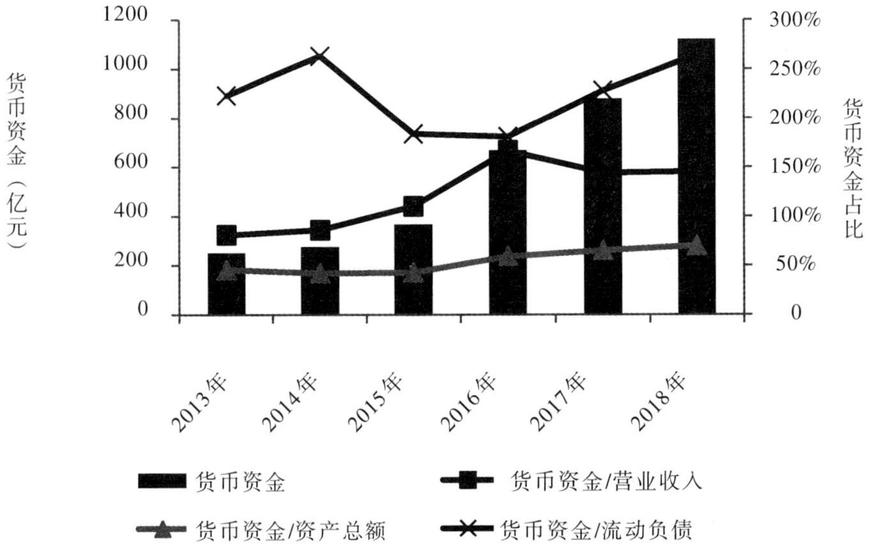


图10-10 货币资金及其占比变动趋势

其次，关注两类货币资金：受限货币资金和不受限货币资金。根据贵州茅台

2018年年报附注，受限制资金占货币资金的比例为12.34%，这一比例表明，贵州茅台2018年年末持有的货币资金大部分都是可以随时使用的，这意味着公司资产的流动性较强。货币资金附注见表10-19。

表10-19 **货币资金附注** 单位：万元

| | |
|---|---|
| 现金 | 1.06 |
| 银行存款 | 11 207 478.09 |
| 其中：存放中央银行法定存款准备金 | 663 150.31 |
| 存放中央银行超额存款准备金 | |
| 其他货币资金 | 18 587.95 |
| 合计 | 11 207 479.15 |
| 使用受到限制的货币资金 | |
| 存放中央银行法定存款准备金 | 663 150.31 |
| 不能随时支取的定期银行存款 | 720 000.00 |
| 银行承兑汇票保证金 | |
| 合计 | 1 383 150.31 |
| 受限制资金占货币资金比例 | 12.34% |

此外，还需要关注的是资产负债表中货币资金项目与期末现金及现金等价物余额两者是否存在差额，若存在差额则表明公司有不可随时变现的货币资金，两者差额悬殊的话需要特别留意，在计算偿债能力指标等时需扣除。

再次，注意货币资金与现金及现金等价物的关系。图10-11描述了贵州茅台各期期末货币资金、现金及现金等价物的变动趋势，在2013年到2018年间，两者的变动趋势基本一致，在2013年至2015年两者差距非常小，2016年至2018年间两者呈现一定的差距，表明贵州茅台货币资金中限制性情况呈上升趋势。

图10-11 各期期末货币资金与现金及现金等价物变动趋势（单位：亿元）

最后，货币资金来源分析。如果期末货币资金和期末现金及现金等价物余额差距较小，那么，根据现金流量表，分析现金净流量的变动也可以说明货币资金的来源。图10-12描述了各期不同现金流入量占现金流入量总额比率，从图中可以看出，在2013年至2018年间，贵州茅台经营活动创造的现金流入量占现金流入量总额的均值为99.49%，投资活动现金流入量占现金流入量总额的均值为0.45%，筹资活动现金流入量占现金流入量总额的均值仅为0.06%。这表明贵州茅台的现金流量充沛，质量较高。

计算分析题
(1-4)

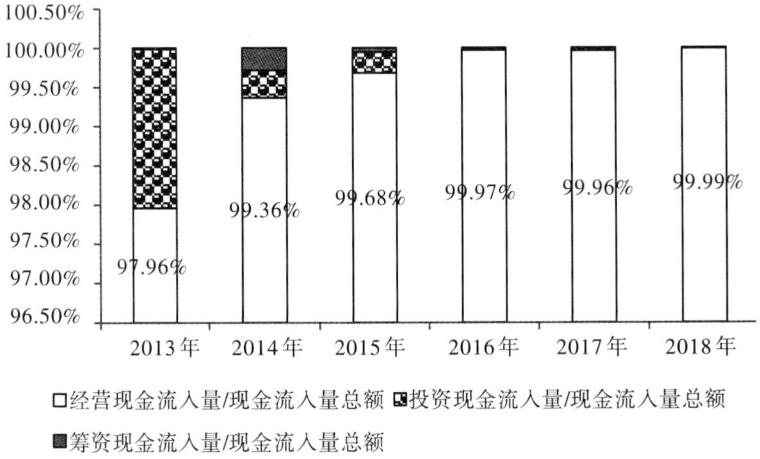


**图10-12 不同现金流入量占现金流入量总额比率（2013—2018年）**

（2）图10-13描述了贵州茅台在2013年至2018年间流动负债与负债总额比率和资产负债率变动趋势。从图中可以看出，贵州茅台的负债几乎全部为流动负债，在此期间这一比率的均值为99.92%；资产负债率均值为24.62%，这表明贵州茅台的财务风险较小。

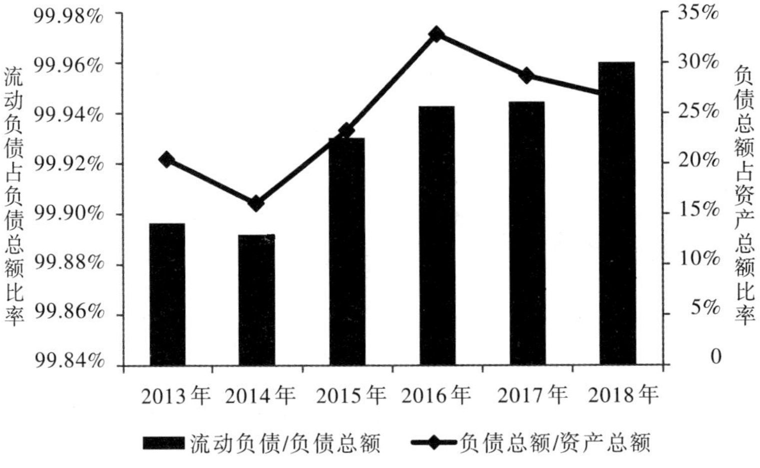


**图10-13 负债比率（2013—2018年）**

5.

（1）XYZ公司财务预测及自由现金流量见表10-20至表10-26。

表10-20 **XYZ公司预计利润表** 单位：万元

| 年份 | 实际 | 预测 | | | | | |
|---|---|---|---|---|---|---|---|
| | 2020年 | 2021年 | 2022年 | 2023年 | 2024年 | 2025年 | 2026年 |
| 营业收入 | 4 000 | 4 400 | 4 840 | 5 324 | 5 856 | 6 442 | 6 829 |
| 营业成本 | 3 000 | 3 300 | 3 630 | 3 993 | 4 392 | 4 832 | 5 122 |
| 毛利 | 1 000 | 1 100 | 1 210 | 1 331 | 1 464 | 1 610 | 1 707 |
| 管理费用 | 600 | 630 | 662 | 695 | 730 | 767 | 805 |
| 其中：折旧 | 300 | 330 | 363 | 399 | 439 | 483 | 531 |
| 息税前利润 | 400 | 470 | 548 | 636 | 734 | 843 | 902 |
| 利息 | 80 | 80 | 80 | 80 | 80 | 80 | 80 |
| 税前利润 | 320 | 390 | 468 | 556 | 654 | 763 | 822 |
| 所得税 | 80 | 98 | 117 | 139 | 164 | 191 | 206 |
| 净利润 | 240 | 292 | 351 | 417 | 490 | 572 | 616 |
| 股利 | 160 | 117 | 140 | 167 | 196 | 229 | 308 |
| 留存收益 | 80 | 175 | 211 | 250 | 294 | 343 | 308 |

表10-21 **XYZ公司预计资产负债表** 金额单位：万元

| 年份 | 实际 | 预测 | | | | | |
|---|---|---|---|---|---|---|---|
| | 2020年 | 2021年 | 2022年 | 2023年 | 2024年 | 2025年 | 2026年 |
| 资产 | | | | | | | |
| 现金 | 80 | 63 | 63 | 80 | 120 | 181 | 303 |
| 应收账款 | 320 | 352 | 387 | 426 | 468 | 515 | 546 |
| 存货 | 400 | 440 | 484 | 532 | 586 | 644 | 683 |
| 流动资产合计 | 800 | 855 | 934 | 1 038 | 1 174 | 1 340 | 1 532 |
| 固定资产净值 | 1 600 | 1 760 | 1 936 | 2 130 | 2 342 | 2 577 | 2 732 |
| 资产总计 | 2 400 | 2 615 | 2 870 | 3 168 | 3 516 | 3 917 | 4 264 |
| 负债和股东权益 | | | | | | | |
| 应付账款 | 400 | 440 | 484 | 532 | 586 | 644 | 683 |
| 长期负债 | 800 | 800 | 800 | 800 | 800 | 800 | 800 |
| 股本 | 1 100 | 1 100 | 1 100 | 1 100 | 1 100 | 1 100 | 1 100 |
| 累计留存收益 | 100 | 275 | 486 | 736 | 1 030 | 1 373 | 1 681 |
| 合计 | 2 400 | 2 615 | 2 870 | 3 168 | 3 516 | 3 917 | 4 264 |
| 外部资金需要量 | | | | | | | |
| 付息债务÷股东权益 | 66.67% | 58.18% | 50.44% | 43.57% | 37.56% | 32.35% | 28.77% |

表10-22　**XYZ公司预计现金流量表**　单位：万元

| 年份 | 2021年 | 2022年 | 2023年 | 2024年 | 2025年 | 2026年 |
|---|---|---|---|---|---|---|
| 经营活动现金流量 | | | | | | |
| 净利润 | 292 | 351 | 417 | 490 | 572 | 616 |
| 折旧与摊销 | 330 | 363 | 399 | 439 | 483 | 531 |
| 财务费用 | 80 | 80 | 80 | 80 | 80 | 80 |
| 应收账款（增加）减少 | -32 | -35 | -39 | -42 | -47 | -31 |
| 存货（增加）减少 | -40 | -44 | -48 | -54 | -58 | -39 |
| 应付账款增加（减少） | 40 | 44 | 48 | 54 | 58 | 39 |
| 经营活动现金净流量 | 670 | 759 | 857 | 967 | 1088 | 1196 |
| 投资活动现金流量 | | | | | | |
| 固定资产支出 | -160 | -176 | -194 | -212 | -235 | -155 |
| 固定资产更新支出 | -330 | -363 | -399 | -439 | -483 | -531 |
| 投资活动现金净流量 | -490 | -539 | -593 | -651 | -718 | -686 |
| 筹资活动现金流量 | | | | | | |
| 长期借款增加 | 0 | 0 | 0 | 0 | 0 | 0 |
| 支付股利 | -117 | -140 | -167 | -196 | -229 | -308 |
| 财务费用 | -80 | -80 | -80 | -80 | -80 | -80 |
| 筹资活动现金净流量 | -197 | -220 | -247 | -276 | -309 | -388 |
| 现金净流量 | -17 | 0 | 17 | 40 | 61 | 122 |
| 期初现金流量 | 80 | 63 | 63 | 80 | 120 | 181 |
| 期末现金流量 | 63 | 63 | 80 | 120 | 181 | 303 |
| 核对 | -17 | 0 | 17 | 40 | 61 | 122 |

表10-23　**XYZ公司预计经营性营运资本**　单位：万元

| 年份 | 2020年 | 2021年 | 2022年 | 2023年 | 2024年 | 2025年 | 2026年 |
|---|---|---|---|---|---|---|---|
| 流动资产 | 800 | 855 | 934 | 1 038 | 1 174 | 1 340 | 1 532 |
| 减：现金 | 80 | 63 | 63 | 80 | 120 | 181 | 303 |
| 非现金流动资产 | 720 | 792 | 871 | 958 | 1 054 | 1 159 | 1 229 |
| 流动负债 | 400 | 440 | 484 | 532 | 586 | 644 | 683 |
| 减：短期借款等 | 0 | 0 | 0 | 0 | 0 | 0 | 0 |
| 非融资性流动负债 | 400 | 440 | 484 | 532 | 586 | 644 | 683 |
| 经营性营运资本 | 320 | 352 | 387 | 426 | 468 | 515 | 546 |
| 经营性营运资本增量 | | 32 | 35 | 39 | 42 | 47 | 31 |

表10-24　　XYZ公司预计股权自由现金流量　　单位：万元

| 年份 | 2021年 | 2022年 | 2023年 | 2024年 | 2025年 | 2026年 |
|---|---|---|---|---|---|---|
| 净利润 | 292 | 351 | 417 | 490 | 572 | 616 |
| 加：折旧与摊销 | 330 | 363 | 399 | 439 | 483 | 531 |
| 减：经营性营运资本增量 | 32 | 35 | 39 | 42 | 47 | 31 |
| 减：现金净支出 | -17 | 0 | 17 | 40 | 61 | 122 |
| 减：追加资本支出 | 490 | 539 | 593 | 651 | 718 | 686 |
| 加：债务净增加额 | 0 | 0 | 0 | 0 | 0 | 0 |
| 股权自由现金流量 | 117 | 140 | 167 | 196 | 229 | 308 |

表10-25　　XYZ公司预计债权人现金流量　　单位：万元

| 年份 | 2021年 | 2022年 | 2023年 | 2024年 | 2025年 | 2026年 |
|---|---|---|---|---|---|---|
| 税后利息费用 | 60 | 60 | 60 | 60 | 60 | 60 |
| 减：短期借款增加 | 0 | 0 | 0 | 0 | 0 | 0 |
| 减：长期借款增加 | 0 | 0 | 0 | 0 | 0 | 0 |
| 债权人现金流量 | 60 | 60 | 60 | 60 | 60 | 60 |

表10-26　　XYZ公司预计公司自由现金流量　　单位：万元

| 指标 | 2021年 | 2022年 | 2023年 | 2024年 | 2025年 | 2026年 |
|---|---|---|---|---|---|---|
| 净利润 | 292 | 351 | 417 | 490 | 572 | 616 |
| 加：税后利息 | 60 | 60 | 60 | 60 | 60 | 60 |
| 税后净经营利润 | 352 | 411 | 477 | 550 | 632 | 676 |
| 加：折旧与摊销 | 330 | 363 | 399 | 439 | 483 | 531 |
| 减：经营性营运资本增量 | 32 | 35 | 39 | 42 | 47 | 31 |
| 减：现金净支出 | -17 | 0 | 17 | 40 | 61 | 122 |
| 减：追加资本支出 | 490 | 539 | 593 | 651 | 718 | 686 |
| 公司自由现金流量 | 177 | 200 | 227 | 256 | 289 | 368 |

（2）将现金和现金等价物看作经营性流动资产，预测经营性营运资本见表10-27，据此预测的公司自由现金流量见表10-28。

表10-27　　XYZ公司预计经营性营运资本　　单位：万元

| 年份 | 2020年 | 2021年 | 2022年 | 2023年 | 2024年 | 2025年 | 2026年 |
|---|---|---|---|---|---|---|---|
| 经营性流动资产 | 800 | 855 | 934 | 1 038 | 1 174 | 1 340 | 1 532 |
| 非融资性流动负债 | 400 | 440 | 484 | 532 | 586 | 644 | 683 |
| 经营性营运资本 | 400 | 415 | 450 | 506 | 588 | 696 | 849 |
| 经营性营运资本增加 |  | 15 | 35 | 56 | 82 | 108 | 153 |

表 10-28　**XYZ公司预计公司自由现金流量**　单位：万元

| 年份 | 2021年 | 2022年 | 2023年 | 2024年 | 2025年 | 2026年 |
|---|---|---|---|---|---|---|
| 净利润 | 292 | 351 | 417 | 490 | 572 | 616 |
| 加：税后利息 | 60 | 60 | 60 | 60 | 60 | 60 |
| 税后净经营利润 | 352 | 411 | 477 | 550 | 632 | 676 |
| 加：折旧与摊销 | 330 | 363 | 399 | 439 | 483 | 531 |
| 减：经营性营运资本增量 | 15 | 35 | 56 | 82 | 108 | 153 |
| 减：追加资本支出 | 490 | 539 | 593 | 651 | 718 | 686 |
| 公司自由现金流量 | 177 | 200 | 227 | 256 | 289 | 368 |

（3）股利支付率前5年从66.67%下降到40%，第6年后长期为50%，由于留存收益比率增加，使付息债务与股东权益比率逐年降低，从66.67%下降到28.77%。

计算分析题5

6.

（1）编制预计利润表、预计资产负债表、预计现金流量表。

为说明报表建模过程，先预测2021年年末的资产负债表和2021年度的利润表，分别见表10-29和表10-30。

表 10-29　**资产负债表模型**

| | B | C | D | E |
|---|---|---|---|---|
| 7 | 年 份 | 基期 | 2021年 | |
| 8 | 资产负债表预测假设： | | | |
| 9 | 销售收入 | 500 | 560 | ←=C9*（1+D49） |
| 10 | 货币资金/销售收入 | 1.0% | 1.0% | |
| 11 | 应收账款/销售收入 | 20.0% | 20.0% | |
| 12 | 存货/销售收入 | 15.0% | 15.0% | |
| 13 | 其他应收款/销售收入 | 4.0% | 4.0% | |
| 14 | 应付账款/销售收入 | 8.0% | 8.0% | |
| 15 | 其他应付款/销售收入 | 2.0% | 2.0% | |
| 16 | 固定资产净值/销售收入 | 50.0% | 50.0% | |
| 17 | 短期借款/投入资本 | 20.0% | 20.0% | |
| 18 | 长期借款/投入资本 | 10.0% | 10.0% | |
| 19 | 资产负债表项目（亿元）： | | | |
| 20 | 货币资金 | 5.00 | 5.60 | ←=D9*D10 |
| 21 | 应收账款 | 100.00 | 112.00 | ←=D9*D11 |
| 22 | 存货 | 75.00 | 84.00 | ←=D9*D12 |
| 23 | 其他应收款 | 20.00 | 22.40 | ←=D9*D13 |
| 24 | 减：应付账款 | 40.00 | 44.80 | ←=D9*D14 |

续表

| | B | C | D | E |
|---|---|---|---|---|
| 25 | 减：其他应付款 | 10.00 | 11.20 | ←=D9*D15 |
| 26 | 经营性营运资本 | 150.00 | 168.00 | ←=SUM（D20：D23）-SUM（D24：D25） |
| 27 | 固定资产原值 | 350.00 | 413.60 | ←=D29+D30 |
| 28 | （提取折旧） | 30.00 | 33.60 | ←=D62 |
| 29 | 累计折旧 | 100.00 | 133.60 | ←=C29+D28 |
| 30 | 固定资产净值 | 250.00 | 280.00 | ←=D9*D16 |
| 31 | 投入资本总计 | 400.00 | 448.00 | ←=D26+D30 |
| 32 | 短期借款 | 80.00 | 89.60 | ←=D31*D17 |
| 33 | 长期借款 | 40.00 | 44.80 | ←=D31*D18 |
| 34 | 有息负债合计 | 120.00 | 134.40 | ←=D32+D33 |
| 35 | 股本 | 200.00 | 200.00 | ←=C35 |
| 36 | 年初未分配利润 | 20.00 | 32.18 | ←=C39 |
| 37 | 本年净利润 | 40.88 | 45.79 | ←=D72 |
| 38 | 本年股利 | 28.70 | 12.19 | ←=D37-（D40-C40） |
| 39 | 年末未分配利润 | 32.18 | 65.78 | ←=D76 |
| 40 | 股东权益合计 | 280.00 | 313.60 | ←=D31-D34 |
| 41 | 有息负债及股东权益 | 400.00 | 448.00 | ←=D34+D40 |

表10-30　**利润表模型**

| | B | C | D | E |
|---|---|---|---|---|
| 47 | 年 份 | 基期 | 2021年 | |
| 48 | 利润表预测假设： | | | |
| 49 | 销售增长率 | 12.00% | 12.00% | |
| 50 | 销售成本率 | 72.80% | 72.80% | |
| 51 | 销售和管理费用/销售收入 | 8.00% | 8.00% | |
| 52 | 折旧/销售收入 | 6.00% | 6.00% | |
| 53 | 短期债务利率 | 6.00% | 6.00% | |
| 54 | 长期债务利率 | 7.00% | 7.00% | |
| 55 | 平均所得税税率 | 30.00% | 30.00% | |
| 56 | 利润表项目（亿元）： | | | |
| 57 | 主营业务收入 | 500.00 | 560.00 | ←=C57*（1+D49） |
| 58 | 减：主营业务成本 | 364.00 | 407.68 | ←=D57*D50 |
| 59 | 主营业务利润 | 136.00 | 152.32 | ←=D57-D58 |
| 60 | 加：其他业务利润 | 0.00 | 0.00 | ←=C60 |
| 61 | 减：销售和管理费用 | 40.00 | 44.80 | ←=D57*D51 |
| 62 | 折旧费 | 30.00 | 33.60 | ←=D57*D52 |

续表

| | B | C | D | E |
|---|---|---|---|---|
| 63 | 减：短期借款利息 | 4.80 | 5.38 | ←=D32*D53 |
| 64 | 长期借款利息 | 2.80 | 3.14 | ←=D33*D54 |
| 65 | 财务费用合计 | 7.60 | 8.51 | ←=D63+D64 |
| 66 | 营业利润 | 58.40 | 65.41 | ←=D59-D61-D62-D65 |
| 67 | 加：投资收益 | 0.00 | 0.00 | ←=C67 |
| 68 | 营业外收入 | 0.00 | 0.00 | ←=C68 |
| 69 | 减：营业外支出 | 0.00 | 0.00 | ←=C69 |
| 70 | 利润总额 | 58.40 | 65.41 | ←=D66+D67+D68-D69 |
| 71 | 减：所得税 | 17.52 | 19.62 | ←=D70*D55 |
| 72 | 净利润 | 40.88 | 45.79 | ←=D70-D71 |
| 73 | 加：年初未分配利润 | 20.00 | 32.18 | ←=D36 |
| 74 | 可供分配的利润 | 60.88 | 77.97 | ←=D72+D73 |
| 75 | 减：应付普通股股利 | 28.70 | 12.19 | ←=D38 |
| 76 | 未分配利润 | 32.18 | 65.78 | ←=D74-D75 |

表10-30和表10-31第三列分别列示了资产负债表和利润表2021年的预测数，依此复制出2022年到2026年的报表数据，见表10-31和表10-32。

表10-31　**预计资产负债表**　单位：亿元

| 年份 | 基期 | 2021年 | 2022年 | 2023年 | 2024年 | 2025年 | 2026年 |
|---|---|---|---|---|---|---|---|
| 货币资金 | 5.00 | 5.60 | 6.16 | 6.65 | 7.05 | 7.40 | 7.77 |
| 应收账款 | 100.00 | 112.00 | 123.20 | 133.06 | 141.04 | 148.09 | 155.50 |
| 存货 | 75.00 | 84.00 | 92.40 | 99.79 | 105.78 | 111.07 | 116.62 |
| 其他应收款 | 20.00 | 22.40 | 24.64 | 26.61 | 28.21 | 29.62 | 31.10 |
| 减：应付账款 | 40.00 | 44.80 | 49.28 | 53.22 | 56.42 | 59.24 | 62.20 |
| 其他应付款 | 10.00 | 11.20 | 12.32 | 13.31 | 14.10 | 14.81 | 15.55 |
| 经营性营运资本 | 150.00 | 168.00 | 184.80 | 199.58 | 211.56 | 222.14 | 233.24 |
| 固定资产原值 | 350.00 | 413.60 | 478.56 | 543.12 | 605.39 | 667.44 | 732.60 |
| (折旧提取) | 30.00 | 33.60 | 36.96 | 39.92 | 42.31 | 44.43 | 46.65 |
| 累计折旧 | 100.00 | 133.60 | 170.56 | 210.48 | 252.79 | 297.22 | 343.86 |
| 固定资产净值 | 250.00 | 280.00 | 308.00 | 332.64 | 352.60 | 370.23 | 388.74 |
| 投入资本总计 | 400.00 | 448.00 | 492.80 | 532.22 | 564.16 | 592.37 | 621.98 |
| 短期借款 | 80.00 | 89.60 | 98.56 | 106.44 | 112.83 | 118.47 | 124.40 |
| 长期借款 | 40.00 | 44.80 | 49.28 | 53.22 | 56.42 | 59.24 | 62.20 |
| 有息负债合计 | 120.00 | 134.40 | 147.84 | 159.67 | 169.25 | 177.71 | 186.60 |
| 股本 | 200.00 | 200.00 | 200.00 | 200.00 | 200.00 | 200.00 | 200.00 |
| 年初未分配利润 | 20.00 | 32.18 | 65.78 | 97.14 | 124.74 | 147.09 | 166.84 |
| 本年净利润 | 40.88 | 45.79 | 50.36 | 54.39 | 57.66 | 60.54 | 63.57 |
| 本年股利 | 28.70 | 12.19 | 19.00 | 26.80 | 35.30 | 40.79 | 42.83 |
| 年末未分配利润 | 32.18 | 65.78 | 97.14 | 124.74 | 147.09 | 166.84 | 187.57 |
| 股东权益合计 | 280.00 | 313.60 | 344.96 | 372.56 | 394.91 | 414.66 | 435.39 |
| 有息负债及股东权益 | 400.00 | 448.00 | 492.80 | 532.22 | 564.16 | 592.37 | 621.98 |

表10-32 **预计利润表** 单位：亿元

| 年份 | 基期 | 2021年 | 2022年 | 2023年 | 2024年 | 2025年 | 2026年 |
|---|---|---|---|---|---|---|---|
| 主营业务收入 | 500.00 | 560.00 | 616.00 | 665.28 | 705.20 | 740.46 | 777.48 |
| 减：主营业务成本 | 364.00 | 407.68 | 448.45 | 484.32 | 513.38 | 539.05 | 566.01 |
| 主营业务利润 | 136.00 | 152.32 | 167.55 | 180.96 | 191.81 | 201.40 | 211.47 |
| 加：其他业务利润 | 0.00 | 0.00 | 0.00 | 0.00 | 0.00 | 0.00 | 0.00 |
| 减：销售和管理费用 | 40.00 | 44.80 | 49.28 | 53.22 | 56.42 | 59.24 | 62.20 |
| 折旧费 | 30.00 | 33.60 | 36.96 | 39.92 | 42.31 | 44.43 | 46.65 |
| 短期借款利息 | 4.80 | 5.38 | 5.91 | 6.39 | 6.77 | 7.11 | 7.46 |
| 长期借款利息 | 2.80 | 3.14 | 3.45 | 3.73 | 3.95 | 4.15 | 4.35 |
| 财务费用合计 | 7.60 | 8.51 | 9.36 | 10.11 | 10.72 | 11.25 | 11.82 |
| 营业利润 | 58.40 | 65.41 | 71.95 | 77.70 | 82.37 | 86.49 | 90.81 |
| 加：投资收益 | 0.00 | 0.00 | 0.00 | 0.00 | 0.00 | 0.00 | 0.00 |
| 营业外收入 | 0.00 | 0.00 | 0.00 | 0.00 | 0.00 | 0.00 | 0.00 |
| 减：营业外支出 | 0.00 | 0.00 | 0.00 | 0.00 | 0.00 | 0.00 | 0.00 |
| 利润总额 | 58.40 | 65.41 | 71.95 | 77.70 | 82.37 | 86.49 | 90.81 |
| 减：所得税 | 17.52 | 19.62 | 21.58 | 23.31 | 24.71 | 25.95 | 27.24 |
| 净利润 | 40.88 | 45.79 | 50.36 | 54.39 | 57.66 | 60.54 | 63.57 |
| 加：年初未分配利润 | 20.00 | 32.18 | 65.78 | 97.14 | 124.74 | 147.09 | 166.84 |
| 可供分配的利润 | 60.88 | 77.97 | 116.14 | 151.53 | 182.39 | 207.63 | 230.40 |
| 减：应付普通股股利 | 28.70 | 12.19 | 19.00 | 26.80 | 35.30 | 40.79 | 42.83 |
| 未分配利润 | 32.18 | 65.78 | 97.14 | 124.74 | 147.09 | 166.84 | 187.57 |

根据预计资产负债表和预计的利润表计算预计2021年现金流量表，见表10-33；然后复制到2022年到2026年的预计现金流量表，见表10-34。

表10-33 **现金流量表模型** 单位：亿元

| | B | C | D |
|---|---|---|---|
| 81 | 年 份 | 2021年 | |
| 82 | 经营活动现金流量 | | |
| 83 | 净利润 | 45.79 | ←=D72 |
| 84 | 折旧与摊销 | 33.60 | ←=D28 |
| 85 | 财务费用 | 8.51 | ←=D65 |
| 86 | 应收账款（增加）减少 | -12.00 | ←=C21-D21 |
| 87 | 存货（增加）减少 | -9.00 | ←=C22-D22 |
| 88 | 其他流动资产（增加）减少 | -2.40 | ←=C23-D23 |
| 89 | 应付账款增加（减少） | 4.80 | ←=D24-C24 |
| 90 | 其他流动负债增加（减少） | 1.20 | ←=D25-C25 |
| 91 | 经营活动现金净流量 | 70.50 | ←=SUM（C83：C90） |

续表

| | B | C | D |
|---|---|---|---|
| 92 | 投资活动现金流量 | | |
| 93 | 固定资产净值增加 | -30.00 | ←=C30-D30 |
| 94 | 固定资产支出（折旧） | -33.60 | ←=-C84 |
| 95 | 投资活动现金净流量 | -63.60 | ←=SUM（C93：C94） |
| 96 | 筹资活动现金流量 | | |
| 97 | 短期借款增加 | 9.60 | ←=D32-C32 |
| 98 | 长期借款增加 | 4.80 | ←=D33-C33 |
| 99 | 财务费用 | -8.51 | ←=-C85 |
| 100 | 支付股利 | -12.19 | ←=-D38 |
| 101 | 筹资活动现金净流量 | -6.30 | ←=SUM（C97：C100） |
| 102 | 现金净流量 | 0.60 | ←=C91+C95+C101 |
| 103 | 核对（资产负债表） | 0.60 | ←=D20-C20 |

表 10-34 **预计现金流量表** 单位：亿元

| 年 份 | 2021年 | 2022年 | 2023年 | 2024年 | 2025年 | 2026年 |
|---|---|---|---|---|---|---|
| 经营活动现金流量 | | | | | | |
| 净利润 | 45.79 | 50.36 | 54.39 | 57.66 | 60.54 | 63.57 |
| 折旧与摊销 | 33.60 | 36.96 | 39.92 | 42.31 | 44.43 | 46.65 |
| 财务费用 | 8.51 | 9.36 | 10.11 | 10.72 | 11.25 | 11.82 |
| 应收账款（增加）减少 | -12.00 | -11.20 | -9.86 | -7.98 | -7.05 | -7.40 |
| 存货（增加）减少 | -9.00 | -8.40 | -7.39 | -5.99 | -5.29 | -5.55 |
| 其他流动资产（增加）减少 | -2.40 | -2.24 | -1.97 | -1.60 | -1.41 | -1.48 |
| 应付账款增加（减少） | 4.80 | 4.48 | 3.94 | 3.19 | 2.82 | 2.96 |
| 其他流动负债增加（减少） | 1.20 | 1.12 | 0.99 | 0.80 | 0.71 | 0.74 |
| 经营活动现金净流量 | 70.50 | 80.45 | 90.13 | 99.11 | 106.00 | 111.30 |
| 投资活动现金流量 | | | | | | |
| 固定资产净值增加 | -30.00 | -28.00 | -24.64 | -19.96 | -17.63 | -18.51 |
| 固定资产支出（折旧） | -33.60 | -36.96 | -39.92 | -42.31 | -44.43 | -46.65 |
| 投资活动现金净流量 | -63.60 | -64.96 | -64.56 | -62.27 | -62.06 | -65.16 |
| 筹资活动现金流量 | | | | | | |
| 短期借款增加 | 9.60 | 8.96 | 7.88 | 6.39 | 5.64 | 5.92 |
| 长期借款增加 | 4.80 | 4.48 | 3.94 | 3.19 | 2.82 | 2.96 |
| 财务费用 | -8.51 | -9.36 | -10.11 | -10.72 | -11.25 | -11.82 |
| 支付股利 | -12.19 | -19.00 | -26.80 | -35.30 | -40.79 | -42.83 |
| 筹资活动现金净流量 | -6.30 | -14.93 | -25.08 | -36.44 | -43.59 | -45.77 |
| 现金净流量 | 0.60 | 0.56 | 0.49 | 0.40 | 0.35 | 0.37 |
| 核对（资产负债表） | 0.60 | 0.56 | 0.49 | 0.40 | 0.35 | 0.37 |

（2）预测股权自由现金流量、债权人现金流量和公司自由现金流量，分别见表10-35、表10-36和表10-37。

表10-35　**股权自由现金流量**　单位：亿元

| 年份 | 2021年 | 2022年 | 2023年 | 2024年 | 2025年 | 2026年 |
|---|---|---|---|---|---|---|
| 净利润 | 45.79 | 50.36 | 54.39 | 57.66 | 60.54 | 63.57 |
| 加：折旧与摊销 | 33.60 | 36.96 | 39.92 | 42.31 | 44.43 | 46.65 |
| 减：经营性营运资本增加额 | 18.00 | 16.80 | 14.78 | 11.98 | 10.58 | 11.11 |
| 减：资本支出 | 63.60 | 64.96 | 64.56 | 62.27 | 62.06 | 65.16 |
| 加：付息债务增加额 | 14.40 | 13.44 | 11.83 | 9.58 | 8.46 | 8.89 |
| 股权自由现金流量（FCFE） | 12.19 | 19.00 | 26.80 | 35.30 | 40.79 | 42.83 |

表中经营性营运资本增加额是指资产负债表中经营性营运资本前后两年的差额；资本支出和付息债务增加额根据现金流量表相关项目填列。

表10-36　**债权人现金流量**　单位：亿元

| 年份 | 2021年 | 2022年 | 2023年 | 2024年 | 2025年 | 2026年 |
|---|---|---|---|---|---|---|
| 利息费用 | 8.51 | 9.36 | 10.11 | 10.72 | 11.25 | 11.82 |
| 减：利息减税 | 2.55 | 2.81 | 3.03 | 3.22 | 3.38 | 3.55 |
| 税后利息费用 | 5.96 | 6.55 | 7.08 | 7.50 | 7.88 | 8.27 |
| 减：短期借款增加 | 9.60 | 8.96 | 7.88 | 6.39 | 5.64 | 5.92 |
| 长期借款增加 | 4.80 | 4.48 | 3.94 | 3.19 | 2.82 | 2.96 |
| 债权人现金流量 | -8.44 | -6.89 | -4.75 | -2.08 | -0.58 | -0.61 |

表10-37　**公司自由现金流量及公司价值**　金额单位：亿元

| 项目 | 基期 | 2021年 | 2022年 | 2023年 | 2024年 | 2025年 | 2026年 |
|---|---|---|---|---|---|---|---|
| 净利润 | | 45.79 | 50.36 | 54.39 | 57.66 | 60.54 | 63.57 |
| 加：利息×（1-所得税税率） | | 5.96 | 6.55 | 7.08 | 7.50 | 7.88 | 8.27 |
| 加：折旧与摊销 | | 33.60 | 36.96 | 39.92 | 42.31 | 44.43 | 46.65 |
| 减：经营性营运资本增加额 | | 18.00 | 16.80 | 14.78 | 11.98 | 10.58 | 11.11 |
| 减：资本支出 | | 63.60 | 64.96 | 64.56 | 62.27 | 62.06 | 65.16 |
| 公司自由现金流量（FCFF） | | 3.74 | 12.12 | 22.05 | 33.23 | 40.21 | 42.22 |
| 加权平均资本成本 | | 12.00% | 12.00% | 12.00% | 12.00% | 12.00% | |
| 预测期现金流量现值 | 72.63 | | | | | | |
| 稳定增长期增长率 | | | | | | 5% | |
| 稳定增长期价值 | 342.25 | | | | | 603.15 | |
| 公司价值 | 414.88 | | | | | | |
| 减：付息债务 | 120.00 | | | | | | |
| 股权价值 | 294.88 | | | | | | |

（3）假设在预测期公司加权平均资本成本为12%，预测公司价值和股权价值见表10-37下半部分。假设公司流通在外的普通股股数为30亿股，每股价格为9.83

元（294.88÷30）。

（4）计算市盈率、公司价值乘数、销售收入乘数、市净率乘数，见表10-38。

表10-38 **股票估值乘数预测** 金额单位：亿元

| 项目 | 2021年 | 2022年 | 2023年 | 2024年 | 2025年 | 2026年 |
|---|---|---|---|---|---|---|
| 销售收入 | 560.00 | 616.00 | 665.28 | 705.20 | 740.46 | 777.48 |
| EBIT | 73.92 | 81.31 | 87.82 | 93.09 | 97.74 | 102.63 |
| EBITDA | 107.52 | 118.27 | 127.73 | 135.40 | 142.17 | 149.28 |
| 付息债务 | 134.40 | 147.84 | 159.67 | 169.25 | 177.71 | 186.60 |
| 股东权益（账面） | 313.60 | 344.96 | 372.56 | 394.91 | 414.66 | 435.39 |
| 股东权益（市价） | 375.00 | | | | | |
| 现金及现金等价物 | 5.60 | 6.16 | 6.65 | 7.05 | 7.40 | 7.77 |
| 公司价值（EV） | 503.80 | 141.68 | 153.01 | 162.20 | 170.31 | 178.82 |
| 净利润 | 45.79 | 50.36 | 54.39 | 57.66 | 60.54 | 63.57 |
| 每股收益 | 1.53 | 1.68 | 1.81 | 1.92 | 2.02 | 2.12 |
| P/E | 8.19 | 7.45 | 6.89 | 6.50 | 6.19 | 5.90 |
| EV/EBITDA | 4.69 | 1.20 | 1.20 | 1.20 | 1.20 | 1.20 |
| EV/EBIT | 6.82 | 1.74 | 1.74 | 1.74 | 1.74 | 1.74 |
| P/S | 0.67 | 0.61 | 0.56 | 0.53 | 0.51 | 0.48 |
| P/B | 1.20 | 1.09 | 1.01 | 0.95 | 0.90 | 0.86 |

表10-38中ESP公司股票当前市场价格为12.5元/股，市场价值为375亿元（30×12.5），市盈率为8.19倍；根据2021年的EBITDA，计算的股票价格为16.81元（4.69×107.52÷30）；根据2021年的EBIT，计算的股票价格为16.80元（6.82×73.92÷30）；由于P/E、P/S和P/B都是根据当前市场价格计算的，因此，按这三个乘数计算的股票价格等于当前市场价格。

（5）根据题意，股权资本成本和加权平均资本成本计算见表10-39。

表10-39 **预期资本成本**

| 年份 | 2021年 | 2022年 | 2023年 | 2024年 | 2025年 | 2026年 |
|---|---|---|---|---|---|---|
| 高速增长期 | | | | | | |
| 股权资本成本 | | | | | | |
| 无风险利率 | 5% | 5% | 5% | 5% | 5% | 5% |
| β系数 | 1.05 | 1.05 | 1.05 | 1.05 | 1.05 | 1.00 |
| 风险溢价 | 7% | 7% | 7% | 7% | 7% | 6% |
| 股权资本成本 | 12.35% | 12.35% | 12.35% | 12.35% | 12.35% | 11.00% |
| 债务资本成本 | | | | | | |
| 短期借款利率 | 6.00% | 6.00% | 6.00% | 6.00% | 6.00% | 6.00% |
| 长期借款利率 | 7.00% | 7.00% | 7.00% | 7.00% | 7.00% | 7.00% |
| 短期借款÷付息债务 | 66.67% | 66.67% | 66.67% | 66.67% | 66.67% | 66.67% |

续表

| 年份 | 2021年 | 2022年 | 2023年 | 2024年 | 2025年 | 2026年 |
| --- | --- | --- | --- | --- | --- | --- |
| 长期借款÷付息债务 | 33.33% | 33.33% | 33.33% | 33.33% | 33.33% | 33.33% |
| 借款平均利率 | 6.33% | 6.33% | 6.33% | 6.33% | 6.33% | 6.33% |
| 税后债务成本 | 4.43% | 4.43% | 4.43% | 4.43% | 4.43% | 4.43% |
| 付息债务÷投入资本 | 30.00% | 30.00% | 30.00% | 30.00% | 30.00% | 30.00% |
| 股东权益÷投入资本 | 70.00% | 70.00% | 70.00% | 70.00% | 70.00% | 70.00% |
| 加权平均资本成本 | 9.98% | 9.98% | 9.98% | 9.98% | 9.98% | 9.03% |

根据资本成本和现金流量计算股权价值，分别见表10-40、表10-41、表10-42。

表10-40 **股权自由现金流量与股权价值** 金额单位：亿元

| 年份 | 基期 | 2021年 | 2022年 | 2023年 | 2024年 | 2025年 | 2026年 |
| --- | --- | --- | --- | --- | --- | --- | --- |
| 净利润 | | 45.79 | 50.36 | 54.39 | 57.66 | 60.54 | 63.57 |
| 加：折旧与摊销 | | 33.60 | 36.96 | 39.92 | 42.31 | 44.43 | 46.65 |
| 减：经营性营运资本增加额 | | 18.00 | 16.80 | 14.78 | 11.98 | 10.58 | 11.11 |
| 减：资本支出 | | 63.60 | 64.96 | 64.56 | 62.27 | 62.06 | 65.16 |
| 加：付息债务增加额 | | 14.40 | 13.44 | 11.83 | 9.58 | 8.46 | 8.89 |
| 股权自由现金流量（FCFE） | | 12.19 | 19.00 | 26.80 | 35.30 | 40.79 | 42.83 |
| 稳定增长期价值（第5年年末） | | | | | | 713.90 | |
| 股权自由现金流量 | | 12.19 | 19.00 | 26.80 | 35.30 | 754.69 | |
| 股权价值 | 488.56 | | | | | | |
| 股数（亿股） | 30.00 | | | | | | |
| 每股价值（元） | 16.29 | | | | | | |

表10-41 **公司自由现金流量与价值** 金额单位：亿元

| 年份 | 基期 | 2021年 | 2022年 | 2023年 | 2024年 | 2025年 | 2026年 |
| --- | --- | --- | --- | --- | --- | --- | --- |
| 净利润 | | 45.79 | 50.36 | 54.39 | 57.66 | 60.54 | 63.57 |
| 加：利息×（1-所得税税率） | | 5.96 | 6.55 | 7.08 | 7.50 | 7.88 | 8.27 |
| 加：折旧与摊销 | | 33.60 | 36.96 | 39.92 | 42.31 | 44.43 | 46.65 |
| 减：经营性营运资本增加额 | | 18.00 | 16.80 | 14.78 | 11.98 | 10.58 | 11.11 |
| 减：资本支出 | | 63.60 | 64.96 | 64.56 | 62.27 | 62.06 | 65.16 |
| 公司自由现金流量（FCFF） | | 3.74 | 12.12 | 22.05 | 33.23 | 40.21 | 42.22 |
| 稳定增长期价值（第5年年末） | | | | | | 1 047.66 | |

续表

| 年份 | 基期 | 2021年 | 2022年 | 2023年 | 2024年 | 2025年 | 2026年 |
|---|---|---|---|---|---|---|---|
| 公司自由现金流量（FCFF） | | 3.74 | 12.12 | 22.05 | 33.23 | 1 087.87 | |
| 公司价值 | 728.97 | | | | | | |
| 付息债务价值 | 120.00 | | | | | | |
| 股权价值 | 608.97 | | | | | | |
| 股数（亿股） | 30.00 | | | | | | |
| 每股价值（元） | 20.30 | | | | | | |

表10-42 **股利现金流量及价值**

| 年份 | 基期 | 2021年 | 2022年 | 2023年 | 2024年 | 2025年 | 2026年 |
|---|---|---|---|---|---|---|---|
| 股利（亿元） | | 12.19 | 19.00 | 26.80 | 35.30 | 40.79 | 42.83 |
| 普通股股数（亿股） | | 30.00 | 30.00 | 30.00 | 30.00 | 30.00 | 30.00 |
| 每股股利（元） | | 0.41 | 0.63 | 0.89 | 1.18 | 1.36 | 1.43 |
| 稳定增长期股利价值（元） | | | | | | 23.80 | |
| 股利现金流量（元） | | 0.41 | 0.63 | 0.89 | 1.18 | 25.16 | |
| 股利现值（元） | 16.29 | | | | | | |

综合上述计算结果可以发现，按股权自由现金流量和股权现金流量计算的每股价值均为16.29元，按公司自由现金流量计算的每股价值为20.30元。发生差异的原因在于，税后债务成本明显低于股权资本成本，从而降低了加权平均资本成本，增加了按公司自由现金流量计算的公司价值。

计算分析题6

在（3）的计算中，按公司自由现金流量计算的股权每股价值为9.83元，在（5）中计算的每股价值为20.30元，差别较为明显，其原因在于（5）中加权平均资本成本明显低于（3）中的加权平均资本成本。这表明公司价值对资本成本的敏感性较强。

7.（1）FAS公司的财务预测期为2021—2026年，预计利润表、预计资产负债表、预计现金流量表分别见表10-43、表10-44、表10-45；经营性营运资本、付息债务比率、资本成本预测分别见表10-46、表10-47、表10-48。

表10-43 **FAS公司预计利润表** 单位：万元

| 年份 | 实际 | 预测 | | | | | |
|---|---|---|---|---|---|---|---|
| | 2020年 | 2021年 | 2022年 | 2023年 | 2024年 | 2025年 | 2026年 |
| 营业收入 | 31 836 | 34 701 | 37 477 | 40 100 | 42 907 | 45 481 | 47 300 |
| 营业成本 | 14 581 | 15 893 | 17 164 | 18 366 | 19 651 | 20 830 | 21 663 |
| 毛利 | 17 255 | 18 808 | 20 313 | 21 734 | 23 256 | 24 651 | 25 637 |
| 销售与管理费用 | 11 206 | 10 410 | 11 243 | 12 030 | 12 872 | 13 644 | 14 190 |

续表

| 年份 | 实际 | 预测 | | | | | |
|---|---|---|---|---|---|---|---|
| | 2020年 | 2021年 | 2022年 | 2023年 | 2024年 | 2025年 | 2026年 |
| 其中：折旧 | 1 673 | 1 831 | 1 986 | 2 135 | 2 284 | 2 432 | 2 553 |
| 其他经营费用 | 141 | 174 | 187 | 201 | 215 | 227 | 237 |
| 非经常性经营损失 | 0 | 0 | 0 | 0 | 0 | 0 | 0 |
| 经营利润 | 5 908 | 8 224 | 8 883 | 9 503 | 10 169 | 10 780 | 11 210 |
| 利息收入 | 91 | 99 | 100 | 102 | 103 | 104 | 103 |
| 利息费用 | 204 | 224 | 243 | 248 | 252 | 254 | 251 |
| 其他收益或利得 | 411 | 416 | 450 | 481 | 515 | 546 | 568 |
| 税前利润 | 6 206 | 8 515 | 9 190 | 9 838 | 10 535 | 11 176 | 11 630 |
| 所得税 | 1 552 | 2 129 | 2 298 | 2 460 | 2 634 | 2 794 | 2 908 |
| 非持续经营收益 | 0 | 0 | 0 | 0 | 0 | 0 | 0 |
| 净利润 | 4 654 | 6 386 | 6 892 | 7 378 | 7 901 | 8 382 | 8 722 |
| 股利 | 2 094 | 4 862 | 8 572 | 6 147 | 9 770 | 7 483 | 11 365 |
| 留存收益 | 2 560 | 1 524 | −1 680 | 1 231 | −1 869 | 899 | −2 643 |

表10-44　　**FAS公司预计资产负债表**　　单位：万元

| 年份 | 实际 | 预测 | | | | | |
|---|---|---|---|---|---|---|---|
| | 2020年 | 2021年 | 2022年 | 2023年 | 2024年 | 2025年 | 2026年 |
| 资产 | | | | | | | |
| 现金 | 1 337 | 1 515 | 1 565 | 1 731 | 1 796 | 1 942 | 1 946 |
| 交易性金融资产 | 2 382 | 2 548 | 2 433 | 2 646 | 2 516 | 2 692 | 2 452 |
| 应收账款 | 3 281 | 5 275 | 3 966 | 5 922 | 4 658 | 6 556 | 5 107 |
| 存货 | 1 664 | 1 829 | 1 943 | 2 093 | 2 226 | 2 352 | 2 409 |
| 其他流动资产 | 596 | 637 | 608 | 662 | 629 | 673 | 613 |
| 流动资产合计 | 9 260 | 11 804 | 10 515 | 13 054 | 11 825 | 14 215 | 12 527 |
| 长期债券投资 | 3 573 | 3 822 | 3 649 | 3 969 | 3 774 | 4 038 | 3 677 |
| 固定资产原值 | 17 522 | 19 099 | 20 627 | 22 071 | 23 616 | 25 033 | 26 034 |
| 减：累计折旧 | 9 454 | 11 285 | 13 271 | 15 406 | 17 690 | 20 122 | 22 675 |
| 固定资产净值 | 8 068 | 7 814 | 7 356 | 6 665 | 5 926 | 4 911 | 3 359 |
| 商誉 | 5 268 | 5 584 | 5 919 | 6 274 | 6 650 | 7 049 | 7 472 |
| 其他非流动资产 | 2 693 | 2 828 | 2 969 | 3 117 | 3 273 | 3 437 | 3 609 |
| 非流动资产合计 | 19 602 | 20 048 | 19 893 | 20 025 | 19 623 | 19 435 | 18 117 |
| 资产总计 | 28 862 | 31 852 | 30 408 | 33 079 | 31 448 | 33 650 | 30 644 |
| 负债和股东权益 | | | | | | | |
| 负债 | | | | | | | |
| 应付账款 | 1 895 | 2 024 | 2 208 | 2 321 | 2 524 | 2 612 | 2 730 |

续表

| 年份 | 实际 | 预测 | | | | | |
|---|---|---|---|---|---|---|---|
| | 2020年 | 2021年 | 2022年 | 2023年 | 2024年 | 2025年 | 2026年 |
| 短期借款 | 298 | 637 | 608 | 662 | 629 | 673 | 613 |
| 一年内到期的非流动负债 | 361 | 1 593 | 1 520 | 1 654 | 1 572 | 1 683 | 1 532 |
| 其他流动负债 | 4 506 | 4 459 | 4 257 | 4 631 | 4 403 | 4 711 | 4 290 |
| 流动负债合计 | 7 060 | 8 713 | 8 593 | 9 268 | 9 128 | 9 679 | 9 165 |
| 非流动负债 | 2 680 | 1 911 | 1 824 | 1 985 | 1 887 | 2 019 | 1 839 |
| 递延税款 | 1 191 | 1 274 | 1 216 | 1 323 | 1 258 | 1 346 | 1 226 |
| 其他非流动负债 | 4 460 | 4 861 | 5 250 | 5 618 | 6 011 | 6 372 | 6 627 |
| 非流动负债合计 | 8 331 | 8 046 | 8 290 | 8 926 | 9 156 | 9 737 | 9 692 |
| 负债总计 | 15 391 | 16 759 | 16 883 | 18 194 | 18 284 | 19 416 | 18 857 |
| 普通股 | 5 236 | 5 236 | 5 236 | 5 236 | 5 236 | 5 236 | 5 236 |
| 资本公积 | 650 | 748 | 860 | 989 | 1 137 | 1 308 | 1 504 |
| 累计留存收益 | 7 585 | 9 109 | 7 429 | 8 660 | 6 791 | 7 690 | 5 047 |
| 股东权益合计 | 13 471 | 15 093 | 13 525 | 14 885 | 13 164 | 14 234 | 11 787 |
| 负债和股东权益总计 | 28 862 | 31 852 | 30 408 | 33 079 | 31 448 | 33 650 | 30 644 |

资产负债表中的现金、应收账款、应付账款各年期末值是根据各自的周转天数计算的。以现金为例，假设最低现金需要量按照15天的周转天数计算，则2021年年末现金余额计算如下：

$$现金周转天数=日历天数/现金周转率$$

$$现金周转率=\frac{营业收入}{(期初现金+期末现金)/2}$$

$$现金周转天数=\frac{365\times(期初现金+期末现金)/2}{营业收入}$$

$$15=\frac{营业收入\times 365}{(期初现金+期末现金)/2}$$

$$期末现金余额=\frac{营业收入\times 15}{365}\times 2-期初现金余额$$

$$=\frac{34\,701\times 15}{365}\times 2-1\,337=1\,515(万元)$$

其他各年现金余额计算方法依此类推。

应收账款各年期末余额按周转天数45天计算；应付账款各年期末余额按周转天数45天计算。存货各年期末余额按周转率9.1计算，例如，2021年期末存货余额计算如下：

$$存货周转率=\frac{营业成本}{存货平均余额}=9.1$$

$$营业成本=存货平均余额\times 9.1$$

$$营业成本=\frac{存货期初余额+存货期末余额}{2}\times 9.1$$

$$存货期末余额=\frac{营业成本\times 2}{9.1}-存货期初余额$$

$$=\frac{15\,893\times 2}{9.1}-1\,664=1\,829(万元)$$

其他各年期末存货余额计算方法依此类推。

表10-45 **FAS公司预计现金流量债表** 单位：万元

| 年份 | 2021年 | 2022年 | 2023年 | 2024年 | 2025年 | 2026年 |
|---|---|---|---|---|---|---|
| 净利润 | 6 386 | 6 892 | 7 378 | 7 901 | 8 382 | 8 722 |
| 折旧和无形资产摊销 | 1 831 | 1 986 | 2 135 | 2 284 | 2 432 | 2 553 |
| 应收账款（增加）减少 | −1 994 | 1 309 | −1 956 | 1 264 | −1 898 | 1 449 |
| 存货（增加）减少 | −165 | −114 | −150 | −133 | −126 | −57 |
| 其他资产（增加）减少 | −41 | 29 | −54 | 33 | −44 | 60 |
| 应付账款增加（减少） | 129 | 184 | 113 | 203 | 88 | 118 |
| 其他流动负债增加（减少） | −47 | −202 | 374 | −228 | 308 | −421 |
| 递延税款增加（减少） | 83 | −58 | 107 | −65 | 88 | −120 |
| 其他非流动负债增加（减少） | 401 | 389 | 368 | 393 | 361 | 255 |
| 经营活动现金净流量 | 6 583 | 10 415 | 8 315 | 11 652 | 9 591 | 12 559 |
| 固定资产（增加）减少 | −1 577 | −1 528 | −1 444 | −1 545 | −1 417 | −1 001 |
| 交易性金融资产（增加）减少 | −166 | 115 | −213 | 130 | −176 | 240 |
| 长期债券投资（增加）减少 | −249 | 173 | −320 | 195 | −264 | 361 |
| 商誉（增加）减少 | −316 | −335 | −355 | −376 | −399 | −423 |
| 其他非流动资产（增加）减少 | −135 | −141 | −148 | −156 | −164 | −172 |
| 投资活动现金净流量 | −2 443 | −1 716 | −2 480 | −1 752 | −2 420 | −995 |
| 短期负债增加（减少） | 1 571 | −102 | 188 | −115 | 155 | −211 |
| 非流动负债（增加）减少 | −769 | −87 | 161 | −98 | 132 | −180 |
| 普通股增加（减少） | 0 | 0 | 0 | 0 | 0 | 0 |
| 资本公积增加（减少） | 98 | 112 | 129 | 148 | 171 | 196 |
| 股利 | −4 862 | −8 572 | −6 147 | −9 770 | −7 483 | −11 365 |
| 筹资活动现金净流量 | −3 962 | −8 649 | −5 669 | −9 835 | −7 025 | −11 560 |
| 现金净流量 | 178 | 50 | 166 | 65 | 146 | 4 |

表 10-46　**FAS公司预计经营性营运资本**　单位：万元

| 年份 | 实际 | 预测 | | | | | |
|---|---|---|---|---|---|---|---|
| | 2020年 | 2021年 | 2022年 | 2023年 | 2024年 | 2025年 | 2026年 |
| 流动资产 | 9 260 | 11 804 | 10 515 | 13 054 | 11 825 | 14 215 | 12 527 |
| 减：现金 | 1 337 | 1 515 | 1 565 | 1 731 | 1 796 | 1 942 | 1 946 |
| 交易性金融资产 | 2 382 | 2 548 | 2 433 | 2 646 | 2 516 | 2 692 | 2 452 |
| 非现金经营性流动资产 | 5 541 | 7 741 | 6 517 | 8 677 | 7 513 | 9 581 | 8 129 |
| 流动负债 | 7 060 | 8 713 | 8 593 | 9 268 | 9 128 | 9 679 | 9 165 |
| 减：短期借款 | 298 | 637 | 608 | 662 | 629 | 673 | 613 |
| 一年内到期的长期借款 | 361 | 1 593 | 1 520 | 1 654 | 1 572 | 1 683 | 1 532 |
| 经营性流动负债 | 6 401 | 6 483 | 6 465 | 6 952 | 6 927 | 7 323 | 7 020 |
| 经营性营运资本 | -860 | 1 258 | 52 | 1 725 | 586 | 2 258 | 1 109 |
| 经营性营运资本净增加 | | 2 118 | -1 206 | 1 673 | -1 139 | 1 672 | -1 149 |

表 10-47　**付息债务比率**　金额单位：万元

| 年份 | 实际 | 预测 | | | | | |
|---|---|---|---|---|---|---|---|
| | 2020年 | 2021年 | 2022年 | 2023年 | 2024年 | 2025年 | 2026年 |
| 付息债务 | | | | | | | |
| 短期借款 | 298 | 637 | 608 | 662 | 629 | 673 | 613 |
| 一年内到期的长期借款 | 361 | 1 593 | 1 520 | 1 654 | 1 572 | 1 683 | 1 532 |
| 长期债务 | 2 680 | 1 911 | 1 824 | 1 985 | 1 887 | 2 019 | 1 839 |
| 付息债务 | 3 339 | 4 141 | 3 952 | 4 301 | 4 088 | 4 375 | 3 984 |
| 投入资本* | 16 810 | 19 234 | 17 477 | 19 186 | 17 252 | 18 609 | 15 771 |
| 付息债务/投入资本 | 19.86% | 21.53% | 22.61% | 22.42% | 23.70% | 23.51% | 25.26% |

*投入资本=净资产+少数股东权益+付息债务－超额现金－非经营性资产

表 10-48　**资本成本**

| 年份 | 2021年 | 2022年 | 2023年 | 2024年 | 2025年 | 2026年 |
|---|---|---|---|---|---|---|
| 资本成本 | | | | | | |
| 无风险利率 | 4.00% | 4.00% | 4.00% | 4.00% | 4.00% | 4.00% |
| β系数 | | 0.85 | 0.85 | 0.85 | 0.85 | 0.80 |
| 风险溢价 | 6.50% | 6.50% | 6.50% | 6.50% | 6.50% | 6.00% |
| 股权资本成本 | 9.53% | 9.53% | 9.53% | 9.53% | 9.53% | 8.80% |
| 所得税率 | 25.00% | 25.00% | 25.00% | 25.00% | 25.00% | 25.00% |
| 长期借款利率 | 6.00% | 6.00% | 6.00% | 6.00% | 6.00% | 6.00% |
| 税后债务成本 | 4.50% | 4.50% | 4.50% | 4.50% | 4.50% | 4.50% |
| 付息债务/投入资本 | 21.53% | 22.61% | 22.42% | 23.70% | 23.51% | 25.26% |
| 股东权益/投入资本 | 78.47% | 77.39% | 77.58% | 76.30% | 76.49% | 74.74% |
| 加权平均资本成本 | 8.45% | 8.39% | 8.40% | 8.34% | 8.35% | 7.71% |
| 增长率 | | | | | | 4.00% |

（2）计算股权自由现金流量、债权人现金流量、公司自由现金流量分别见表10-49、表10-50、表10-51。

表10-49　　股权自由现金流量　　单位：万元

| 年份 | 2021年 | 2022年 | 2023年 | 2024年 | 2025年 | 2026年 |
|---|---|---|---|---|---|---|
| 净利润 | 6 386 | 6 892 | 7 378 | 7 901 | 8 382 | 8 722 |
| 加：折旧和无形资产摊销 | 1 831 | 1 986 | 2 135 | 2 284 | 2 432 | 2 553 |
| 递延税款增加（减少） | 83 | -58 | 107 | -65 | 88 | -120 |
| 减：经营性营运资本追加支出 | 2 118 | -1 206 | 1 673 | -1 139 | 1 672 | -1 149 |
| 现金净增加 | 178 | 50 | 166 | 65 | 146 | 4 |
| 资本性支出净增加额 | 2 443 | 1 716 | 2 480 | 1 752 | 2 420 | 995 |
| 加：债务净增加额 | 802 | -189 | 349 | -213 | 287 | -391 |
| 股权自由现金流量 | 4 363 | 8 071 | 5 650 | 9 229 | 6 951 | 10 914 |

表10-50　　债权人现金流量　　单位：万元

| 年份 | 2021年 | 2022年 | 2023年 | 2024年 | 2025年 | 2026年 |
|---|---|---|---|---|---|---|
| 税后利息费用 | 168 | 182 | 186 | 189 | 191 | 188 |
| 减：短期借款增加 | 1 571 | -102 | 188 | -115 | 155 | -211 |
| 长期借款增加 | -769 | -87 | 161 | -98 | 132 | -180 |
| 债权人现金流量 | -634 | 371 | -163 | 402 | -96 | 579 |

表10-51　　公司自由现金流量　　单位：万元

| 年份 | 2021年 | 2022年 | 2023年 | 2024年 | 2025年 | 2026年 |
|---|---|---|---|---|---|---|
| 方法1 | | | | | | |
| 股权自由现金流量 | 4 363 | 8 071 | 5 650 | 9 229 | 6 951 | 10 914 |
| 债权人自由现金流量 | -634 | 371 | -163 | 402 | -96 | 579 |
| 公司自由现金流量 | 3 729 | 8 442 | 5 487 | 9 631 | 6 855 | 11 493 |
| 方法2 | | | | | | |
| 股权自由现金流量 | 4 363 | 8 071 | 5 650 | 9 229 | 6 951 | 10 914 |
| 加：税后利息费用 | 168 | 182 | 186 | 189 | 191 | 188 |
| 减：债务净增加额 | 802 | -189 | 349 | -213 | 287 | -391 |
| 公司自由现金流量 | 3 729 | 8 442 | 5 487 | 9 631 | 6 855 | 11 493 |

（3）假设FAS公司流通在外的普通股股数为1 679万股，债务账面价值为3 339万元。采用基本公式计算公司自由现金流量、公司价值和股权价值、每股价值，见表10-52。

表 10-52 **公司自由现金流量及股票价值** 金额单位：万元

| 年份 | 2021年 | 2022年 | 2023年 | 2024年 | 2025年 | 2026年 |
|---|---|---|---|---|---|---|
| 净利润 | 6 386 | 6 892 | 7 378 | 7 901 | 8 382 | 8 722 |
| 加：税后利息 | 168 | 182 | 186 | 189 | 191 | 188 |
| 递延税款增加（减少） | 83 | -58 | 107 | -65 | 88 | -120 |
| 税后净经营利润 | 6 637 | 7 016 | 7 671 | 8 025 | 8 661 | 8 790 |
| 加：折旧与摊销 | 1 831 | 1 986 | 2 135 | 2 284 | 2 432 | 2 553 |
| 减：经营性营运资本追加支出 | 2 118 | -1 206 | 1 673 | -1 139 | 1 672 | -1 149 |
| 现金净增加 | 178 | 50 | 166 | 65 | 146 | 4 |
| 资本性支出净增加额 | 2 443 | 1 716 | 2 480 | 1 752 | 2 420 | 995 |
| 公司自由现金流量（FCFF） | 3 729 | 8 442 | 5 487 | 9 631 | 6 855 | 11 493 |
| 稳定增长期公司价值（2025年年末） | | | | | 309 784 | |
| FCFF+稳定增长期公司价值 | 3 729 | 8 442 | 5 487 | 9 631 | 316 639 | |
| 加权平均资本成本 | 8.45% | 8.39% | 8.40% | 8.34% | 8.35% | |
| 累计资本成本 | 8.45% | 17.55% | 27.42% | 38.05% | 49.58% | |
| 各年现金流量现值 | 3 438 | 7 182 | 4 306 | 6 976 | 211 685 | |

稳定增长期公司价值（2025年年末）=11 493÷（7.71%-4%）=309 784（万元）

2021年现金流量现值=3 729÷（1+8.45%）=3 438（万元）

2022年现金流量现值=8 442÷（1+17.55%）=7 182（万元）

其他各年以此类推，各年现金流量现值之和为公司价值233 587万元。

股权价值=233 587-3 339=230 248（万元）

每股价值=230 248÷1 679=137.13（元）

（4）假设以2020年股东权益作为初始投资，2026年股权账面价值能准确反映市场价值，计算预测期股东权益的收益率，见表10-53。

表 10-53 **股东权益收益率** 金额单位：万元

| 年份 | 2020年 | 2021年 | 2022年 | 2023年 | 2024年 | 2025年 | 2026年 |
|---|---|---|---|---|---|---|---|
| 初始股东权益 | -13 471 | | | | | | |
| 股利 | | 4 862 | 8 572 | 6 147 | 9 770 | 7 483 | 11 365 |
| 股东权益 | | | | | | | 11 787 |
| 现金流量 | -13 471 | 4 862 | 8 572 | 6 147 | 9 770 | 7 483 | 23 152 |
| 股权收益率 | 51.30% | | | | | | |

在表10-53中，假设股东在2021年年初支付了13 471万元，每年收到公司发放的股利，在2026年股东拥有该公司，假设股权账面价值准确地反映了市场价值。

在2026年年末，归属于股东的现金流量主要指股利和股权价值。股东在预测期的投资收益率为51.30%（内部收益率）。

### 五、案例分析

1.格力电器财务报表分析

计算分析题7

财务报表分析思维导图可以帮助分析者更快地掌握三张财务报表分析的要点。对格力电器财务报表分析，主要采用时间序列趋势分析、结构分析、比率分析、因素分析以及同业比较分析等。财务报表分析思维导图如图10-14所示。

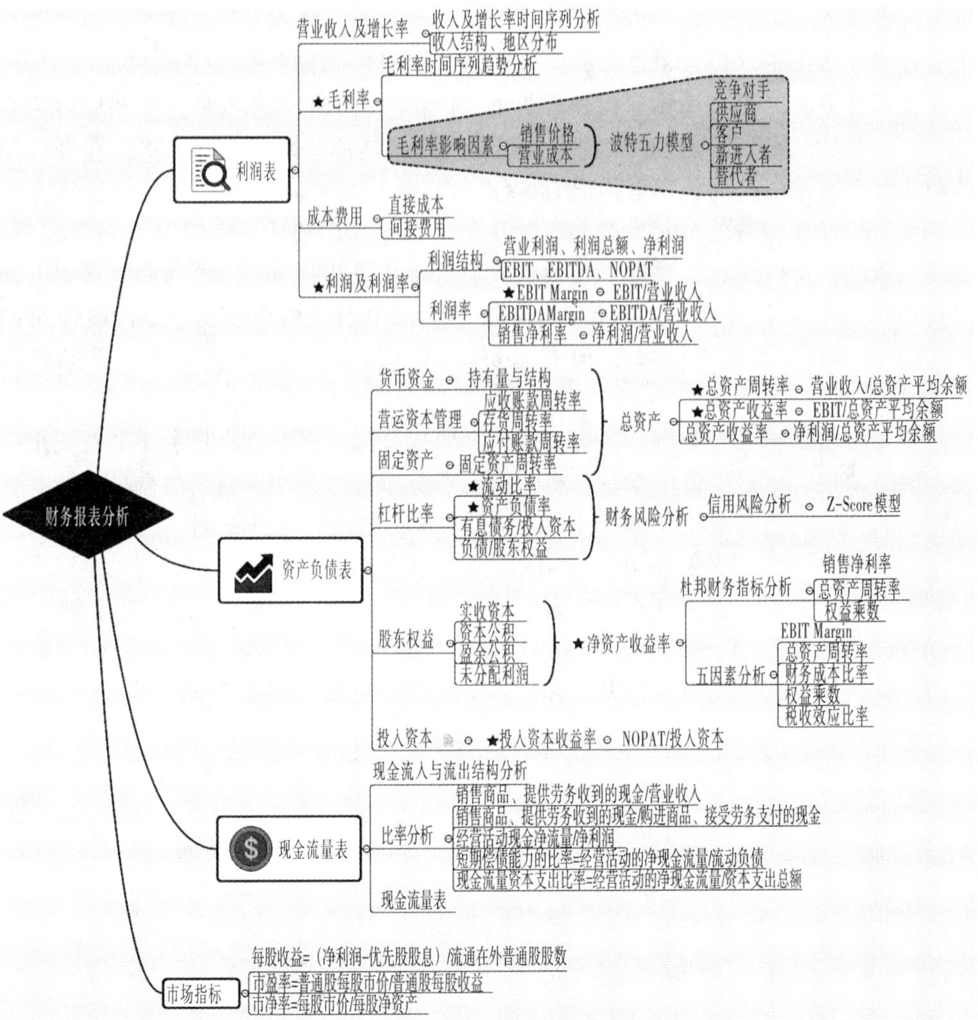


图10-14　财务报表分析思维导图

（1）格力电器财务报表总体评价

格力电器在分析期（2010年至2019年）财务报表的主要特点：

①盈利能力分析：分析期格力电器利润（营业利润、利润总额、净利润）增长率大于收入增长率，表明公司主营业务的盈利能力较强；分析期公司销售毛利率、销售净利率、总资产收益率和净资产收益率等指标整体呈上升趋势；经营活动现金净流量÷净利润大于1，公司盈利质量和盈利结构健康。

②资产结构分析：在分析期，货币资金占资产总额比率均值为37.56%，应收账款（票据）占资产总额比率均值为25.68%；流动资产占资产总额比率均值为78.88%；固定资产占资产总额比率均值为9.08%，这在一定程度上表明格力电器是一个轻资产型的制造业公司。

③营运能力分析：在分析期，格力电器应收账款（票据）周转率平均值为3.48次；存货周转率平均值为8.22次；应付账款（票据）周转率平均值为3.08次。从周转率波动性分析，存货周转率在分析期波动性较大，应收账款（票据）和应付账款（票据）周转率在分析期波动性较小。固定资产周转率平均值为9.66次，在分析期波动性较大；总资产周转率平均值为0.8次，在分析期波动性较小。

④从负债结构看，分析期公司流动负债占负债总额的比率平均值为98.4%，在流动负债中，应付账款（票据）和预收款项占比几乎达到50%，这表明，格力电器的负债构成中几乎全部为流动负债，在流动负债中商业信用较大；分析期公司的资产负债率平均值为70.93%，但有息负债率（付息债务÷投入资本）平均值仅为19.23%。

⑤现金流量与风险分析：分析期格力电器现金流入量和流出量主要来自或用于经营活动，现金流量净值主要来自经营活动现金净流量，这表明公司自身创造现金的能力较强，现金流量结构较为合理。从Z-Score值看，在分析期，大部分年份较低，但在2017年以后开始上升，信用风险逐年降低。

表10-54至表10-57列示了格力电器在2010年至2019年间的增长率、盈利能力、营运能力、偿债能力、每股指标等关键财务比率。现根据格力电器10年的利润表、资产负债表和现金流量表，分析公司的经营成果和财务状况。

表10-54 **格力电器增长率指标**

| 年份 | 2010 | 2011 | 2012 | 2013 | 2014 | 2015 | 2016 | 2017 | 2018 | 2019 |
|---|---|---|---|---|---|---|---|---|---|---|
| 营业收入增长率 | 42.62% | 37.35% | 19.87% | 19.91% | 16.63% | -28.17% | 9.50% | 36.24% | 33.33% | 0.24% |
| 营业利润增长率 | -7.66% | 65.34% | 76.71% | 52.79% | 31.20% | -15.99% | 29.15% | 49.67% | 18.64% | -4.49% |
| 净利润增长率 | 46.76% | 23.10% | 40.57% | 46.87% | 30.33% | -11.43% | 22.98% | 44.99% | 17.19% | -5.88% |
| 总资产增长率 | 27.31% | 29.89% | 26.23% | 24.30% | 16.85% | 3.50% | 12.78% | 17.87% | 16.87% | 12.63% |
| 净资产增长率 | 31.53% | 31.15% | 50.08% | 28.60% | 27.25% | 7.61% | 13.09% | 21.69% | 38.72% | 20.85% |

表 10-55 格力电器利润率指标

| 年份 | 2010 | 2011 | 2012 | 2013 | 2014 | 2015 | 2016 | 2017 | 2018 | 2019 |
|---|---|---|---|---|---|---|---|---|---|---|
| 销售毛利率 | 22.03% | 18.42% | 26.88% | 33.04% | 37.13% | 34.35% | 33.81% | 33.63% | 30.89% | 28.43% |
| 销售净利率 | 7.08% | 6.34% | 7.44% | 9.11% | 10.18% | 12.55% | 14.10% | 15.00% | 13.19% | 12.38% |
| 息税前利润率 | 3.45% | 4.42% | 6.83% | 8.07% | 10.47% | 10.36% | 10.92% | 16.58% | 14.15% | 12.99% |
| 总资产收益率 | 3.58% | 4.89% | 7.10% | 8.03% | 10.11% | 6.55% | 6.99% | 12.52% | 12.14% | 9.75% |
| 投入资本收益率 | 36.09% | 31.38% | 25.79% | 26.22% | 34.44% | 21.21% | 21.75% | 33.82% | 30.35% | 19.97% |
| 净资产收益率 | 34.89% | 32.71% | 32.40% | 34.69% | 35.37% | 26.95% | 30.00% | 36.97% | 33.07% | 24.25% |
| 归属于母公司股东的净资产收益率 | 36.75% | 33.89% | 33.28% | 35.45% | 35.96% | 27.34% | 30.42% | 37.51% | 33.40% | 24.52% |

表 10-56 格力电器营运能力和偿债能力指标

| 年份 | 2010 | 2011 | 2012 | 2013 | 2014 | 2015 | 2016 | 2017 | 2018 | 2019 |
|---|---|---|---|---|---|---|---|---|---|---|
| 营运能力比率： | | | | | | | | | | |
| 应收账款周转率 | 3.47 | 2.87 | 2.83 | 2.86 | 2.76 | 2.84 | 4.35 | 4.23 | 4.90 | 3.69 |
| 存货周转率 | 6.70 | 5.44 | 5.31 | 7.21 | 11.35 | 9.53 | 9.90 | 9.74 | 9.27 | 7.74 |
| 应付账款周转率 | 2.72 | 3.22 | 3.24 | 3.30 | 3.56 | 2.61 | 2.58 | 3.01 | 3.60 | 2.92 |
| 总资产周转率 | 1.04 | 1.11 | 1.04 | 1.00 | 0.97 | 0.63 | 0.64 | 0.76 | 0.86 | 0.75 |
| 偿债能力比率： | | | | | | | | | | |
| 流动比率 | 1.10 | 1.12 | 1.08 | 1.08 | 1.11 | 1.07 | 1.13 | 1.16 | 1.27 | 1.26 |
| 速动比率 | 0.87 | 0.85 | 0.86 | 0.94 | 1.03 | 0.99 | 1.06 | 1.05 | 1.14 | 1.12 |
| 资产负债率 | 78.64% | 78.43% | 74.36% | 73.47% | 71.11% | 69.96% | 69.88% | 68.91% | 63.10% | 60.40% |
| 付息债务负债率 | 24.61% | 29.00% | 20.78% | 14.39% | 15.55% | 16.21% | 16.72% | 22.68% | 19.81% | 12.59% |
| 权益乘数 | 4.68 | 4.64 | 3.90 | 3.77 | 3.46 | 3.33 | 3.32 | 3.22 | 2.71 | 2.53 |

表 10-57 格力电器每股指标

| 年份 | 2010 | 2011 | 2012 | 2013 | 2014 | 2015 | 2016 | 2017 | 2018 | 2019 |
|---|---|---|---|---|---|---|---|---|---|---|
| 流通股股数（亿股） | 18.79 | 28.18 | 30.08 | 30.08 | 30.08 | 30.08 | 60.16 | 60.16 | 60.16 | 60.16 |
| 每股收益（EPS）（元） | 2.29 | 1.88 | 2.48 | 3.64 | 4.74 | 4.20 | 2.58 | 3.74 | 4.38 | 4.13 |
| 每股净资产（元） | 7.46 | 6.52 | 9.17 | 11.79 | 15.00 | 16.15 | 9.13 | 11.11 | 15.41 | 18.63 |
| 每股营业收入（元） | 32.36 | 29.64 | 33.28 | 39.91 | 46.54 | 33.43 | 18.30 | 24.94 | 33.25 | 33.33 |
| 每股经营现金净流量（元） | 0.33 | 1.19 | 6.12 | 4.31 | 6.30 | 14.75 | 2.47 | 2.72 | 4.48 | 4.64 |

（2）利润表分析

利润表分析主要关注三个因素：收入、成本、利润。

①营业收入与收入结构分析。

利润表里最重要的项目是收入，这是公司赖以生存的基础，也是利润的来源。在收入分析中，主要关注主营业务收入、收入的构成、收入增长率。

图 10-15 描述了分析期格力电器营业总收入及各年增长率情况，从图中可以看出，格力电器的营业总收入的波动性较大。空调行业易受到天气等不确定性因素的影响，叠加房地产行业的调控周期，自 2014 年之后，渠道的库存逐步累积。2015 年格力电器与行业一起迎来了较为痛苦的去库存周期，当年格力电器的收入下滑

28.17%，直到2017年因房地产行业复苏以及炎夏，才重回增长趋势。从2010年至2019年，10年年均增长率为18.75%，复合增长率为14.18%。从近两年来看，2018年营业收入总额为2 000.24亿元，比2017年上升33.33%，但2019年营业总收入比2018年仅增长了0.24%。

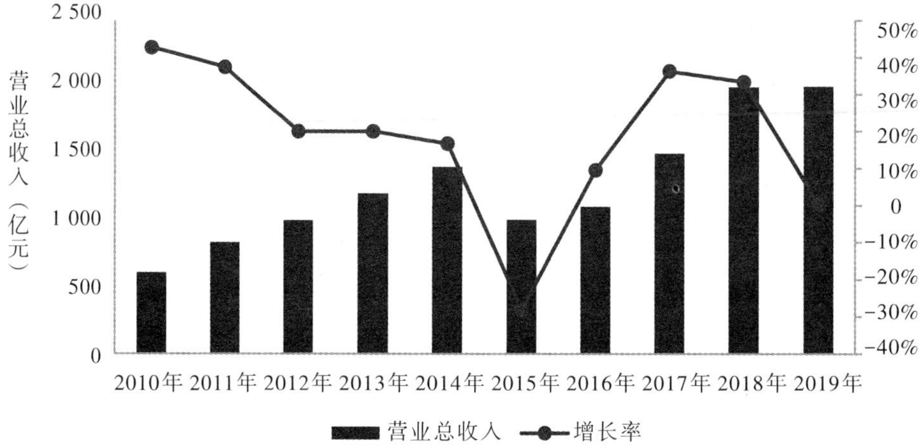


图10-15　营业总收入和增长率时间序列

格力电器的收入到底是如何构成的？又是哪块业务主要推动其增长的？根据利润表，格力电器的主营业务主要分五大块：空调、小家电、智能装备、其他主营业务、其他业务。在2010年至2019年间，按10年平均值计算，在五项主营业务中，空调业务占比高达81.58%，如图10-16所示。

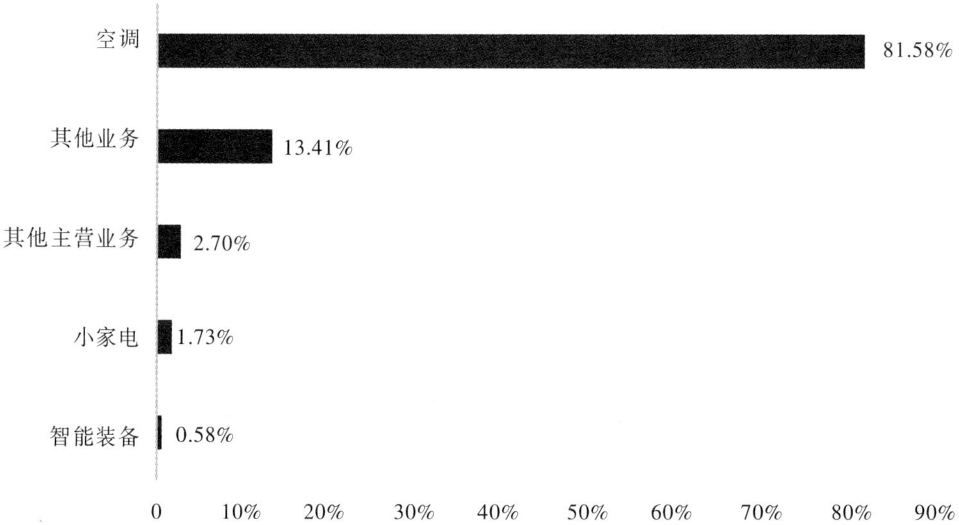


图10-16　2010—2019年产品收入结构百分比（按平均值计算）

通过对格力电器财务报告数据整理，在2010年至2019年间，空调业务年复合增长率为10.8%，这表明格力电器的收入增长主要是靠空调业务拉动的。

根据格力电器2019年年报，2019年格力电器上榜《财富》世界500强，位列榜单第414位。在上榜的129家中国公司中，格力电器的净资产收益率（ROE）第一；根据《暖通空调资讯》发布的数据，格力中央空调以14.7%的市场占有率稳坐行业龙头宝座，实现国内市场“八连冠”；根据奥维云网市场数据，2019年度格力电器占据中国家用空调线下市场份额TOP1，零售额占比36.83%；在线下市场零售额TOP20家用空调机型中，格力电器产品有12个，占比达60%；根据全球知名经济类媒体日本经济新闻社2019年发布的数据，格力电器以20.6%的全球市场占有率位列家用空调领域榜首。

从收入的地区分布看，2010—2019年间，格力电器的营业收入中国内地占比为73.86%，国外占比12.73%，其他业务（地区）占比13.41%，如图10-17所示。为比较，图10-17还列示了美的集团营业收入的地区分布，在2010—2019年间，美的集团来自中国内地和国外的营业收入占比分别为54.89%和40.88%。相对于美的集团的海外市场销售比例，格力电器的整体外销比例偏低。

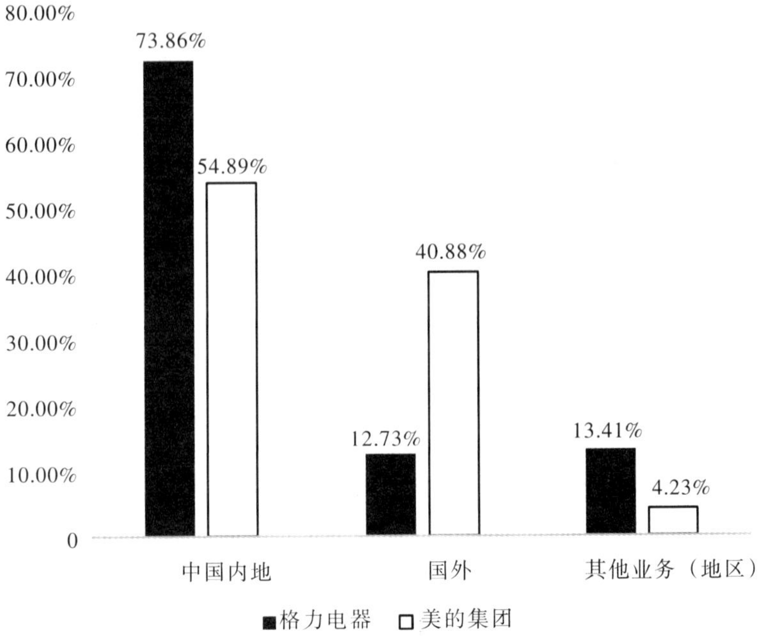


图10-17 格力、美的营业收入地区分布（2010—2019年）

根据格力电器2020年年报，2019年，格力电器先后中标毛里求斯体育馆、马尔代夫外交部办公楼、加蓬国民会议中心、斯里兰卡变电站、尼泊尔博卡拉机场等大型工程，同时也协助当地政府进行了库克岛档案馆、纽埃议会大楼、纽埃机场等援助项目。同时，格力电器在海外市场中继续坚持高端引领策略，品牌影响力持续扩大。未来，格力电器将继续加强海外战略规划和全球市场整体布局，坚持以自主品牌为中心，进行新发展模式的探索；保持对海外品牌建设的长期投入，将格力制造、技术、文化真正扎根于世界的各个角落，实现品牌、文化、管理经验等软实力的输出；做好业务整合、品牌建设、渠道布局及产业链协同，健全海外全价值链。综上可以看出，格力电器的产品有非常强大的市场竞争力，但公司的业务仍以本土为主，海外市场所占份额仍比较低，在国际上的竞争力还需要加强。

如果不考虑并购式的增长，公司收入的增长通常有三种途径，即潜在需求增长、市场份额扩大和价格提升。其中，潜在需求的增长，在行业内不会产生受损者（仅受益程度不同），不会遭遇反击，增长的可靠性最高；市场份额的扩大，是以竞争对手受损为代价的，势必遭受竞争对手的反击，因而要评估竞争对手的反击力度及反击下增长的可持续性；价格的提升，是以客户付出更多为代价的，可能迫使客户减少消费或寻找替代品，需要评估的是消费品的替代性强弱。因此，还需要根据迈克尔·波特（Michael Porter）“五力”分析模型，分析供应商的讨价还价能力、购买者的讨价还价能力、潜在竞争者进入的能力、替代品的替代能力、行业内竞争者现在的竞争能力。从竞争战略的视角，分析格力电器营业收入增长的原因。

在分析中，不仅要看营业收入绝对数的增长，还要看增速是否高于行业平均水平。只有营业收入增长高于行业平均增速，才能证明公司的市场份额在扩大，证明公司是行业中的强者。反之，营收萎缩、持平或低于行业平均水平的增幅，都表明公司的市场份额在缩小。

②主营产品毛利及毛利率分析。

图10-18描述了格力电器主营产品收入及毛利率的时间序列分布情况，从2010年至2019年，全部产品毛利率最高为36.01%，最低为18.42%，平均值为29.01%，对于传统的家电制造业来说，毛利率是很高的。

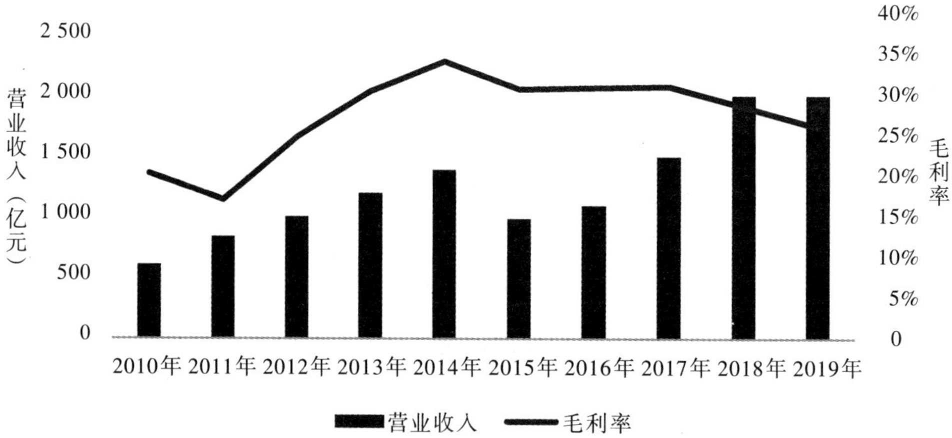


**图10-18　格力电器营业收入与毛利率时间序列分布**

图10-19描述了格力电器各主要产品毛利率变化趋势，其中空调业务、小家电、智能装备、其他业务、其他主营业务的毛利率10年间的平均值分别为36.48%、

18.24%、6.50%、12.24%、6.27%。这表明，格力电器的利润大部分是由空调业务创造的。

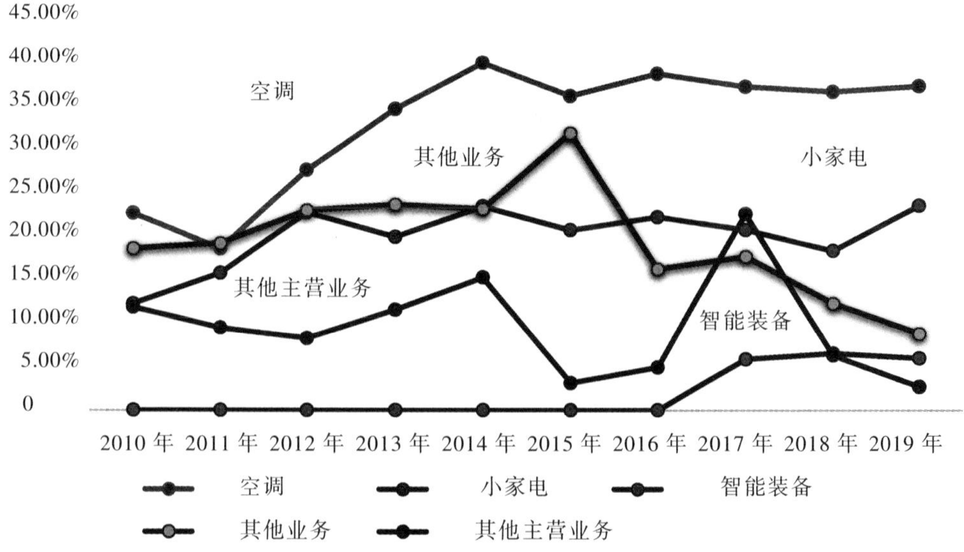


**图 10-19　格力电器产品毛利率时间序列分布**

毛利率是衡量公司产品差异化程度或者竞争优势的重要指标。通常来说，公司的产品在市场中竞争优势越明显，产品所能够获得的市场溢价就会越高，这种高溢价反映到公司财务指标上就是较高的毛利率。提高毛利率的方式主要有两个：提高产品价格、降低产品成本，前者来自产品的品牌、质量，后者取决于经营情况和竞争优势。如果公司具有持续的竞争优势，其毛利率就处在较高的水平上，公司就可以对其产品或服务自由定价，让售价远远高于其产品或服务本身的成本。如果公司缺乏持续竞争优势，其毛利率就处于较低的水平上，公司就只能根据产品或服务的成本来定价，赚取微薄的利润。

图 10-20 列示了格力电器、美的集团在 2010—2019 年间的毛利率，从整体上看，在这 10 年间，格力电器和美的集团产品的毛利率平均值分别为 29.86% 和 24.59%，相差 5.27%。如果分产品进行分析，就会发现，格力电器的空调的毛利率高于美的集团的空调的毛利率，由此表明格力电器的空调竞争力强于美的集团，这个“核心科技”带来的毛利率不止 5%。当然在小家电领域，美的集团无论是规模还是毛利率都高于格力电器，这也是在小家电领域美的集团得以称王的表现。

在毛利率的分析上，还可以按地域、按季度等进行分析，得出公司产品竞争性（毛利率变动）、公司收入变动的驱动因素（各产品收入的占比及毛利率变动）等情况，了解了这些，才能对公司未来的发展有更准确的展望。除了从财务报表数据分析毛利率外，还要从公司经营活动、竞争态势等方面分析影响毛利率的因素。一般来说，本行业及其上、下游行业构成了整条产业链，上游是供应商，下游是客户，

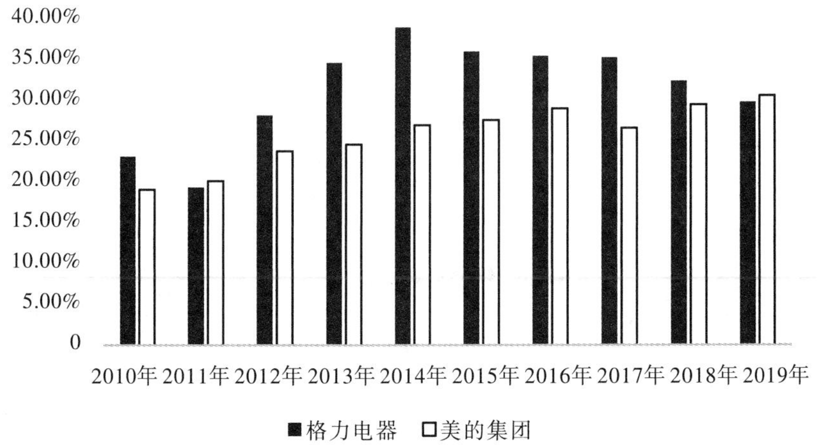


图 10-20　格力电器、美的集团全部产品毛利率（2010—2019年）

本行业在产业链中的地位，决定了其是否具有足够的议价能力。若上、下游行业属于充分竞争市场，公司数量众多且规模较小，在这种情况下，本行业地位最强势，可能享受较高的毛利率。

③成本费用分析。

图 10-21 描述了格力电器和美的集团两家公司收入成本率（总成本/总营业收入）的时间序列分布，从图中可以看出，在两家公司中，格力电器的收入成本率10年平均值为70.14%；美的集团这一比率的平均值为75.41%，这一差额刚好是两家公司毛利率之差，但两家公司收入成本率的差异在逐渐减少。

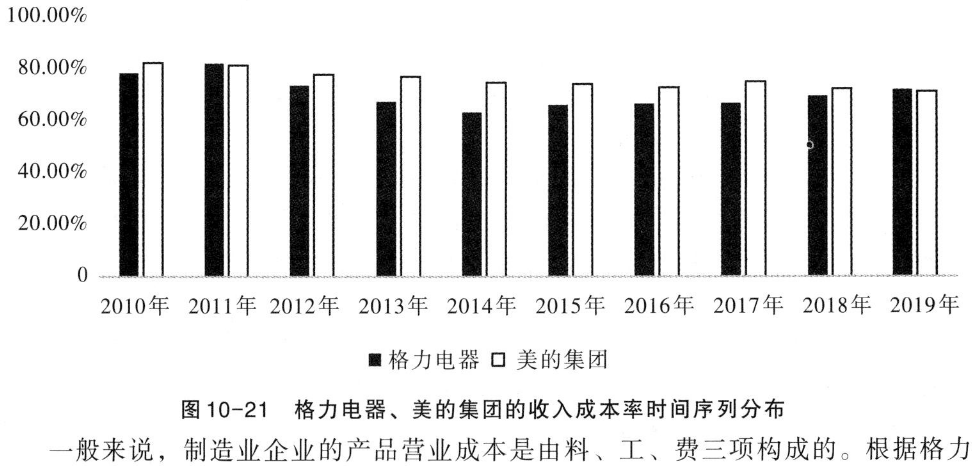


图 10-21　格力电器、美的集团的收入成本率时间序列分布

一般来说，制造业企业的产品营业成本是由料、工、费三项构成的。根据格力电器2020年年报，格力电器产品营业成本主要由原材料构成，如图 10-22 所示。在2018年和2019年，原材料占营业成本的比率分别为87.23%和86.66%，人工工资、折旧、能源等占比都比较低。因此，原材料成本是分析营业成本的关键因素，可进一步结合供应链、技术水平、生产工艺等方面进行详细分析。

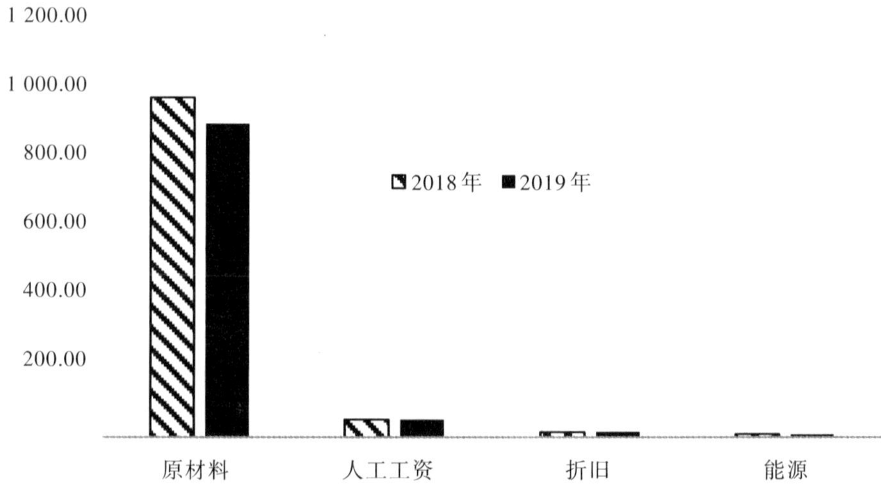


**图10-22 格力电器营业成本（单位：亿元）**

图10-23描述了格力电器三项费用近10年的时间序列分布，从三项费用构成看，格力电器的三项费用主要由销售费用构成，且近10年的波动幅度较大；管理费用近10年变动较为平稳；财务费用近10年均为负数（利息收入大于利息支出）。

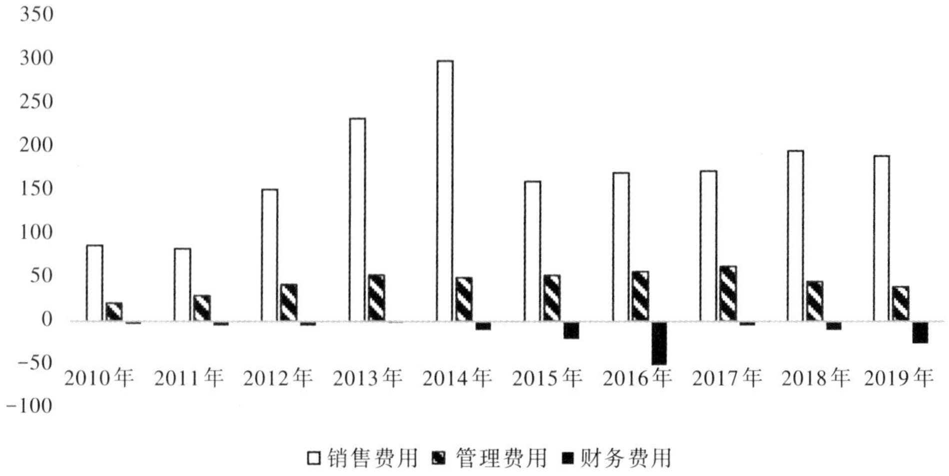


**图10-23 格力电器三项费用时间序列分布（单位：亿元）**

图10-24描述了格力电器三项费用占营业总收入比率、三项费用占销售毛利比率的时间序列分布。从图中可以看出，费用占营业总收入比率、费用占销售毛利比率总体上呈下降趋势。

在计算费用率时，如果利润表财务费用是正数（利息收支相抵后，是净支出），就把它和销售、管理费用加总在一起计算费用率；如果财务费用是负数（利息收支相抵后，是净收入），就只用（销售费用+管理费用）÷营业总收入计算费用

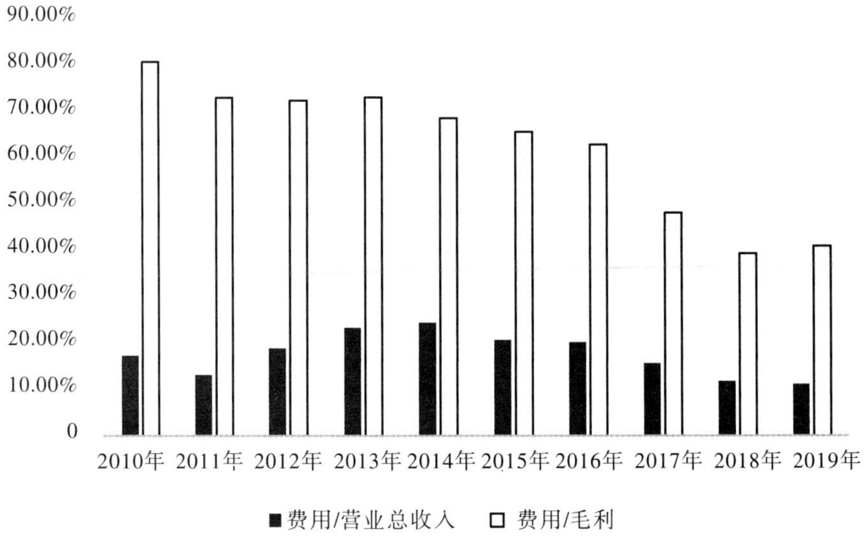


**图 10-24 费用率时间序列分布**

率。本例中的费用率主要指销售费用和管理费用占营业总收入和毛利的比率。

为扣除生产成本的影响，也可以分析三项费用占毛利润的比例。如三项费用能够控制在毛利润的30%以内，就算是优秀的公司了；在30%～70%区域，仍然是具有一定竞争优势的公司；如果费用超过毛利润的70%，通常而言，关注价值不大。根据格力电器报表数据，在2010—2019年间，费用占毛利润的均值为61.70%；费用占营业总收入的比率均值为17.43%。

在费用分析中要注意以下两个问题：

第一，销售费用比较高的公司，产品或服务自身没有“拉力”，必须靠营销的“推力”才能完成销售。特别是在公司扩张过程中，不仅需要扩大产品或服务的生产能力，同时需要不断配套新的团队、资金和促销方案。这对公司的管理能力边界要求极高，稍有不慎，公司可能会在规模最大的时候，暴露出系统性问题，导致严重后果。而销售费用比较低的公司，通常是因产品或服务本身容易引起购买者的重复购买，甚至是自发分享、传播。从格力电器看，在1997年，为了整合各方的资源，消除空调业的价格“内斗”，格力电器创立了“区域性销售公司”模式，统一销售网络，统一批发价格对外供货。从而不但保护了良好的品牌形象，也有效地提高了市场占有份额。

第二，管理费用，通常应该保持增长比率等于或小于营业收入增长率。如果出现大于营业收入增幅的变化，分析者就需要查明或挖掘究竟是什么发生了变化，尤其需要注意已经连续出现小额净利润的公司。

④利润构成及利润率分析。

图10-25描述了格力电器近10年的营业利润、利润总额、净利润的时间序列

分布状况，在2010—2019年间，各年营业利润（经营活动创造）、利润总额（经营活动和非经营活动创造）、净利润（所得税、其他非经常性损益等）的差异较小，这表明格力电器的利润主要是由经营活动创造的，非经营活动损益、非经常性损益的份额较少，说明格力电器的盈利质量相对较好。

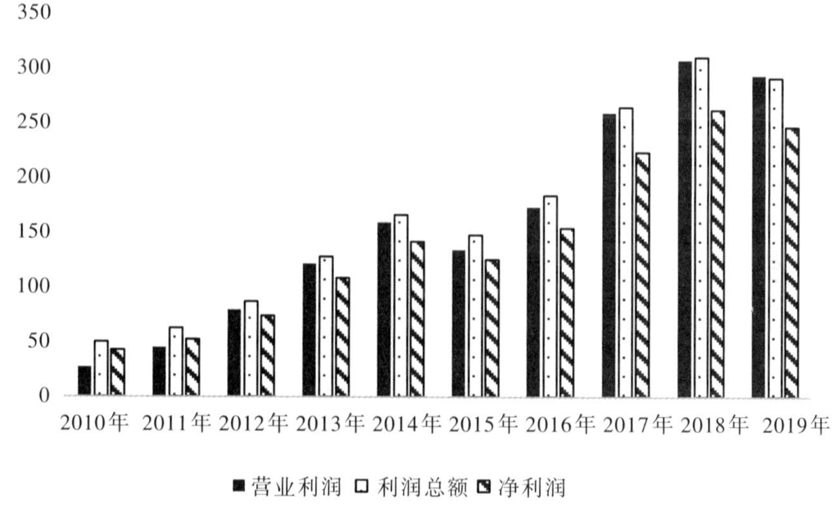


图10-25　利润时间序列分布（单位：亿元）

图10-26描述了营业利润、净利润和营业总收入的各年增长率，在2010—2019年间，格力电器收入的平均增长率为18.75%，营业利润、利润总额、净利润近10年间平均增长率分别为29.54%、25.86%和25.55%，利润的增长率均大于收入的增长率，表明公司的成本费用增长率相对较低。从整体看，利润和收入增长率的变动趋势基本一致。

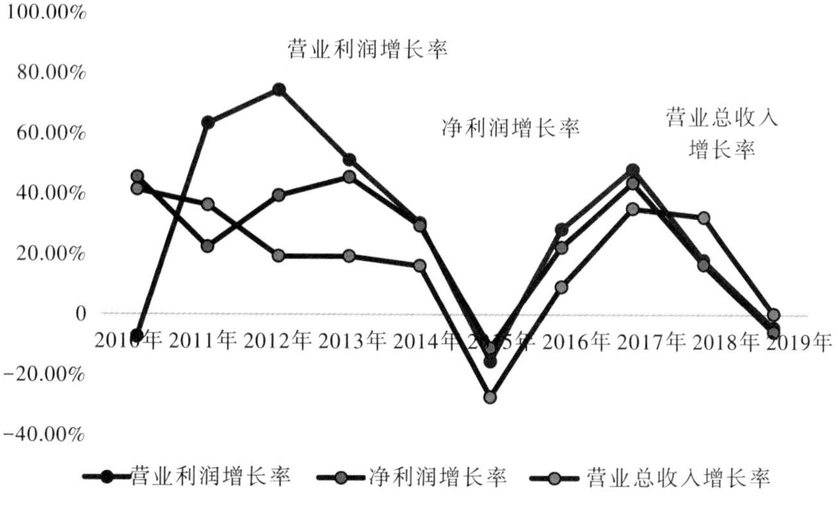


图10-26　格力电器营业收入与利润增长率时间序列分布

⑤EBIT、EBITDA、NOPAT分析。

为计算利润率指标，还需要计算息税前利润（EBIT），未扣除折旧、摊销、利息和所得税前的利润（EBITDA）。

EBIT与净利润的主要区别就在于剔除了资本结构和所得税政策的影响。如此，同一行业中的不同公司之间，无论所在地的所得税税率有多大的差异，或是资本结构有多大的差异，都能够用EBIT这类指标来更为准确地比较盈利能力。而同一公司在分析不同时期盈利能力变化时，使用EBIT也较净利润更具可比性。

EBITDA主要用于衡量公司主营业务产生现金流的能力。EBITDA剔除摊销和折旧，是因为摊销中包含的是以前会计期间取得无形资产时支付的成本，而并非投资人更关注的当期的现金支出。而折旧本身是对过去资本支出的间接度量，将折旧从利润计算中剔除后，投资者能更方便地关注对于未来资本支出的估计，而非过去的沉没成本。

格力电器分析期EBIT和EBITDA计算过程见表10-58，本例中直接从利润表中的营业利润开始，加上与经营活动无关的费用或损失，减去与经营活动无关的投资收益等。在EBIT的基础上加上固定资产折旧、无形资产摊销、长期待摊费用摊销等，计算EBITDA。

表10-58　　格力电器EBIT和EBITDA　　单位：亿元

| 年份 | 2010 | 2011 | 2012 | 2013 | 2014 | 2015 | 2016 | 2017 | 2018 | 2019 |
|---|---|---|---|---|---|---|---|---|---|---|
| 营业利润 | 27.47 | 45.42 | 80.26 | 122.63 | 160.89 | 135.16 | 174.56 | 261.27 | 309.97 | 296.05 |
| 加：财务费用 | −3.09 | −4.53 | −4.61 | −1.37 | −9.42 | −19.29 | −48.46 | 4.31 | −9.48 | −24.27 |
| 资产减值损失 | 1 | −0.21 | 0.66 | 1.92 | 3.98 | 0.86 | −0.01 | 2.64 | 2.62 | 11.22 |
| 减：公允价值变动净收益 | 0.69 | −0.58 | 2.47 | 9.91 | −13.82 | −10.1 | 10.93 | 0.09 | 0.46 | 2.28 |
| 投资净收益 | 0.62 | 0.91 | −0.2 | 7.17 | 7.24 | 0.97 | −22.21 | 3.97 | 1.07 | −2.27 |
| 资产处置收益 | 0.00 | 0.00 | 0.00 | 0.00 | 0.00 | 0.00 | 0.00 | −0.01 | 0.01 | 0.05 |
| 其他* | 3.11 | 3.44 | 5.63 | 9.23 | 15.45 | 21.66 | 17.17 | 15.37 | 18.55 | 22.44 |
| EBIT | 20.96 | 36.91 | 68.41 | 96.87 | 146.58 | 104.20 | 120.20 | 248.80 | 283.02 | 260.50 |
| 加：固定资产折旧 | 4.29 | 5.83 | 8.83 | 11.46 | 12.76 | 12.45 | 17.35 | 19.48 | 28.60 | 29.77 |
| 无形资产摊销 | 0.15 | 0.31 | 0.69 | 0.49 | 0.55 | 0.59 | 0.73 | 0.85 | 2.50 | 2.16 |
| 长期待摊费用摊销 | 0.05 | 0.19 | 0.27 | 0.35 | 0.26 | 0.14 | 0.09 | 0.00 | 0.01 | 0.02 |
| EBITDA | 25.45 | 43.24 | 78.20 | 109.17 | 160.15 | 117.38 | 138.37 | 269.13 | 314.13 | 292.45 |

*指其他类金融业务利息净收入。

从表10-58可以看出，格力电器分析期的EBIT和EBITDA总体呈上升趋势，10年复合增长率分别为32.31%和31.17%，这表明格力电器主营业务的盈利能力较强。

将EBIT、EBITDA和净利润三个指标相比较可以发现，EBIT与EBITDA没有包含公司的非经营业务的利得和损失，也不包含优先股股息和税收；而净利润将计算这些项目（作为加减项目）。作为公司股东，通常更注重净利润指标，这是因为净利润既可用于发放现金红利也可留存公司用于扩大再生产；债权人和政府更关注EBIT和EBITDA，因为它们能够反映公司的总体价值。

表10-59列示了分析期格力电器税后净经营利润（NOPAT）的计算过程和变动趋势，从表中可以看出归属于股东和债权人的收益呈逐年上升趋势，10年间的复合增长率为21.73%

表10-59　　格力电器NOPAT　　金额单位：亿元

| 年份 | 2010 | 2011 | 2012 | 2013 | 2014 | 2015 | 2016 | 2017 | 2018 | 2019 |
|---|---|---|---|---|---|---|---|---|---|---|
| 净利润 | 43.03 | 52.97 | 74.46 | 109.36 | 142.53 | 126.24 | 155.25 | 225.09 | 263.79 | 248.27 |
| 减：税后非经常性损益 | 2.49 | 1.31 | 3.84 | 19.63 | 0.1 | 2.19 | −1.8 | 12.31 | 6.22 | 5.25 |
| 加：税后利息 | −2.63 | −3.79 | −3.92 | −1.16 | −8.01 | −16.33 | −40.60 | 3.64 | −8.00 | −20.53 |
| 所得税税率 | 14.89% | 16.29% | 15.03% | 15.17% | 14.92% | 15.33% | 16.23% | 15.44% | 15.65% | 15.42% |
| NOPAT | 37.91 | 47.87 | 66.70 | 88.57 | 134.42 | 107.72 | 116.45 | 216.42 | 249.57 | 222.49 |

⑥利润率分析。

图10-27描述了息税前利润率、营业利润率（营业利润/营业收入）、销售净利率的时间序列分布情况，从图中可以看出，三种利润率在2010—2019年间的平均值分别为9.82%、11.83%、10.74%；息税前利润率（除2014—2016年），与其他两个指标总体上呈上升趋势且变动趋势基本一致，这表明格力电器在此期间的盈利水平较为稳定。从变动幅度看，息税前利润率的波动率稍高于其他两个利润率的波动率。

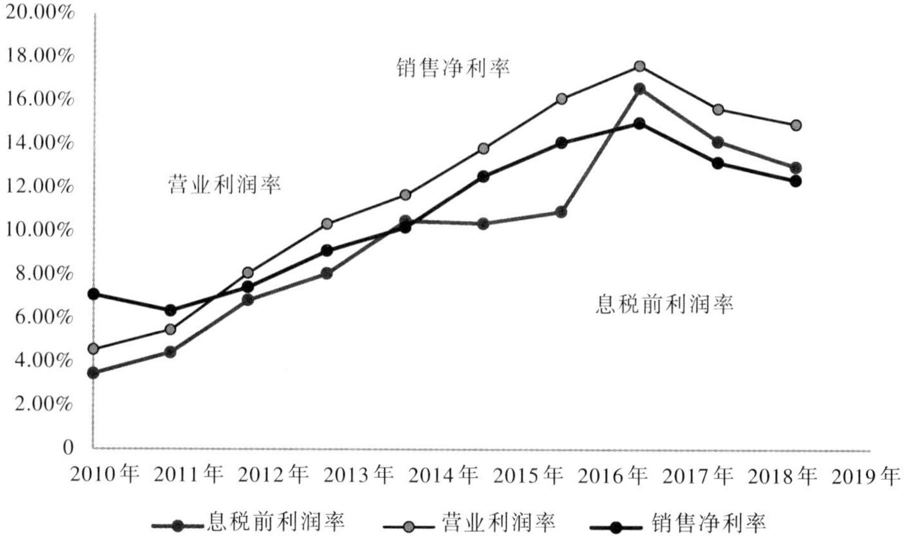


图10-27　利润率指标（以利润表为基础）时间序列分布

图10-28描述了以利润表和资产负债表为基础计算的利润率指标：总资产收益率（ROA）、净资产收益率（ROE）、投入资本收益率（ROIC）的变动趋势。总资产收益率、净资产收益率、投入资本收益率，在此期间的平均值分别为8.17%、32.13%和28.10%；从10年间的趋势看，总资产收益率呈缓慢上升趋势，净资产收益率和投入资本收益率呈下降趋势，特别是在2014年至2015年、2017年至2019年间净资产收益率和投入资本收益率的下降幅度较大。

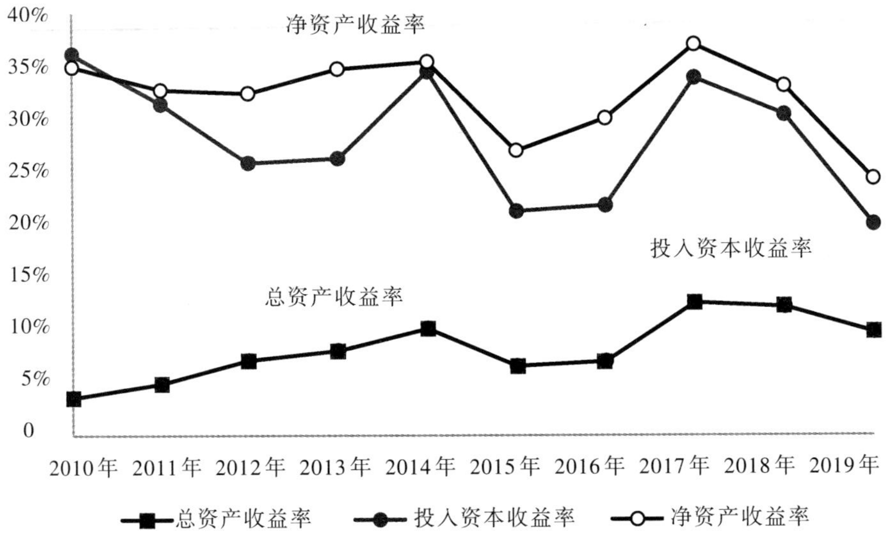


**图10-28　利润率指标（以利润表和资产负债表为基础）时间序列分布**

表10-60列示了格力电器净资产收益率的五因素时间序列情况，其中息税前利润率和总资产周转率两个因素主要与经营活动有关。在此期间，息税前利润率在3.45%~16.58%之间变动，总体呈上升趋势；总资产周转率在0.633~1.108之间变动。反映负债因素的利润总额/EBIT比率，其变化趋势较为平稳，但权益乘数呈下降趋势；此外，反映税收因素对净资产收益率影响的净利润/税前利润比率，这一比率变化幅度很小，这表明，在计算期间税收的影响很小。

表10-60　**净资产收益率五因素分析**

| 年份 | 2010 | 2011 | 2012 | 2013 | 2014 | 2015 | 2016 | 2017 | 2018 | 2019 |
|---|---|---|---|---|---|---|---|---|---|---|
| 息税前利润率 | 3.45% | 4.42% | 6.83% | 8.07% | 10.47% | 10.36% | 10.92% | 16.58% | 14.15% | 12.99% |
| 总资产周转率 | 1.038 | 1.108 | 1.039 | 0.995 | 0.966 | 0.633 | 0.640 | 0.755 | 0.858 | 0.751 |
| 总资产收益率 | 3.58% | 4.89% | 7.10% | 8.03% | 10.11% | 6.55% | 6.99% | 12.52% | 12.14% | 9.75% |
| 利润总额/EBIT | 2.412 | 1.715 | 1.281 | 1.331 | 1.143 | 1.431 | 1.542 | 1.070 | 1.105 | 1.127 |
| 权益乘数 | 4.749 | 4.656 | 4.195 | 3.827 | 3.597 | 3.393 | 3.325 | 3.263 | 2.922 | 2.609 |
| 净利润/税前利润 | 0.851 | 0.837 | 0.850 | 0.848 | 0.851 | 0.847 | 0.838 | 0.846 | 0.843 | 0.846 |
| 净资产收益率 | 34.89% | 32.71% | 32.40% | 34.69% | 35.37% | 26.95% | 30.00% | 36.97% | 33.07% | 24.25% |

净资产收益率的杜邦分析，可参阅教材图10-3。

在2010—2019年间，格力电器利润表的特点：

第一，利润（营业利润、利润总额、净利润）增长率大于收入增长率。

第二，营业总成本增长率低于营业收入增长率，从而使毛利率增长率大于营业收入增长率。

第三，从三项费用构成看，公司的费用主要由销售费用构成，且近10年的波动幅度较大，这可能与格力电器的营销策略有关。

第四，公司利润主要来源于营业利润，投资收益、营业外收入对公司净利润贡献极少。

第五，格力电器的产品市场竞争力较强，但公司的业务仍以本土为主，海外市场所占份额较低，在国际上的竞争力还需要加强。

（3）资产负债表分析

如果说利润表描述的是收入、成本、利润三大要素；那么，资产负债表描述的是资产、负债、股东权益三大要素。这六大要素的关系可描述为：

期末资产=（期末负债+期初权益）+（收入-费用）=（期末负债+期初权益）+利润

这个等式说明，公司创造的利润最终归属于公司的所有者，股东是公司收益的剩余索取者。因此，在资产负债表分析中，不仅要单独分析资产、负债和股东权益，还应将资产负债表和利润表相结合，分析资产运营效率，衡量股东财富的增加。在指标量化上，最终反映净资产收益率的大小，从而为股东创造价值。

资产负债表的分析主要关注：资产结构、运营效率、偿债风险、股东收益。从资产负债表视角分析股东收益，主要指标有总资产收益率、投入资本收益率和净资产收益率，有关的分析见利润表分析。

①主要资产结构分析。

从公司规模看，格力电器的资产总额在10年间从656.04亿元升到2 829.72亿元，复合增长率为17.63%。与一般制造业企业不同，格力电器的资产构成以流动资产为主，在流动资产中，货币资金占有较大比重，格力电器主要资产类项目占资产总额的百分比见表10-61。

表10-61 **主要资产类项目占资产总额的百分比**

| 年份 | 2010 | 2011 | 2012 | 2013 | 2014 | 2015 | 2016 | 2017 | 2018 | 2019 |
|---|---|---|---|---|---|---|---|---|---|---|
| 货币资金 | 23.12% | 18.82% | 26.91% | 28.83% | 34.91% | 54.93% | 52.43% | 46.34% | 45.01% | 44.32% |
| 应收账款（票据） | 35.45% | 40.95% | 33.25% | 36.01% | 34.02% | 10.98% | 18.05% | 17.71% | 17.36% | 12.98% |
| 存货 | 17.62% | 20.54% | 16.02% | 9.82% | 5.50% | 5.86% | 4.95% | 7.71% | 7.97% | 8.51% |
| 流动资产 | 83.12% | 84.21% | 79.10% | 77.59% | 76.90% | 74.80% | 78.36% | 79.80% | 79.49% | 75.40% |
| 固定资产 | 8.43% | 9.05% | 11.81% | 10.50% | 9.57% | 9.56% | 9.72% | 8.13% | 7.32% | 6.76% |

根据表10-61的数据，从资产结构看，货币资金占资产总额的比率，10年间平均值为37.56%，这意味着公司总资产中货币资金占1/3以上；应收账款（票据）占资产总额的比率，10年间平均值为25.68%；存货占资产总额的比率，10年间平均值为10.45%；流动资产占资产总额的比率，最大值为84.21%，最小值为74.80%，平均值为78.88%；固定资产占资产总额的比率，10年间平均值为9.08%。从资产结构看，格力电器的资产74%以上由流动资产构成，这表明它是一家轻资产型制造业公司。

②货币资金分析。

货币资金主要从两个方面进行分析：货币资金时间序列分析；货币资金与现金和现金等价物的关系。图10-29描述了格力电器10年间货币资金以及货币资金占营业收入、占资产总额的时间序列分布。从图中可以看出，格力电器期末货币资金各年呈上升趋势，年复合增长率为26.46%；货币资金占营业总收入的比率10年间均值为50.48%，货币资金占资产总额比率10年间均值为37.56%，两个比率的变动趋势基本一致。

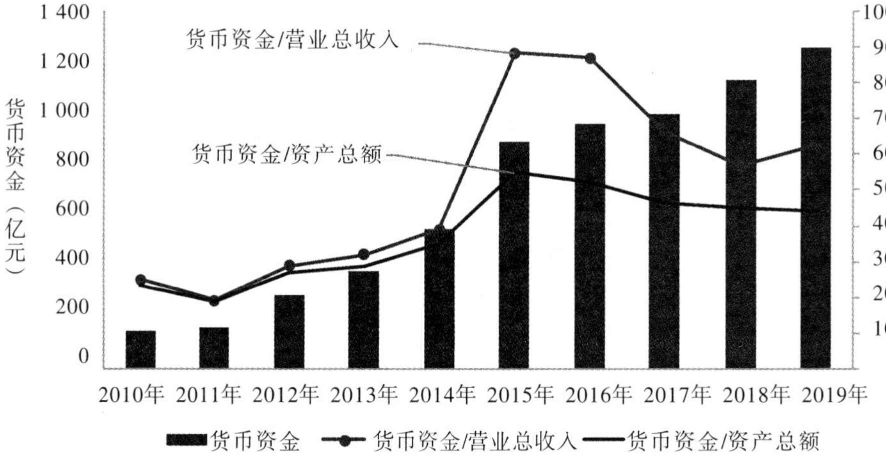


**图10-29 货币资金及其比率时间序列分布**

在2019年年末，格力电器货币资金余额为1 254.01亿元，货币资金占营业总收入比率为62.54%，货币资金占总资产比率为44.32%，这表明公司的货币资金较为充裕。为什么还需要159.44亿元左右的短期借款呢？其原因可能：一是格力电器货币资金存在部分限制性情况，根据报表附注，在货币资金中，有133.29亿元使用受到限制的存款（其中法定存款准备金有近30.14亿元、票据和信用证等保证金超过103.15亿元），不属于现金及现金等价物范畴的定期存款有856.99亿元。期末可自由支配的仅有263.73亿元，这一数额大于年末短期贷款，这意味着公司的现金偿债能力较强。二是格力电器通过集权化管理，利用母公司融资能力强的优势，将自身作为融资平台通过短期借款为子公司提供资金支持。

图10-30描述了格力电器货币资金、现金及现金等价物的时间序列分布，在

2010年到2015年间，两者的变动趋势基本一致，且差距较小，2015年后现金及现金等价物呈下降趋势，2016年后有所回升，但两者的差距仍然较大，表明格力电器货币资金中限制性情况呈上升趋势。

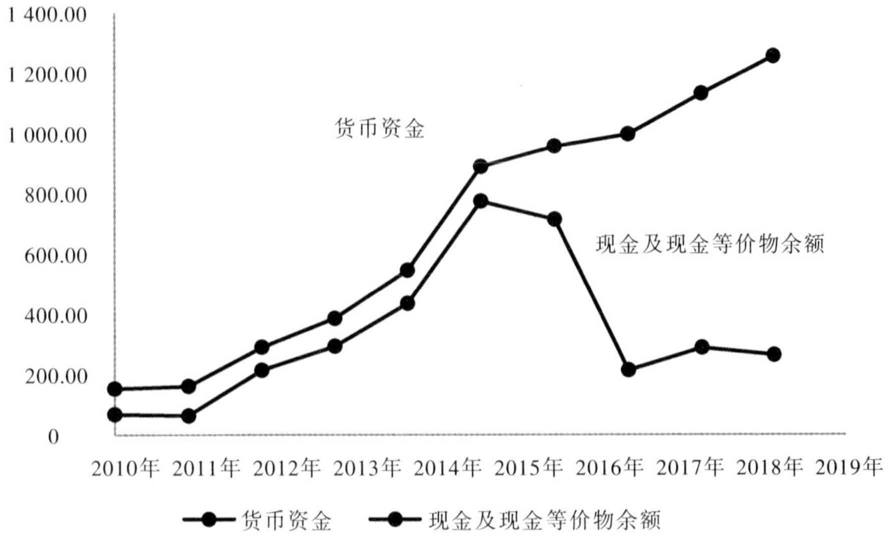


图10-30 货币资金与现金及现金等价物时间序列分布（单位：亿元）

以2019年为例，2019年年末，格力电器货币资金和现金及现金等价物的关系：

$$\text{期末现金及现金等价物余额}=\text{货币资金}-\text{使用受到限制的存款}-\text{不属于现金及现金等价物范畴的定期存款}+\text{其他现金等价物}$$

$$=1\ 254.01-133.29-856.99+0=263.73\text{（亿元）}$$

期末货币资金与现金及现金等价物的差额为990.28亿元，这意味着在货币资金中有78.97%（990.28÷1 254.01×100%）的资金为不能随时使用的资金。

③经营性营运资本分析。

经营性营运资本等于经营性流动资产与经营性流动负债之间的差额。前者主要有应收账款（票据）、预付款项、存货；后者主要有应付账款（票据）、预收款项等。经营性营运资本反映了公司为满足经营需要垫支的资本，其需要量的多少主要与各自周转率等因素有关。

第一，应收账款（票据）与应付账款（票据）分析。

图10-31描述了格力电器2010—2019年应收账款、应收票据（包括应收账款融资）、预收款项的时间序列分布情况。从图中可以看出，格力电器应收票据远远高于应收账款，在2010年至2019年间，假设2019年公司的应收账款融资视为应收票据，10年间应收票据平均值相当于应收账款平均值的89.11倍。以2019年为例，与过千亿元的销售额相比，只有85.13亿元的应收账款，却有282.26亿元应收账款融资（从应收票据转化），并且绝大多数为银行承兑票据。这说明了什么呢？一般而言，应收票

据的安全性远远大于应收账款，尤其是银行承兑票据，到期后银行会无条件兑付。坏账风险微乎其微，从而保证了公司的预期效益。同时也说明了格力电器产品的畅销性，对市场的控制力是很强悍的，下游客户不这样就拿不到货。此外，格力电器在2019年还有82.26亿元的预收款项。这表明格力电器的资产构成是较为健康的。

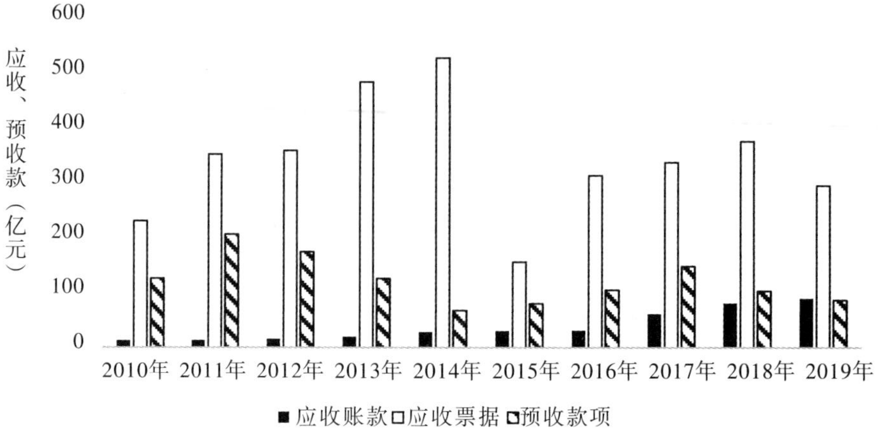


**图10-31　格力电器应收账款、应收票据、预收款项时间序列分布**

图10-32描述了格力电器应收账款（票据）、总营业收入及两者之间的比率。从应收账款（票据）与总营业收入比率看，应收账款（票据）占总营业收入的比率越低，则说明公司对下游公司的议价能力越强。格力电器在2010年至2019年间，这一比率的平均值为31.68%，从整体上看，这一比率呈下降趋势，但在2018年又开始上升。从两者的增长率指标看，在2010年至2019年间，应收账款（票据）平均增长率为16.39%，总营业收入平均增长率为18.75%。收入增长率略大于应收账款（票据）增长率，表明公司收入增长较为合理。

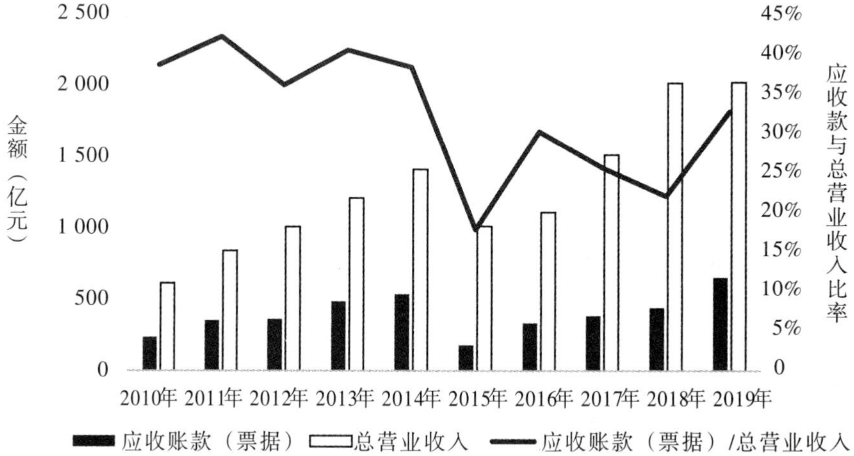


**图10-32　应收账款（票据）与营业收入及其比率时间序列分布**

第二，应收账款与应付账款议价能力分析。

将应收账款和应付账款结合一起进行分析，不仅可以判断公司在上下游的议价能力；还可以对应收账款的账龄和客户分析，欠账的客户是集中还是分散，客户有什么特点，是什么原因形成的应收账款，应收账款坏账的计提标准是多少；还要关注应收账款和应付账款的比例关系，一般来说，应收账款是对下游的议价能力，应付账款是对上游的议价能力。应付账款可以理解为购买原材料（营业成本）而待支付的部分，应收账款则是销售收入待收回的部分，在利润表中都体现了，但是都没能实现收支。应付账款/应收账款为议价能力比率，该数值大于1表示公司整体议价能力较强（该收的都收回来了，该付的却欠着）；该数值小于1可以理解为公司整体议价能力较弱（该收的没收回来，该付的却都付了）。在图10-33中，2010年至2014年间，公司的应收收账（票据）大于应付账款（票据），在2015年至2019年间，应付账款（票据）大于应收账款（票据）。从议价能力分析，在2010年至2019年间，这一比率最大值为1.81，最小值为0.63，平均值为0.97。如果不考虑应收账款融资（即公司应收票据转化为应收账款融资），格力电器10年间议价能力比率平均值为1.13，这表明公司上下游议价能力基本相当。

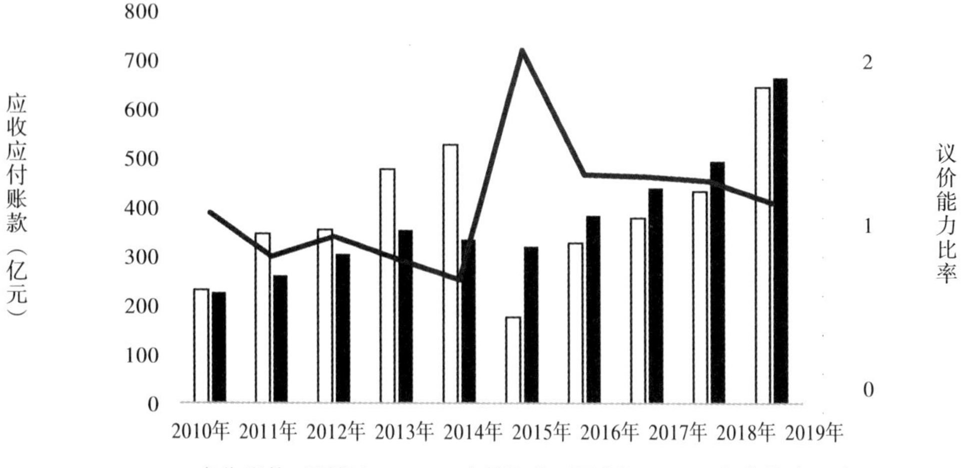


图10-33 格力电器议价能力时间序列分布

应收账款和应付账款不仅是资产负债表的两个项目，反映了公司在行业内的竞争力，也是一种创新的商业模式。在现金流为王的年代，选择应收账款低的行业本身就有很大的优势，然而即使是在应收账款低的行业里，公司之间的差异也非常大，不能简单判断出谁最优秀，还需要具体分析。

第三，存货占比分析。

图10-34描述了格力电器2010年至2019年各年存货及存货占营业收入比率变动趋势，10年间，存货均值为147.18亿元，存货占营业收入比率均值为12.49%，

这一比率整体呈下降趋势。

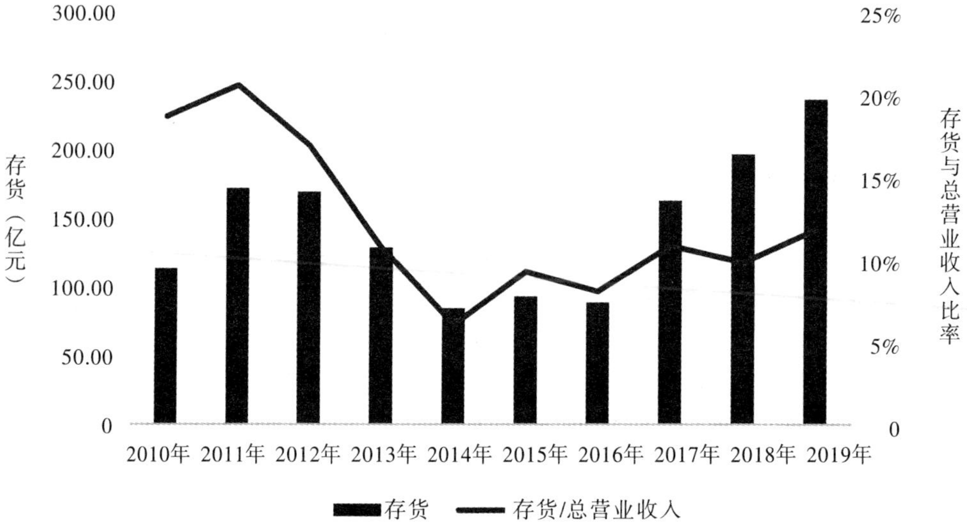


**图 10-34　格力电器存货及存货占比时间序列分布**

第四，经营性营运资本周转率与周转天数分析。

图 10-35 描述了各种周转率指标的时间序列分布情况，在 2010 年至 2019 年间，格力电器应收账款（票据）周转率平均值为 3.48 次；存货周转率平均值为 8.22 次；应付账款（票据）周转率平均值为 3.08 次。从图中可以看出，存货周转率在分析期波动率较大，应收账款（票据）和应付账款（票据）周转率在整个分析期波动率较小。

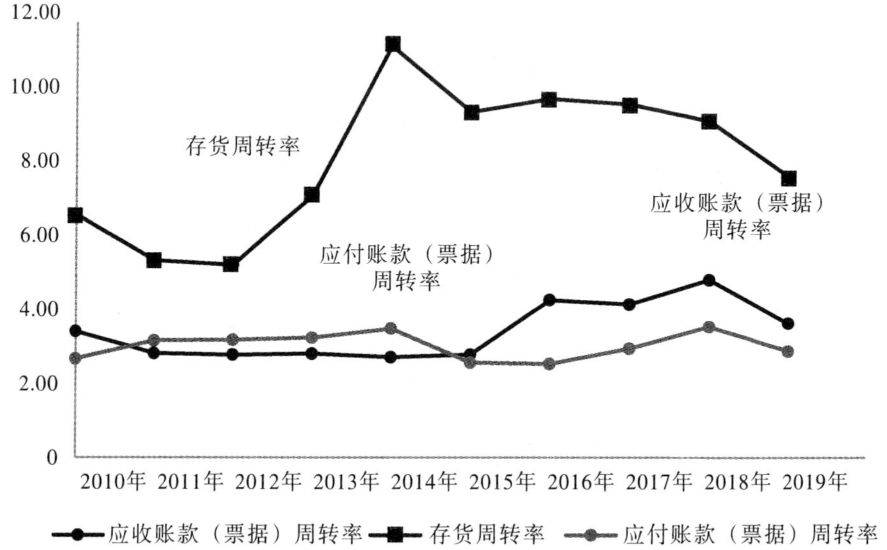


**图 10-35　周转率指标时间序列分布**

根据周转率指标可以计算周转天数指标，见表 10-62。

表 10-62　　格力电器周转天数

| 年份 | 2010 | 2011 | 2012 | 2013 | 2014 | 2015 | 2016 | 2017 | 2018 | 2019 |
|---|---|---|---|---|---|---|---|---|---|---|
| 应收账款（票据）周转天数 | 105.07 | 127.06 | 128.81 | 127.57 | 132.03 | 128.67 | 84.00 | 86.36 | 74.53 | 98.83 |
| 存货周转天数 | 54.52 | 67.13 | 68.68 | 50.60 | 32.16 | 38.29 | 36.89 | 37.46 | 39.36 | 47.14 |
| 应付账款（票据）周转天数 | 134.17 | 113.23 | 112.55 | 110.53 | 102.65 | 139.60 | 141.35 | 121.45 | 101.31 | 124.82 |
| 现金周转天数 | 25.42 | 80.96 | 84.94 | 67.64 | 61.54 | 27.36 | -20.46 | 2.37 | 12.58 | 21.15 |

表 10-62中现金周转天数按下式计算：

现金周转期=应收账款（票据）周转天数+存货周转天数-应付账款（票据）周转天数

根据表 10-62的数据，格力电器在2010年至2019年间，应收账款（票据）周转天数平均值为109.29天；存货周转天数平均值为47.22天；应付账款（票据）周转天数平均值为120.17天；现金周转天数平均值为36.35天。根据经营性营运资本的定义，也可以将现金周转天数称为经营性营运资本周转天数。

从理论上说，现金周转天数为零最好，这样就不需要动用公司的流动资金就能赚钱。事实上，有一些公司的现金转换天数不仅能做到零甚至能做到负数。相对来说，格力电器的现金周转期比较低，说明公司现金周转快，如果有闲置现金，公司可以做一些短期理财，即使用供应商的钱来赚钱、发展。

④固定资产与总资产分析。

固定资产是公司现有产能的体现，而在建工程则代表了公司未来产能的提升空间。在2010年至2019年间，固定资产复合增长率为16.62%；固定资产占营业收入的比率呈下降趋势。在建工程在10年间的复合增长率为25.79%。2019年的在建工程仅24.31亿元，固定资产高达191.22亿元，相当于在建工程的7.87倍。因此可以判断2019年公司收入增长的主要驱动因素只有产品的提价，而不是产能的增加。当然，在建工程的具体项目还是建议再看报表附注去深入分析。无形资产从2010年的5.05亿元，到2019年增加到53.06亿元，10年间的复合增长率为29.59%。图 10-36描述了格力电器固定资产、在建工程、无形资产及固定资产占营业收入比率的时间序列分布情况。

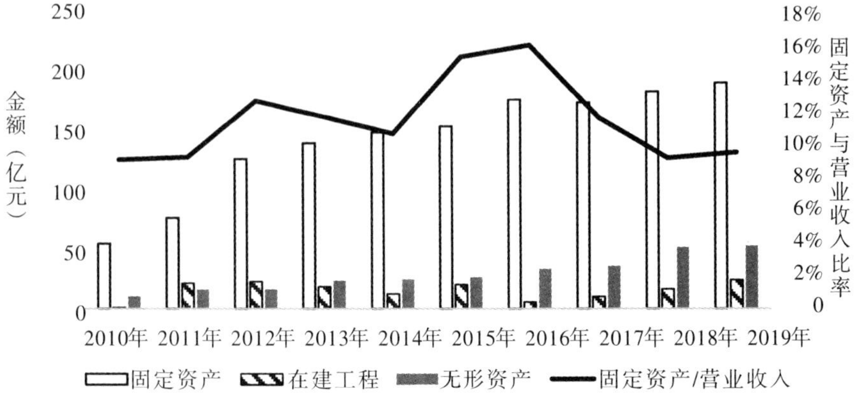


图 10-36　长期资产及固定资产占营业收入时间序列分布

图10-37列示了固定资产周转率和总资产周转率时间序列分布，由于格力电器的资产主要由流动资产构成，固定资产数额比较少，在2010年至2019年间，固定资产周转率最大值为12.63次，最小值为6.62次，平均值为9.66次，在分析期，固定资产周转率波动性较大；总资产周转率均值为0.8次，分析期波动性较小。

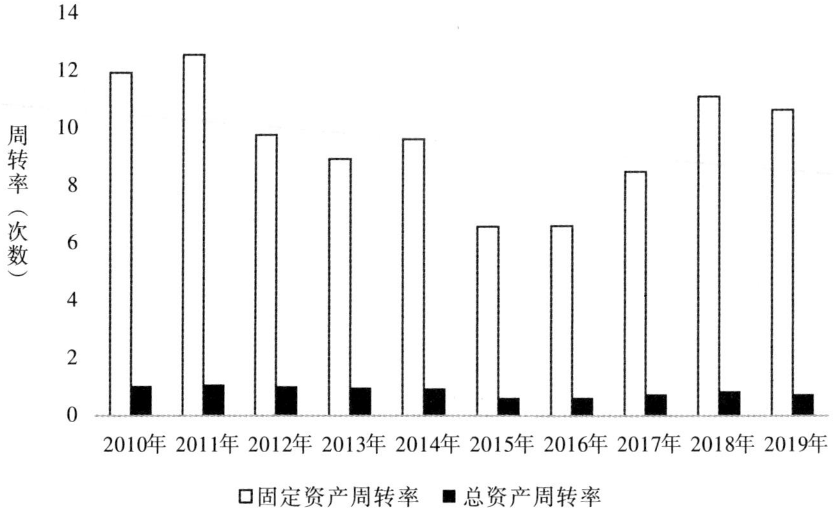


**图10-37　固定资产、总资产周转率时间序列分布**

固定资产周转率主要用于分析对厂房、设备等固定资产的利用效率，其数值越高，说明固定资产的利用率越高，管理水平越好。如果固定资产周转率与同行业平均水平相比偏低，则说明公司对固定资产的利用率较低，从而可能会影响公司的获利能力。

一般而言，影响总资产周转率的因素包括：公司所处的行业以及经营背景、公司经营周期的长短、公司资产的构成以及质量、资产的管理力度以及公司所采取的信用政策等。

⑤偿债能力分析。

图10-38描述了格力电器2010年至2019年间短期偿债能力相关的财务比率。从图中可以看出，在分析期间，流动比率和速动比率呈小幅上升趋势，且变化趋势基本相同；现金比率在10年间先上升后下降，波动性较大（最大值为0.69，最小值为0.1，均值为0.19）。

图10-39描述了应付账款、应付票据、预收款项占流动负债的比率，从图10-39中可以看出，应付票据、预收款项占流动负债的比率在2010年至2014年间，逐渐下降；在2014年至2019年间这两个比率比较稳定，波动性较小。在商业信用中，构成最多的是应付账款，在分析期的10年间，应付账款/流动负债的平均值为25.2%，其他两项比率平均占比分别为10.18%和12.97%。从整体上看，商业信用占流动负债的比率平均值为48.35%。

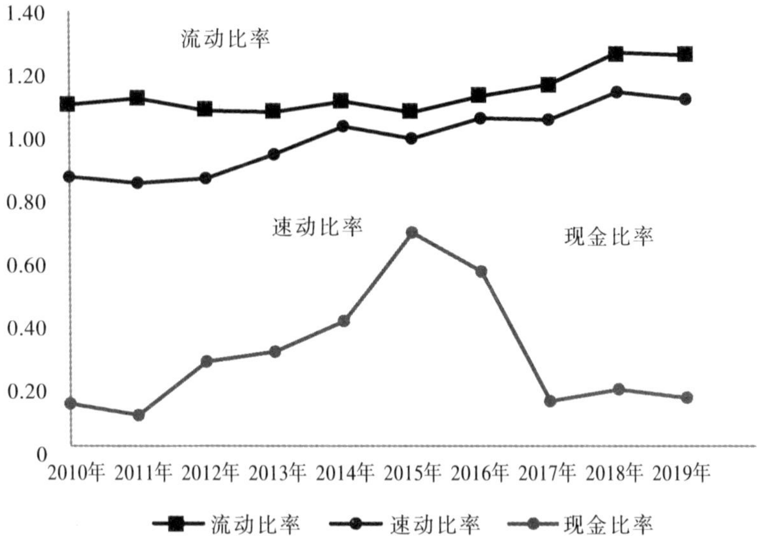


图10-38 短期偿债能力时间序列分布

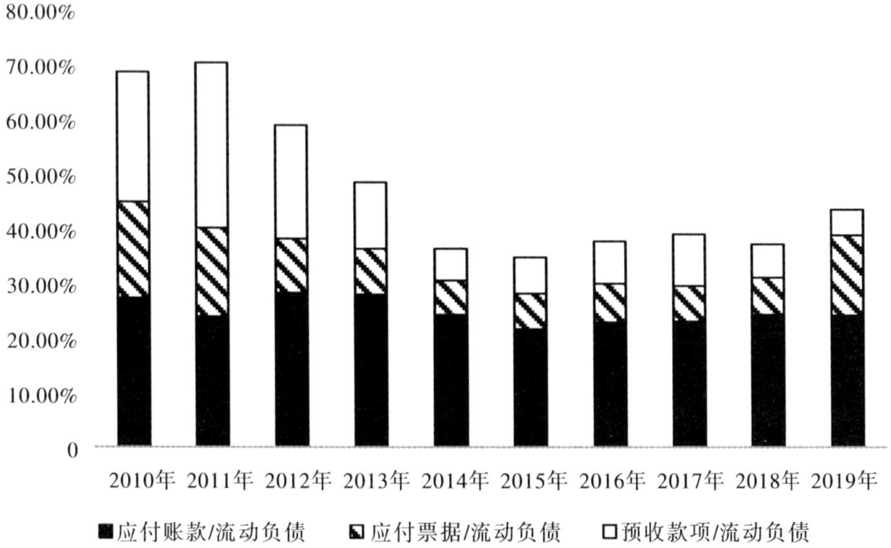


图10-39 应付账款（票据）、预收款项占流动负债比率时间序列分布

反映公司长期偿债能力的指标主要为债务的期限结构（短期债务/债务总额）、资产负债比率（负债总额/资产总额）、付息债务比率（付息债务/投入资本），有关指标的时间序列状况如图10-40所示。

在图10-40中，在2010年至2019年间，格力电器的短期负债占负债总额比率的平均值为98.4%，这意味着格力电器长期负债占比10年平均值低于2%。结合图10-39，在流动负债中，应付账款（票据）和预收账款占比几乎达到50%，这表

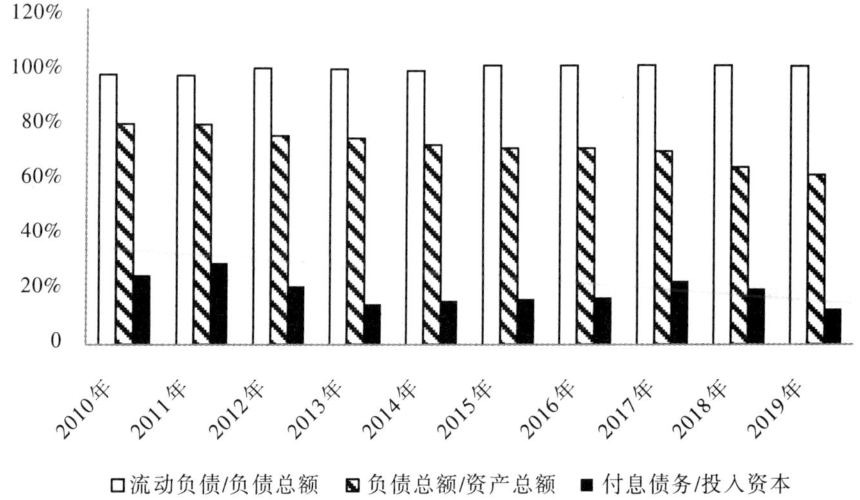


图10-40 长期偿债能力比率时间序列分布

明，格力电器的负债构成中商业信用较大，即占用上游供应商的资金较多。进一步分析发现虽然资产负债率较高，但从付息债务比率（付息债务/投入资本）来看，10年间付息债务比率均值仅为19.23%。

此外，资产负债表中股东权益反映了股东对公司控制权和剩余收益索取权的大小。一般来说，实收资本是指投资者对公司的投入资本的价值，是公司据以向投资者进行利润或股利分配的主要依据；资本公积反映投入资本本身的增值；盈余公积和未分配利润是公司经营过程中的资本增值，如果公司的留存收益比率大，则意味着公司自我发展的潜力大；股东权益扣除少数股东权益是指归属于母公司所有者的权益。根据格力电器的资产负债表，在2010年至2019年间，实收资本从28.18亿元上升至60.16亿元，复合增长率为8.79%；资本公积从1.91亿元下降到0.93亿元，复合增长率为-7.69%； 盈余公积从22.36亿元上升到35亿元，复合增长率为5.1%；未分配利润从80.3亿元上升到937.95亿元，复合增长率为31.40%。这表明，格力电器的股东权益逐年上升。

综上所述，格力电器资产负债表的特点主要表现在：第一，流动资产占公司资产总额接近80%；第二，货币资金占资产总额的比重超过30%，但货币资金与现金及现金等价物的差额在扩大；第三，应收票据和应收账款合计基本等于应付账款和应付票据，公司对行业上下游的议价能力基本相当；第四，短期负债金额大、比重高，长期负债和短期负债的比例严重失调。

（4）现金流量表与信用风险分析

①结构百分比分析。

现金流量表分析主要是分析现金流量及其结构，可以了解公司现金的来龙去脉和现金收支构成，评价公司经营状况、创造现金能力、筹资能力和资金实力。

根据格力电器现金流量表，现金流入量表明公司的现金从哪里来。在2010年至2019年间，经营活动产生的现金流入量占全部现金流入量比率的均值为86.45%；投资活动创造的现金流入量占全部现金流入量比率的均值为2.67%；筹资活动创造的现金流入量占全部现金流入量比率的均值为10.88%。一般来说，经营活动现金流入量占现金总流入量比重大的公司，经营状况较好，财务风险较低，现金流入结构较为合理。

公司现金流出量的构成，主要反映现金用到哪里去了。根据现金流量表，在2010年至2019年间，格力电器经营活动产生的现金流出量占全部现金流出量比率的均值71.26%；投资活动产生的现金流出量占全部现金流出量的比率均值为13.15%；筹资活动产生的现金流出量占全部现金流出量的比率均值为13.84%。上述分析表明，格力电器在这一期间现金流入量和流出量主要来自或用于经营活动中。这表明公司自身创造现金的能力较强，财力基础较稳固，偿债能力和对外筹资能力较强。

在分析中，还需要关注现金及现金等价物净增加额的构成，如果一家公司在生产经营正常、投资和筹资规模不变的情况下，现金及现金等价物净增加额越大，公司活力越强。换言之，如果公司的现金及现金等价物净增加额主要来自生产经营活动产生的现金流量，可以反映出公司收现能力强，坏账风险小，其营销能力一般比较强；如果公司的现金流入量主要是投资活动产生的，甚至是由处置固定资产、无形资产和其他长期资产而增加的，这可能反映出公司生产经营能力弱，通过处置非流动资产以缓解资金矛盾，但也可能是公司为了走出困境而调整资产结构；如果公司现金及现金等价物净增加额主要是由于筹资活动引起的，意味着公司将支付更多的利息或股利，它未来的现金流量净增加额必须更大，才能满足偿付的需要，否则，公司就可能承受较大的财务风险。

从现金流出量分析，如果公司经营活动产生的现金流量净额是正数，且数额较大，而公司整体上现金流量净减少主要是购建固定资产、无形资产或其他长期资产引起的，或主要是对外投资引起的，这一般是由于公司进行设备更新或扩大生产能力或投资开拓市场，这种现金流量净减少并不意味着公司经营能力不佳，而是意味着公司未来可能有更多的现金流入。如果公司现金流量净减少主要是由于偿还债务及利息引起的，这就意味着公司未来用于满足偿付需要的现金可能将减少，公司财务风险变小，只要公司营销状况正常，公司不一定就会走向衰退。当然，短时期内使用过多的现金用于偿债，可能引起公司资金周转困难。

图10-41描述了2010年至2019年间，格力电器经营活动、投资活动、筹资活动产生的现金净流量的变动趋势。从图中可以看出，公司的现金净流量主要是由经营活动创造的，这表明公司自身创造现金的能力较强，尽管公司可以通过对外筹资等途径取得现金流，但公司债务的偿还主要依靠经营活动的净现金流量。投资活动和筹资活动的净现金流量基本上是负数，特别是2017年由于“支付其他与投资活动有关的现金”数额较大（514.12亿元），导致该年现金净流量出现较大的缺口。

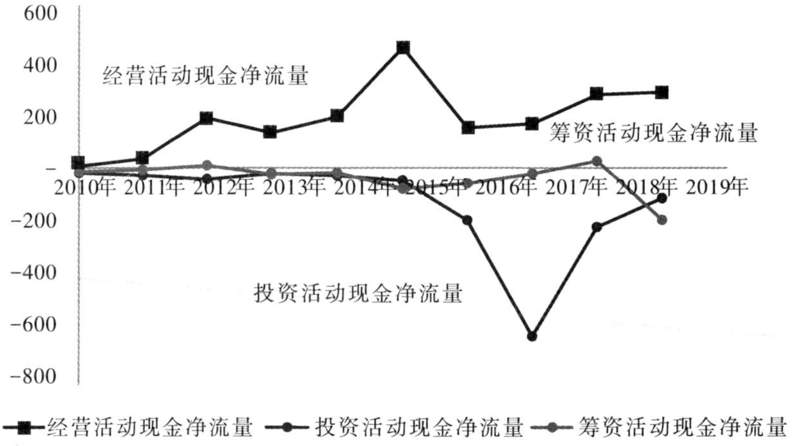


图10-41 现金净流量时间序列分布（单位：亿元）

②比率分析。

经营活动现金流量是现金流量表的核心部分，在分析中可以把关注点放在两个指标上："销售商品、提供劳务收到的现金"和"经营活动产生的现金流量净额"。

第一，销售商品、提供劳务收到的现金/营业收入。

将销售商品、提供劳务收到的现金与营业收入比较，可以大致说明公司销售回收现金的情况及公司销售的质量。图10-42描述了格力电器在分析期这一比率的变化趋势，在此期间，这一比率的最大值为1.1030，最小值为0.5849，均值为0.7078。在应收票据比较多的情况下，应将销售商品、提供劳务收到的现金与应收票据中的银行承兑汇票相加后再与营业收入比较。这一比率表明，格力电器收现数所占比重大，销售收入实现后所增加的资产转换成现金的速度快、质量高。

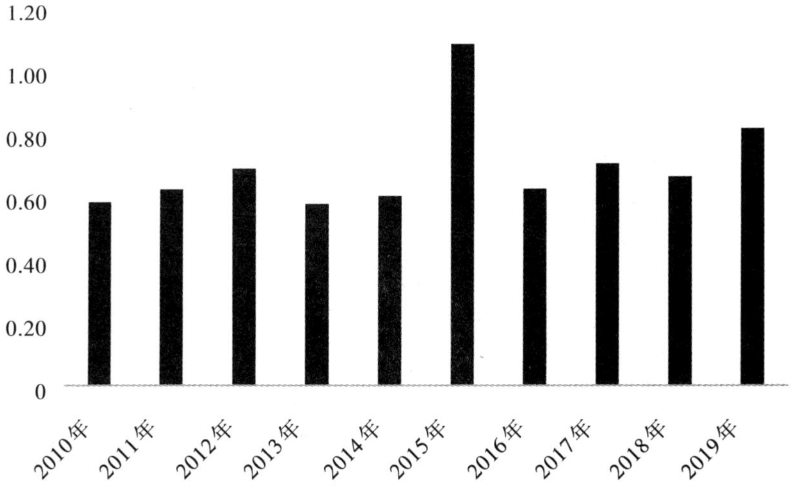


图10-42 销售商品、提供劳务收到的现金/营业收入时间序列分布

第二，销售商品、提供劳务收到的现金/购进商品、接受劳务支付的现金。

将销售商品、提供劳务收到的现金与购进商品、接受劳务支付的现金进行比较，在公司经营正常、购销平衡的情况下，二者比较是有意义的。该比率大，说明公司的销售利润大，销售回款良好，创造现金能力强。图10-43描述了格力电器在分析期这一比率的变动趋势，在此期间，这一比率的最大值为2.6073，最小值为1.0531，均值为1.7683。

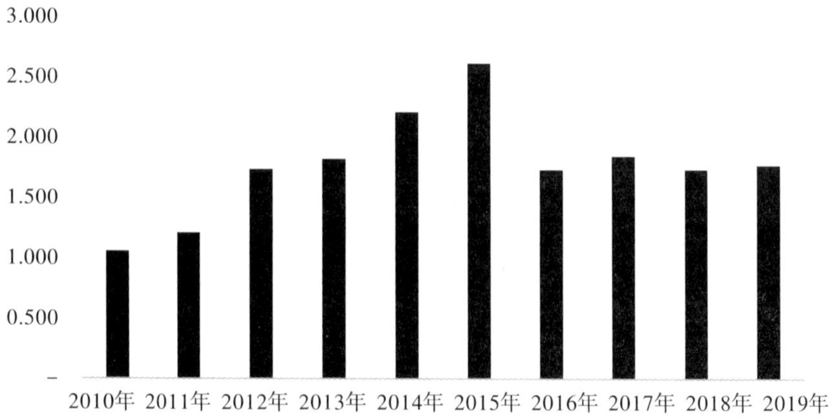


图10-43　销售商品、提供劳务收到的现金/购进商品、接受劳务支付的现金时间序列分布

第三，经营活动产生的现金流量净额/净利润。

经营活动产生的现金流量净额与会计利润之比若大于1或等于1，说明会计利润的收现能力较强，利润质量较好；若小于1，则说明会计利润可能受到人为操纵或存在大量应收账款，利润质量较差。格力电器在分析期，这一比率最大值为3.5154，最小值为0.1432，均值为1.3108，表明公司产品具有较强的收现能力，利润质量好，但在此期间，这一比率的波动性很大，如图10-44所示。

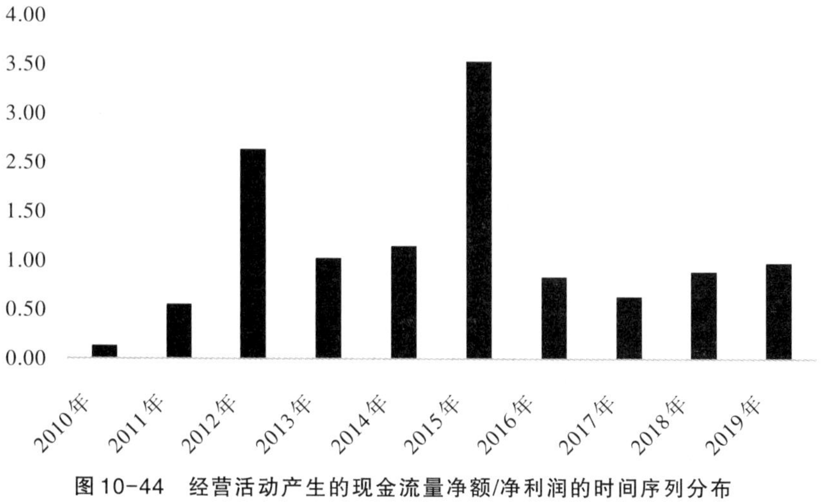


图10-44　经营活动产生的现金流量净额/净利润的时间序列分布

第四，偿债能力的比率。

在市场经济条件下，公司现金流量在很大程度上决定着公司的生存和发展能力。即使公司具有盈利能力，但若现金周转不畅、调度不灵，也将严重影响公司正常的生产经营，偿债能力的弱化直接影响公司的信誉，最终影响公司的生存。以现金流量表计算偿债能力的指标主要有：

公司短期偿债能力的比率=经营活动产生的现金流量净额÷流动负债

$$\text{分配现金股利、利润和利息的比率}=\frac{\text{经营活动产生的现金流量净额}}{\text{分配股利、利润或偿付利息支付的现金}}$$

上述两个比率越大，说明公司偿债能力和支付现金股利能力越强。

第五，现金流量资本支出比率。

现金流量资本支出比率=经营活动产生的现金流量净额/资本支出总额

公式中“资本支出总额”是指公司为维持或扩大生产能力而购置固定资产或无形资产而发生的支出。这一比率越大，说明公司支付资本支出的能力越强，资金自给率越高，当比率达到1时，说明公司可以靠自身经营来满足扩充所需的资金；若比率小于1，则说明公司需要靠外部融资来补充所需的资金。

图10-45、图10-46、图10-47描述了格力电器在分析期从现金流量视角度量的偿债能力和资本支出能力的变动趋势。根据图10-45，格力电器在此期间，经营活动产生的现金净流量与流动负债比率最大值为0.3940，最小值为0.0124，均值为0.1565，这表明采用经营活动产生的现金净流量偿还短期债务的能力较弱。根据图10-46，从分配现金股利、利润和利息的比率变化趋势看，这一比率最大值为31.2178，最小值为0.6390，均值为6.4293，这一比率的均值虽然比较高，但在此期间的波动性较大，或者说这一比率不够稳定。在图10-47中，现金流量资本支出比率在此期间的最大值为15.3823，最小值为0.2482，均值为6.1590，这一比率表明公司可以通过经营活动创造的现金流量满足投资需求。

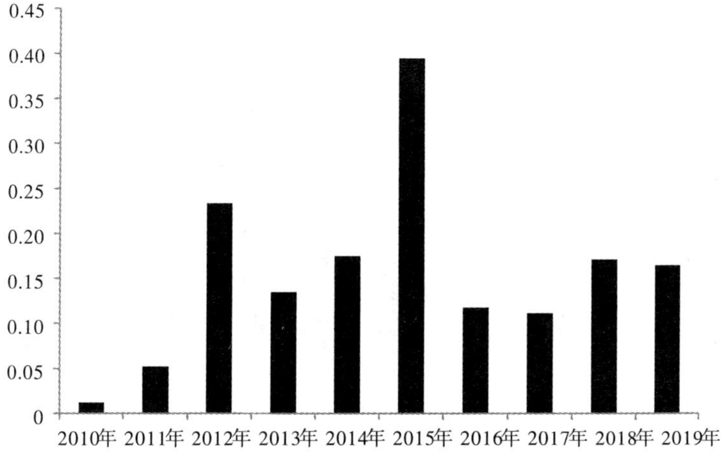


**图10-45　经营活动产生的现金净流量/流动负债的时间序列分布**

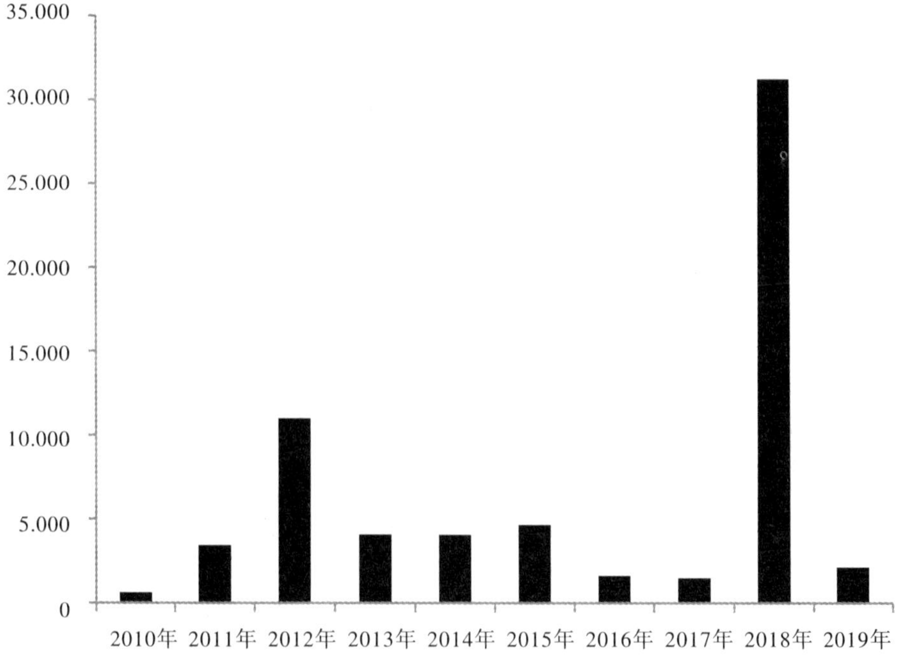


图10-46　经营活动产生的现金净流量/分配股利、利润或偿付利息支付的现金的时间序列分布

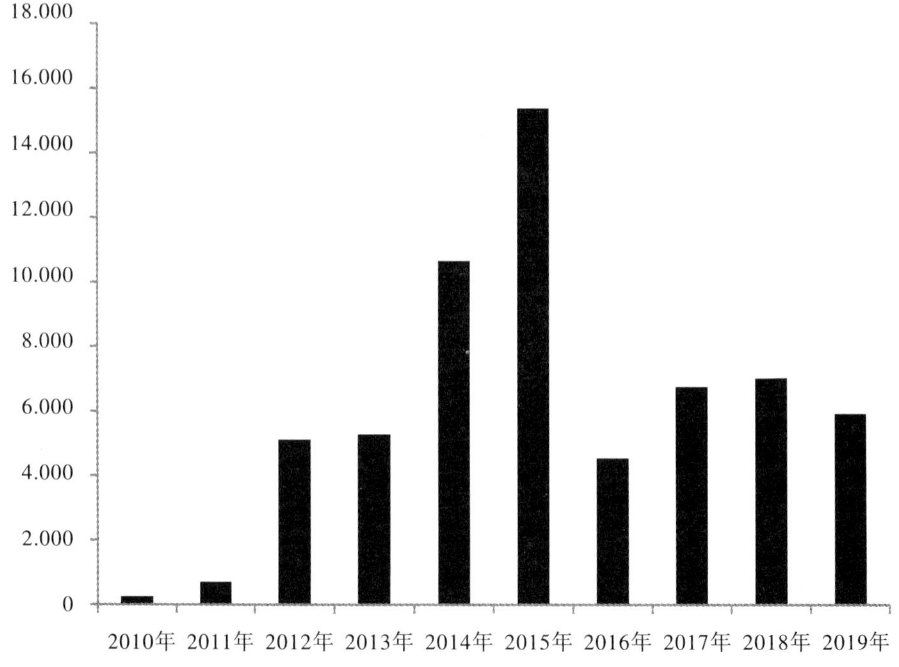


图10-47　经营活动产生的现金净流量/资本支出的时间序列分布

③信用风险分析：Z-Score计算，见表10-63。

表10-63　　**格力电器Z-Score值（2010—2019年）**

| 年份 | 2010 | 2011 | 2012 | 2013 | 2014 | 2015 | 2016 | 2017 | 2018 | 2019 |
|---|---|---|---|---|---|---|---|---|---|---|
| 营运资本/资产总额 | 0.0741 | 0.0888 | 0.0582 | 0.0542 | 0.0752 | 0.0515 | 0.0879 | 0.1118 | 0.1673 | 0.1548 |
| 留存收益/资产总额 | 0.1565 | 0.1720 | 0.1909 | 0.2121 | 0.2419 | 0.2550 | 0.2609 | 0.2756 | 0.3401 | 0.3438 |
| EBIT/资产总额 | 0.0319 | 0.0433 | 0.0636 | 0.0725 | 0.0938 | 0.0644 | 0.0659 | 0.1157 | 0.1127 | 0.0921 |
| 股票市价/负债账面价值 | 0.3596 | 0.2866 | 0.3616 | 0.3923 | 0.4142 | 1.0323 | 1.0949 | 1.7511 | 1.3364 | 2.3082 |
| 营业收入/资产总额 | 0.9269 | 0.9801 | 0.9307 | 0.8978 | 0.8961 | 0.6219 | 0.6038 | 0.6979 | 0.7962 | 0.7086 |
| Z-Score值 | 1.5560 | 1.6423 | 1.6945 | 1.7342 | 1.8833 | 1.8728 | 1.9490 | 2.6505 | 2.6466 | 3.0644 |

*留存收益=未分配利润+盈余公积。

表10-63列示了格力电器2010年12月31日至2019年12月31日Z-Score值，从表中数据可知，该公司各年的Z-Score值在2017年以后大于2.6，表明该公司财务状况开始改善，信用风险逐年降低。

综上所述，格力电器在2010年至2019年间，从现金流量的角度分析主要有以下特点：①现金流入量和流出量主要来自或用于经营活动，这表明公司自身创造现金的能力较强，财力基础较稳固，偿债能力和对外筹资能力较强。②经营活动产生的现金流量与会计利润之比均值大于1，表明公司产品收现能力较强，利润质量较好。③公司现金满足投资比率较高，但现金偿还流动负债的比率相对较低。④从Z-Score值看，在近10年间，大部分年份低于2，从2017年开始，Z-Score值逐渐上升，公司的信用风险逐渐下降。

（5）同行业比较分析。

根据Wind金融数据库，选择家用电器业10家公司，以2019年度的数据为基础，将格力电器与同业其他9家公司进行比较与分析，如图10-48至图10-59所示。比较的主要财务数据包括：总收入、净利润、总资产、总负债、股东权益、现金净流量；主要财务比率包括：销售毛利率、营业利润率、总资产收益率、净资产收益率、资产负债率、总资产周转率。

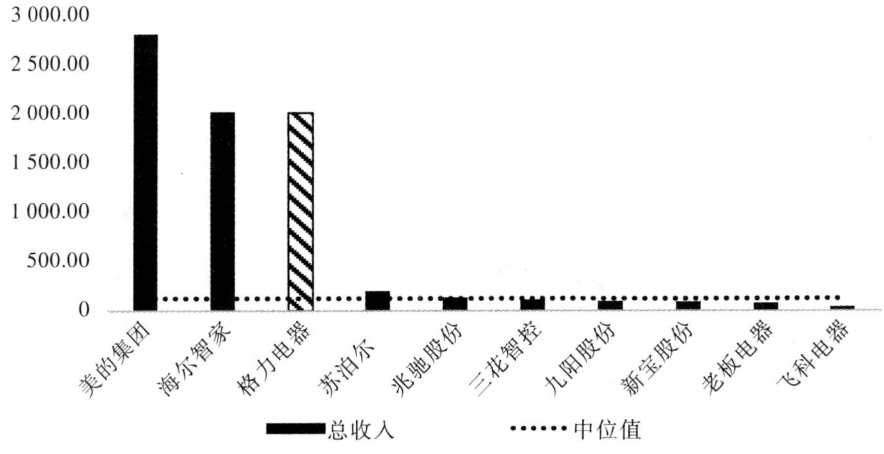


**图10-48　家用电器业（10家公司）公司总收入（2019年）（单位：亿元）**

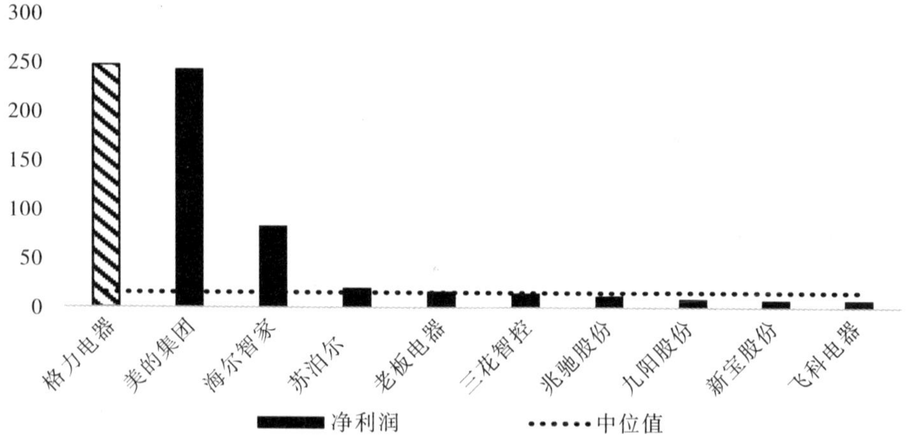


图10-49　家用电器业（10家公司）净利润（2019年）（单位：亿元）

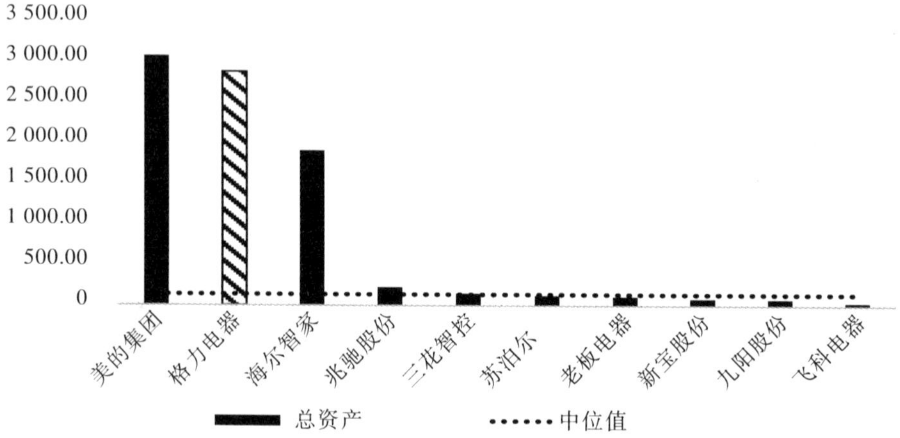


图10-50　家用电器业（10家公司）总资产（2019年）（单位：亿元）

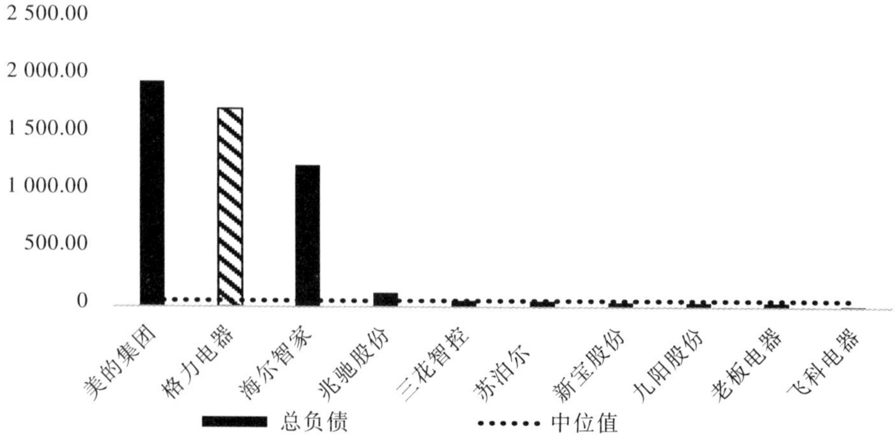


图10-51　家用电器业（10家公司）总负债（2019年）（单位：亿元）

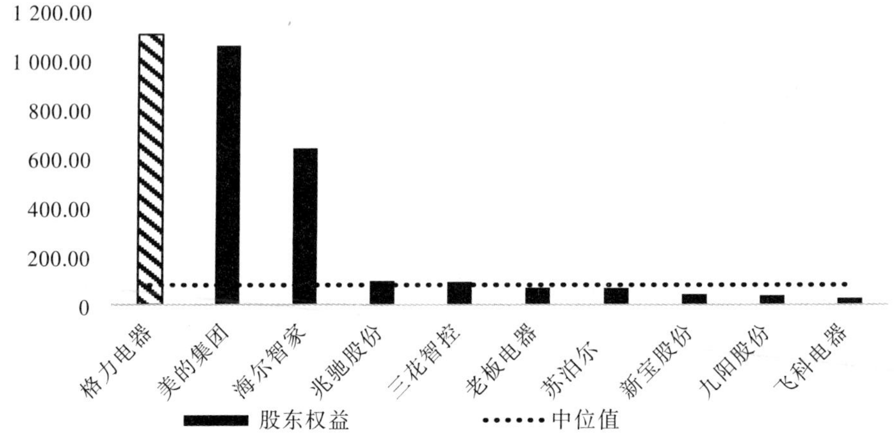


图10-52　家用电器业（10家公司）股东权益（2019年）（单位：亿元）

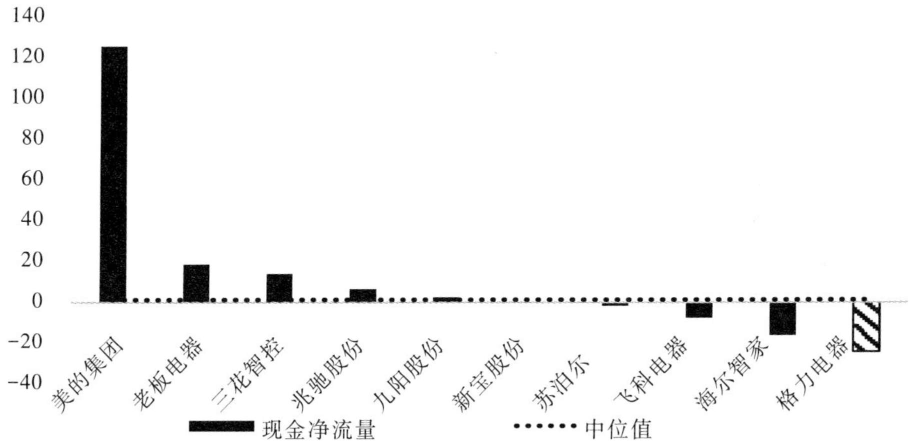


图10-53　家用电器业（10家公司）现金净流量（2019年）（单位：亿元）

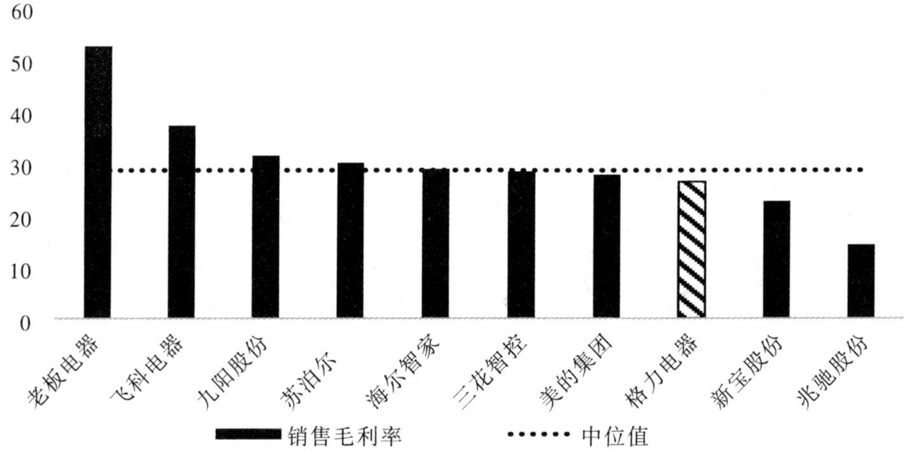


图10-54　家用电器业（10家公司）销售毛利率（2019年）（单位：%）

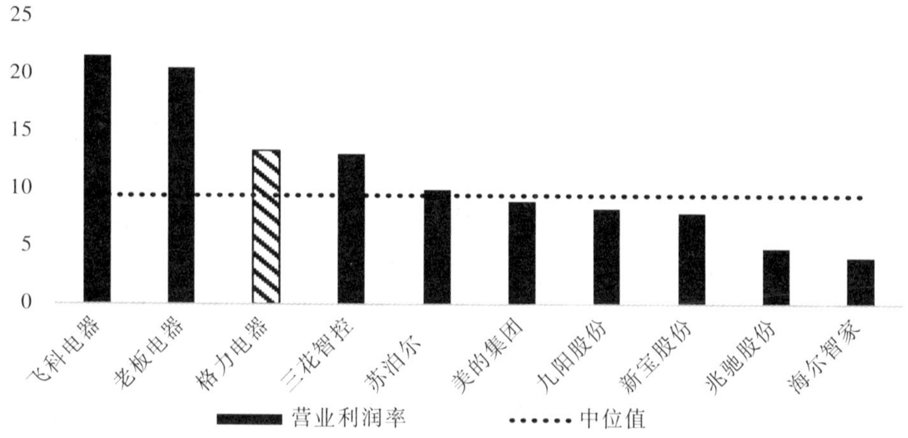


图10-55　家用电器业（10家公司）营业利润率（2019年）（单位：%）

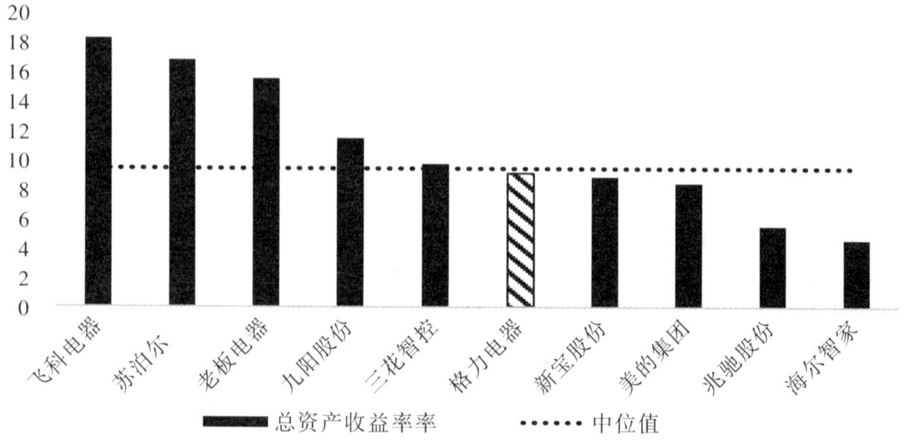


图10-56　家用电器业（10家公司）总资产收益率（2019年）（单位：%）

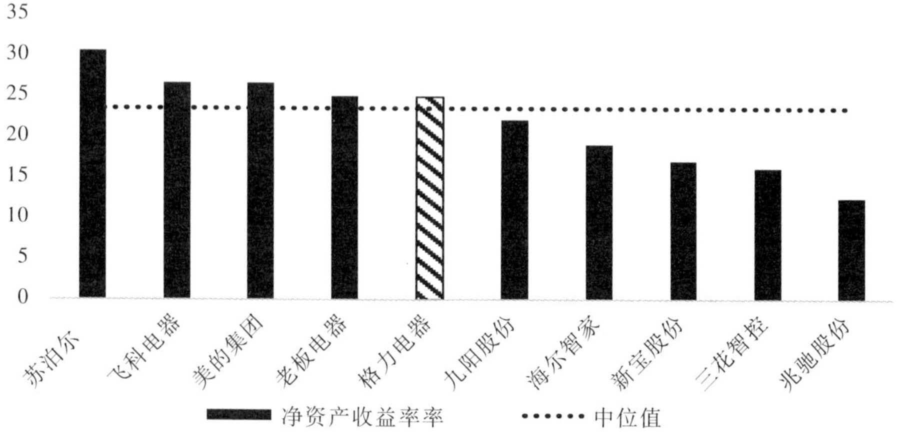


图10-57　家用电器业（10家公司）净资产收益率（2019年）（单位：%）

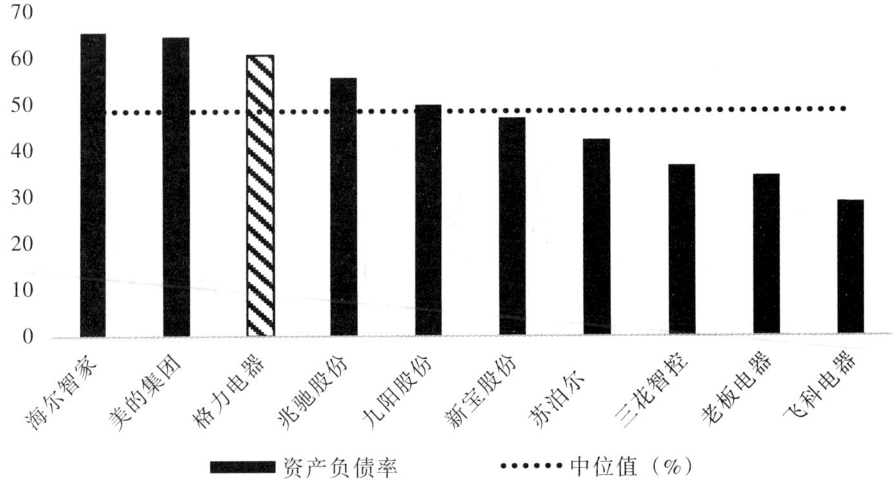


图10-58　家用电器业（10家公司）资产负债率（2019年）（单位：%）

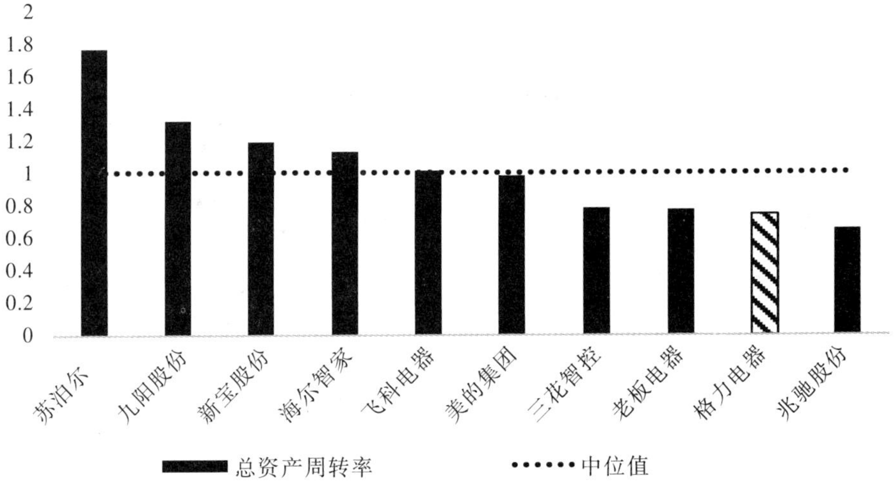


图10-59　家用电器业（10家公司）总资产周转率次数（2019年）（单位：次数）

总体来说，在10家公司中，从规模指标看，收入、净利润、总资产、总负债、股东权益，格力电器均位于前3位；现金净流量排在第10位，低于行业中位值。从利润率指标看，营业利润率排在前3位，净资产收益率排在第5位，但销售毛利率、总资产收益率低于行业中位值。这表明在家用电器业中，从收入和利润水平的绝对数看，格力电器处于行业领先地位，但从相对数看，有的指标低于行业中位值，这种现象也反映在美的集团和海尔智家规模与利润率水平的关系上。与此不同，老板电器的收入和净利润规模相对较低，但利润率指标相对较高，这些都反映了规模对利润率水平的影响。从其他两项指标看，格力电器的负债水平高于平均数，总资产周转率低于行业平均数。通过行业对比分析，找出差异，可以进一步分析关键指标发生差异的原因或影响因素。

2.格力电器财务预测与价值评估

公司价值评估的思维导图如图10-60所示。图的左边主要侧重对宏观经济、行业、战略以及公司治理方面的分析与评价；图的右边主要侧重对公司经营业绩、财务预测、价值评估等的分析与评价，这两部分相互联系、相互影响。案例2是在案例1的基础上，在评估格力电器经营业绩的基础上，主要进行格力电器财务报表预测和价值评估。限于篇幅，思维导图左边的内容不作详细分析。

同业财务数据比较

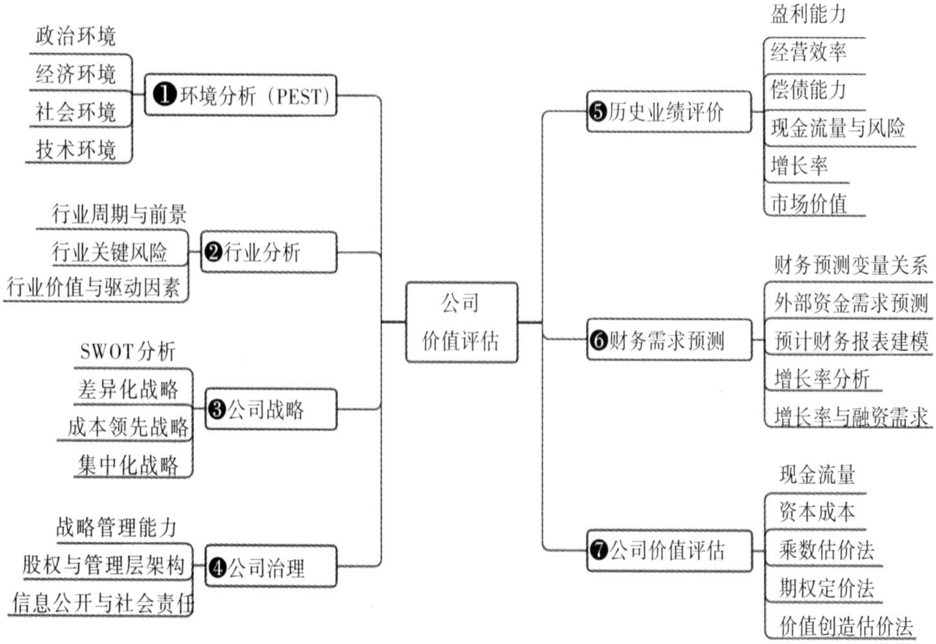


图10-60 公司价值评估框架

进行财务预测和价值评估主要包括四个方面：重构格力电器历史财务报表；预测格力电器预计财务报表；评估格力电器股票价值；比较家用电器业的价值和风险。

（1）重构历史财务报表

在财务预测之前，首先需要对财务报表项目进行重构。重构主要采取两种方法：一是整合报表项目，例如，将固定资产、生物资产、油气资产整合为一个项目“固定资产”，使报表项目更加简洁；二是忽略非经营业务损益，例如，投资收益、营业外收支等，使报表主要反映经营资产创造的价值。遵循重要性原则，在报表重构时，重点关注项目如图10-61所示。

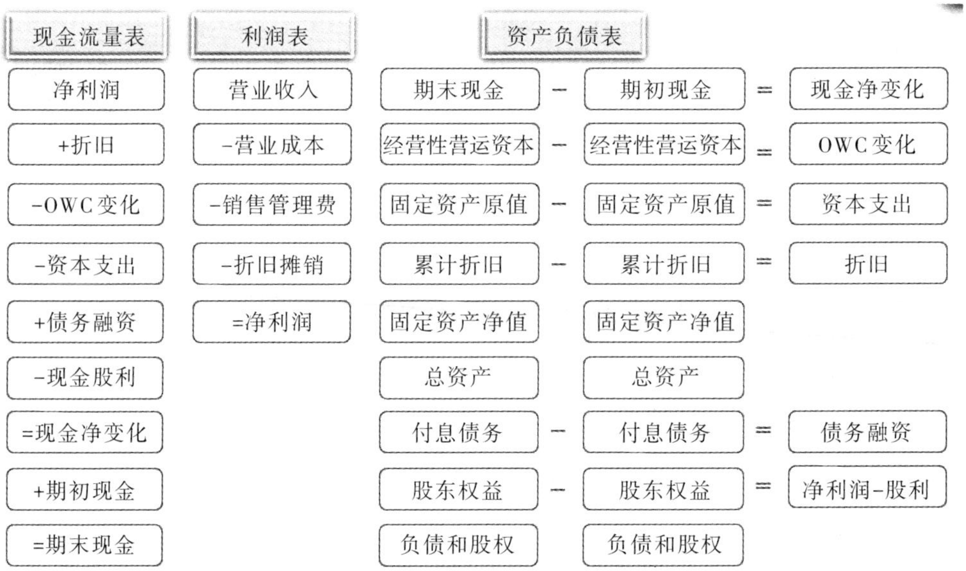


图10-61　财务报表重构关键项目

在图10-61中，OWC表示经营性营运资本，指经营性流动资产与经营性流动负债之间的差额。在财务预测时，如果一个项目占营业收入的比重较大，或占资产总额的比重较大，或对利润的影响较大，都需要单独预测。

（2）格力电器预计财务报表

影响利润表的关键因素是营业收入增长率，在案例1中，格力电器2010年至2019年间营业收入复合增长率为14.1%，由于2019年营业收入增长率仅为0.02%，考虑2020年特殊的经济环境，假设2020年营业收入增长率为6%，以后各年增长率见表10-64。

表10-64　　预测期利润表　　金额单位：亿元

| 年份 | 2019 | 2020 | 2021 | 2022 | 2023 | 2024 | 2025 |
|---|---|---|---|---|---|---|---|
| 营业收入增长率 | 0.02% | 6.00% | 10.00% | 12.00% | 11.00% | 10.00% | 5.00% |
| 1.经营活动损益 | | | | | | | |
| 营业收入 | 1 981.53 | 2 100.42 | 2 310.46 | 2 587.72 | 2 872.37 | 3 159.61 | 3 317.59 |
| 营业总成本 | 1 706.12 | 1 829.87 | 2 013.75 | 2 255.28 | 2 503.42 | 2 753.85 | 2 891.89 |
| 营业成本 | 1 434.99 | 1 465.67 | 1 612.24 | 1 805.71 | 2 004.34 | 2 204.78 | 2 315.01 |
| 税金及附加 | 15.43 | 18.69 | 20.56 | 23.03 | 25.56 | 28.12 | 29.53 |
| 销售费用 | 183.10 | 210.25 | 231.28 | 259.03 | 287.52 | 316.28 | 332.09 |
| 管理费用 | 37.96 | 57.55 | 63.31 | 70.90 | 78.70 | 86.57 | 90.90 |
| 研发费用 | 58.91 | 68.26 | 75.09 | 84.10 | 93.35 | 102.69 | 107.82 |
| 财务费用 | −24.27 | 9.45 | 11.27 | 12.51 | 13.95 | 15.41 | 16.54 |
| 其他经营损益 | 22.44 | 0.00 | 0.00 | 0.00 | 0.00 | 0.00 | 0.00 |

续表

| 年份 | 2019 | 2020 | 2021 | 2022 | 2023 | 2024 | 2025 |
|---|---|---|---|---|---|---|---|
| 税前经营利润 | 297.85 | 270.55 | 296.71 | 332.44 | 368.95 | 405.76 | 425.70 |
| 所得税 | 45.93 | 40.58 | 44.51 | 49.87 | 55.34 | 60.86 | 63.86 |
| 税后经营利润 | 251.92 | 229.97 | 252.20 | 282.57 | 313.61 | 344.90 | 361.84 |
| 2.非经营业务损益 | −3.65 | 0.00 | 0.00 | 0.00 | 0.00 | 0.00 | 0.00 |
| 3.利润分配 | | | | | | | |
| 税后利润 | 248.27 | 229.97 | 252.20 | 282.57 | 313.61 | 344.90 | 361.84 |
| 减：少数股东损益 | 1.31 | 1.29 | 1.41 | 1.58 | 1.76 | 1.93 | 2.03 |
| 归属于母公司股东的净利润 | 246.96 | 228.68 | 250.79 | 280.99 | 311.85 | 342.97 | 359.81 |
| 减：普通股股利 | 126.33 | 116.97 | 128.28 | 143.73 | 159.51 | 175.43 | 215.89 |
| 本期留存收益 | 120.63 | 111.71 | 122.51 | 137.26 | 152.34 | 167.54 | 143.92 |

为简化，对主营业务损益的预测，主要采用销售百分比法，以近3年财务报表数据（指各项目占营业收入的比率）的平均值进行相关项目的预测。其他经营损益、非经营业务损益、非经常性损益在预测期均假设为0。在表10-64中，2019年为报表的实际数，2020年至2025年为预测数，以下各表亦同。

表10-64中非经营业务损益主要包括以下项目：投资净收益、公允价值变动净收益、资产减值损失、资产处置收益、汇兑净收益、营业外净收益，以及非经常性损益等。这些项目属于非经营性损益，且对公司的利润影响很少，根据重要性原则，在预测期均假设等于0。

表10-65列示了格力电器预测期EBIT、EBITDA、NOPAT的计算过程，以便为价值评估提供依据；表中的折旧和摊销是根据表10-66填列的。

表10-65 **预测期EBIT、EBITDA、NOPAT** 单位：亿元

| 年份 | 2019 | 2020 | 2021 | 2022 | 2023 | 2024 | 2025 |
|---|---|---|---|---|---|---|---|
| EBIT、EBITDA | | | | | | | |
| 税前经营利润 | 297.85 | 270.55 | 296.71 | 332.44 | 368.95 | 405.76 | 425.70 |
| 加：利息费用 | −24.27 | 9.45 | 11.27 | 12.51 | 13.95 | 15.41 | 16.54 |
| EBIT | 273.58 | 280.00 | 307.98 | 344.95 | 382.90 | 421.17 | 442.24 |
| 加：折旧与摊销 | 31.93 | 36.08 | 41.64 | 48.02 | 55.38 | 63.47 | 71.62 |
| EBITDA | 305.51 | 316.08 | 349.62 | 392.97 | 438.28 | 484.64 | 513.86 |
| NOPAT | | | | | | | |
| 税后利润合计 | 248.27 | 229.97 | 252.20 | 282.57 | 313.61 | 344.90 | 361.84 |
| 减：非经常性损益（税后） | 5.25 | 0.00 | 0.00 | 0.00 | 0.00 | 0.00 | 0.00 |
| 加：利息费用（税后） | −20.53 | 8.03 | 9.58 | 10.63 | 11.86 | 13.10 | 14.06 |
| NOPAT | 222.49 | 238.00 | 261.78 | 293.20 | 325.47 | 358.00 | 375.90 |

表 10-66　　**预测期折旧、摊销**　　单位：亿元

| 年份 | 2019 | 2020 | 2021 | 2022 | 2023 | 2024 | 2025 |
|---|---|---|---|---|---|---|---|
| 固定资产 | | | | | | | |
| 固定资产原值 | 343.18 | 400.51 | 460.78 | 533.93 | 614.77 | 703.50 | 786.74 |
| 期初累计折旧 | 122.19 | 151.96 | 185.43 | 224.19 | 268.95 | 320.64 | 379.96 |
| 本期折旧 | 29.77 | 33.47 | 38.76 | 44.76 | 51.69 | 59.32 | 67.06 |
| 期末累计折旧 | 151.96 | 185.43 | 224.19 | 268.95 | 320.64 | 379.96 | 447.02 |
| 期末固定资产净值 | 191.22 | 215.08 | 236.59 | 264.98 | 294.13 | 323.54 | 339.72 |
| 无形资产 | | | | | | | |
| 无形资产原值 | 62.67 | 67.67 | 76.10 | 86.68 | 97.88 | 109.61 | 118.34 |
| 期初累计摊销 | 7.45 | 9.61 | 12.22 | 15.10 | 18.36 | 22.05 | 26.20 |
| 本期摊销 | 2.16 | 2.61 | 2.88 | 3.26 | 3.69 | 4.15 | 4.56 |
| 期末累计摊销 | 9.61 | 12.22 | 15.10 | 18.36 | 22.05 | 26.20 | 30.76 |
| 期末无形资产净值 | 53.06 | 55.45 | 61.00 | 68.32 | 75.83 | 83.41 | 87.58 |
| 折旧和摊销 | 31.93 | 36.08 | 41.64 | 48.02 | 55.38 | 63.47 | 71.62 |

表 10-66 中 2019 年数据来自格力电器财务报表附注，假设预测期固定资产减值准备、无形资产减值准备为 0，预测期其他数据根据基本假设计算。

根据预测期利润表，折旧、摊销预测表和基本假设，预测期的资产负债表见表 10-67。

表 10-67　　**预测期资产负债表**　　单位：亿元

| 年份 | 2019 | 2020 | 2021 | 2022 | 2023 | 2024 | 2025 |
|---|---|---|---|---|---|---|---|
| 流动资产： | | | | | | | |
| 货币资金 | 1 254.01 | 1 124.95 | 1 457.30 | 1 337.44 | 1 692.25 | 1 601.69 | 1 960.00 |
| 交易性金融资产等 | 10.47 | 0.00 | 0.00 | 0.00 | 0.00 | 0.00 | 0.00 |
| 应收票据（账款）等 | 367.39 | 536.02 | 457.73 | 655.27 | 580.16 | 778.81 | 648.11 |
| 预付款项 | 23.96 | 36.28 | 29.99 | 44.23 | 38.15 | 52.47 | 42.68 |
| 其他应收款（合计） | 1.59 | 1.59 | 1.59 | 1.59 | 1.59 | 1.59 | 1.59 |
| 应收股利 | 0.00 | 0.00 | 0.00 | 0.00 | 0.00 | 0.00 | 0.00 |
| 应收利息 | 0.00 | 0.00 | 0.00 | 0.00 | 0.00 | 0.00 | 0.00 |
| 其他应收款 | 1.59 | 1.59 | 1.59 | 1.59 | 1.59 | 1.59 | 1.59 |
| 存货 | 240.85 | 161.81 | 281.11 | 214.96 | 335.68 | 270.03 | 365.96 |
| 其他流动资产 | 235.36 | 189.04 | 207.94 | 232.89 | 258.51 | 284.36 | 298.58 |
| 非现金流动资产 | 879.62 | 924.74 | 978.36 | 1 148.94 | 1 214.09 | 1 387.26 | 1 356.92 |
| 流动资产合计 | 2 133.63 | 2 049.69 | 2 435.66 | 2 486.38 | 2 906.34 | 2 988.95 | 3 316.92 |
| 非流动资产： | | | | | | | |

续表

| 年份 | 2019 | 2020 | 2021 | 2022 | 2023 | 2024 | 2025 |
|---|---|---|---|---|---|---|---|
| 发放贷款及垫款 | 144.24 | 144.24 | 144.24 | 144.24 | 144.24 | 144.24 | 144.24 |
| 金融类投资 | 69.45 | 69.45 | 69.45 | 69.45 | 69.45 | 69.45 | 69.45 |
| 长期投资 | 75.63 | 75.63 | 75.63 | 75.63 | 75.63 | 75.63 | 75.63 |
| 固定资产等原值 | 343.18 | 400.51 | 460.78 | 533.93 | 614.77 | 703.50 | 786.74 |
| 累计折旧 | 151.96 | 185.43 | 224.19 | 268.95 | 320.64 | 379.96 | 447.02 |
| 固定资产等净值 | 191.22 | 215.08 | 236.59 | 264.98 | 294.13 | 323.54 | 339.72 |
| 在建工程 | 24.31 | 24.31 | 24.31 | 24.31 | 24.31 | 24.31 | 24.31 |
| 无形资产原值 | 62.67 | 67.67 | 76.10 | 86.68 | 97.88 | 109.61 | 118.34 |
| 累计摊销 | 9.61 | 12.22 | 15.10 | 18.36 | 22.05 | 26.20 | 30.76 |
| 无形资产净值 | 53.06 | 55.45 | 61.00 | 68.32 | 75.83 | 83.41 | 87.58 |
| 开发支出和商誉 | 3.26 | 3.42 | 3.59 | 3.77 | 3.96 | 4.16 | 4.37 |
| 长期待摊费用 | 0.03 | 0.03 | 0.03 | 0.03 | 0.03 | 0.03 | 0.03 |
| 递延所得税资产 | 125.41 | 125.41 | 125.41 | 125.41 | 125.41 | 125.41 | 125.41 |
| 其他非流动资产 | 9.48 | 9.48 | 9.48 | 9.48 | 9.48 | 9.48 | 9.48 |
| 非流动资产合计 | 696.09 | 722.50 | 749.73 | 785.62 | 822.47 | 859.66 | 880.22 |
| 资产总计 | 2 829.72 | 2 772.19 | 3 185.39 | 3 272.00 | 3 728.81 | 3 848.61 | 4 197.14 |
| 流动负债： | | | | | | | |
| 短期借款 | 159.44 | 210.04 | 231.05 | 258.77 | 287.24 | 315.96 | 331.76 |
| 交易性金融负债 | 0.00 | 0.00 | 0.00 | 0.00 | 0.00 | 0.00 | 0.00 |
| 应付票据（账款） | 669.42 | 458.02 | 782.16 | 606.85 | 934.95 | 761.03 | 1 019.75 |
| 预收款项 | 82.26 | 165.72 | 107.06 | 198.46 | 140.66 | 232.38 | 159.31 |
| 应付职工薪酬 | 34.31 | 34.31 | 34.31 | 34.31 | 34.31 | 34.31 | 34.31 |
| 应交税费 | 37.04 | 42.01 | 46.21 | 51.75 | 57.45 | 63.19 | 66.35 |
| 其他应付款（合计） | 27.13 | 27.13 | 27.13 | 27.13 | 27.13 | 27.13 | 27.13 |
| 应付利息 | 0.00 | 0.00 | 0.00 | 0.00 | 0.00 | 0.00 | 0.00 |
| 应付股利 | 0.01 | 0.01 | 0.01 | 0.01 | 0.01 | 0.01 | 0.01 |
| 其他应付款 | 27.12 | 27.12 | 27.12 | 27.12 | 27.12 | 27.12 | 27.12 |
| 一年内到期的非流动负债 | 0.00 | 0.00 | 0.00 | 0.00 | 0.00 | 0.00 | 0.00 |
| 其他流动负债 | 651.81 | 651.81 | 651.81 | 651.81 | 651.81 | 651.81 | 651.81 |
| 其他金融类流动负债 | 34.27 | 0.00 | 0.00 | 0.00 | 0.00 | 0.00 | 0.00 |
| 非融资性流动负债 | 1 536.24 | 1 379.00 | 1 648.68 | 1 570.31 | 1 846.31 | 1 769.85 | 1 958.66 |
| 流动负债合计 | 1 695.68 | 1 589.04 | 1 879.73 | 1 829.08 | 2 133.55 | 2 085.81 | 2 290.42 |
| 非流动负债： | | | | | | | |
| 长期借款 | 0.47 | 0.47 | 0.47 | 0.47 | 0.47 | 0.47 | 0.47 |
| 递延所得税负债 | 9.28 | 9.28 | 9.28 | 9.28 | 9.28 | 9.28 | 9.28 |

续表

| 年份 | 2019 | 2020 | 2021 | 2022 | 2023 | 2024 | 2025 |
|---|---|---|---|---|---|---|---|
| 其他非流动负债 | 3.82 | 3.82 | 3.82 | 3.82 | 3.82 | 3.82 | 3.82 |
| 非流动负债合计 | 13.57 | 13.57 | 13.57 | 13.57 | 13.57 | 13.57 | 13.57 |
| 负债合计 | 1 709.25 | 1 602.61 | 1 893.30 | 1 842.65 | 2 147.12 | 2 099.38 | 2 303.99 |
| 所有者权益（或股东权益）: | | | | | | | |
| 实收资本（或股本） | 60.15 | 60.15 | 60.15 | 60.15 | 60.15 | 60.15 | 60.15 |
| 资本公积 | 0.93 | 0.93 | 0.93 | 0.93 | 0.93 | 0.93 | 0.93 |
| 减：库存股 | 0.00 | 0.00 | 0.00 | 0.00 | 0.00 | 0.00 | 0.00 |
| 其他综合收益 | 62.60 | 0.00 | 0.00 | 0.00 | 0.00 | 0.00 | 0.00 |
| 盈余公积 | 39.90 | 39.90 | 39.90 | 39.90 | 39.90 | 39.90 | 39.90 |
| 未分配利润 | 937.95 | 1 049.66 | 1 172.17 | 1 309.43 | 1 461.77 | 1 629.31 | 1 773.23 |
| 归母股东权益合计 | 1 101.53 | 1 150.64 | 1 273.15 | 1 410.41 | 1 562.75 | 1 730.29 | 1 874.21 |
| 少数股东权益 | 18.94 | 18.94 | 18.94 | 18.94 | 18.94 | 18.94 | 18.94 |
| 所有者权益（或股东权益）合计 | 1 120.47 | 1 169.58 | 1 292.09 | 1 429.35 | 1 581.69 | 1 749.23 | 1 893.15 |
| 负债和所有者权益（或股东权益）总计 | 2 829.72 | 2 772.19 | 3 185.39 | 3 272.00 | 3 728.81 | 3 848.61 | 4 197.14 |

资产负债表中的部分项目是根据格力电器历史报表中的相关项目归集的，其中：

交易性金融资产=交易性金融资产+衍生性金融资产+买入返售金融资产

其他流动资产=合同资产+划分为持有待售的资产+一年内到期的非流动资产+其他金融类流动资产

金融类投资=以公允价值计量且其变动计入其他综合收益的金融资产+以摊余成本计量的金融资产+债权投资+其他债权投资+可供出售金融资产+其他权益工具投资+持有至到期投资+其他非流动金融资产

长期投资=长期应收款+长期股权投资+投资性房地产

固定资产=固定资产+生物资产+油气资产

交易性金融负债=交易性金融负债+衍生性金融负债

其他非流动负债=其他非流动负债+长期应付职工薪酬+递延收益

盈余公积=盈余公积+专项储备+一般风险准备

资产负债表平衡的调整变量是货币资金，其计算公式：

货币资金=负债和所有者权益（或股东权益）－非现金流动资产－非流动资产

为计算方便，在资产负债表中增加了非现金流动资产和非流动资产两个项目。

根据资产负债表等相关资料，确定预测期付息债务表、经营性营运资本、投入资本，分别见表10-68、表10-69、表10-70。

表10-68　　预测期付息债务　　单位：亿元

| 年份 | 2019 | 2020 | 2021 | 2022 | 2023 | 2024 | 2025 |
|---|---|---|---|---|---|---|---|
| 有息短债 | 159.44 | 210.04 | 231.05 | 258.77 | 287.24 | 315.96 | 331.76 |
| 有息长债 | 0.47 | 0.47 | 0.47 | 0.47 | 0.47 | 0.47 | 0.47 |
| 付息债务合计 | 159.91 | 210.51 | 231.52 | 259.24 | 287.71 | 316.43 | 332.23 |
| 付息债务增量 | | 50.60 | 21.01 | 27.72 | 28.47 | 28.72 | 15.80 |

表10-69　　预测期经营性营运资本　　单位：亿元

| 年份 | 2019 | 2020 | 2021 | 2022 | 2023 | 2024 | 2025 |
|---|---|---|---|---|---|---|---|
| 流动资产 | 2 133.63 | 2 049.69 | 2 435.66 | 2 486.38 | 2 906.34 | 2 988.95 | 3 316.92 |
| 减：货币资金 | 1 254.01 | 1 124.95 | 1 457.30 | 1 337.44 | 1 692.25 | 1 601.69 | 1 960.00 |
| 交易性金融资产 | 10.47 | 0.00 | 0.00 | 0.00 | 0.00 | 0.00 | 0.00 |
| 经营性流动资产 | 869.15 | 924.74 | 978.36 | 1 148.94 | 1 214.09 | 1 387.26 | 1 356.92 |
| 流动负债 | 1 695.68 | 1 589.04 | 1 879.73 | 1 829.08 | 2 133.55 | 2 085.81 | 2 290.42 |
| 减：短期借款 | 159.44 | 210.04 | 231.05 | 258.77 | 287.24 | 315.96 | 331.76 |
| 交易性金融负债 | 0.00 | 0.00 | 0.00 | 0.00 | 0.00 | 0.00 | 0.00 |
| 经营性流动负债 | 1 536.24 | 1 379.00 | 1 648.68 | 1 570.31 | 1 846.31 | 1 769.85 | 1 958.66 |
| 经营性营运资本 | −667.09 | −454.26 | −670.32 | −421.37 | −632.22 | −382.59 | −601.74 |
| 经营性营运资本增量 | | 212.83 | −216.06 | 248.95 | −210.85 | 249.63 | −219.15 |

表10-70　　预测期投入资本　　单位：亿元

| 年份 | 2019 | 2020 | 2021 | 2022 | 2023 | 2024 | 2025 |
|---|---|---|---|---|---|---|---|
| 归母公司股东权益 | 1 101.53 | 1 150.64 | 1 273.15 | 1 410.41 | 1 562.75 | 1 730.29 | 1 874.21 |
| 少数股东权益 | 18.94 | 18.94 | 18.94 | 18.94 | 18.94 | 18.94 | 18.94 |
| 付息债务合计 | 159.91 | 210.51 | 231.52 | 259.24 | 287.71 | 316.43 | 332.23 |
| 减：超额现金 | 0.00 | 0.00 | 0.00 | 0.00 | 0.00 | 0.00 | 0.00 |
| 减：非经营性资产 | 10.47 | 0.00 | 0.00 | 0.00 | 0.00 | 0.00 | 0.00 |
| 投入资本IC | 1 269.91 | 1 380.09 | 1 523.61 | 1 688.59 | 1 869.40 | 2 065.66 | 2 225.38 |

根据预测期利润表和预测期资产负债表编制预测期现金流量表，见表10-71。

表10-71　　预测期现金流量表　　单位：亿元

| 年份 | 2020 | 2021 | 2022 | 2023 | 2024 | 2025 |
|---|---|---|---|---|---|---|
| 税后利润 | 229.97 | 252.20 | 282.57 | 313.61 | 344.90 | 361.84 |
| 加：折旧与摊销 | 36.08 | 41.64 | 48.02 | 55.38 | 63.47 | 71.62 |
| 利息费用 | 9.45 | 11.27 | 12.51 | 13.95 | 15.41 | 16.54 |
| 存货的减少（增加） | 79.04 | −119.30 | 66.15 | −120.72 | 65.65 | −95.93 |
| 经营性应收项目的减少（增加） | −180.95 | 84.58 | −211.78 | 81.19 | −212.97 | 140.49 |

续表

| 年份 | 2020 | 2021 | 2022 | 2023 | 2024 | 2025 |
|---|---|---|---|---|---|---|
| 经营性应付项目的增加（减少） | −122.97 | 269.68 | −78.37 | 276.00 | −76.46 | 188.81 |
| 递延所得税资产减少（增加） | 0.00 | 0.00 | 0.00 | 0.00 | 0.00 | 0.00 |
| 递延所得税负债增加（减少） | 0.00 | 0.00 | 0.00 | 0.00 | 0.00 | 0.00 |
| 长期待摊费用减少（增加） | 0.00 | 0.00 | 0.00 | 0.00 | 0.00 | 0.00 |
| 其他流动资产减少（增加） | 46.32 | −18.90 | −24.95 | −25.62 | −25.85 | −14.22 |
| 其他非流动负债增加（减少） | 0.00 | 0.00 | 0.00 | 0.00 | 0.00 | 0.00 |
| 其他金融类流动负债增加（减少） | −34.27 | 0.00 | 0.00 | 0.00 | 0.00 | 0.00 |
| 经营活动产生的现金流量净额 | 62.67 | 521.17 | 94.15 | 593.79 | 174.15 | 669.15 |
| 投资活动产生的现金流量 | | | | | | |
| 收回投资收到的现金 | 0.00 | 0.00 | 0.00 | 0.00 | 0.00 | 0.00 |
| 取得投资收益收到的现金 | 0.00 | 0.00 | 0.00 | 0.00 | 0.00 | 0.00 |
| 小计 | 0.00 | 0.00 | 0.00 | 0.00 | 0.00 | 0.00 |
| 长期投资 | 0.00 | 0.00 | 0.00 | 0.00 | 0.00 | 0.00 |
| 购建固定资产、在建工程、无形资产 | 62.33 | 68.70 | 83.73 | 92.04 | 100.46 | 91.97 |
| 发生开发支出和商誉 | 0.16 | 0.17 | 0.18 | 0.19 | 0.20 | 0.21 |
| 购建交易性金融资产 | −10.47 | 0.00 | 0.00 | 0.00 | 0.00 | 0.00 |
| 购建其他非流动资产 | 0.00 | 0.00 | 0.00 | 0.00 | 0.00 | 0.00 |
| 小计 | 52.02 | 68.87 | 83.91 | 92.23 | 100.66 | 92.18 |
| 投资活动产生的现金流量净额 | −52.02 | −68.87 | −83.91 | −92.23 | −100.66 | −92.18 |
| 筹资活动产生的现金流量 | | | | | | |
| 股权筹资额 | 0.00 | 0.00 | 0.00 | 0.00 | 0.00 | 0.00 |
| 付息债务增加 | 50.60 | 21.01 | 27.72 | 28.47 | 28.72 | 15.80 |
| 小计 | 50.60 | 21.01 | 27.72 | 28.47 | 28.72 | 15.80 |
| 支付普通股股利 | 116.97 | 128.28 | 143.73 | 159.51 | 175.43 | 215.89 |
| 支付少数股东股利 | 1.29 | 1.41 | 1.58 | 1.76 | 1.93 | 2.03 |
| 偿付利息 | 9.45 | 11.27 | 12.51 | 13.95 | 15.41 | 16.54 |
| 其他应付股利和应付利息增加 | 0.00 | 0.00 | 0.00 | 0.00 | 0.00 | 0.00 |
| 小计 | 127.71 | 140.96 | 157.82 | 175.22 | 192.77 | 234.46 |
| 筹资活动产生的现金流量净额 | −77.11 | −119.95 | −130.10 | −146.75 | −164.05 | −218.66 |
| 其他综合收益 | −62.60 | 0.00 | 0.00 | 0.00 | 0.00 | 0.00 |
| 汇率变动的影响 | 0.00 | 0.00 | 0.00 | 0.00 | 0.00 | 0.00 |
| 现金及现金等价物净增加额 | −129.06 | 332.35 | −119.86 | 354.81 | −90.56 | 358.31 |
| 期初现金及现金等价物* | 1 254.01 | 1 124.95 | 1 457.30 | 1 337.44 | 1 692.25 | 1 601.69 |
| 期末现金及现金等价物* | 1 124.95 | 1 457.30 | 1 337.44 | 1 692.25 | 1 601.69 | 1 960.00 |

*假设期初、期末货币资金等于现金及现金等价物。

（3）资本成本

采用CAPM计算股权资本成本时，需要估计三个因素：无风险收益率、市场风险溢价、格力电器股票β系数。假设预测期无风险收益率为4%，市场风险溢价在预测期前5年为6%，2025年以后为5.6%。为计算格力电器股票β系数，选择2015年6月30日至2020年5月31日，计算60个月月度收益率，以相同期间沪深300指数收益率代表市场指数，按对数计算的收益率见表10-72。

表10-72　**格力电器股票和沪深300指数收益率**

| 日期 | 格力电器股票收益率（%） | 沪深300指数收益率（%） |
|---|---|---|
| 2015-06-30 | 2.68 | -7.90 |
| 2015-07-31 | -30.67 | -15.87 |
| 2015-08-31 | -19.00 | -12.55 |
| 2015-09-30 | -13.13 | -4.98 |
| 2015-10-31 | 6.98 | 9.84 |
| 2015-11-30 | 5.49 | 0.91 |
| 2015-12-31 | 19.83 | 4.51 |
| ⋮ | ⋮ | ⋮ |
| 2016-02-29 | 2.58 | -2.36 |
| 2016-03-31 | 0.00 | 11.19 |
| ⋮ | ⋮ | ⋮ |
| 2019-11-30 | -1.70 | -1.51 |
| 2019-12-31 | 12.78 | 6.76 |
| 2020-01-31 | -2.53 | -2.29 |
| 2020-02-29 | -7.70 | -1.61 |
| 2020-03-31 | -12.58 | -6.66 |
| 2020-04-30 | 4.81 | 5.96 |
| 2020-05-31 | 3.89 | -1.17 |

数据来源：Wind金融数据库。

对表10-72中的数据进行回归处理后，回归线如图10-62所示。

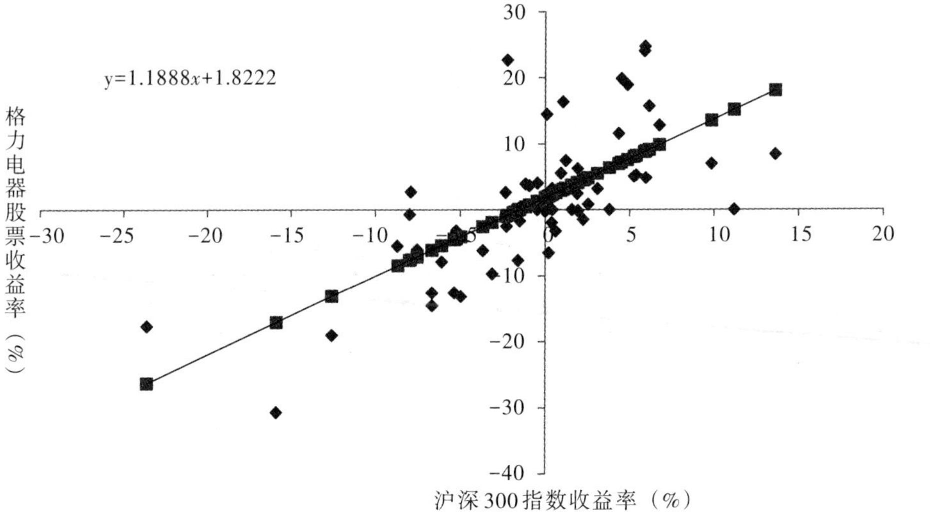


**图 10-62　格力电器股票与沪深300指数收益率**

根据图10-62，格力电器与市场组合收益率回归统计数据分析如下：

第一，假设在此期间无风险收益率为4%，则：

$r_f(1-\beta) = 4\% \times (1-1.1888) = -0.0076$

回归线截距为1.8222，大于$r_f(1-\beta)$，表明在此期间，格力电器股票历史收益率高于按证券市场线估计的预期收益率。

第二，回归线斜率=1.1888，这是格力电器在此期间股票月收益率的β系数，它表明如果市场平均收益率上升1%，格力电器股票收益率上升1.1888%；如果市场证券收益率下降1%，格力电器股票收益率将下降1.1888%。

第三，根据回归输出的数据，回归拟合优度$R^2$=48.85%，这一指标表明格力电器48.85%的风险来自市场风险（如利率、通货膨胀风险等），51.15%的风险来自公司特有风险，后一种风险是可分散风险，因此，在CAPM中是不能获得相应补偿的。

格力电器采用回归方法计算的原始的β系数为1.1888，采用布隆伯格调整方式，可以得到一个调整后的β系数1.1265（1.1888×0.67+0.33）。采用一定的方法对回归分析得到的β系数进行调整，以反映估计误差的可能性和β系数向平均值（或者是行业的，或者是整个市场的）回归的趋势。假设以调整后的β系数计算格力电器股权资本成本；假设格力电器债务利率为5.1%，所得税税率为15%；根据付息债务比率计算的加权平均资本成本见表10-73。

表10-73 **格力电器预测期资本成本**

| 年份 | 2020 | 2021 | 2022 | 2023 | 2024 | 2025 |
|---|---|---|---|---|---|---|
| 无风险收益率 | 4.00% | 4.00% | 4.00% | 4.00% | 4.00% | 4.00% |
| β系数 | 1.1265 | 1.1265 | 1.1265 | 1.1265 | 1.1265 | 1.0000 |
| 风险溢价 | 6.00% | 6.00% | 6.00% | 6.00% | 6.00% | 5.60% |
| 股权资本成本 | 10.76% | 10.76% | 10.76% | 10.76% | 10.76% | 9.60% |
| 所得税税率 | 15.00% | 15.00% | 15.00% | 15.00% | 15.00% | 15.00% |
| 长短期借款平均利率 | 5.10% | 5.10% | 5.10% | 5.10% | 5.10% | 5.10% |
| 税后债务成本 | 4.34% | 4.34% | 4.34% | 4.34% | 4.34% | 4.34% |
| 付息债务/投入资本 | 15.30% | 15.20% | 15.40% | 15.40% | 15.30% | 14.90% |
| 股东权益/投入资本 | 84.70% | 84.80% | 84.60% | 84.60% | 84.70% | 85.10% |
| 加权平均资本成本 | 9.78% | 9.78% | 9.77% | 9.77% | 9.78% | 8.82% |

假设现在是2020年6月30日，股票价格56.46元，流通在外的普通股60.1573亿股，市场价值为3 396.48亿元。

（4）现金流量折现法

采用二阶段模型，分别根据FCFE、FCFF、DDM模型计算股票价值，首先根据稳定增长模型计算稳定增长阶段股票或公司价值（2024年年末），然后将各期现金流量的稳定增长期股票或公司价值调整为现值。计算结果分别见表10-74、表10-75、表10-76。

表10-74 **格力电器股权自由现金流量和股票价值** 金额单位：亿元

| 年份 | 预测 | 2020 | 2021 | 2022 | 2023 | 2024 | 2025 |
|---|---|---|---|---|---|---|---|
| 归属于母公司股东的净利润 | | 228.68 | 250.79 | 280.99 | 311.85 | 342.97 | 359.81 |
| 加：折旧和无形资产摊销 | | 36.08 | 41.64 | 48.02 | 55.38 | 63.47 | 71.62 |
| 其他流动资产减少（增加） | | 46.32 | −18.90 | −24.95 | −25.62 | −25.85 | −14.22 |
| 其他金融类流动负债增加 | | −34.27 | 0.00 | 0.00 | 0.00 | 0.00 | 0.00 |
| 减：经营性营运资本追加支出 | | 212.83 | −216.06 | 248.95 | −210.85 | 249.63 | −219.15 |
| 资本性支出 | | 62.33 | 68.70 | 83.73 | 92.04 | 100.46 | 91.97 |
| 加：债务增加额 | | 50.60 | 21.01 | 27.72 | 28.47 | 28.72 | 15.80 |
| 少数股东损益 | | 1.29 | 1.41 | 1.58 | 1.76 | 1.93 | 2.03 |
| 减：现金净增加 | | −129.06 | 332.35 | −119.86 | 354.81 | −90.56 | 358.31 |
| 股权自由现金流量 | | 182.60 | 110.96 | 120.54 | 135.84 | 151.71 | 203.91 |
| 稳定增长期股票价值（2024年年末） | | | | | | 4 432.83 | |
| FCFE、稳定增长期价值 | | 182.60 | 110.96 | 120.54 | 135.84 | 4 584.54 | |
| FCFE现值 | 3 185 | | | | | | |
| 普通股股数（亿股） | 60.16 | | | | | | |
| 每股价值（预测）（元） | 52.94 | | | | | | |

表 10-75　　**格力电器自由现金流量和股票价值**　　金额单位：亿元

| 年份 | 预测 | 2020年 | 2021年 | 2022年 | 2023年 | 2024年 | 2025年 |
|---|---|---|---|---|---|---|---|
| 净利润 | | 229.97 | 252.20 | 282.57 | 313.61 | 344.90 | 361.84 |
| 加：税后利息 | | 8.03 | 9.58 | 10.63 | 11.86 | 13.10 | 14.06 |
| 税后净经营利润 | | 238.00 | 261.78 | 293.20 | 325.47 | 358.00 | 375.90 |
| 加：折旧与摊销 | | 36.08 | 41.64 | 48.02 | 55.38 | 63.47 | 71.62 |
| 其他流动资产减少（增加） | | 46.32 | -18.90 | -24.95 | -25.62 | -25.85 | -14.22 |
| 其他金融类流动负债增加 | | -34.27 | 0.00 | 0.00 | 0.00 | 0.00 | 0.00 |
| 减：经营性营运资本追加支出 | | 212.83 | -216.06 | 248.95 | -210.85 | 249.63 | -219.15 |
| 资本追加支出 | | 62.33 | 68.70 | 83.73 | 92.04 | 100.46 | 91.97 |
| 现金净增加 | | -129.06 | 332.35 | -119.86 | 354.81 | -90.56 | 358.31 |
| 公司自由现金流量（FCFF） | | 140.03 | 99.53 | 103.45 | 119.23 | 136.09 | 202.17 |
| 稳定增长期公司价值（2024年年末） | | | | | | 5 292.41 | |
| FCFF、稳定增长期价值 | | 140.03 | 99.53 | 103.45 | 119.23 | 5 428.50 | |
| 加权平均资本成本 | | 9.78% | 9.78% | 9.77% | 9.77% | 9.78% | |
| 累计资本成本 | | 9.78% | 20.52% | 32.29% | 45.21% | 59.41% | |
| 各年现金流量现值 | | 127.56 | 82.58 | 78.20 | 82.11 | 3 405.37 | |
| 公司价值 | 3 776 | | | | | | |
| 减：债务价值 | 159.91 | | | | | | |
| 股票价值 | 3 616 | | | | | | |
| 普通股股数（亿股） | 60.16 | | | | | | |
| 每股价值（预测）（元） | 60.11 | | | | | | |

表 10-76　　**格力电器普通股股利和股票价值**　　金额单位：亿元

| 年份 | 预测 | 2020年 | 2021年 | 2022年 | 2023年 | 2024年 | 2025年 |
|---|---|---|---|---|---|---|---|
| 普通股股利 | | 116.97 | 128.28 | 143.73 | 159.51 | 175.43 | 215.89 |
| 稳定增长期股票价值（2024年年末） | | | | | | 4 693.26 | |
| 股利、稳定增长期价值 | | 116.97 | 128.28 | 143.73 | 159.51 | 4 868.69 | |
| 股利及稳定增长期价值现值 | 3 343 | | | | | | |
| 普通股股数（亿股） | 60.16 | | | | | | |
| 股票价值（预测）（元） | 55.57 | | | | | | |

综合上述，采用FCFE、FCFF、DDM模型评估的股票价值分别为52.94元、60.11元、55.57元，与当前股票价格（56.46元）相比，采用DDM模型计算的股票价值比较接近市场价格。

由于各种假设可能与现实有一定的差异，对各种评价结果需要进行敏感性分析。表10-77描述了在不同增长率和股权资本成本条件下评估的股票价格。根据表中的数据，在各种假设条件下，预测格力电器股票价值最可能的范围是46.94～62.52元。在评估时，各种假设基本上采用的都是销售百分比法，因此，营业收入增长率对评价结果的影响也会很大。在这种情况下，营业收入就是影响股票价值的重要变量，最好采用一定的方法分析营业收入变动对股票价值的影响。

表10-77 **增长率和股权资本成本敏感性分析** 单位：元

| 股权资本成本 \ 增长率 | 3% | 4% | 5% | 6% | 7% | 8% | 9% |
|---|---|---|---|---|---|---|---|
| 5.76% | 48.74 | 55.67 | 65.61 | 81.08 | 108.44 | 170.03 | 436.87 |
| 6.76% | 46.69 | 53.31 | 62.80 | 77.54 | 103.66 | 162.42 | 416.99 |
| 7.76% | 44.76 | 51.06 | 60.12 | 74.22 | 99.14 | 155.20 | 398.19 |
| 8.76% | 42.92 | 48.95 | 57.60 | 71.04 | 94.85 | 148.39 | 380.40 |
| 9.76% | 41.19 | 46.94 | 55.20 | 68.05 | 90.79 | 141.94 | 363.56 |
| 10.76% | 39.54 | 45.05 | 52.94 | 65.21 | 86.93 | 135.82 | 347.62 |
| 11.76% | 37.98 | 43.23 | 50.78 | 62.52 | 83.29 | 130.02 | 332.53 |
| 12.76% | 36.49 | 41.52 | 48.74 | 59.97 | 79.84 | 124.53 | 318.20 |
| 13.76% | 35.07 | 39.89 | 46.81 | 57.55 | 76.55 | 119.32 | 304.64 |
| 14.76% | 33.74 | 38.35 | 44.96 | 55.24 | 73.44 | 114.36 | 291.76 |

（5）乘数法

表10-78是采用乘数法计算的预测期格力电器的各种乘数。以2020年6月30日格力电器股票价格、流通在外普通股股数计算股票市场价值。

表10-78 **格力电器预测期各种乘数**

| 年份 | 2020 | 2021 | 2022 | 2023 | 2024 | 2025 |
|---|---|---|---|---|---|---|
| 股票市场价值（亿元） | 3 396.63 | 3 396.63 | 3 396.63 | 3 396.63 | 3 396.63 | 3 396.63 |
| 债务账面价值（亿元） | 210.51 | 231.52 | 259.24 | 287.71 | 316.43 | 332.23 |
| 现金和现金等价物（亿元） | 1 124.95 | 1 457.30 | 1 337.44 | 1 692.25 | 1 601.69 | 1 960.00 |
| 公司价值（EV）（亿元） | 2 482.19 | 2 170.85 | 2 318.43 | 1 992.09 | 2 111.37 | 1 768.86 |
| PE（股票市值/净利润）（倍） | 14.77 | 13.47 | 12.02 | 10.83 | 9.85 | 9.39 |
| PB（股票市值/净资产）（倍） | 2.90 | 2.63 | 2.38 | 2.15 | 1.94 | 1.79 |
| PS（股票市值/营业收入）（倍） | 1.62 | 1.47 | 1.31 | 1.18 | 1.08 | 1.02 |
| EV/EBIT（倍） | 8.86 | 7.05 | 6.72 | 5.20 | 5.01 | 4.00 |
| EV/EBITDA（倍） | 7.85 | 6.21 | 5.90 | 4.55 | 4.36 | 3.44 |

（6）家用电器业股票价值比较

家用电器业股票价值比较的数据均来自Wind金融数据库，以2020年6月30日股票价格为基础，选择家用电器业10家公司，股票市值和β系数分别如图10-63和图10-64所示；市盈率见表10-79，各种乘数见表10-80。

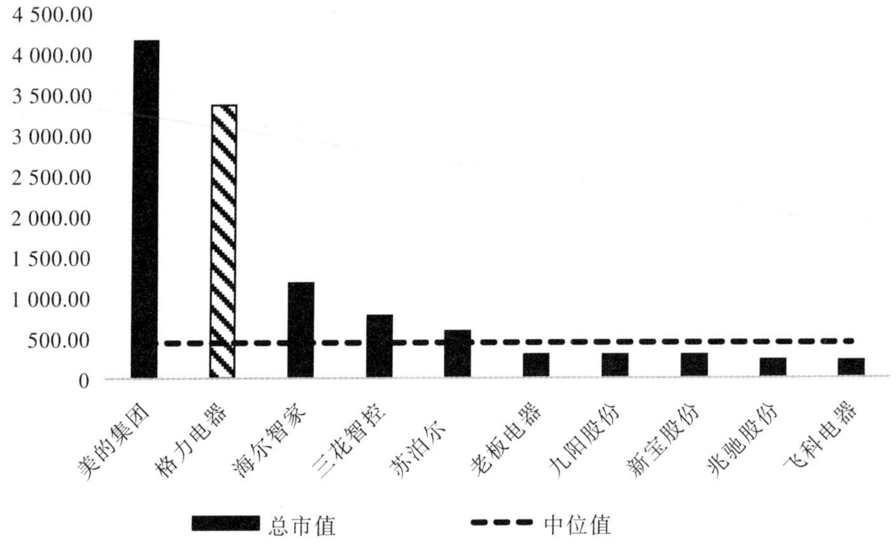


图10-63　家用电器业10家公司股票总市值（单位：亿元）

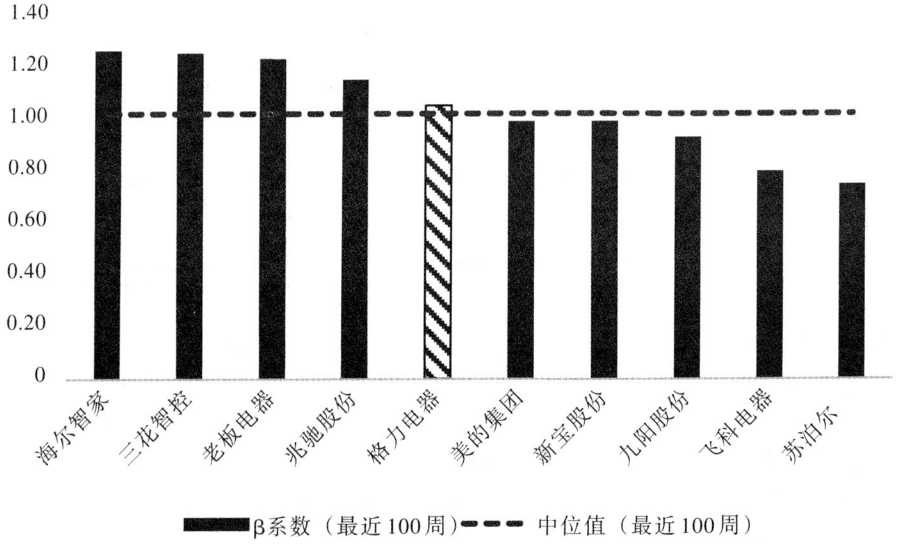


图10-64　家用电器业10家公司β系数

表10-79 家用电器业10家公司市盈率

| 公司 | 市盈率 | | |
|---|---|---|---|
| | TTM | 2020 E | 2021E |
| 格力电器 | 16.50 | 14.57 | 12.45 |
| 中位值 | 25.80 | 23.35 | 20.24 |
| 美的集团 | 18.35 | 16.76 | 14.68 |
| 海尔智家 | 16.53 | 15.05 | 13.01 |
| 三花智控 | 56.42 | 50.84 | 41.48 |
| 苏泊尔 | 33.86 | 29.20 | 25.34 |
| 老板电器 | 19.14 | 16.99 | 15.15 |
| 九阳股份 | 35.32 | 30.87 | 26.52 |
| 新宝股份 | 39.32 | 33.12 | 27.27 |
| 兆驰股份 | 19.23 | 17.50 | 14.39 |
| 飞科电器 | 32.37 | 29.94 | 27.53 |

表中TTM（trailing twelve months）市盈率称为动态市盈率或滚动市盈率，TTM表示截至当前，最近12个月或近4个季度的财报数据。TTM市盈率计算公式为：

市盈率=普通股每股市场价格÷普通股每年每股盈利

每股盈利的计算方法，是该公司在最近的过去12个月的净利润除以总发行已售出股数。

表中2020E、2021E分别指2020年和2021年市盈率预期值。从表中可以看出，格力电器的TTM、2020E、2021E均低于行业中位值。

表10-80 家用电器业10家公司主要乘数

| 公司 | 市净率（MRQ） | 公司价值（亿元） | 公司价值/收入（倍） | 公司价值/EBITDA（倍） |
|---|---|---|---|---|
| 格力电器 | 3.01 | 3 603.55 | 2.01 | 11.47 |
| 中位值 | 5.25 | 435.73 | 3.15 | 20.86 |
| 美的集团 | 3.96 | 4698.78 | 1.80 | 17.59 |
| 海尔智家 | 2.45 | 1 586.66 | 0.81 | 11.02 |
| 三花智控 | 8.15 | 794.30 | 7.29 | 40.16 |
| 苏泊尔 | 8.38 | 579.63 | 3.25 | 25.09 |
| 老板电器 | 4.08 | 290.02 | 3.97 | 15.94 |
| 九阳股份 | 7.30 | 285.39 | 3.10 | 30.62 |
| 新宝股份 | 6.43 | 291.83 | 3.19 | 25.26 |
| 兆驰股份 | 2.22 | 270.44 | 2.02 | 18.17 |
| 飞科电器 | 7.65 | 210.96 | 5.86 | 23.56 |

表中市净率MRQ（most recent quarter），指根据最近1个季度的财报数据计算

的PB，即PB（MRQ）。从表10-80中可以看出，格力电器除公司价值（EV）高于行业中位值外，其他三个乘数均低于行业中位值。

格力电器报表
预测与价值评估

格力电器财务预测和价值评估是在各种假设条件下进行的，假设与现实可能会存在较大的差距，会影响价值评估的可靠性。在评估公司价值时，不仅要进行实地调研，还要分析经济环境、行业因素、公司战略因素等对公司价值的影响。本案例的目的在于说明价值评估的程序和方法，评价结果不能作为股票投资的决策依据。

# 第11章 经济增加值与价值管理

## 一、单项选择题

1.下列关于经济增加值的表述错误的是（　　）。

A.经济增加值不仅考虑了债务资本成本，也考虑了股权资本成本

B.经济增加值是一种剩余价值指标

C.当投入资本收益率大于加权平均资本成本时，经济增加值为正数

D.经济增加值在数量上等于税后净经营利润超过债务资本成本后的剩余价值

2.公司在研发费发生的当年将其作为费用一次性摊销，这种会计处理方法的后果是（　　）。

A.降低了研发费发生当年公司的经营业绩

B.高估了公司资本占用额

C.提高了当年公司的经济增加值

D.对公司经营业绩和经济增加值没有影响

3.下列各项中，关于递延税项的描述错误的是（　　）。

A.当会计利润大于应纳税所得额时，形成"递延所得税资产"

B.当会计利润大于应纳税所得额时，形成"递延所得税负债"

C.对递延税项的调整是将其贷方余额加回投入资本总额

D.将当期递延税项贷方余额增加值加回当期的NOPAT

4.下列关于MVA、EVA、NPV的说法正确是（　　）。

A.MVA是从总体上衡量公司为股东创造价值能力的指标

B.MVA可以分解为债务MVA和股权MVA

C.如果MVA大于零，EVA一定大于NPV

D.EVA是公司价值实现的微观决策标准

5.某业务单元的经营活动可创造价值，但现金短缺，则该业务单元处于财务战略矩阵的象限为（　　）。

A.第一象限　　B.第二象限　　C.第三象限　　D.第四象限

6.某业务单元的（ROIC-WACC）>0，但增长率差幅小于零，（$G_{销售}$-SGR）<0，则该业务单元处于财务战略矩阵的象限为（　　）。

A.第一象限　　B.第二象限　　C.第三象限　　D.第四象限

7.虽然某业务单元能够产生足够的现金流量维持自身发展，但是其业务的增长反而会降低经营的价值，则该业务单元处于财务战略矩阵的象限为（　　）。

A.第一象限　　B.第二象限　　C.第三象限　　D.第四象限

8.下列不属于价值导向管理体系的是（　　）。

A.价值创造体系　　B.价值评价体系　　C.价值分享体系　　D.杜邦分析体系

9.有形资产属于价值创造体系中的资源为（　　）。

A.财务资源　　B.信息资源　　C.组织资源　　D.人力资源

10.为准确计算EVA数值，对传统会计准则下形成的利润进行调整，这种调整一般不应该包括（　　）。

A.对稳健会计影响的调整　　B.为防止盈余管理发生进行的调整

C.消除过去会计误差的调整　　D.对所得税费用进行的调整

## 二、多项选择题

1.在其他因素保持不变的情况下，能够增加EVA，为股东创造价值的措施有（　　）。

A.提高投入资本收益率

B.降低资本成本

C.若新投资的ROIC大于WACC，增加资本投入

D.如果被剥离资产的投资收益率小于资本成本，减少资本投入

E.如果被剥离资产的投资收益率小于资本成本，增加资本投入

2.将会计利润调整到EVA时需要调整一些项目，主要实现下列目的（　　）。

A.消除会计稳健性原则的影响

B.消除管理层进行盈余管理的机会

C.使业绩计量免受过去会计计量误差的影响

D.分析公司价值创造的动因

E.剔除非经营活动、非经常性活动的损益

3.计算EVA需要调整的项目有（　　）。

A.研究开发费　　B.商誉　　C.递延税项

D.资产减值准备　　E.存货跌价准备

4.分析公司经营效率的关键性业绩指标的视角主要有（　　）。

A.净资产收益率　　B.投入资本收益率　　C.现金流量指标

D.经济增加值　　E.市场增加值

5.以下关于公司价值及公司价值创造的源泉的表述正确的有（　　）。

A.公司价值来源于存量资产创造的价值和公司未来增长机会创造的价值

B.公司市场价值为初始投入资本与未来EVA现值之和

C.未来EVA的现值主要是指未来增量投资创造的各期EVA的现值

D.未来EVA的现值来源于存量资产创造的EVA现值和未来增量投资创造的EVA

E.存量资产的价值创造主要取决于公司存量资源的经营效率

6.如果以EVA作为关键性业绩指标，下列关于价值驱动因素的表述正确的有（　　）。

A.如果新投资的ROIC大于WACC，则会增加EVA

B.如果被剥离资产的投资收益率小于资本成本，剥离资产会增加EVA

C.提高投入资本收益率或降低债务资本成本会增加EVA

D.提高投入资本收益率或降低资本成本会增加EVA

E.提高会计利润一定会提高EVA

7.财务战略矩阵第一象限的业务单元可采取的财务策略有（　　）。

A.筹措外部资金，满足销售增长的需要

B.缩小经营规模，使公司的可持续增长率与销售增长率相平衡

C.降低股利支付率或提高留存收益比率

D.拆分或剥离现有业务

E.通过业务重组降低资本成本

8.财务战略矩阵第三象限的业务单元可采取的财务策略有（　　）。

A.将多余的现金用于业务重组，提高投入资本收益率

B.通过扩大销售、提高价格、减少费用等途径提高边际收益

C.通过有效营运资本管理方法提高资产周转率

D.优化资本结构降低资本成本

E.将该业务单元的业务出售，并将多余的现金返还给股东

9.关于价值导向管理体系的说法正确的有（　　）。

A.价值创造体系主要回答公司价值创造的驱动因素

B.价值评价体系主要回答不同的价值驱动因素对公司价值创造的贡献程度

C.价值分享体系主要回答如何回报不同贡献程度的价值驱动因素

D.价值评价体系是对价值创造的因素进行科学评价的标准、过程和方法

E.价值导向管理体系主要研究财务资源创造与评价体系

10.反映公司关键性业绩指标（KPI）的SMART原则是（　　）。

A.业绩指标必须是具体的（Specific）

B.业绩指标必须是可以衡量的（Measurable）
C.业绩指标必须是可以达到的（Attainable）
D.业绩指标必须与其他目标具有一定的相关性（Relevant）
E.业绩指标必须具有明确的截止期限（Time-bound）

## 三、判断题

1.从本质上说，EVA是公司价值实现的内在动力，MVA是公司价值的外在市场表现，NPV是公司价值实现的微观决策标准。（ ）

2.市场增加值的大小主要取决于公司资产或投资未来创造的价值。（ ）

3.项目净现值是它在寿命周期内所追加的经济增加值的现值。（ ）

4.EVA与会计利润的主要区别在于前者只考虑了以利息形式反映的债务资本成本，忽略了股权资本成本。（ ）

5.投入资本总额可以理解为公司全部资产减去商业信用后的净值。（ ）

6.市场价值最大化只关注公司在资本市场上的价值定位，忽略了公司的资本占用量，不能反映价值的创造。（ ）

7.在财务战略矩阵中，象限Ⅳ表示资本收益率差幅大于零，增长率差幅大于零。（ ）

8.价值评价体系主要解决如何确定公司的薪酬战略和薪酬政策。（ ）

9.股东价值是通过为客户提供超越竞争对手的价值，降低客户购买成本、时间成本、精神成本、体力成本等来实现的。（ ）

10.以EVA为基础的薪酬激励计划，员工的奖金与EVA指标直接挂钩。（ ）

## 四、计算分析题

1.以第10章计算题6的数据为基础，计算ESP公司的经济增加值。

2.以第10章计算题7的数据为基础，计算FAS公司的经济增加值。

3.假设DSA公司存量资产的投入价值（IC）为10 000万元，税后净经营利润为1 200万元，预期投入资本收益率（ROIC）为12%，资本成本为10%。为扩大收益、增加公司价值，公司预期在未来5年每年年初追加投资1 000万元，预计这些投资的预期收益率为12%，预期资本成本仍保持在10%的水平上。在第5年之后，公司将继续投资1 000万元，且收益每年增长5%，新投资收益率与资本成本均为10%。

要求：

（1）假设公司持续经营，根据EVA模型，计算DSA公司价值，并将公司价值分为现有资产创造的EVA和未来投资创造的EVA。

（2）以（1）作为基础方案，对影响EVA的因素进行敏感性分析，即改变某一参数或变量后，计算EVA和公司价值，并与基础方案进行分析。

方案1：减少投入资本。假设题中的投入资本降低至5 000万元（降低50%），税后净经营利润为1 200万元，其他变量保持不变，分析降低投入资本对EVA的影响。

方案2：减少投入资本、租赁资产。假设公司管理层能够以租赁的方式租赁资产（投入资本的50%），进一步假设这些租赁资产的租赁成本为4 000万元；经过调整，公司年度税后净经营利润为1 200万元，投入资本收益率为13.33%；其他变量保持不变。

方案3：投入资本收益率变动。假设公司现有资产收益率由12%提高到12.5%，每年再投资部分收益率降低为11.5%；其他变量保持不变。

方案4：投资收益率和资本成本同时提高。假设现存资产和再投资的投入资本收益率从12%提高到13.5%，资本成本从10%提高到11%，其他变量保持不变。

4.2015年6月26日，《合肥日报》报道：中国（合肥）国际动漫城项目系中国长安动漫产业集团在合肥市投资建设的国际化旅游文化项目。项目的定位是围绕合肥旅游文化产业发展，以动漫文化产业为主题，涵盖动漫产品研发、影视制作、动漫衍生品商服和文化娱乐综合体等多种业态。项目建成后，将成为中部地区标志性的旅游文化产业项目，弥补安徽省动漫旅游的空白。中国（合肥）国际动漫城项目总投资预计为140亿元，其中动漫及动漫衍生品投资65亿元。中国（合肥）国际动漫城项目于2015年7月正式开工建设，2018年基本建成。届时，项目会带来巨大人气，每年门票收入可达14亿元。

（1）为简化，假设该项目的投资额等于项目的初始投入资本，且资金均来自股权投资，同时不考虑项目建设期其他成本费用，如项目的机会成本等。

（2）项目建成后，假设第1年门票收入为14亿元，以后每年增长率分别为10%、12%、15%、18%、16%、12%、10%，第9年以后每年增长率均为6%；各种成本费用率（包括税收）为门票收入的60%。动漫及动漫衍生品收入第1年为8亿元，以后各年增长率与门票收入增长率相同；各种成本费用率为50%。

（3）假设目前无风险利率为4%，市场平均收益率为10.5%，经风险预测，项目的β系数为1.2。

要求：采用两阶段模型计算中国（合肥）国际动漫城项目未来EVA现值与整体价值。假设第1年至第8年为项目高速增长期，第9年以后为稳定增长期。

5.XYZ集团是专门从事家电类产品的生产与经营的上市公司，其下设四个子公司，分别从事电视、冰箱、洗衣机、微波炉四类家电产品的生产和销售，这些子公司的有关数据见表11-1。

表11-1　　XYZ集团各子公司主要财务比率

| 项目 | 电视 | 冰箱 | 洗衣机 | 微波炉 |
|---|---|---|---|---|
| 销售增长率 | 9% | 13% | 8% | 5% |
| ROIC | 8% | 15% | 8% | 12% |
| ROE | 13% | 18% | 14% | 16% |
| WACC | 10% | 12% | 9% | 11% |
| 股利支付率 | 50% | 40% | 25% | 60% |

要求：

（1）计算XYZ集团各子公司留存收益比率，按简化公式计算可持续增长率、资本收益率差幅（ROIC-WACC）、销售增长率与可持续增长率之间的差幅（$G_{销售}$-SGR）。

（2）根据（1）的计算结果，说明各子公司在财务战略矩阵中处于哪个象限，不同的子公司应采用何种财务策略提高公司价值创造的能力或改善价值毁损状况。

## 五、案例分析

以第10章格力电器的实际财务报表和预计财务报表计算和分析经济增加值。

（1）以格力电器实际数据为基础，计算格力电器未来经济增加值。

（2）以格力电器预测数据为基础，计算格力电器实际经济增加值。

（3）对格力电器经济增加值进行分析。经济增加值的分析可采用经济增加值动量指标。这一指标的说明如下：

Stewart Bennett（2010）将净经济增加值和营业收入增长率相结合，提出了经济增加值动量（EVA Momentum）的分析方法。经济增加值动量的计算方法如下：

$$经济增加值动量=\frac{本期经济增加值增量}{上一期营业收入}$$

经济增加值动量可以进一步分解为经营效率指标（Productivity Gains）和盈利增长效率指标（Profitable Growth），如下式所示：

$$\begin{aligned}经济增加值动量&=\Delta\left(\frac{经济增加值}{营业收入}\right)+\frac{经济增加值}{营业收入}\times 营业收入增长率\\&=经营效率+盈利增长效率\end{aligned}$$

经济增加值动量不仅可以衡量公司价值创造效率，而且可以判断公司的成长类型，如图11-1所示。

中立型成长（Neutral Growth）指的是营业收入增长率或营业收入增加值率（经济增加值/营业收入）二者中有一个指标为零，处在这种状态时对经济增加值动量无影响。

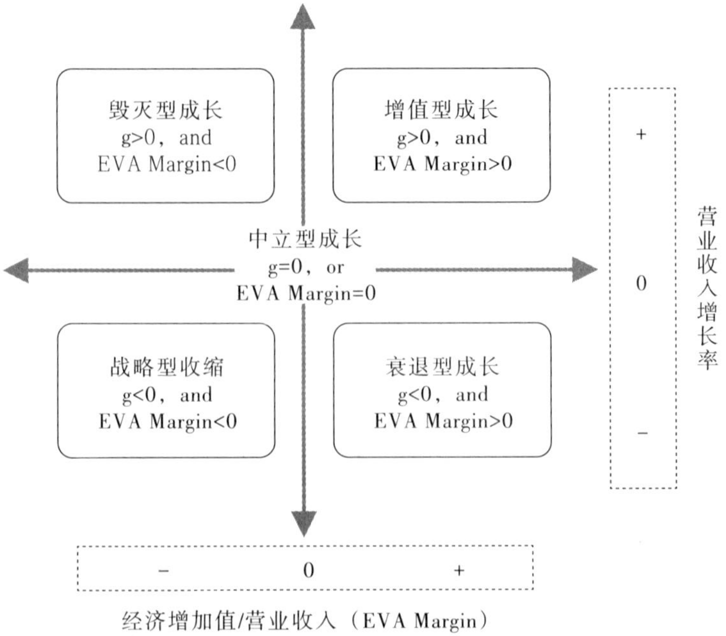


**图11-1 价值成长矩阵（The“Profitable Growth”Grid）**

参阅：STEWART B. EVA Momentum：The One Ratio That Tells the Whole Story［J］. Journal of Applied Corporate Finance，2010，21（2）：74-86.

增值型成长（Valuable Growth）指的是营业收入增长率和营业收入增加值率均大于零。前者表明公司的市场份额在扩大，后者表明公司价值创造的效率在提高，处于这一象限的组合是公司经营的最佳状态。

毁灭型成长（Destructive Growth）指的是营业收入增长率大于零，但营业收入增加值率小于零，由于单位营业收入的价值创造为负值，因此营业收入越高，价值毁灭程度也越高，公司应极力避免这一象限的组合。

战略型收缩（Strategic Retrenchment）指的是营业收入增长率和营业收入增加值率均为负值，表明公司所在的市场萎缩，且伴随着价值毁损。处于这一象限意味着公司的经营规模发生了收缩，可能是因为公司剥离部分业务造成的，也可能是由于经营环境等原因造成经营受阻。

衰退型成长指的是营业收入增加值率大于零，营业收入增长率小于零，在这一象限下，公司的营业收入虽然还可以为股东创造价值，但市场竞争力却在下降。

要求：根据上述模型确定格力电器经济增加值动量的实际值（2011—2019年）和预测值（2020—2025年），确定格力电器的价值成长类型，分析影响经济增加值动量的因素。

## 参考答案

### 一、单项选择题

1.D　2.A　3.A　4.B　5.A　6.B　7.C　8.D　9.A　10.D

### 二、多项选择题

1.ABCD　2.ABC　3.ABCDE　4.ABCDE　5.ABDE　6.ABD　7.ABC　8.ABCDE　9.ABCD　10.ABCDE

### 三、判断题

1.√　2.×　3.√　4.×　5.√　6.√　7.×　8.×　9.√　10.√

### 四、计算分析题

1.ESP公司经济增加值和公司价值计算过程可参阅第10章提供的Excel电子表格（ge 10-4计算题6）。计算结果见表11-2。

表11-2　ESP公司经济增加值及公司价值　金额单位：亿元

| 年 份 | 基期 | 2021 | 2022 | 2023 | 2024 | 2025 | 2026 |
|---|---|---|---|---|---|---|---|
| 净利润 | | 45.79 | 50.36 | 54.39 | 57.66 | 60.54 | 63.57 |
| 加：利息×（1-所得税税率） | | 5.96 | 6.55 | 7.08 | 7.50 | 7.88 | 8.27 |
| 税后净经营利润（NOPAT） | | 51.74 | 56.92 | 61.47 | 65.16 | 68.42 | 71.84 |
| 投入资本（年初） | | 400.00 | 448.00 | 492.80 | 532.22 | 564.16 | 592.37 |
| 投入资本收益率 | | 12.94% | 12.71% | 12.47% | 12.24% | 12.13% | 12.13% |
| 加权平均资本成本 | | 12.00% | 12.00% | 12.00% | 12.00% | 12.00% | 12.00% |
| 差额 | | 0.94% | 0.71% | 0.47% | 0.24% | 0.13% | 0.13% |
| 经济增加值 | | 3.74 | 3.16 | 2.34 | 1.29 | 0.72 | 0.76 |
| 预测期经济利润现值 | 8.75 | 3.34 | 2.52 | 1.66 | 0.82 | 0.41 | |
| 稳定增长期价值 | 6.12 | | | | | 10.79 | |
| 期初投入资资本 | 400.00 | | | | | | |
| 公司价值 | 414.88 | | | | | | |

2.FAS公司经济增加值和公司价值计算过程可参阅第10章提供的Excel电子表格（表10-5计算题7）。计算结果见表11-3。

表11-3 FAS公司经济增加值和公司价值 金额单位：亿元

| 年份 | 基期 | 2021 | 2022 | 2023 | 2024 | 2025 | 2026 |
|---|---|---|---|---|---|---|---|
| 净利润 | | 6 386 | 6 892 | 7 378 | 7 901 | 8 382 | 8 722 |
| 加：利息×（1-所得税税率） | | 168 | 182 | 186 | 189 | 191 | 188 |
| 递延税款增加（减少） | | 83 | （58） | 107 | （65） | 88 | （120） |
| 调整后税后净经营利润 | | 6 637 | 7 016 | 7 671 | 8 025 | 8 661 | 8 790 |
| 投入资本（年初） | | 16 810 | 19 234 | 17 477 | 19 186 | 17 252 | 18 609 |
| 投入资本收益率 | | 39.48% | 36.48% | 43.89% | 41.83% | 50.20% | 47.24% |
| 加权平均资本成本 | | 8.45% | 8.39% | 8.40% | 8.34% | 8.35% | 7.71% |
| 差额 | | 31.03% | 28.09% | 35.49% | 33.49% | 41.85% | 39.53% |
| 经济增加值 | | 5 216 | 5 403 | 6 203 | 6 425 | 7 220 | 7 356 |
| 稳定增长期价值（2025年年末） | | | | | | 198 275 | |
| EVA、稳定增长期EVA | | 5 216 | 5 403 | 6 203 | 6 425 | 205 495 | |
| 累计资本成本 | | 8.45% | 17.55% | 27.42% | 38.05% | 49.58% | |
| EVA现值 | | 4 810 | 4 596 | 4 868 | 4 654 | 137 381 | |
| EVA现值合计 | 156 309 | | | | | | |
| 期初投入资本 | 16 810 | | | | | | |
| 公司价值 | 173 119 | | | | | | |

3.（1）基础方案：计算DSA公司的EVA，见表11-4。

表11-4 DSA公司经济增加值和公司价值 金额单位：万元

| | A | B | C |
|---|---|---|---|
| 12 | 基本数据 | 价值 | 说明 |
| 13 | 现存资产价值 | 10 000.00 | |
| 14 | 税后净经营利润 | 1 200.00 | |
| 15 | 投入资本收益率（ROIC） | 12% | |
| 16 | 资本成本 | 10% | |
| 17 | 每年年初投资额 | 1 000.00 | |
| 18 | 5年后增长率 | 5% | |
| 19 | 投资收益等于资本成本 | 10% | |
| 20 | | | |
| 21 | （1）基础方案：计算DSA公司的EVA | | |
| 22 | 现有资产价值 | | |
| 23 | 投入资本 | 10 000.00 | |
| 24 | EVA的现值 | 2 000.00 | ←=（B23*（B15-B16））/B16 |
| 25 | 未来增长价值 | | |
| 26 | 第1年年初投资的EVA现值 | 200.00 | ←=B17*（（B15-B16）/B16） |
| 27 | 第2年年初投资的EVA现值 | 181.82 | ←=（$B$17*（$B$15-$B$16）/$B$16）/（1+$B$16）^1 |
| 28 | 第3年年初投资的EVA现值 | 165.29 | ←=（$B$17*（$B$15-$B$16）/$B$16）/（1+$B$16）^2 |
| 29 | 第4年年初投资的EVA现值 | 150.26 | ←=（$B$17*（$B$15-$B$16）/$B$16）/（1+$B$16）^3 |
| 30 | 第5年年初投资的EVA现值 | 136.60 | ←=（$B$17*（$B$15-$B$16）/$B$16）/（1+$B$16）^4 |
| 31 | 增长价值EVA | 833.97 | ←=SUM（B26：B30） |
| 32 | 公司市场价值（MA） | 12 833.97 | ←=B23+B24+B31 |

由于5年后投入资本收益率和资本成本相等，因此经济增加值等于零。各年EVA现值是根据永续年金现值公式计算的。

（2）不同方案的经济增加值和公司价值见表11-5。

表11-5　**各方案经济增加值和公司价值**　单位：万元

| 方案 | 基础方案 | 方案1 | 方案2 | 方案3 | 方案4 |
|---|---|---|---|---|---|
| 现有资产： | | | | | |
| 投入资本 | 10 000 | 5 000 | 9 000 | 10 000 | 10 000 |
| EVA现值 | 2 000 | 7 000 | 3 000 | 2 500 | 2 273 |
| 增长价值： | | | | | |
| 第1年年初投资的EVA现值 | 200 | 200 | 200 | 100 | 227 |
| 第2年年初投资的EVA现值 | 182 | 182 | 182 | 91 | 205 |
| 第3年年初投资的EVA现值 | 165 | 165 | 165 | 83 | 184 |
| 第4年年初投资的EVA现值 | 150 | 150 | 150 | 75 | 166 |
| 第5年年初投资的EVA现值 | 137 | 137 | 137 | 68 | 150 |
| 增长价值合计 | 834 | 834 | 834 | 417 | 932 |
| 公司市场价值（MA） | 12 834 | 12 834 | 12 834 | 12 917 | 13 205 |

图11-2列示了基础数据与各方案经济增加值和初始投入资本的比较。

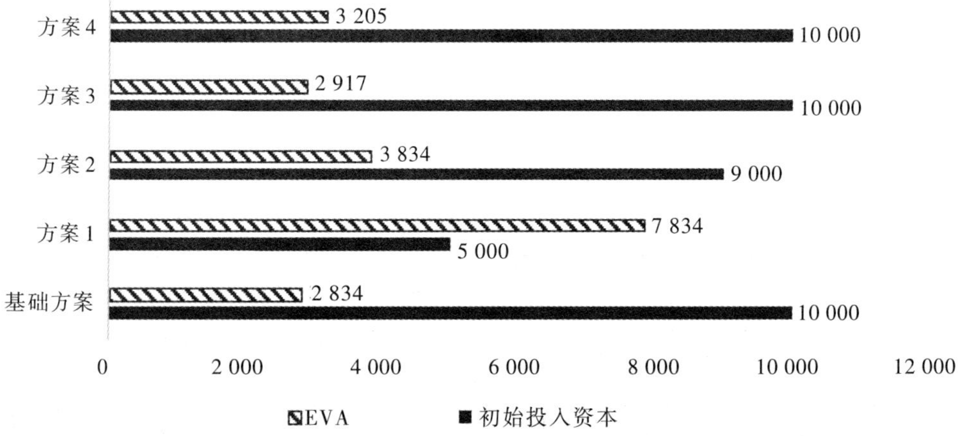


**图11-2　基础数据与各方案经济增加值和初始投入资本的比较（单位：万元）**

方案1：减少投入资本50%，其他因素不变。根据表11-5的数据，降低投入资本50%，但提高了初始投入资本收益率（从12%提高到24%），与初始数据相比，公司价值保持不变（12 834万元），与基础数据计算的结果相比，经济增加值从2 834万元（2 000+834）增加到7 834万元（7 000+834）。如果降低投入资本属于对公司不良资产的剥离，则这是一种提高EVA的方法。如果公司现有的投入资本中的一些投资可能是出于战略需要，即未来增长需要的投资（现在暂时收益低甚至亏损），如果对管理者业绩考核的标准是EVA，就会形成减少投入资本的强烈动因，从而放弃公司未来的增长价值。

方案2：假设租赁资产（为投入资本的50%），租赁成本为4 000万元。租赁资产的结果是公司价值保持不变，经济增加值增加1 000万元，增加的EVA恰好等于租赁成本4 000万元，低于投入资本减少的5 000万元。

方案3：现存资产收益率提高和再投资收益率降低。假设公司现有资产收益率由12%提高到12.5%，每年再投资部分收益率降低为11.5%；其他变量保持不变。计算表明，经济增加值和公司价值增加了83万元，其原因在于投入资本收益率增加了0.5%，再投资收益率降低了0.5%，资本成本增加了1%共同作用的结果。

方案4：投入资本收益率提高到13.5%，资本成本提高到11%，使经济增加值和公司价值增加了371万元。

四个方案与基础方案比较，方案1与其他方案最大的不同是EVA大于初始投入资本，这表明在一定的条件下，减少资本占用是获得EVA的重要因素。但是如果仅以EVA作为管理层业绩考核标准，可能会影响公司的未来增长价值，特别是在公司前期的大量投资是为了满足战略需要的情况下。如果为了降低投入资本，剥离暂时亏损、未来增长的资产，虽然会提高EVA，但会影响公司未来的增长价值。

4.中国（合肥）国际动漫城项目的预计收入、成本和利润及经济增加值，见表11-6。

表11-6　**中国（合肥）国际动漫城项目经济增加值**　金额单位：亿元

| 年度 | 第1年 | 第2年 | 第3年 | 第4年 | 第5年 | 第6年 | 第7年 | 第8年 | 第9年 |
|---|---|---|---|---|---|---|---|---|---|
| 营业收入： | | | | | | | | | |
| 门票等 | 14.00 | 15.40 | 17.25 | 19.84 | 23.41 | 27.15 | 30.41 | 33.45 | 35.46 |
| 动漫及动漫衍生品 | 8.00 | 8.80 | 9.86 | 11.33 | 13.37 | 15.51 | 17.38 | 19.11 | 20.26 |
| 营业收入合计 | 22.00 | 24.20 | 27.10 | 31.17 | 36.78 | 42.66 | 47.78 | 52.56 | 55.72 |
| 成本费用： | | | | | | | | | |
| 门票等 | 8.40 | 9.24 | 10.35 | 11.90 | 14.04 | 16.29 | 18.25 | 20.07 | 21.27 |
| 动漫及动漫衍生品 | 4.00 | 4.40 | 4.93 | 5.67 | 6.69 | 7.76 | 8.69 | 9.56 | 10.13 |
| 成本费用合计 | 12.40 | 13.64 | 15.28 | 17.57 | 20.73 | 24.05 | 26.93 | 29.63 | 31.40 |
| 税后净经营利润 | 9.60 | 10.56 | 11.83 | 13.60 | 16.05 | 18.62 | 20.85 | 22.94 | 24.31 |
| 资本成本 | 9.40% | 9.40% | 9.40% | 9.40% | 9.40% | 9.40% | 9.40% | 9.40% | 9.40% |
| 投入资本收益率 | 6.86% | 7.54% | 8.45% | 9.72% | 11.46% | 13.30% | 14.89% | 16.38% | 17.37% |
| 经济增加值 | −3.56 | −2.60 | −1.33 | 0.44 | 2.89 | 5.46 | 7.69 | 9.78 | 11.15 |

根据表中的数据计算项目价值如下：

根据Excel函数计算高速增长期EVA现值=7.76亿元

=NPV（9.4%，-3.56，-2.6，-1.33，0.44，2.89，5.46，7.69，9.78）

$$\text{稳定增长期EVA现值} = \frac{11.15}{9.4\% - 6\%} \times \frac{1}{(1+9.4\%)^8} = 159.83\,(\text{亿元})$$

项目经济增加值=159.83+7.76=167.59（亿元）

项目价值=140+167.59=307.59（亿元）

5.（1）XYZ集团各子公司主要财务比率见表11-7。

表11-7　XYZ集团各子公司主要财务比率

| 项目 | 电视 | 冰箱 | 洗衣机 | 微波炉 |
|---|---|---|---|---|
| 销售增长率 | 9% | 13% | 8% | 5% |
| ROIC | 8% | 15% | 8% | 12% |
| ROE | 13% | 18% | 14% | 16% |
| WACC | 10% | 12% | 9% | 11% |
| 股利支付率 | 50% | 40% | 25% | 60% |
| 留存收益比率 | 50% | 60% | 75% | 40% |
| 可持续增长率（ROE×留存收益比率） | 6.50% | 10.80% | 10.50% | 6.40% |
| 资本收益率差幅（ROIC-WACC） | -2% | 3% | -1% | 1% |
| 销售增长率与可持续增长率之间的差幅（$G_{销售}$-SGR） | 2.50% | 2.20% | -2.50% | -1.40% |

（2）根据（1）的结果，可以得到：

电视子公司的资本收益率差幅（ROIC-WACC）为-2%<0，销售增长率与可持续增长率之间的差幅（$G_{销售}$-SGR）为2.5%>0，位于财务战略矩阵的象限Ⅳ。该业务单元的经营活动既不能创造价值，又不能支持其自身的发展。如果不能彻底改变这一局面，则必须出售该业务单元的资产，全面退出该业务。

冰箱子公司的资本收益率差幅（ROIC-WACC）为3%>0，销售增长率与可持续增长率之间的差幅（$G_{销售}$-SGR）为2.2%>0，位于财务战略矩阵的象限Ⅰ。该业务单元的经营活动能够创造价值，但现金短缺。对此，可选择的财务策略是：①筹措资金，满足销售增长的需要。②缩小经营规模，使公司的可持续增长率与销售增长率相平衡。

洗衣机子公司的资本收益率差幅（ROIC-WACC）为-1%<0，销售增长率与可持续增长率之间的差幅（$G_{销售}$-SGR）为-2.5%<0，位于财务战略矩阵的象限Ⅲ。该

业务单元虽然能够产生足够的现金流量维持自身发展，但是业务的增长反而会降低经营价值，这是公司处于衰退期的前兆。对此，可采取的财务策略是：①将多余的现金用于该业务单元的业务重组，提高投入资本收益率。②通过扩大销售、提高价格、减少费用等途径提高边际收益。③通过有效营运资本管理等方法提高资产周转率。④通过业务重组降低资本成本。⑤将该业务单元的业务出售，并将多余的现金返还给股东。

微波炉子公司的资本收益率差幅（ROIC-WACC）为1%>0，销售增长率与可持续增长率之间的差幅（$G_{销售}$-SGR）为-1.4%<0，位于财务战略矩阵的象限Ⅱ。该业务单元的经营活动不仅创造价值，还会产生剩余现金。XYZ集团可以根据是否存在增长机会采取不同的财务策略，如果存在增长机会，可将多余的现金投资于现有业务单元，促进现有业务的扩张，或者通过收购实现外部增长；如果目前尚未发现有利的投资机会，可通过现金股利或股票回购方式将多余的现金返还给股东。

11-1：计算分析题（3-5）

**五、案例分析**

（1）以格力电器实际数据为基础，计算格力电器实际经济增加值。格力电器调整后税后净经营利润见表11-8；调整后投入资本及经济增加值见表11-9。

表11-8　**格力电器调整后税后净经营利润（2010—2019年）**　单位：亿元

| 年份 | 2010 | 2011 | 2012 | 2013 | 2014 | 2015 | 2016 | 2017 | 2018 | 2019 |
|---|---|---|---|---|---|---|---|---|---|---|
| 净利润 | 43.03 | 52.97 | 74.46 | 109.36 | 142.53 | 126.24 | 155.25 | 225.09 | 263.79 | 248.27 |
| 加：利息×（1-T） | -2.63 | -3.79 | -3.92 | -1.16 | -8.01 | -16.33 | -40.59 | 3.64 | -8.00 | -20.53 |
| 研发费用×（1-T） | 0 | 0 | 0 | 0 | 0 | 0 | 0 | 0 | 58.94 | 49.83 |
| 递延所得税资产减少（增加） | -4.83 | -1.61 | -12.21 | -27.72 | -25.10 | -5.71 | -9.04 | -11.70 | -5.12 | -11.91 |
| 递延所得税负债增加（减少） | 0.24 | -0.11 | 1.17 | 1.69 | -0.72 | -0.13 | 0.36 | 1.23 | 1.33 | 3.92 |
| 减：税后非经营性、非经常性损益 | 19.92 | 15.40 | 7.62 | 18.20 | -3.34 | 3.34 | -0.44 | 8.73 | 4.88 | -3.65 |
| 调整后税后净经营利润（NOPAT） | 15.89 | 32.06 | 51.88 | 63.97 | 112.04 | 100.73 | 106.42 | 209.53 | 306.06 | 273.23 |

（2）以格力电器预测数据为基础，计算格力电器未来经济增加值。

格力电器经济增加值和公司价值计算过程可参阅第10章提供的Excel电子表格（二维码格力电器报表预测与价值评估）。计算结果见表11-10。

表11-9　　格力电器投入资本及经济增加值（2009—2019年）　　金额单位：亿元

| 年份 | 2009 | 2010 | 2011 | 2012 | 2013 | 2014 | 2015 | 2016 | 2017 | 2018 | 2019 |
|---|---|---|---|---|---|---|---|---|---|---|---|
| 归属于母公司的股东权益 | 99.7 | 133.03 | 176.07 | 267.43 | 345.83 | 441.53 | 475.21 | 538.64 | 655.95 | 913.27 | 1 101.54 |
| 少数股东权益 | 6.83 | 7.09 | 7.70 | 8.37 | 8.84 | 9.79 | 10.45 | 10.60 | 12.40 | 13.88 | 18.94 |
| 有息债务合计 | 9.62 | 37.54 | 74.98 | 70.19 | 56.15 | 78.99 | 86.81 | 107.01 | 186.46 | 220.68 | 159.91 |
| 递延所得税负债 | 0.30 | 0.54 | 0.43 | 1.60 | 3.29 | 2.57 | 2.44 | 2.80 | 4.03 | 5.36 | 9.28 |
| 递延所得税资产 | -10.46 | -15.29 | -16.90 | -29.11 | -56.83 | -81.93 | -87.64 | -96.68 | -108.38 | -113.5 | -125.41 |
| 未摊销的资本化研发费用 | 0 | 0 | 0 | 0 | 0 | 0 | 0 | 0 | 69.88 | 58.91 | 58.91 |
| 减：超额现金 | 0 | 0 | 0 | 0 | 0 | 0 | 0 | 0 | 0 | 0 | 0 |
| 减：非经营性资产 | 11.1 | 25.12 | 0.16 | 8.18 | 20.52 | 22.34 | 37.05 | 16.35 | 32.58 | 33.98 | 10.47 |
| 投入资本 | 94.89 | 137.79 | 242.12 | 310.30 | 336.76 | 428.61 | 450.22 | 546.02 | 787.76 | 1 064.62 | 1 212.69 |
| 投入资本（年初）收益率 | | 16.75% | 23.27% | 21.43% | 20.62% | 33.27% | 23.50% | 23.64% | 38.37% | 38.85% | 25.66% |
| 加权平均资本成本 | | 9.78% | 9.78% | 9.78% | 9.78% | 9.78% | 9.78% | 9.78% | 9.78% | 9.78% | 9.78% |
| 差额 | | 6.97% | 13.49% | 11.65% | 10.84% | 23.49% | 13.72% | 13.86% | 28.59% | 29.07% | 15.88% |
| 经济增加值 | | 6.61 | 18.59 | 28.21 | 33.64 | 79.10 | 58.81 | 62.40 | 156.11 | 229.00 | 169.06 |

在税后净经营利润和投入资本调整中，为简化，假设各年研发费用摊销均等于零；假设预测期资产减值准备、坏账准备、待处理财产损溢、固定资产清理等均为零。

上述计算结果表明，格力电器预测期经济增加值为4 513.67亿元，加上期初投入资本1 212.69亿元（2019年年末），公司价值等于5 726.36亿元，低于按照公司自由现金流量模型计算的格力电器公司价值为6 959.22亿元。

（3）格力电器经济增加值分析。

经济增加值动量关注企业市场行为所带来的价值创造效率的提升，改进了经济增加值以规模为导向的缺陷。根据题中给出的经济增加值动量公式，可将公式分解为：

$$经济增加值动量=\Delta\left(\frac{经济增加值}{营业收入}\right)+\frac{经济增加值}{营业收入}\times 营业收入增长率$$

表11-10 **格力电器EVA和公司价值** 金额单位：亿元

| 年份 | 基期 | 2020 | 2021 | 2022 | 2023 | 2024 | 2025 |
|---|---|---|---|---|---|---|---|
| 税后净经营利润： | | | | | | | |
| 净利润 | | 229.97 | 252.20 | 282.57 | 313.61 | 344.90 | 361.84 |
| 加：利息×（1-所得税税率） | | 8.03 | 9.58 | 10.63 | 11.86 | 13.10 | 14.06 |
| 研发费用×（1-所得税税率） | | 58.02 | 63.83 | 71.49 | 79.35 | 87.29 | 91.65 |
| 递延所得税资产减少（增加） | | 0 | 0 | 0 | 0 | 0 | 0 |
| 递延所得税负债增加（减少） | | 0 | 0 | 0 | 0 | 0 | 0 |
| 调整后税后净经营利润 | | 296.02 | 325.61 | 364.69 | 404.82 | 445.29 | 467.55 |
| 投入资本（年初）： | | | | | | | |
| 归属于母公司的股东权益 | | 1 101.53 | 1 150.64 | 1 273.15 | 1 410.41 | 1 562.75 | 1 730.29 |
| 少数股东权益 | | 18.94 | 18.94 | 18.94 | 18.94 | 18.94 | 18.94 |
| 有息债务合计 | | 159.91 | 210.51 | 231.52 | 259.24 | 287.71 | 316.43 |
| 递延所得税负债 | | 9.28 | 9.28 | 9.28 | 9.28 | 9.28 | 9.28 |
| 递延所得税资产 | | -125.41 | -125.41 | -125.41 | -125.41 | -125.41 | -125.41 |
| 未摊销的研发费用 | | 58.91 | 68.26 | 75.09 | 84.10 | 93.35 | 102.69 |
| 减：超额现金（假设为0） | | 0 | 0 | 0 | 0 | 0 | 0 |
| 减：非经营性资产 | | 10.47 | 0 | 0 | 0 | 0 | 0 |
| 调整后投入资本（年初） | | 1 212.69 | 1 332.22 | 1 482.57 | 1 656.56 | 1 846.62 | 2 052.22 |
| 投入资本收益率 | | 24.41% | 24.44% | 24.60% | 24.44% | 24.11% | 22.78% |
| 加权平均资本成本 | | 9.78% | 9.78% | 9.77% | 9.77% | 9.78% | 8.82% |
| 差额 | | 14.63% | 14.66% | 14.83% | 14.67% | 14.33% | 13.96% |
| 经济增加值 | | 177.42 | 195.30 | 219.87 | 243.02 | 264.62 | 286.49 |
| 稳定增长期价值（2024年年末） | | | | | | 7 499.74 | |
| EVA、稳定增长期EVA | | 177.42 | 195.30 | 219.87 | 243.02 | 7 764.36 | |
| 累计资本成本 | | 14.63% | 31.43% | 50.92% | 73.06% | 97.86% | |
| EVA现值 | | 154.78 | 148.60 | 145.69 | 140.43 | 3 924.17 | |
| EVA现值合计 | 4 513.67 | | | | | | |
| 期初投入资本 | 1 212.69 | | | | | | |
| 公司价值 | 5 726.36 | | | | | | |

公式分解方式可参阅Excel。根据公式，计算的格力电器预测期经济增加值动量见表11-11。

表11-11　**格力电器预测期经济增加值动量**　金额单位：亿元

| 年份 | 2020 | 2021 | 2022 | 2023 | 2024 | 2025 |
|---|---|---|---|---|---|---|
| 营业收入 | 2 100.42 | 2 310.46 | 2 587.72 | 2 872.37 | 3 159.61 | 3 317.59 |
| 经济增加值 | 177.42 | 195.30 | 219.87 | 243.02 | 264.62 | 286.49 |
| 经济增加值动量 | 0.422% | 0.851% | 1.063% | 0.895% | 0.752% | 0.692% |
| 指标分解： | | | | | | |
| 经济增加值/营业收入 | 8.447% | 8.453% | 8.497% | 8.461% | 8.375% | 8.635% |
| 营业收入增长率 | 6.000% | 10.000% | 12.000% | 11.000% | 10.000% | 5.000% |
| 增量（经济增加值/营业收入） | −0.085% | 0.006% | 0.044% | −0.036% | −0.086% | 0.260% |
| 营业收入增长率（经济增加值/营业收入）* | 0.507% | 0.845% | 1.020% | 0.931% | 0.838% | 0.432% |
| 经济增加值动量 | 0.422% | 0.851% | 1.064% | 0.895% | 0.752% | 0.692% |

格力电器实际的经济增加值动量的计算结果可参阅Excel。格力电器实际和预期的经济增加值动量如图11-3所示。从图11-3中可以看出，格力电器实际的经济增加值动量指标变动幅度较大，在2015年和2019年均为负数。

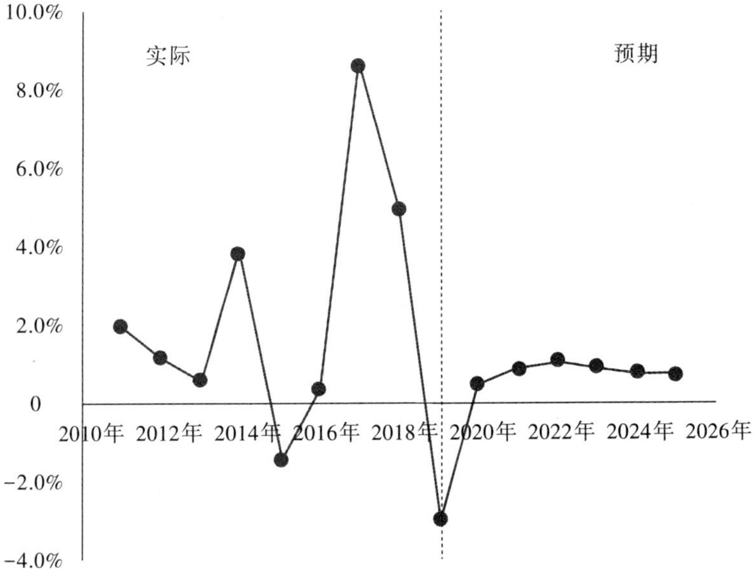


**图11-3　格力电器经济增加值动量**

经济增加值动量不仅可以衡量公司价值创造的效率，而且可以判断公司的成长类型。根据经济增加值动量判断格力电器各年的成长类型如图11-4所示。从图11-4可以看出，除2015年、2019年外，格力电器各年增长类型均落在增值型成长象限内。这表明公司营业收入增长率和营业收入增加值率均大于零。前者表明公司的市场份额在扩大，后者表明公司价值创造的效率在提高，处于这一象限的组合是公司经营的最佳状态。

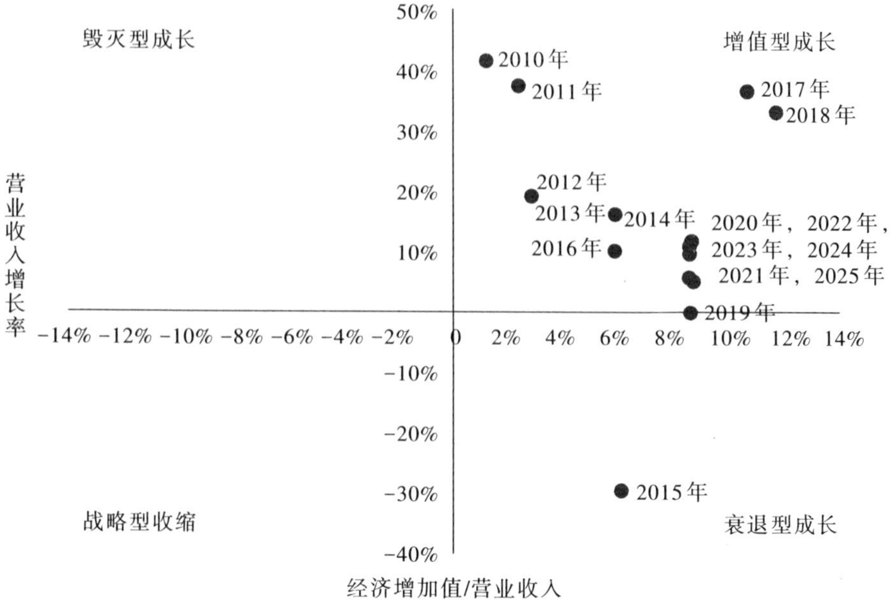

图11-4　格力电器成长类型

11-2：格力电器经济增加值

# 第12章

# 期权定价与公司财务

## 一、单项选择题

1.欧式期权的行权时间是（　　）。

A.期权有效期内的任何营业日　　B.只能在期权的到期日

C.在未来的任何时刻　　D.只能在分派红利之后的任何营业日

2.如果市场利率上升，将会使（　　）。

A.买权和卖权的时间价值都上升

B.买权和卖权的时间价值都下降

C.买权的时间价值上升，卖权的时间价值下降

D.买权的时间价值下降，卖权的时间价值上升

3.一个股票买权买方可能承受的最大损失是（　　）。

A.行权价格　　B.购买看涨期权合约的权利金

C.股票价格减去买权价格　　D.行权价格减去买权价格

4.如果标的资产的现时市场价格（S）大于期权行权价格（K），则说明（　　）。

A.看涨期权处于有价状态　　B.看涨期权处于无价状态

C.看跌期权处于有价状态　　D.看跌期权处于平价状态

5.假设JP公司当前的股票价格为每股100美元。一张JP公司3个月欧式看跌期权的执行价格为102美元，权利金为4美元。忽略委托佣金，若使持有人在期权到期日履约并获得一定的收益，则到期日股票价格可能（　　）。

A.跌到96美元　　B.跌到99美元　　C.涨到106美元　　D.涨到108美元

6.假设你购买了一张执行价格为80元的看涨期权合约，合约价格为3元。忽略交易成本，这一头寸的盈亏平衡价格是（　　）元。

A.74　　B.77　　C.83　　D.240

7. 根据买-卖权平价关系，一张无红利分派股票的欧式看跌期权的价值等于（　　）。

A. 当前股票价值-行权价格现值+看涨期权价值

B. 当前股票价值+行权价格现值-看涨期权价格

C. 看涨期权价值-行权价格现值+当前股票价值

D. 看涨期权价值+行权价格现值-当前股票价值

8. 在布莱克-斯考尔斯欧式买权平价模型中，说明欧式买权被执行概率的项目是（　　）。

A. N（$d_1$）　　B. SN（$d_1$）　　C. N（$d_2$）　　D. $Ke^{-rT}$N（$d_2$）

9. 在其他条件一定的情况下，下列因素与卖权价值呈反向变动关系的是（　　）。

A. 标的资产市价　　B. 行权价格

C. 标的资产价格的波动性　　D. 合约剩余有效期

10. 假设1年期的欧式股票买权，当前股票价格为60元，行权价格为65元，预计到期日股票价格可能上升为75元，也可能下跌至55元。投资者为了套期保值，进行买入该股票和卖出买权的投资组合，则按照无风险套利定价法，投资者应该（　　）。

A. 购买1股股票，同时卖出0.5份买权

B. 购买1股股票，同时卖出1份买权

C. 购买1股股票，同时卖出1.5份买权

D. 购买1股股票，同时卖出2份买权

11. 下列构成可转换债券最低极限价值的是（　　）。

A. 纯债券价值

B. 转换价值

C. 期权价值

D. 纯债券价值与转换价值中的较大者

12. 公司发行可转换债券时附加的可赎回条款，对于投资者而言，相当于一种（　　）。

A. 买入买权　　B. 买入卖权　　C. 卖出买权　　D. 卖出卖权

13. 若公司发行普通股的每股市价为10元，认购权证的普通股每股认购价格为6元，换股比例为0.5，则该认购权证的内含价值为（　　）元。

A. 0　　B. 2　　C. 4　　D. 6

14. 假设ABC公司发行年利率为6.5%、15年期、面值为1 000元、每年付息一次、到期还本的可转换债券，转换比率为20股，市场利率为10%，该债券发行5年后公司有权在任何时间以每张1 028元的价格赎回。如果该公司股票现行市价为40元，预计以后每年将以8%的比率稳定增长，则第5年年末该可转换债券的转换价

值为（　　）元。

A.733.79　　B.800.00　　C.1 175.46　　D.1 288.41

15.根据布莱克-斯考尔斯期权估价模型进行实物期权估价时，期权的执行价格是（　　）。

A.投资项目未来现金流量的现值　　B.投资项目投资成本的现值

C.投资项目投资净现值　　D.投资项目的经营现金流量

16.A公司发行认股权证100 000张，每张认股权证可以购买50股普通股股票，该股票当前每股12元，认股权证行使前发行在外普通股股票1 000万股，投资者持有认股权证可以以10元/股认购该公司股票，则稀释后普通股每股预期价格为（　　）元。

A.11.00　　B.11.33　　C.11.82　　D.12.00

17.A公司发行认股权证100 000张，每张认股权证可以购买50股普通股股票，该股票当前每股12元，认股权证行使前发行在外普通股股票1 000万股，投资者持有认股权证可以以10元/股认购该公司股票，则每份认股权证的内含价值为（　　）元。

A.50.00　　B.66.00　　C.66.67　　D.72.00

18.南山可转换债券的纯债券价值为1 020元/张，转换价值为1 025元/张，债券到期日前的期权价值为125元/张，则南山可转换债券价值为（　　）元/张。

A.895　　B.900　　C.1 145　　D.1 150

19.公司获得了一个以该投资项目的未来现金流量现值为标的资产的美式看涨期权，是（　　）。

A.扩张期权　　B.放弃期权　　C.延期期权　　D.不能确定

20.与传统的折现现金流量法相比，实物期权分析法有利于管理者在高度不确定情况下更睿智地做出投资决策。下列关于实物期权分析的说法错误的是（　　）。

A.未来现金流量的不确定性越大，投资的价值越小

B.以现金流量度量的未来收益不足以准确反映投资项目的真实价值

C.未来投资的不确定性越大，期权就越有价值

D.管理者可以根据新的信息做出某种决策来影响后续的现金流量

## 二、多项选择题

1.期权按照权利行使时间不同可以分为（　　）。

A.看涨期权　　B.看跌期权　　C.欧式期权

D.美式期权　　E.百慕大期权

2.期权作为一种金融商品具有的显著特点有（　　）。

A.期权的交易对象是一种权利

B.期权交割的时间是固定的

C.期权具有以小博大的杠杆效应

D.期权合约买者和卖者的权利和义务是不对称的

E.这种权利具有很强的时间性，超过规定的有效期限不行使，期权即自动失效

3.按照有无内含价值，期权价值的主要表现为（　　）。

A.有价　　B.溢价　　C.平价

D.折价　　E.无价

4.通常情况下，期权价值的构成因素包括（　　）。

A.内含价值　　B.执行价值　　C.权利金

D.期权费　　E.时间价值

5.下列各项中，能够正确揭示期权价值、内含价值和时间价值之间关系的论述有（　　）。

A.当期权处于有价时，买权内含价值等于标的资产价格减去行权价格

B.当期权处于无价或平价时，期权价值完全由时间价值构成

C.当期权处于有价时，期权价值由内含价值和时间价值两部分构成

D.通常期权时间价值在平价时最大，而向有价和无价期权转化时，时间价值逐步递减

E.期权到期时的时间价值为零，期权价值完全由内含价值构成

6.假设1年后到期的欧式股票买权，当前股票价格为100元，行权价格为105元，预计到期日股票价格可能上涨为120元，也可能下跌至80元。如果无风险利率为6%，下列符合风险中性定价法的基本思想的论述有（　　）。

A.1年后股票价格上涨或下跌的概率分别为0.35和0.65

B.1年后股票价格上涨或下跌的概率分别为0.65和0.35

C.该欧式股票买权1年后的预期价值为9.75元

D.该欧式股票买权1年后的预期价值为13.09元

E.在风险中性假设条件下，该欧式股票买权的当前价值为9.20元

7.下列属于B-S基本模型假设条件的有（　　）。

A.期权为美式期权

B.市场提供了连续交易的机会

C.标的资产的价格变动符合几何布朗运动

D.标的资产在期权有效期内不支付股息和利息

E.市场是完善的，即没有交易手续费、税负、保证金、融资限制等

8.根据B-S期权定价模型，欧式期权价格取决于（　　）。

A.标的资产市场价格　　B.期权的行权价格

C.合约剩余有效期　　D.无风险利率

E.标的资产价格波动率

9.下列各项中，与美式买权价值和卖权价值均呈同方向变化的有（　　）。

A.标的资产市场价格　　B.期权的行权价格

C.合约剩余有效期　　D.标的资产价格的波动率

E.无风险利率降低

10.下列属于对B-S买权定价模型正确理解的有（　　）。

A.B-S模型中的N（$d_1$）等于保值比率Δ

B.模型中的N（$d_2$）表明在风险中性世界中$S_T$大于K的概率

C.$Ke^{-rT}$N（$d_2$）是K的风险中性期望值的现值

D.SN（$d_1$）是$S_T$的风险中性期望值的现值

E.B-S模型中买权价值等于标的资产价格期望现值减去行权价格现值

11.下列关于附认股权证公司债券的描述正确的有（　　）。

A.附认股权证公司债券一般是捆绑发行，发行后分别在权证市场和债券市场进行交易

B.附认股权证公司债券可以有效降低融资成本

C.附认股权证公司债券无赎回和强制转股条款

D.附认股权证公司债券价值由纯债券价值和认股权证价值两部分构成

E.购入附认股权证公司债券的投资者可获得股利和利息收益

12.影响认股权证价值的因素包括（　　）。

A.无风险利率　　B.股票价格波动率　　C.认购权证有效期限

D.股利　　E.股权稀释

13.根据投资项目的具体情况不同，实物期权可以分为（　　）。

A.放弃期权　　B.延迟期权　　C.停启期权

D.收缩期权　　E.扩张期权

14.实物期权价值的影响因素主要有（　　）。

A.无风险利率　　B.投资项目收益率波动率

C.标的资产的价值漏损　　D.项目未来现金流量现值

E.项目投资成本的现值及投资存续期间

15.下列选项中，能够揭示不同类型实物期权特征的描述的有（　　）。

A.扩张投资期权是一种看涨期权，旨在扩大上方投资收益

B.放弃投资期权是一种看跌期权，意在锁定下方投资风险

C.递增期权为公司提供获得有利可图的逐渐增加投资的机会

D.柔性期权是指公司多阶段投资以后，根据不同情景选择不同行为的灵活性期权

E.递增期权需要额外投资，而柔性期权可以充分利用已有投资

16.下列与实物期权有关的项目投资机会有（　　）。

A.开发后续产品的机会　　B.扩大产品市场份额的机会

C.扩大或更新厂房、设备的机会　　D.延缓投资项目的机会

E.放弃项目投资的机会

17.可转换债券可以看作一份债券和一份公司股票的买权组合，到期日前可转换债券价值取决于（　　）。

A.债券期限　　B.期权价值　　C.纯债券价值

D.转换价值　　E.时间价值

18.下列关于可转换债券价值的说法正确的有（　　）。

A.纯债券价值与转换价值越接近，可转换债券期权价值越大

B.纯债券价值与转换价值之间的差距越大，期权价值相对越小

C.纯债券价值与转换价值相等时，期权价值相对最大

D.随着债券到期日的接近，可转换债券期权价值接近于零

E.可转换债券到期日前，其价值等于纯债券价值和转换价值二者中的较大值

19.下列关于扩张期权的特点，说法正确的有（　　）。

A.如果投资项目出现“有利机会”，则采取扩大投资策略

B.如果投资项目出现“不利情况”，则采取收缩投资策略

C.如果投资项目出现“有利机会”，则采取收缩投资策略

D.如果投资项目出现“不利情况”，则采取扩大投资策略

E.无论投资项目出现何种情况，都采取扩大投资策略

20.折现现金流量法（DCF）和实物期权分析法（ROA）的特点表现在（　　）。

A.DCF更适合分析确定决策环境中并不复杂的项目

B.ROA更适合分析不确定环境中的复杂项目

C.对于收益率、风险高的项目应采用ROA分析法

D.对于收益率高、风险低的项目应采用DCF分析法

E.对于收益率低、风险高的项目应采用DCF分析法

## 三、判断题

1.期权价值实际上是期权合约中约定的到期对标的资产交割的价格。（　　）

2.百慕大权证的价值一般比同等条款的美式权证高，但低于同等条款的欧式权证。（　　）

3.一份可按50元买入某项资产的期权，在期权到期日，如果该项资产的市价为56元，此时期权有价，其内含价值为6元。（　　）

4.从理论上说，一个期权通常不会以低于其内含价值的价格出售。（　　）

5.期权的时间价值反映了期权合约在到期前获利机会的价值，距到期日越近，其价值就越高。（　　）

6.通常一个期权的时间价值在它平价时最小，而向有价期权和无价期权转化时

时间价值逐步递增。 (　　)

7.无论对于买权还是对于卖权而言，当期权处于平价或无价状态时，其价值完全由时间价值构成，内含价值为零。 (　　)

8.在其他条件不变的情况下，执行价格越高，买权价值就越高。 (　　)

9.在一个风险中立的世界里，所有可交易证券的期望收益都是无风险利率。 (　　)

10.在无套利定价过程中，考虑标的资产价格上升和下降的实际概率。 (　　)

11.无论是认购权证还是认售权证，标的资产收益率的波动率越大，它们的价值越高。 (　　)

12.由于同时具有期权性和债券性，可转换债券利息率通常高于纯债券的利息率。 (　　)

13.公司的股票可以解释为以公司资产为标的资产、以债券面值为行权价、以债券期限为权利期间的一种欧式买入期权。 (　　)

14.在其他因素不变的条件下，纯债券价值与转换价值越接近，可转换债券溢价部分越小；纯债券价值与转换价值之间的差距越大，溢价部分越大。 (　　)

15.根据期权理论，股票价值等于资产价值减去预期债券的现值再减去公司资产卖权价值。 (　　)

16.根据期权理论，债券价值等于预期债券现值减去公司资产卖权价值。 (　　)

17.在B-S模型中，违约风险中性概率为“$1-N(d_2)$”，而债券违约风险溢价则是公司债券利率与无风险利率之间的差额。 (　　)

18.一般来说，扩张项目期权对于处于行业较稳定且收益率较低的项目要比处于变化剧烈、收益较高行业的项目明显更有价值。 (　　)

19.延期期权是否提前执行，取决于项目早期产生的现金流量的延期期权内含价值的大小。 (　　)

20.未来投资的不确定性越大，期权的价值越小。 (　　)

## 四、计算分析题

1.一份以股票为标的资产的相关买权数据如下：S=10元，K=6元。

要求：

（1）如果股票价格上升20%，买权的内含价值上升了多少？

（2）如果初始股票价格分别为7元、20元，重新计算（1）。

（3）假设Y表示股票市场价格变动率，即从$S_0$变为$S_1$；以Z表示买权内含价值变动率，即从$C_0$变为$C_1$；假设将Z/Y定义为标的物价格变动对买权内含价值的影响或杠杆效应，分析股票价格变化对买权价格的影响。

2.根据下列两种情况，构造投资组合价值，并对这一投资组合的特点进行分析。

（1）假设你持有A公司的一只股票，并买了一份关于A股票的卖权，其履约价格为25元，期权到期日为1年。在买权到期日，如果A股票的市场价格分别为0、5元、10元、15元、20元、25元、30元、35元、40元、45元，请图示到期日你的投资组合价值（股票投资价值和期权价值）。假设股票的购买价格为20元，说明构造这一投资组合的作用。

（2）假设你持有一份到期值为25元的无风险债券，并买了一份关于A股票的买权，其履约价格为25元，期权到期日为1年。在买权到期日，如果A股票的市场价格分别为0、5元、10元、15元、20元、25元、30元、35元、40元、45元，请图示到期日你的投资组合价值（股票投资价值和期权价值）。假设股票的购买价格为25元，说明构造这一投资组合的作用。

（3）根据买-卖权平价关系写出（1）和（2）的等式关系。

3.根据情况，构造投资组合价值，并对这一投资组合的特点进行分析。

（1）假设你持有A公司的一只股票，并卖出关于A股票的买权，其履约价格为25元，期权到期日为1年。在买权到期日，如果A股票的市场价格分别为0、5元、10元、15元、20元、25元、30元、35元、40元、45元，请图示到期日你的投资组合价值（股票投资价值和期权价值）。

（2）假设你是一位以B股票为标的资产的卖权出售者，其履约价格为15元，到期日为1年。为规避风险，你同时持有一份到期值为15元（与履约价格相同）的无风险债券。在卖权到期日，如果股票价格分别为0、5元、10元、15元、20元、25元、30元、35元、40元、45元，请图示到期日投资者的投资组合价值。

（3）根据买-卖权平价关系写出（1）和（2）的等式关系。

4.将计算题2、计算题3相比较，根据买-卖权平价关系，说明股票、债券和公司价值的关系。假设两种期权均为欧式期权，且履约价格和到期日相等。

5.A股票价格为36元，履约价格为34元，无风险利率为10%，当前9个月的欧式买权价格为6.4元，9个月的欧式卖权价格为3.6元，根据上述资料按连续复利计算分析：

要求：

（1）根据买-卖权平价关系，在给定卖权条件下计算买权价值（按连续复利计算）。

（2）根据买-卖权平价关系，在给定买权条件下计算卖权价值（按连续复利计算）。

（3）将计算结果与买权或卖权现行价格比较，你认为应采取何种投资策略进行套利活动？试举例说明。

6.假设某股票当前价格为100元。1年后可能上涨20%（期末价格为120元），也可能下跌15%（期末价格为85元），无风险利率为6%（国库券年利率），债券的当前价格为1元。现有一份股票看涨期权，执行价格为100元，期限1年。

要求：

（1）采用无套利方法复制出买权价值，根据买-卖权平价关系计算卖权价值。

（2）采用风险中性概率计算买卖权价值。

7.假设某股票当前价格为100元。1年后可能上涨25%（期末价格为125元），也可能下跌15%（期末价格为85元），无风险利率为8%（国库券年利率）。现有一份股票看涨期权，执行价格为100元，期限为2年，采用两阶段二项式模型计算该买权的价格。

8.假设某股票当前价格为50元，考虑3个阶段（每个阶段时间为0.25年）的价格变化，假设每个阶段股票价格可能上涨或下跌20%，无风险债券利率为8%，债券的当前价格为1元，现有一份股票看涨期权，执行价格K=52，计算该买权的价格。

9.以KW公司股票为标的物的欧式卖权的执行价格为84元，到期时间为2年。已知该公司当前的股票价格为80元，以后每年将上升或下降20%，假设无风险利率为5%。

要求：

（1）计算该股票价格预计上升或下跌的概率；

（2）采用多期二项式模型计算该卖权的价值并图示。

10.假设DL公司的股票当前价格为36元，股票收益的标准差为0.28，无风险利率为6%（连续复利），期权有效期为18个月。

要求：

（1）当行权价格为36元时，计算欧式期权买权的价格；

（2）在（1）的条件下，计算欧式期权卖权的价格；

（3）在（1）的条件下，假设股利支付率为1%，计算欧式期权买权的价格。

11.2019年12月30日晚间，新希望发布公告将于2020年1月3日在网上发行400亿元可转债，期限6年。本次募集资金（扣除发行费用）将全部投资于生猪养殖项目。希望转债（127015）有关资料见表12-1。

假设现在是2020年7月17日，新希望股票市场价格为30.9元。

2020年7月10日中国国债收益率5年期为2.84%，10年期为3.03%。本例假设6年期国债收益率为3.01%。

可转债历史隐含波动率见表12-2，为简化，假设以可转债历史隐含波动率中位数26.55%作为希望转债的隐含波动率。

表 12-1 希望转债（127015）有关资料

| | | | |
|---|---|---|---|
| 发行规模 | 400亿元 | 发行价格（元） | 100 |
| 债券期限 | 2020/01/03～2026/01/03 | 起息日 | 2020/1/3 |
| 付息频率 | 1年1次 | 每年付息日 | 1/3 |
| 票面利率 | 各年利率：0.20%、0.40%、0.80%、1.20%、1.60%、2.00% | | |
| 初始转股价格（元） | 19.63 | 初始转股比例 | 5.0942 |
| 转股期 | 2020/07/09～2026/01/03 | | |
| 回售触发价（元） | 13.74 | 强赎触发价（元） | 25.52 |
| 到期赎回价（元） | 106 | | |
| 信用评级 | AAA | 剩余天数 | 1 995 |

表 12-2 可转债隐含波动率历史分布

| 项目 | 2003年1月至2019年7月 | 2003年1月至2019年7月（剔除2007年、2008年、2015年） |
|---|---|---|
| 均值 | 30.39% | 27.62% |
| 最高值 | 75.06% | 66.13% |
| 75%分位数 | 38.74% | 32.31 |
| 中位数 | 26.55% | 24.64% |
| 25%分位数 | 21.18% | 20.21% |
| 最低值 | 10.03 | 10.03% |
| 2019年7月值 | 22.19% | 22.19% |
| 历史分位点 | 29.60% | 36.00% |

资料来源：Wind、国信证券经济研究所整理。

要求：

（1）计算纯债券的价值。

（2）假设不考虑股利支付率，根据B-S模型计算该可转换债券的期权价值以及可转换债券的价值。

12.ABC公司资产当前市场价值为1 200万元，公司资产价值方差为0.3，无风险利率为6%，公司一年后到期的零息债券面值为1 000万元。该公司正在考虑两个互斥的投资方案：方案A投资净现值为100万元；方案B投资净现值为150万元。如果选择方案A，公司资产收益的方差将上升到0.4，如果选择方案B，公司资产收益的方差将下降为0.25。

要求：

（1）接受投资项目前公司债券、股票的市场价值是多少？

（2）分别计算投资方案A、方案B后，公司债券、股票的市场价值是多少。

（3）分析不同方案对股票价值、债券价值的影响；你认为股东会选择哪一个投资项目？

（4）假设公司由于环保等原因投资于一项净现值为-40万元的方案C，该项目的风险较高，将使公司资产价值方差提到50%，计算股票价值和债券价值，并与（1）的结果进行对比，并说明原因。

13.A公司和B公司希望合并为一家公司，其有关资料见表12-3：

表12-3　**A公司和B公司基本资料**

| 项目 | 公司A | 公司B |
|---|---|---|
| 公司资产价值（万元） | 2 000.00 | 3 000.00 |
| 债券价值（零息债券）（万元） | 1 600.00 | 1 000.00 |
| 债券期限（年） | 10 | 10 |
| 公司价值标准差 | 0.4 | 0.5 |
| 国债利率 | 0.1 | 0.1 |
| 两家公司价值的相关系数 | 0.4 | |

要求：

（1）根据期权定价模型分别计算两家公司合并前股票价值、债券价值、公司价值。

（2）计算合并后公司价值的组合方差。

（3）计算两家公司合并后股票价值、债券价值、公司价值。

14.MIT公司是一家大型的信息技术公司，主要从事信息产业中的系统集成、网络、软件与信息服务等业务。目前公司研究开发了一套新的计算机操作系统（以下简称“新系统”），并申请注册取得相应的专利权，期限为20年。与该新系统开发与生产相关的资料如下：

（1）根据对新系统潜在市场和预期售价的分析，预计其投入市场后每年可为公司带来现金净流量11.28亿元，同类项目的投资必要收益率为10%。

（2）新系统的初始开发成本为100亿元。

（3）目前无风险收益率为6.5%，已上市的各信息技术公司价值的平均标准差为15%。

（4）假设新系统仅在专利有效期限内会给公司带来超额收益，专利期满后由于竞争的存在会使公司不再具有获取超额收益的优势。

要求：

（1）计算新系统投入市场后带来的现金净流量的现值；

（2）计算新系统的净现值，并按照传统的投资决策分析方法对该投资进行评价；

（3）如果公司打算推迟新系统的开发与生产1年，采用期权定价理论估计该专利权的价值，并计算该项目调整后的净现值，同时说明公司是否应该推迟该系统的开发与生产。

15.FHK公司是一家大型的汽车生产公司，为了实现多元化经营，目前正准备投资收购一家计算机公司，收购成本为10亿元，预计经营期限为16年，并且收购后预期将会给FHK公司带来现金流量现值为12亿元。由于这项收购属于跨行业投资，公司管理层在计算机行业没有丰富的管理经验，对其未来市场是否能够良好发展也没有太大的把握，为了规避这项投资风险，FHK公司与一家国际知名的计算机公司（AIT）签订协议，约定在未来的4年内，FHK公司随时可以将该被收购公司以9亿元的价格出售给AIT公司并退出计算机行业。通过对被收购公司的现金流量的模拟预算得出，其标准差为35%，假设标的资产价值漏损等于1除以项目所需时间为6.25%（假设项目的现值以每年大约1÷n的速度下降），4年期的无风险利率为8%。

要求：

（1）计算该项目放弃期权价值；

（2）计算该项目考虑放弃期权价值后的净现值。

16.FUR是一家国内知名的房地产开发公司，目前拟进入汽车制造行业，生产一种新型的低耗能的小轿车。公司预计生产该种汽车的初始投资额为1 200万元，在未来经营的5年内每年产生的现金净流量均为325万元。

公司预计，随着生产技术和管理的不断成熟与发展，在投产经营的第3年年末，可以引进国外的先进技术，对现有的生产线进行技术改造，以提高产品的质量和产量，并可以延长该汽车生产线的经营期限到10年。预计将投入技术改造成本3 000万元，未来7年每年生产销售小轿车的现金净流量分别为480万元、620万元、840万元、1 000万元、650万元、480万元、350万元。改造后生产线的投资价值具有很大的不确定性，假设随着市场情况的变化，投资价值波动率（年标准差）估计为25%。

现行的无风险利率为6%，假设汽车行业的β系数为1.2，市场风险溢价为5%。

要求：

（1）该投资项目现在进行投资的净现值。

（2）计算在第3年年末进行技术改造所获得的净现值。

（3）从实物期权的角度分析该项目的净现值。

## 五、案例分析

2020年7月24日，苹果公司股票市场价格为370.46美元，AAPL201218C00480000买权合约相关的资料如下：行权价格为480美元，期权到期时间为2020年12月18日，隐含波动率为31.91%；AAPL201218P00480000卖权隐含波动率为35.07%，其他参数与买权相同。假设无风险利率为0.25%。

（1）采用B-S模型分别计算Excel表格中期权的买权价值、卖权价值及相关计算公式。

（2）采用Excel函数分析买权、卖权价值对各种参数（S，K，r，T，σ）变化的敏感性并图示。

## 参考答案

### 一、单项选择题

1.B　2.C　3.B　4.A　5.A　6.C　7.D　8.C　9.A　10.D　11.D　12.C　13.B　14.C　15.B　16.B　17.C　18.D　19.C　20.A

部分解析：

5.若使持有人在期权到期日履约并获得一定的收益，则到期日股票价格要在98美元（102-4）以下，因此选A（跌到96美元）。

6.买入买权盈亏平衡价格=80+3=83（元）

10.如果到期日股票价格上升为75元，则期权到期时价值为10元，如果到期日股票价格下跌到55元，则期权到期无价值，根据无风险套利定价法，保值比率=（10-0）÷（75-55）=0.5，取其倒数为2，表示套期保值所需出售的期权份数，即购买1股股票，同时卖出2份买权。

13.认购权证的内含价值=0.5×（10-6）=2（元），大于零，因此该认购权证的内含价值为2元。

14.第5年年末该可转换债券的转换价值=40×（1+8%）$^5$×20=1 175.46（元）

16.稀释后股票预期价格=（12×10 000 000+50×100 000×10）÷（10 000 000+50×100 000）=11.33（元/股）

18.可转换债券的内在价值=1 025+125=1 150（元/张）

### 二、多项选择题

1.CDE　2.ACDE　3.ACE　4.AE　5.ABCDE　6.BCE　7.BCDE　8.ABCDE　9.CD　10.ABCDE　11.ABCD　12.ABCDE　13.ABCDE　14.ABCDE　15.ABCDE　16.ABCDE　17.BCD　18.ABCD　19.AB　20.ABCD

部分解析：

6.假设1年后股票上涨的概率为P，根据风险中性定价法可知：

120P+80（1-P）=100×（1+6%）

解得：P=0.65

则：股票下跌的概率为0.35。

该欧式股票买权1年后的预期价值=（120-105）×0.65+0×0.35=9.75（元）

在风险中性假设条件下，该欧式股票买权的当前价值为9.20元（9.75/1.06）。

## 三、判断题

1.× 2.× 3.√ 4.√ 5.× 6.× 7.√ 8.× 9.√ 10.× 11.√ 12.× 13.√ 14.× 15.× 16.√ 17.√ 18.× 19.√ 20.×

## 四、计算分析题

1.

（1）当$S_0$=10元时，买权内含价值$c_0$=S-K=10-6=4（元）

当$S_1$=12元时，买权内含价值$c_1$=S-K=12-6=6（元）

买权内含价值增长率Z=6/4-1=50%

（2）$S_0$=7元，$S_0$=20元，股票价值增长20%，履约价格保持不变，计算结果见表12-4：

表12-4 股票价格变化与买权内含价值变动关系 金额单位：元

| | | | |
|---|---|---|---|
| 股票初始价格（$S_0$） | 10.00 | 7.00 | 20.00 |
| 履约价格（K） | 6.00 | 6.00 | 6.00 |
| 买权内含价值（$c_0$） | 4.00 | 1.00 | 14.00 |
| 股票价格增长率（Y） | 20% | 20% | 20% |
| 变动后股票价格（$S_1$） | 12.00 | 8.40 | 24.00 |
| 变动后买权内含价值（$c_1$） | 6.00 | 2.40 | 18.00 |
| 买权内含价值增长率（Z） | 50.00% | 140.00% | 28.57% |

上述计算结果表明，在履约价格一定的情况下，标的资产价格上升使买权内含价值增长率呈下降趋势。

（3）将Z/Y定义为标的物价格变动对买权内含价值的影响或杠杆效应，则：

$$\frac{Z}{Y}=\frac{(c_1-c_0)/c_0}{(S_1-S_0)/S_0}=\frac{\left[(S_1-K)-(S_0-K)\right]/(S_0-K)}{(S_1-S_0)/S_0}$$

$$=\frac{(S_1-S_0)/(S_0-K)}{(S_1-S_0)/S_0}=\frac{S_0}{S_0-K}=\frac{1}{1-K/S_0}$$

在（1）中，K/S=6÷10×100%=60%，则：

Z/Y=1÷（1-60%）=2.5

上述结果表明，标的资产价值变动1个百分点，买权内含价值变动2.5个百分点。例如，在（1）中，股票价格上升20%，买权内含价值上升50%（20%×2.5）。

如果S>K，且C>0，K/S与Z/S之间的关系如图12-1所示。

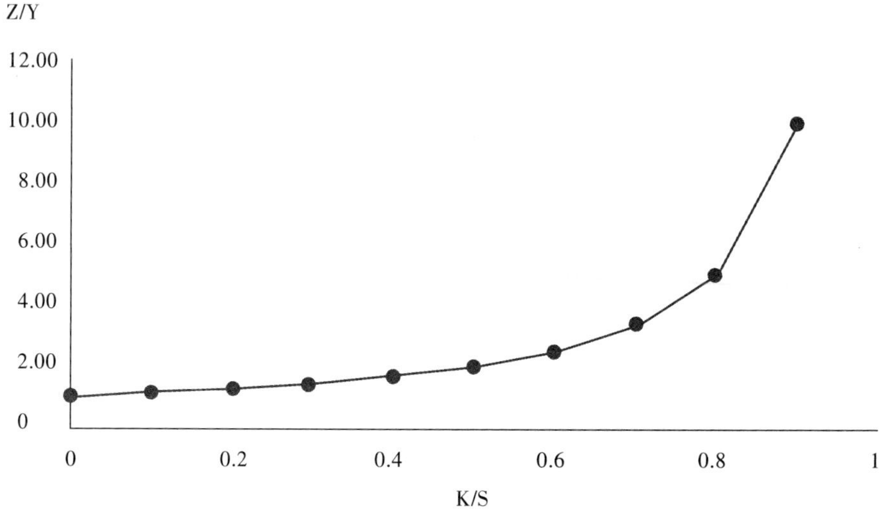


**图12-1 标的物价格变动对买权内含价值的影响**

履约价格与标的物（股票）的市场价格越接近，期权的杠杆作用就越大。相对来说，由于买权内含价值变动率大于股票价格变动率，因此，当标的物价格远远高于履约价格时，买权内含价值变得越来越大，但其增长幅度会变得越来越小。

2.

（1）买入卖权与股票投资组合价值如表12-5和图12-2所示。

表12-5 **买入卖权与股票投资组合价值** 单位：元

| 股票价格 | 买入卖权价值 | 股票价值 | 投资组合价值 |
|---|---|---|---|
| 0 | 25 | 0 | 25 |
| 5 | 20 | 5 | 25 |
| 10 | 15 | 10 | 25 |
| 15 | 10 | 15 | 25 |
| 20 | 5 | 20 | 25 |
| 25 | 0 | 25 | 25 |
| 30 | 0 | 30 | 30 |
| 35 | 0 | 35 | 35 |
| 40 | 0 | 40 | 40 |
| 45 | 0 | 45 | 45 |

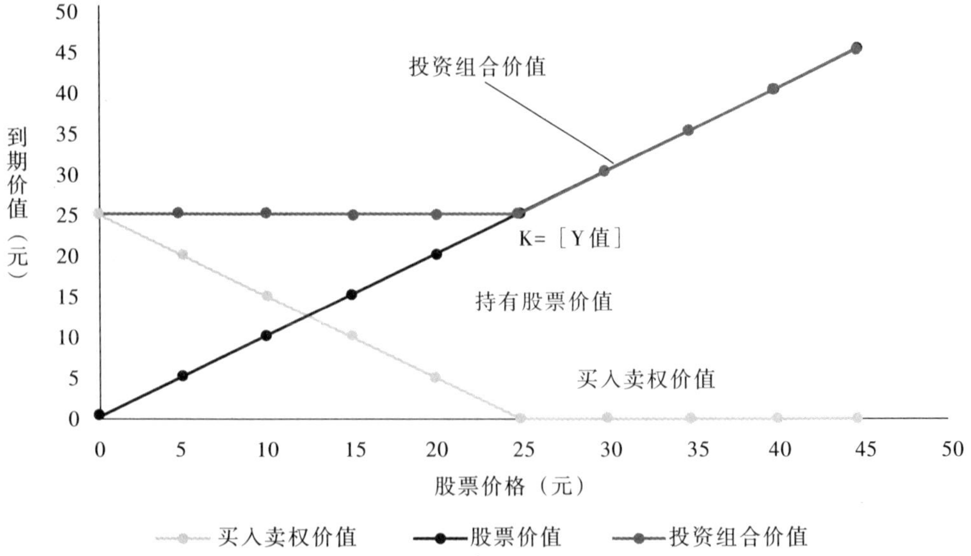


**图12-2 买入卖权与股票投资组合价值**

如果你持有1只股票，同时买入1份卖权，构成的投资组合可以规避下方风险。例如，你支付20元购买了这只股票，股票价格下跌至20元以下你便会遭受损失。如果你同时持有一份卖权，股票下跌时可以行使卖权，此时投资组合的价值为25元，即股票价值20元，加上行使卖权的损益（（K-$S_T$）元）。即使股票下跌为零，投资组合价值始终保持25元。即股票下跌的损失刚好与行使卖权的收益相抵销。如果股票价格上升，投资者放弃行权，期权价值为零，但股票价值随之上升。

（2）无风险债券和买入买权投资组合价值如表12-6和图12-3所示。

表12-6 **买入买权和无风险债券投资组合价值** 单位：元

| 股票价格 | 买入买权价值 | 无风险债券价值 | 投资组合价值 |
|---|---|---|---|
| 0 | 0 | 25 | 25 |
| 5 | 0 | 25 | 25 |
| 10 | 0 | 25 | 25 |
| 15 | 0 | 25 | 25 |
| 20 | 0 | 25 | 25 |
| 25 | 0 | 25 | 25 |
| 30 | 5 | 25 | 30 |
| 35 | 10 | 25 | 35 |
| 40 | 15 | 25 | 40 |
| 45 | 20 | 25 | 45 |

如果你持有1份无风险债券，同时买入1份买权，构成的投资组合可以规避下方风险。例如，从图12-3中可以看出，无论股票价格上升还是下跌，无风险债券价值始终为25元；如果股票价格下跌至25元以下，你可以行使买权，获得的价值

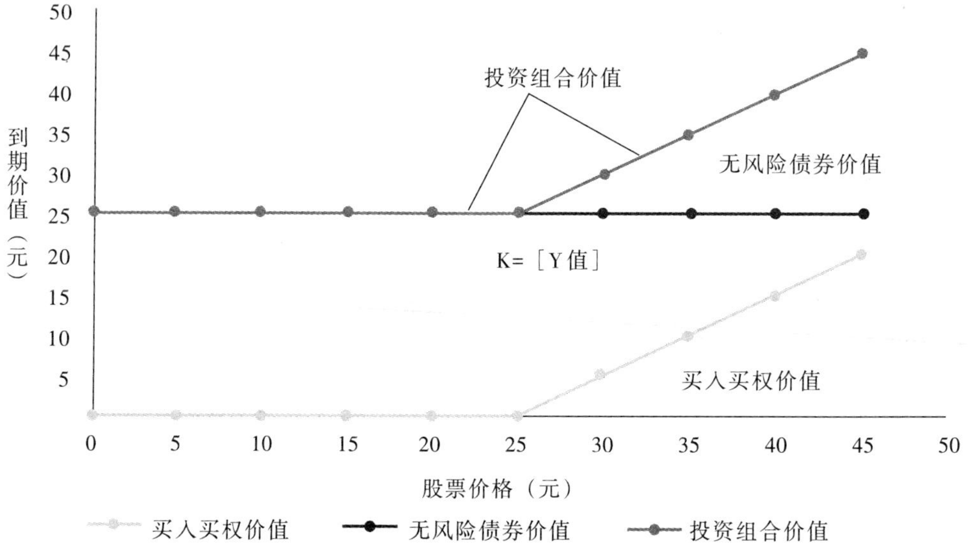


**图 12-3 买入买权和无风险债券投资组合价值**

为（$S_T$-K），如果股票价格大于K（25元），投资组合的价值由两部分构成：无风险债券价值加上买权的内含价值（$S_T$-25）。

（3）图12-2的投资组合和图12-3的投资组合的价值相等，这一图形也相当于投资者构造了一份看涨期权，其特点是既可以获得上方收益的好处，也可以规避下方风险。

根据买卖平价关系，图12-2和图12-3及相互关系可写作：

买入卖权 + 股票 = p + S

买入买权 + 无风险债券现值 = c + PV(K)

p + S = c + PV(K)

c = S + p - PV(K)

3.

（1）卖出买权和股票投资组合价值如表12-7和图12-4所示。

表12-7 **卖出买权和股票投资组合价值** 单位：元

| 股票价格 | 卖出买权价值 | 股票价值 | 投资组合价值 |
|---|---|---|---|
| 0 | 0 | 0 | 0 |
| 5 | 0 | 5 | 5 |
| 10 | 0 | 10 | 10 |
| 15 | 0 | 15 | 15 |
| 20 | 0 | 20 | 20 |
| 25 | 0 | 25 | 25 |
| 30 | -5 | 30 | 25 |
| 35 | -10 | 35 | 25 |
| 40 | -15 | 40 | 25 |
| 45 | -20 | 45 | 25 |

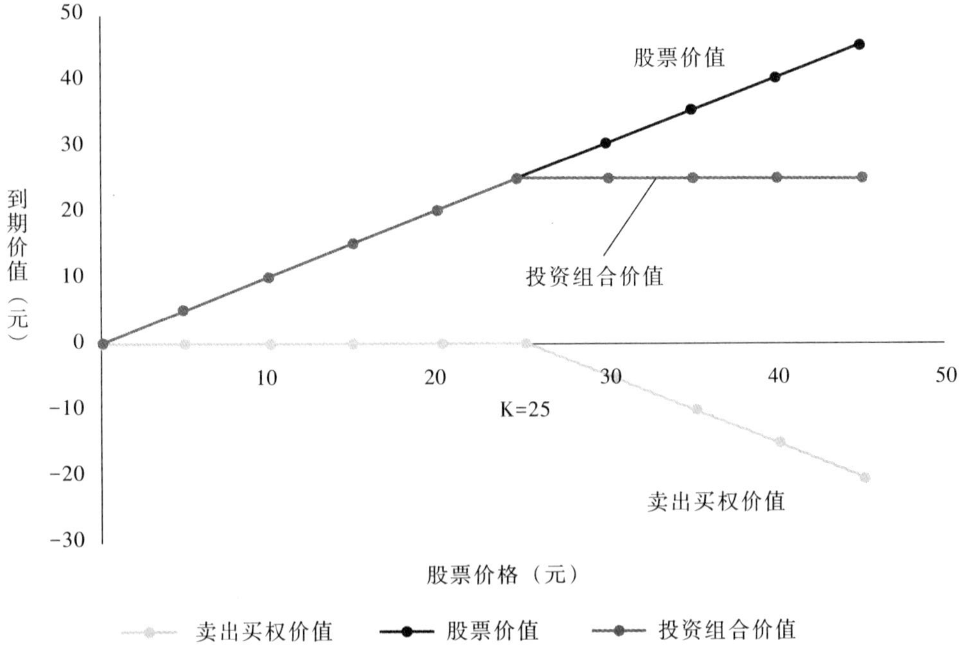


**图 12-4 卖出买权和股票投资组合价值**

持有1只股票，同时购买1份卖权，构造1份卖出买权。当股票价格上升时，大于履约价格时，买权的持有者不履约，你可以获得权利金。股票价格上升的收益与卖出买权的损失相抵销。

（2）卖出卖权和无风险债券投资组合价值如表12-8和图12-5所示。

表 12-8 **卖出卖权和无风险债券投资组合价值** 单位：元

| 股票价格 | 卖出卖权 | 无风险债券 | 投资组合价值 |
|---|---|---|---|
| 0 | -25 | 25 | 0 |
| 5 | -20 | 25 | 5 |
| 10 | -15 | 25 | 10 |
| 15 | -10 | 25 | 15 |
| 20 | -5 | 25 | 20 |
| 25 | 0 | 25 | 25 |
| 30 | 0 | 25 | 25 |
| 35 | 0 | 25 | 25 |
| 40 | 0 | 25 | 25 |
| 45 | 0 | 25 | 25 |

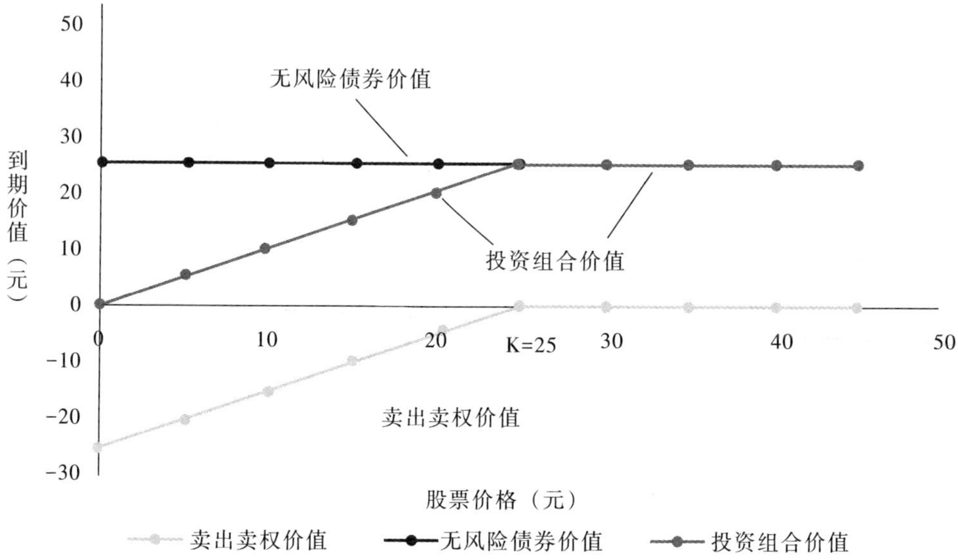


**图 12-5　卖出卖权和无风险债券投资组合价值**

持有1只无风险债券，同时卖出1份卖权，不论股票价格上升还是下跌，无风险债券价值保持不变；如果持有1份卖出卖权，当股票价格下跌时，卖权持有者会行使期权，你会遭受损失，持有无风险债券可以部分地抵销股票价格下跌的风险。

（3）图12-4和图12-5构造的投资组合的价值相等，投资者相当于持有1份卖出卖权，当股票价格上升时，卖权持有者不行使期权，投资者可以获得固定的权利金收入。

根据买-卖权平价关系，图12-4和图12-5及相互关系可写作：

卖出买权 + 股票 = $-c+S$

卖出卖权 + 无风险债券现值 = $-p+PV(K)$

$-c+S=-p+PV(K)$

4.

根据计算题2和计算题3的结果，将两者联系起来，就可以得到买-卖权平价关系：

$S+p=c+PV(K)$

$-c+S=-p+PV(K)$

公司的股票可以解释为以公司资产为标的资产、以债券面值为行权价、以债券期限为权利期间的一种欧式买入期权，而以股票为标的资产的买权变成了买权的买权。在这种情况下，买权的真正标的资产是公司资产，而不是公司股票，通过以股价为中介，买权（股票价值）主要与公司资产价值及债券价值有关。根据计算题2投资组合和计算题3投资组合，可以得到类似教材图12-9的图形，描述了股票价值、债券价值和公司价值的关系。

公司资产买权价值（股票价值）的计算方法：

$-c+S=-p+PV(K)$

$c=S+p-PV(K)$

$$\frac{公司资产}{买权价值}=\frac{公司资产}{价值}+\frac{公司资产}{卖权价值}-\frac{债券价值}{现值}$$

公司债券价值的计算方法：

预期债券现值-公司资产卖权价值=公司资产价值-公司资产买权价值

债券价值=预期债券现值-公司资产卖权价值

根据上述公式，计算股票价值（标的资产买权）和债券价值如表12-9和图12-6所示。

表12-9 **股票价值（买权价值）和债券价值** 单位：元

| 标的资产价值 | 投资组合 | | | | 投资组合 | | |
|---|---|---|---|---|---|---|---|
| | 买入卖权 | 无风险债券 | 标的资产价值 | 买权价值 | 标的资产价值 | 买权价值 | 债券价值 |
| 0 | 25 | 25 | 0 | 0 | 0 | 0 | 0 |
| 5 | 20 | 25 | 5 | 0 | 5 | 0 | 5 |
| 10 | 15 | 25 | 10 | 0 | 10 | 0 | 10 |
| 15 | 10 | 25 | 15 | 0 | 15 | 0 | 15 |
| 20 | 5 | 25 | 20 | 0 | 20 | 0 | 20 |
| 25 | 0 | 25 | 25 | 0 | 25 | 0 | 25 |
| 30 | 0 | 25 | 30 | 5 | 30 | 5 | 25 |
| 35 | 0 | 25 | 35 | 10 | 35 | 10 | 25 |
| 40 | 0 | 25 | 40 | 15 | 40 | 15 | 25 |
| 45 | 0 | 25 | 45 | 20 | 45 | 20 | 25 |
| 50 | 0 | 25 | 50 | 25 | 50 | 25 | 25 |
| 55 | 0 | 25 | 55 | 30 | 55 | 30 | 25 |
| 60 | 0 | 25 | 60 | 35 | 60 | 35 | 25 |
| 65 | 0 | 25 | 65 | 40 | 65 | 40 | 25 |
| 70 | 0 | 25 | 70 | 45 | 70 | 45 | 25 |
| 75 | 0 | 25 | 75 | 50 | 75 | 50 | 25 |
| 80 | 0 | 25 | 80 | 55 | 80 | 55 | 25 |
| 85 | 0 | 25 | 85 | 60 | 85 | 60 | 25 |
| 90 | 0 | 25 | 90 | 65 | 90 | 65 | 25 |

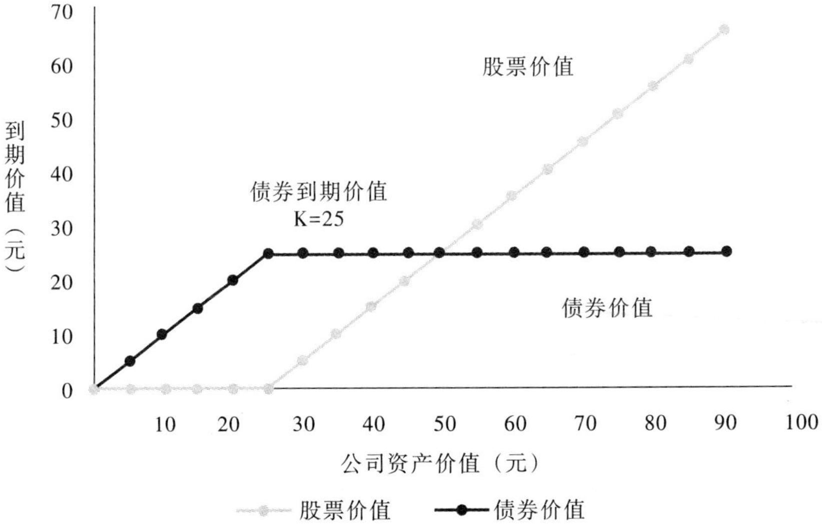


**图12-6　股票、债券和公司价值**

从图12-6中可以看出，股票价值相当于买入买权价值，债券到期时，如果公司资产价值（标的资产价值）大于债券价值（履约价格），股票价值等于公司资产价值大于债券价值的差额，公司价值越大，股票价值就越大；债券到期时，如果公司资产价值小于债券价值，公司将无力偿还债券，按股东承担有限责任的观点，债权人将接受公司的全部资产，或者说股东将不行使买权，此时买权一文不值（即股票价值为零）。从理论上说，股票持有人的上方收益是无限的（他们分享了公司资产价值超过债券账面价值的所有部分），而下方风险是锁定的。

从债权人的角度看，债券到期时，公司资产价值大于债券价值，债权人将公司资产以债券面值“出售”给股东；公司资产价值小于债券价值，债权人将得到小于债券面值的公司资产。此时，债权人有两项权益：（1）他们是公司资产的持有者；（2）他们是公司资产买权的出售者，即承担将公司资产出售给股东的义务。从理论上说，债券持有人的上方收益是固定的，下方风险是有限的（以债券面值为限）。

5.

（1）在给定卖权价格的条件下，买权价值为：

$c=p+S-Ke^{-rT}=3.6+36-34\times e^{-0.1\times 0.75}=8.06$（元）

（2）在给定买权价格的条件下，卖权价值为：

$p=c-S+Ke^{-rT}=6.4-36+34\times e^{-0.1\times 0.75}=1.94$（元）

（3）由于8.06元大于现行买权价格（6.4元），说明买权价格被低估了；而1.94元低于现行卖权价格（3.6元），说明卖权价格被高估了，这时会产生套利行为。例如，投资者可买入买权，卖出卖权，卖出股票，同时以现金31.54元（$34\times e^{-0.1\times 0.75}$）按无风险利率投资，见表12-10。

表12-10　　**投资者套利活动现金流量**　　单位：元

| 投资组合 | 初始现金流量 | 到期日投资组合现金流量 | |
|---|---|---|---|
| | | $S_T>34$ | $S_T<34$ |
| 买入买权 | -6.4 | $S_T-34$ | 0 |
| 卖出卖权 | 3.6 | 0 | -（$34-S_T$） |
| 出售股票 | 36 | $-S_T$ | $-S_T$ |
| 无风险投资 | -31.54 | 34 | 34 |
| 合计 | 1.66 | 0 | 0 |

在上述投资组合中，初始现金净流量为1.66元。9个月后，在任何一种情况下，投资者均可获得34元的无风险投资本利和，并以无风险投资所得到的34元，按履约价格（34元）购买一只股票，该股票正好用于平仓卖空的股票，因此到期现金流量为零。

6.

（1）单期无套利定价见表12-11。

表12-11　　**单期无套利期权定价**　　金额单位：元

| | A | B | C | D | E | F | G | H | I | J |
|---|---|---|---|---|---|---|---|---|---|---|
| 1 | 参数 | | | | | | | | | |
| 2 | 上涨，u | 1.20 | | | | | | | | |
| 3 | 下跌，d | 0.85 | | | | | | | | |
| 4 | 初始股票价格，S | 100 | | | | | | | | |
| 5 | （1+r） | 1.06 | | | | | | | | |
| 6 | 执行价格，K | 100 | | | | | | | | |
| 7 | | | | | | | | | | |
| 8 | | 股票价格 | | | | | 债券价格 | | | |
| 9 | | | | 120 | <-- =$B$10*B2 | | | | 1.06 | <-- =$G$10*$B$5 |
| 10 | | 100 | | | | | 1.00 | | | |
| 11 | | | | 85 | <-- =$B$10*B3 | | | | 1.06 | <-- =$G$10*$B$5 |
| 12 | | | | | | | | | | |
| 13 | | 买权价值 | | | | | | | | |
| 14 | | | | 20 | <-- =MAX（D9-$B$6，0） | | | | | |
| 15 | | ??? | | | | | | | | |
| 16 | | | | 0 | <-- =MAX（D11-$B$6，0） | | | | | |
| 17 | 解决资产组合难题：股票A和债券B组合提供期权现金流量 | | | | | | | | | |
| 18 | A | 0.5714 | <-- =D14/（D9-D11） | | | 120A + 1.06B=20 | | | | |
| 19 | B | -45.8221 | <-- =-D11*B18/B5 | | | 85A+1.06B =0 | | | | |
| 20 | 买权价值 | 11.32 | <-- =B18*B4+B19*G10 | | | 1Call=0.5714 Shares +（-45.8221）Bonds | | | | |
| 21 | 卖权价值 | 5.66 | <--=B20+B6/B5-B4 | | | p=c+PV（K）-S | | | | |

注：单元格B2、B3中的数值分别代表股票价格上涨（u=1+20%）、下跌（d=1-15%）时的数据值。

注意在买-卖权平价中的现值PV（K）：在连续时间框架（标准Black-Scholes框架）中，PV（K）=K×Exp（-r×T）。因为在这里框架是离散的时间，现值PV（K）也只能是离散时间：PV（K）=K/（1+r）$^{T}$，T=1。

根据无套利定价原则，可根据股票和债券的组合复制买权价值。如果期权和期权复制在期末的价格满足“1Call=A Shares +B Bonds”，则：

$$120A + 1.06B = 20$$

$$85A + 1.06B = 0$$

解此方程可以得到：

$$A = \frac{20}{120 - 85} = 0.5714$$

$$B = \frac{0 - 85A}{1.06} = -45.8221$$

根据该线性方程的解，1Call=0.5714 Shares +（-45.8221）Bonds。如果股票价格上涨，买入0.5714份股票并且以6%的利率借入45.8221份的债券，就可以复制一份看涨期权，即：

买权价值=0.5714×100+（-45.8221）=11.3208（元）

根据买-卖权平价关系计算卖权价值：

$$S + p = c + PV(K)$$

$$p = c + PV(K) - S$$

$$= 11.32 + 100/1.06 - 100 = 5.66$$

（2）采用风险中性概率计算期权价值，见表12-12。

表12-12　**风险中性概率期权价值**　金额单位：元

| | A | B | C |
|---|---|---|---|
| 1 | 上涨，u | 1.20 | |
| 2 | 下跌，d | 0.85 | |
| 3 | 初始股票价格，S | 100.00 | |
| 4 | (1+r) | 1.06 | |
| 5 | 期权执行价格，K | 100.00 | |
| 6 | 风险中性概率 | | |
| 7 | 上升概率P | 0.6000 | <-- =（B4-B2）/（B1-B2） |
| 8 | 下跌概率1-P | 0.4000 | <-- =1-B7 |
| 9 | 期权定价 | | |
| 10 | 买权价值 | 11.32 | <-- =（B7*MAX（B3*B1-B5，0）+B8*MAX（B3*B2-B5，0））/B4 |
| 11 | 卖权价值 | 5.66 | <-- =（B7*MAX（B5-B3*B1，0）+B8*MAX（B5-B3*B2，0））/B4 |
| 12 | 卖权价值 | 5.66 | <--=B10+B5/B4-B3（买-卖权平价关系） |

表中风险中性概率计算如下：

$$p=\frac{(1+r)-d}{u-d}=\frac{(1+6\%)-0.85}{1.2-0.85}=0.6$$

$$1-p=\frac{u-(1+r)}{u-d}=\frac{1.20-(1+6\%)}{1.2-0.85}=0.4$$

$$1-p=1-0.6=0.4$$

表12-12中买权价值（单元格B10）和卖权价值（单元格B11）是根据下列公式计算的：

买权内含价值=max［S-K，0］

卖权内含价值=max［K-S，0］

7.采用两阶段二项式模型计算买权价值，见表12-13。

表12-13　**两阶段二项式买权价值**　金额单位：元

| | A | B | C | D | E | F |
|---|---|---|---|---|---|---|
| 1 | 参数 | | | | | |
| 2 | 上涨，u | 1.25 | | | | |
| 3 | 下跌，d | 0.85 | | 风险中性概率 | | |
| 4 | 初始股票价格，S | 100.00 | | 上升p | 0.575 | <-- =（B5-B3）/（B2-B3） |
| 5 | （1+利率），（1+r） | 1.08 | | 下跌1-p | 0.425 | <--=1-E4 |
| 6 | 执行价格，K | 100.00 | | | | |
| 7 | | | | | | |
| 8 | 股票价格 | | =A11*B2 | | | |
| 9 | | | | | 156.25 | <--=C10*B2 |
| 10 | | | 125.00 | | | |
| 11 | 100.00 | | | | 106.25 | <--=C10*B3 |
| 12 | | | 85.00 | | | |
| 13 | | | | | 72.25 | <--=C12*B3 |
| 14 | | | =A11*B3 | | | |
| 15 | 买权价值 | | | | | |
| 16 | | =（E4*E17+E5*E19）/B5 | | | | |
| 17 | | | | | 56.25 | <-- =MAX（E9-$B$6，0） |
| 18 | | | 32.41 | | | |
| 19 | 18.56 | | | | 6.25 | <-- =MAX（E11-$B$6，0） |
| 20 | | | 3.328 | | | |
| 21 | =（E4*C18+E5*C20）/B5 | | | | 0.00 | <-- =MAX（E13-$B$6，0） |
| 22 | | | =（E4*E19+E5*E21）/B5 | | | |

两阶段二项式买权价值的计算步骤如下：

第一步，计算各个时期的风险中性概率；

第二步，根据股票价格上升（u）或下跌（d），计算股票第1年年末和第2年年末对应各种状态的价格。

第三步，根据买权内含价值公式（12-1）从第二期（最后一期）计算出第一期的买权价值。

第四步，根据风险中性概率定价法求出对应的第1年年末的期权价值（上升时为32.41元，下跌时为3.328元）；再次运用风险中性概率定价法求出现在时点期权的价格（18.56元）。

8.（1）计算风险中性概率：

$$p=\frac{(1+r)-d}{u-d}=\frac{(1+2.02\%)-0.80}{1.20-0.80}=0.5505$$

$$1-p=\frac{u-(1+r)}{u-d}=\frac{1.20-(1+2.02\%)}{1.20-0.80}=0.4495$$

三期欧式二项式，期权期限为0.25年，按连续复利计算的年度无风险利率为2.02%，即根据Excel函数，在相应的单元格中输入：=EXP（0.08*0.25）-1，回车后即可以得到调整后的年度无风险利率。

与二期二项式期权定价方法相同，通过计算各个时期的风险中性概率，从最后一期出发采用逆序法，依次计算出各期的看涨期权（买权）的价格，如图12-7所示。

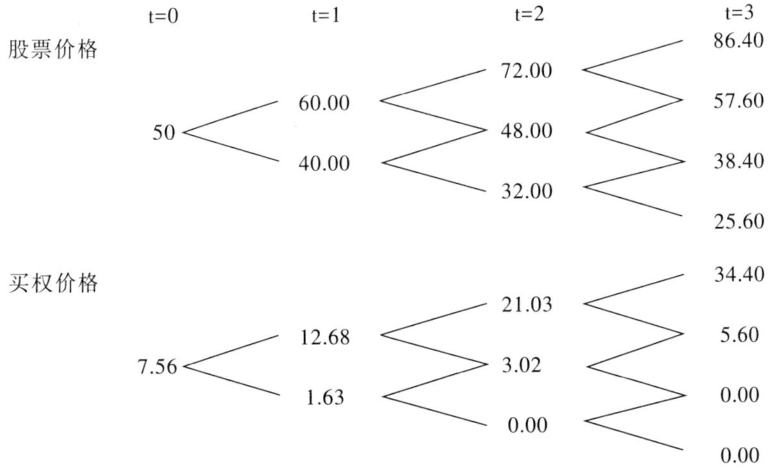


**图12-7　三期二项式状态价值期权定价模型**

采用三期二项式模型计算买权价值，根据各期股票价格、期权的履约价格计算第3期（t=3）不同状态下的买权内含价值；据此根据风险中性概率计算第2期（t=2）买权价值；再据此根据风险中性概率计算第1期（t=1）买权价值；最后计算当前（t=0）买权价值。

例如，在最后一个节点（t=3），如果股票价格连续上升，最后一期股票价格为86.4元（$50\times1.2^3$）；连续上升二期、下降一期时股票价格为57.6元（$50\times1.2^2\times0.8$），其他依此类推。

各节点买权价值，t=3时，股票价格连续上升三期，买权价值为34.4元，即：=MAX（86.4-52，0）；股票价格连续上升二期、下降一期时买权价值为5.6元，即：=MAX（57.6-52，0），其他依此类推。

t=2时，第一个节点买权价值为21.03元，即：

买权价值=（0.5505×34.4+0.4495×5.6）/1.0202=21.03（元）

其他各节点买权价值依此类推。

t=1时，第一个节点买权价值为12.68元，即：

买权价值=（0.5505×21.03+0.4495×3.02）/1.0202=12.68（元）

t=0时，买权价值为7.56元，即：

买权价值=（0.5505×12.68+0.4495×1.63）/1.0202=7.56（元）

9.（1）该股票价格预计上升概率（p）和下跌概率（1-p）计算如下：

$$p=\frac{(1+r)-d}{u-d}=\frac{(1+5\%)-0.8}{1.2-0.8}=0.625$$

$$1-p=1-0.625=0.375$$

（2）两阶段二项式模型卖权价值计算见表12-14。

表12-14　　两阶段二项式卖权定价　　金额单位：元

| | A | B | C | D | E | F |
|---|---|---|---|---|---|---|
| 1 | 参数 | | | | | |
| 2 | 上涨，u | 1.20 | | | | |
| 3 | 下跌，d | 0.80 | | 风险中性概率 | | |
| 4 | 初始股票价格，S | 80.00 | | 上升p | 0.625 | <--=（B5-B3）/（B2-B3） |
| 5 | （1+利率） | 1.05 | | 下跌1-p | 0.375 | <--=1-E4 |
| 6 | 执行价格，K | 84.00 | | | | |
| 7 | 期限（年） | 2 | | | | |
| 8 | | | =A11*B2 | | | |
| 9 | 股票价格 | | | | 115.20 | <--=C10*B2 |
| 10 | | | 96.00 | | | |
| 11 | 80.00 | | | | 76.80 | <--=C10*B3 |
| 12 | | | 64.00 | | | |
| 13 | | | | | 51.20 | <--=C12*B3 |
| 14 | | | =A11*B3 | | | |
| 15 | 卖权价值 | | | | | |
| 16 | | | =（E4*E17+E5*E19）/B5 | | | |
| 17 | | | | | 0 | <-- =MAX（$B$6-E9，0） |
| 18 | | | 2.57 | | | |
| 19 | 7.25 | | | | 7.20 | <-- =MAX（$B$6-E11，0） |
| 20 | | | 16.00 | | | |
| 21 | =（E4*C18+E5*C20）/B5 | | | | 32.80 | <-- =MAX（$B$6-E13，0） |
| 22 | | | =（E4*E19+E5*E21）/B5 | | | |

在表12-14中，各节点股票的价格是在前一节点股票价格的基础上上升或下跌20%计算的。例如单元格C10点股票价格为96元（80×1.2）；单元格C12点股票价格为64元（80×0.8），其他节点股票价格以此类推。

卖权价值计算：最后一个节点（2年）的卖权价值是根据max（$K-S_T$，0）计算的。例如，当股票价格为115.2元时，卖权价值为0；当股票价格为76.8元时，卖权价值为7.2元（84-76.8），当股票价格为51.20元时，卖权价值为32.80元（84-51.2）。之前各节点（1年、0年）卖权价值计算如下：

单元格C18：（0.625×0+0.375×7.2）÷1.05=2.57（元）

单元格C20：（0.625×7.2+0.375×32.8）÷1.05=16.00（元）

单元格A19：（0.625×2.57+0.375×16）÷1.05=7.25（元）

因此，该欧式卖权价值为7.25元。

10.

（1）（2）B-S期权定价模型（无红利）见表12-15。

表12-15　　**B-S期权定价模型（无红利）**　　金额单位：元

| 输入输出项 | 数额 | 说明 |
|---|---|---|
| 输入项 | | |
| S | 36 | 当前的股票价格 |
| K | 36 | 执行价格 |
| r | 6.00% | 年度无风险利率 |
| T | 1.5 | 期限（年） |
| sigma | 28% | 历史波动性 |
| 输出项 | | |
| $d_1$ | 0.4339 | <-- =（LN（S/K）+（r+0.5*sigma^2）*T）/（sigma*SQRT（T）） |
| $d_2$ | 0.0910 | <-- =$d_1$-sigma*SQRT（T） |
| N（$d_1$） | 0.6678 | <-- = NormSDist（$d_1$） |
| N（$d_2$） | 0.5362 | <-- =NormSDist（$d_2$） |
| 买权价格 | 6.3983 | <-- =S*N（$d_1$）-K*EXP（-r*T）*N（$d_2$） |
| $-d_1$ | -0.4339 | <-- =$-d_1$ |
| $-d_2$ | -0.0910 | <-- =$-d_2$ |
| N（$-d_1$） | 0.3322 | <-- =NormSDist（$-d_1$） |
| N（$-d_2$） | 0.4638 | <-- =NormSDist（$-d_2$） |
| 卖权价格 | 3.2998 | <-- =call price - S + K*EXP（-r*T） |
| 卖权价格 | 3.2998 | <-- =K*EXP（-r*T）*N（$-d_2$）- S*N（$-d_1$） |

（1）

$$d_1=\frac{\ln(S/K)+(r+\sigma^2/2)\times T}{\sigma\times\sqrt{T}}$$

$$=\frac{\ln(36/36)+(0.06+0.28^2/2)\times 1.5}{0.28\times\sqrt{1.5}}=0.4339$$

$d_2 = d_1 - \sigma \times \sqrt{T} = 0.4339 - 0.28 \times \sqrt{1.5} = 0.0910$

$N(d_1) = N(0.4339) = 0.6678$

$N(d_2) = N(0.0910) = 0.5362$

$c = SN(d_1) - Ke^{-rT}N(d_2)$

$= 36 \times 0.6678 - 36[e^{-0.06 \times 1.5}] \times 0.5362 = 6.40$（元）

（2）

$N(-d_1) = N(-0.4339) = 1 - N(0.4339) = 1 - 0.6678 = 0.3322$

$N(-d_2) = N(-0.0910) = 1 - N(0.0910) = 1 - 0.5362 = 0.4638$

$p = Ke^{-rT}N(-d_2) - SN(-d_1)$

$= 36[e^{-0.06 \times 1.5}] \times 0.4638 - 36 \times 0.3322 = 3.30$（元）

（3）B-S期权定价模型（连续红利）见表12-16。

表12-16　　**B-S期权定价模型（连续红利）**　　金额单位：元

| 输入输出项 | 数额 | 说明 |
|---|---|---|
| 输入项 | | |
| S | 36 | 当前的股票价格 |
| K | 36 | 执行价格 |
| r | 6% | 无风险利率 |
| T | 1.5 | |
| sigma | 28.00% | 历史波动性 |
| y | 1% | 股利支付率 |
| 输出项 | | |
| $d_1$ | 0.3902 | <--=（LN（S/K）+（r-y+0.5*sigma^2）*T）/（sigma*SQRT（T）） |
| $d_2$ | 0.0472 | <--= $d_1$-sigma*SQRT（T） |
| N（$d_1$） | 0.6518 | <--= NormSDist（$d_1$） |
| N（$d_2$） | 0.5188 | <--= NormSDist（$d_2$） |
| 买权价格 | 6.0446 | <--= S*EXP（-y*T）*N（$d_1$）-K*EXP（-r*T）*N（$d_2$） |
| $-d_1$ | -0.3902 | <--= $-d_1$ |
| $-d_2$ | -0.0472 | <--=$-d_2$ |
| N（$-d_1$） | 0.3482 | <--=1-N（$d_1$） |
| N（$-d_2$） | 0.4812 | <--=1-N（$d_2$） |
| 卖权价格 | 3.4821 | <--= call price - S + K*EXP（-r*T） |
| 卖权价格 | 3.48214 | <--= K*EXP（-r*T）*N（$-d_2$） - S*EXP（-y*T）*N（$-d_1$） |

表12-16中，计算$d_1$、买权价格、卖权价格时需要考虑股利支付率：

$$d_1 = \frac{\ln(S/K) + (r - y + \sigma^2/2) \times T}{\sigma \times \sqrt{T}}$$

$$= \frac{\ln(36/36) + (0.06 - 0.01 + 0.28^2/2) \times 1.5}{0.28 \times \sqrt{1.5}} = 0.3902$$

$d_2 = d_1 - \sigma \times \sqrt{T} = 0.3902 - 0.28 \times \sqrt{1.5} = 0.0472$

$c = Se^{-yT}N(d_1) - Ke^{-rT}N(d_2)$

$= 36e^{-0.01\times1.5}\times0.6518 - 36e^{-0.06\times1.5}\times0.5188 = 6.0461$（元）

考虑股利支付率卖权价格计算如下：

$p = c + Ke^{-rT} - S$

$= SN(d_1) - Ke^{-rT}N(d_2) + Ke^{-rT} - S$

$= S[N(d_1) - 1] + Ke^{-rT}[1 - N(d_2)]$

$= Ke^{-rT}N(-d_2) - Se^{-yT}N(-d_1)$

$= 36e^{-0.06\times1.5}\times0.4812 - 36e^{-0.01\times1.5}\times0.3482 = 3.4836$（元）

需要说明的是，手工计算的结果与采用Excel计算的结果不完全一致。

11.（1）根据中债2019年12月30日数据，6年期AAA企业债收益率3.85%，为简化，假设以此作为希望转债投资者要求的最低收益率，到期时债券赎回价为106元。按3.85%折现，希望转债纯债券价值为89.9329元，计算过程见表12-17。

表12-17　**希望转债纯债券价值**　金额单位：元

| 日期 | 2020/7/17 | 2021/1/3 | 2022/1/3 | 2023/1/3 | 2024/1/3 | 2025/1/3 | 2026/1/3 |
|---|---|---|---|---|---|---|---|
| 剩余年限 | | 0.4658 | 1.4658 | 2.4658 | 3.4658 | 4.4658 | 5.4658 |
| 利率 | | 0.2% | 0.4% | 0.8% | 1.2% | 1.6% | 2.0% |
| 现金流量 | | 0.20 | 0.40 | 0.80 | 1.20 | 1.60 | 106.00 |
| 现值（3.85%） | 89.9329 | 0.1965 | 0.3785 | 0.7288 | 1.0527 | 1.3516 | 86.2248 |

（2）希望转债期权价值和转换价值见表12-18。

表12-18　**希望转债（127015）期权价值与转换价值**

| 项目 | 数额 | 说明 |
|---|---|---|
| 输入项 | | |
| S | 30.90 | 新希望股票市场价格（2020/07/17） |
| K | 19.63 | 执行价格，初始转股价格 |
| r | 3.01% | 6年期（2020年7月中债国债收益率） |
| T | 5.47 | 期权到期时间（以年为单位）（1995/365） |
| sigma | 26.55% | 历史隐含波动率中位数（2003年到2019年） |
| 输出项 | | |
| $d_1$ | 1.3063 | <-- =（LN（S/K）+（r+0.5*sigma^2）*T）/（sigma*SQRT（T）） |
| $d_2$ | 0.6856 | <-- =$d_1$-sigma*SQRT（T） |
| N（$d_1$） | 0.9043 | <-- =NormSDist（$d_1$） |
| N（$d_2$） | 0.7535 | <-- =NormSDist（$d_2$） |
| 买权价格 | 15.39 | <-- =S*N（$d_1$）-K*EXP（-r*T）*N（$d_2$） |
| 转股价值 | | |
| 初始转股比率 | 5.0942 | <-- =100/19.63 |
| 股票价格（元） | 30.90 | 新希望股票价格 |
| 转换价值（元） | 157.41 | <-- =5.0942*30.90 |

希望转债价值=max（纯债券价值或转换价值）+期权价值

=max（89.93，157.41）+15.39=172.80（元）

12.

（1）（2）（4）的计算结果见表12-19。

表12-19　　各方案股票价值、债券价值和公司价值　　金额单位：万元

| 项目 | 基础数据 | 方案A | 方案B | 方案C | 说明 |
|---|---|---|---|---|---|
| 输入项 | | | | | |
| S | 1 200 | 1 200 | 1 200 | 1 160 | 标的资产价值：公司价值 |
| K | 1 000 | 1 000 | 1 000 | 1 000 | 执行价格：零息债券面值 |
| r | 6.00% | 6.00% | 6.00% | 6.00% | 年度无风险利率 |
| T | 1.00 | 1.00 | 1.00 | 1.00 | 到期时间（年）：债券到期时间 |
| Sigma | 30.00% | 40.00% | 25.00% | 50.00% | 标的资产价值波动率：公司价值标准差 |
| 输出项 | | | | | |
| $d_1$ | 0.9577 | 0.8058 | 1.0943 | 0.6668 | <-- =（LN（S/K）+（r+0.5*sigma^2）*T）/（sigma*SQRT（T）） |
| $d_2$ | 0.6577 | 0.4058 | 0.8443 | 0.1668 | <-- =$d_1$-sigma*SQRT（T） |
| N（$d_1$） | 0.8309 | 0.7898 | 0.8631 | 0.7476 | <-- =NormSDist（$d_1$） |
| N（$d_2$） | 0.7446 | 0.6576 | 0.8007 | 0.5663 | <-- =NormSDist（$d_2$） |
| 买权价格 | 295.80 | 328.52 | 281.59 | 333.90 | <--=S*N（$d_1$）-K*EXP（-r*T）*N（$d_2$） |
| 卖权价格 | 37.57 | 70.29 | 23.35 | 115.66 | <-- =call price - S + K*EXP（-r*T） |
| 公司价值 | | | | | |
| 股票价值 | 295.80 | 328.52 | 281.59 | 333.90 | <-- 看涨期权价格：公司资产买权价格： |
| 债券价值 | 904.20 | 871.48 | 918.41 | 826.10 | <-- =公司价值-看涨期权价格 |
| 公司价值 | 1 200.00 | 1 200.00 | 1 200.00 | 1 160.00 | <--=股票价值+债券价值 |
| 债券利率 | 10.60% | 14.75% | 8.88% | 21.05% | <--=（1000/826.1）^（1/1）-1 |

（3）对公司来说，选择投资方案B，风险低、债券利率低、净现值高。对于股东来说，选择投资方案A会提高股东财富，即投资方案A的股东价值从295.80万元上升至328.52万元，选择投资方案B的股东价值则下降至281.59万元。选择方案A，公司风险部分地转移给了债权人，使债券价值从904.2万元下降到871.48万元。如果选择方案B，提高了债权人价值，但降低了股东价值。其原因是股票价值随着标准差的提高而上升，债券价值则随着标准差的上升而下降。上升或下降刚好相互抵销，公司价值保持不变。股票价值和债券价值与公司资产价值标准差的关系如图12-8所示。

（4）方案C假设公司进行项目投资，净现值为-40万元，公司价值降低至1 160万元，公司价值标准差由30%提高到50%。在公司价值降低，标准差上升的情况下，即使其他因素保持不变，股权价值由295.8万元增加到333.9万元，增加了38.1万元；债券价值由904.2万元降低到826.1万元，下降了78.1万元；这意味着债券持有人不但承担了项目投资的全部损失（-40万元），而且还将价值38.1万元的财富转移给了股东。上述分析表明，当标的资产价值风险加大时，债券持有人承担了更大的风险，而股权价值（买权价值）变得更有价值，这也是股东愿意从事高风险投资的主要原因。

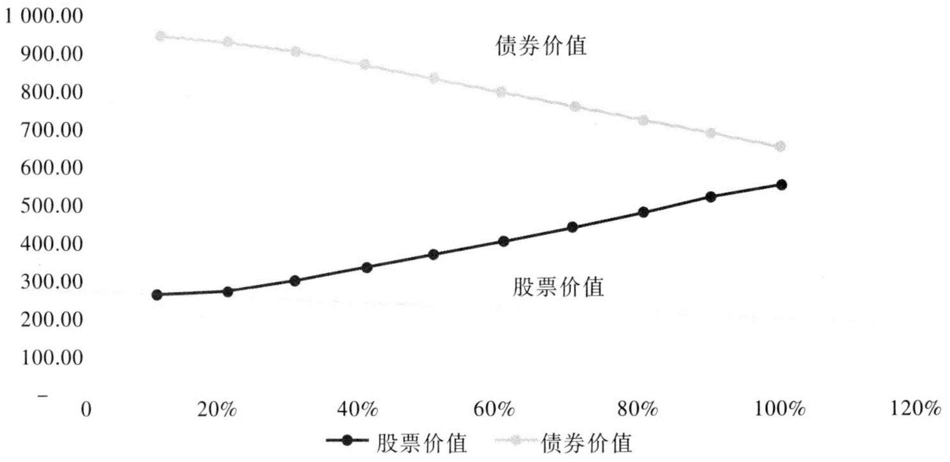


图 12-8 股票价值、债券价值与公司资产价值标准差关系

13.

合并前后股票、债券、公司价值见表 12-20。

表 12-20 合并前后股票、债券、公司价值 金额单位：万元

| 项目 | 合并前公司价值 | | | 合并后公司价值 |
|---|---|---|---|---|
| | 公司 A | 公司 B | 合并公司 | |
| 输入项 | | | | |
| S（标的资产价值） | 2 000 | 3 000 | | 5 000 |
| K（债券价值） | 1 600 | 1 000 | | 2 600 |
| R（无风险利率） | 10% | 10% | | 10.00% |
| T（期限） | 10 | 10 | | 10 |
| sigma（标准差） | 40% | 50% | | 39.24% |
| 输出项 | | | | |
| $d_1$ | 1.5994 | 2.1178 | | 1.9533 |
| $d_2$ | 0.3345 | 0.5367 | | 0.7123 |
| N（$d_1$） | 0.9451 | 0.9829 | | 0.9746 |
| N（$d_2$） | 0.6310 | 0.7043 | | 0.7619 |
| 买权价格 | 1 518.86 | 2 689.63 | | 4 144.32 |
| 卖权价格 | 107.47 | 57.51 | | 100.81 |
| 公司价值 | | | | |
| 股票价值 | 1 518.86 | 2 689.63 | 4 208.49 | 4 144.32 |
| 债券价值 | 481.14 | 310.37 | 791.51 | 855.68 |
| 公司价值 | 2 000.00 | 3 000.00 | 5 000.00 | 5 000.00 |
| 各公司价值/合并前公司价值 | 40.00% | 60.00% | | |

表中两公司合并后资产价值标准差计算如下：

$$\sigma_{AB}=(w_A^2\sigma_A^2+w_B^2\sigma_B^2+2w_Aw_B\rho_{AB}\sigma_A\sigma_B)^{1/2}$$
$$=(0.4^2\times0.4^2+0.6^2\times0.5^2+2\times0.4\times0.6\times0.4\times0.4\times0.5)^{1/2}$$
$$=39.24\%$$

合并前两家公司股权价值为4 208.49万元，合并后股权价值下降至4 144.32万元，下降了64.17万元；债权人的价值则从合并前的791.51万元，合并后增加到855.68万元，增加了64.17万元。因此，合并的结果是财富从股东转移给了债权人。由此可知，合并后公司财富在股东和债权人之间被重新分配。

14.

（1）新系统投入市场后带来的现金流量的现值为96亿元；根据Excel年金现值公式，在电子表格中输入：=PV（10%，20，-11.28）

（2）该投资项目的净现值=96.03-100=-3.97（亿元）

由于该投资项目的净现值小于零，按照传统的投资决策分析方法，该项目应予以舍弃。

（3）根据题中条件可知：开发新系统产生的现金流量的现值（S）为96.03亿元；新系统开发与投入成本（K）为100亿元；专利有效期（T）为20年；无风险收益率（r）为6.5%；预期现值的标准差（σ）为15%；推迟新系统项目开发与生产的成本（y）为5%（1÷20×100%），项目推迟一年的期权价值见表12-21：

表12-21 **推迟新系统项目开发期权价值与调整后净现值** 金额单位：亿元

| 参数 | 数额 | 说明 |
|---|---|---|
| 输入项 | | |
| S | 96.03 | 项目现金净流量现值（标的资产价值） |
| k | 100 | 回售成本（执行价格） |
| r | 6.50% | 无风险利率 |
| T | 20 | 期权的到期时间 |
| sigma | 15.00% | 项目的波动性 |
| y | 0.05 | 标的资产价值漏损 |
| 输出项 | | |
| $d_1$ | 0.7223 | <--=（LN（S/k）+（r-y+0.5*sigma^2）*T）/（sigma*SQRT（T）） |
| $d_2$ | 0.0515 | <--=$d_1$-sigma*SQRT（T） |
| N（$d_1$） | 0.7649 | <--=NormSDist（$d_1$） |
| N（$d_2$） | 0.5205 | <--=NormSDist（$d_2$） |
| 推迟1年期权价值 | 12.8384 | <--=S*exp（-y*T）*N（$d_1$）-k*exp（-r*T）*N（$d_2$） |
| 调整后项目净现值 | 8.8714 | <--=B42+B24 |

$$d_1=\frac{\ln(S/k)+(r-y+\frac{\sigma^2}{2})T}{\sigma\sqrt{T}}$$

$$=\frac{\ln(96.03/100)+(6.5\%-5\%+\frac{0.15^2}{2})\times20}{0.15\times\sqrt{20}}=0.7223$$

$$d_2=0.7223-0.15\times\sqrt{20}=0.0515$$

N（$d_1$）=0.7649　N（$d_2$）=0.5205

利用调整股利后的B-S期权模型计算专利权价值：

$$
\begin{aligned}
\text{专利权价值} &= Se^{-yT}N(d_1) - Ke^{-rT}N(d_2) \\
&= 96.03\times e^{-5\%\times 20}\times 0.7649 - 100\times e^{-6.5\%\times 20}\times 0.5205 \\
&= 12.84\text{（亿元）}
\end{aligned}
$$

项目调整后的净现值=12.84+（96.03-100）=8.87（亿元）

上述计算结果表明，尽管存在推迟新系统开发与生产的成本，公司最好还是等待而不是立即开发此新系统。因为如果公司立即开发与生产新系统，将导致投资损失3.97亿元，而等待1年，即投资者可将该项投资延迟至最长期限为1年之内的任意时刻进行，正是由于具有了这种灵活性和选择权利，因此才具有了8.87亿元的价值。

15.

（1）标的资产的价值为收购公司现金流量的现值（12亿元）；执行价格为出售收购公司获得价款（9亿元）；标的资产价值标准差为35%；期权有效期为4年；标的资产价值漏损为6.25%（1÷16×100%）；4年期的无风险利率为8%；放弃期权价值计算见表12-22。

表12-22　**放弃期权价值**　金额单位：亿元

| 参数 | 数额 | 说明 |
|---|---|---|
| 输入项 | | |
| S | 12.0 | 项目现金净流量现值（标的资产价值） |
| k | 9.0 | 回售成本（执行价格） |
| r | 8.0% | 无风险利率 |
| T | 4 | 期权的到期时间 |
| sigma | 35.0% | 波动性 |
| y | 6.25% | 标的资产价值漏损 |
| 输出项 | | |
| $d_1$ | 0.8610 | <-- =（LN（S/k）+（r-y+0.5*sigma^2）*T）/（sigma*SQRT（T）） |
| $d_2$ | 0.1610 | <-- =$d_1$-sigma*SQRT（T） |
| N（$d_1$） | 0.8054 | <--=NormSDist（$d_1$） |
| N（$d_2$） | 0.5639 | <--=NormSDist（$d_2$） |
| $-d_1$ | -0.8610 | <--=$-d_1$ |
| $-d_2$ | -0.1610 | <--=$-d_2$ |
| N（$-d_1$） | 0.1946 | <--=1-N（$d_1$） |
| N（$-d_2$） | 0.4360 | <--=1-N（$d_2$） |
| 放弃期权 | 1.0309 | <--= k*exp（-r*T）*N（$-d_2$）-S*exp（-y*T）*N（$-d_1$） |

$$
d_1 = \frac{\ln(12/9) + (8\% - 6.25\% + \frac{0.35^2}{2})\times 4}{0.35\times\sqrt{4}} = 0.8610
$$

$$
d_2 = 0.8610 - 0.35\times\sqrt{4} = 0.1610
$$

$d_1=0.8610$　$N(d_1)=0.8054$　$N(-d_1)=1-N(d_1)=0.1946$

$d_2=0.1610$　$N(d_2)=0.5640$　$N(-d_2)=1-N(d_2)=0.4360$

根据卖权价值计算公式，计算放弃期权的价值为：

$p=9\times e^{-8\%\times4}\times0.4360-12\times e^{-6.25\%\times4}\times0.1946=1.03$（亿元）

（2）该项目考虑放弃项目期权价值后的净现值为：

考虑放弃期权价值后项目净现值=（12-10）+1.03=3.03（亿元）

16.

（1）技改前项目净现值（DCF法）

项目资本成本=6%+1.2×5%=12%

$$NPV_{技改前}=-1\,200+\frac{325}{(1+12\%)}+\frac{325}{(1+12\%)^2}+\cdots+\frac{325}{(1+12\%)^5}$$

$$=-1\,200+1\,171.55=-28.45(万元)$$

（2）技改后项目净现值（DCF法），以第3年为预测基点：

$$NPV_{技改后}=-3\,000+\frac{480}{(1+12\%)}+\frac{620}{(1+12\%)^2}+\frac{840}{(1+12\%)^3}+\frac{1\,000}{(1+12\%)4}+\frac{650}{(1+12\%)^5}+\frac{480}{(1+12\%)^6}+\frac{350}{(1+12\%)^7}$$

$$=-3\,000+2\,926.58=-73.42(万元)$$

以第0年为预测基点：

$$NPV=\frac{-3\,000}{(1+12\%)^3}+\frac{2\,926.58}{(1+12\%)^3}$$

$$=-2\,135.34+2\,083.08=-52.26(万元)$$

在DCF法下，现在投资低耗能的小轿车的价值为1 171.55万元，净现值为-28.45万元，净现值小于零，说明此项投资不可行。根据预测数据，公司在第3年投资3 000万元进行技术改造，其投资价值为2 083.08万元，净现值为-52.26万元。按照传统的投资分析法，此项投资也不可行。

（3）扩张期权和调整后项目净现值见表12-23。

表12-23 **扩张期权和调整后项目净现值** 金额单位：万元

| 项目 | 数额 | 说明 |
|---|---|---|
| 输入项 | | |
| S | 2 083.08 | 投资3 000万元价值（标的资产当前价值） |
| K | 3 000.00 | 投资额（履约价格） |
| r | 6.00% | 无风险利率 |
| T | 3 | 期权执行期限（年） |
| σ | 25% | 投资项目收益波动率 |
| 输出项 | | |
| $d_1$ | -0.2102 | <-- =（LN（S/K）+（r+0.5*sigma^2）*T）/（sigma*SQRT（T）） |
| $d_2$ | -0.6432 | <-- =$d_1$ - sigma*SQRT（T） |
| N（$d_1$） | 0.4168 | <-- =NormSDist（$d_1$） |
| N（$d_2$） | 0.2600 | <-- =NormSDist（$d_2$） |
| 扩张期权价值 | 216.52 | <-- =S*N（$d_1$）-K*exp（-r*T）*N（$d_2$） |
| 传统净现值 | -28.45 | 技改前项目净现值 |
| 调整后项目净现值 | 188.07 | <--=216.52+（-28.45） |

实际上，公司现在做的决策就是：是否投资低耗能的小轿车，至于第3年是否增加投资进行技改，要视当时的情况而定。如果现在投资低耗能的小轿车，3年后就有机会进行再投资，否则公司将失去再投资的机会。或者说，如果现在投资低耗能的小轿车，除了可以获得5年的现金流入量外，还有一个3年后进行技改的机会。那么，这一机会的价值是多少呢？用期权的概念解释，这样一个机会的价值相当于一个期限为3年、行权价格为3 000万元、标的资产当前价值为2 083.08万元。假设无风险利率为6%，根据B-S模型，这一机会的价值为216.52万元，因此，现在投资低耗能的小轿车提供的净现值为188.07万元，净现值大于零，公司应该投资低耗能的小轿车。

**五、案例分析**

（1）苹果公司AAPL201218C00480000买权合约和AAPL201218P00480000卖权合约，行权价格为480美元，到期时间为2020年12月18日。买权、卖权价格计算见表12-24。

表12-24　　**苹果公司买权、卖权价格**　　金额单位：美元

| | A | B | C | D |
|---|---|---|---|---|
| 1 | 项目 | 买权 | 卖权 | 说明 |
| 2 | 输入项 | | | |
| 3 | S | 370.46 | 370.46 | 当前的股票价格 |
| 4 | K | 480.00 | 480.00 | 执行价格 |
| 5 | r | 0.25% | 0.25% | 无风险利率 |
| 6 | T | 0.4027 | 0.4027 | <--=（7+31+30+31+30+18）/365 |
| 7 | Sigma* | 31.91% | 35.07% | 隐含波动率 |
| 8 | 输出项 | | | |
| 9 | $d_1$ | -1.1729 | -1.0481 | <--=（LN（S / K）+（r + 0.5*sigma^2）*T）/（sigma*SQRT（T）） |
| 10 | $d_2$ | -1.3755 | -1.2707 | <--=$d_1$-sigma*SQRT（T） |
| 11 | N（$d_1$） | 0.1204 | 0.1473 | <--=NormSDist（$d_1$） |
| 12 | N（$d_2$） | 0.0845 | 0.1019 | <--=NormSDist（$d_2$） |
| 13 | $-d_1$ | | 1.0481 | <--=$-d_1$ |
| 14 | $-d_2$ | | 1.2707 | <--=$-d_2$ |
| 15 | N（$-d_1$） | | 0.8527 | <--=1-N（$d_1$） |
| 16 | N（$-d_2$） | | 0.8981 | <--=1-N（$d_2$） |
| 17 | 买权价格 | 4.0895 | 5.6927 | <--=S*N（$d_1$）-K*EXP（-r*T）*N（$d_2$） |
| 18 | 卖权价格 | | 114.7497 | <--=K*EXP（-r*T）*N（$-d_2$）- S*N（$-d_1$） |
| 19 | 卖权价格 | | 114.7497 | <--=call price - S + K*EXP（-r*T） |

*https：//sg.finance.yahoo.com/quote/AAPL/options?p=AAPL&date=1608249600.

（2）布莱克-斯考尔斯期权定价敏感性分析

关于敏感性分析主要是应用模拟运算表功能求出变化，然后根据结果画图，以更直观地描述两个变量之间的关系。以表12-24的数据作为数据加以说明。

①买权价格、卖权价格对股票价格（标的资产价格）（S）变化的敏感性。

对买权价格来说，首先，确定需要的一个股价变化范围，此处选用300美元至540美元的区间，如A22：A34单元格区域所示。其次，单击B21单元格，在编辑栏输入“=B17”，使其求出的价格等于买权价格（4.09美元）。然后，选择A21：B34单元格区域，单击【数据】→【模拟分析】→【模拟运算表】，在对话框中设置【输入引用列的单元格】为股票价格对应的单元格$B$3，完成后单击【确定】按钮。最后，运用模拟运算表的结果，画出对应的买权价格对股票价格的敏感性对应图，见表12-25。

表12-25　**买权价格对股票价格S变化的敏感性**　单位：美元

| | A | B | C |
|---|---|---|---|
| 20 | 买权价格对股票价格变化的敏感性 | | |
| 21 | | 4.09 | |
| 22 | 300 | 0.27 | |
| 23 | 320 | 0.68 | |
| 24 | 340 | 1.50 | |
| 25 | 360 | 2.97 | |
| 26 | 380 | 5.36 | |
| 27 | 400 | 8.96 | |
| 28 | 420 | 13.98 | |
| 29 | 440 | 20.60 | |
| 30 | 460 | 28.92 | |
| 31 | 480 | 38.93 | |
| 32 | 500 | 50.58 | |
| 33 | 520 | 63.72 | |
| 34 | 540 | 78.20 | |

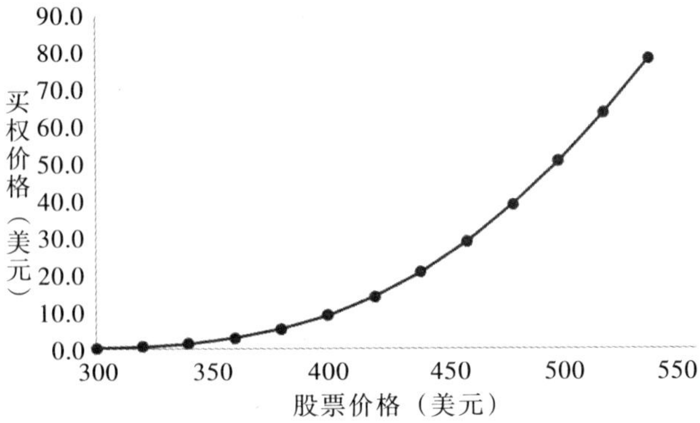


对卖权价格来说，首先，确定需要的一个股价变化范围，此处选用300美元至900美元的区间，如A37：A49单元格区域所示。其次，单击B36单元格，在编辑

栏输入“=C18”，使其求出的价格等于卖权价格（114.75美元）。然后，选择A36：B49单元格区域，单击【数据】→【模拟分析】→【模拟运算表】，在对话框中设置【输入引用列的单元格】为股票价格对应的单元格$C$3，完成后单击【确定】按钮。最后，运用模拟运算表的结果，画出对应的卖权价格对股票价格的敏感性对应图，见表12-26。

表12-26　　**卖权价格对股票价格S变化的敏感性**　　单位：美元

| | A | B | C |
|---|---|---|---|
| 35 | 卖权价格对股票价格变化的敏感性 | | |
| 36 | | 114.75 | 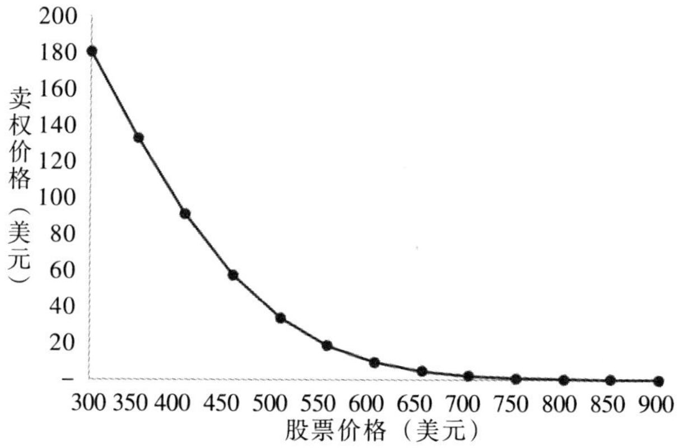 |
| 37 | 300 | 180.05 | |
| 38 | 350 | 132.74 | |
| 39 | 400 | 90.89 | |
| 40 | 450 | 57.60 | |
| 41 | 500 | 33.91 | |
| 42 | 550 | 18.71 | |
| 43 | 600 | 9.77 | |
| 44 | 650 | 4.88 | |
| 45 | 700 | 2.35 | |
| 46 | 750 | 1.10 | |
| 47 | 800 | 0.50 | |
| 48 | 850 | 0.23 | |
| 49 | 900 | 0.10 | |

比较表12-25和表12-26可以发现，买权价格与股票价格（标的资产价格）正相关，卖权价格与股票价格（标的资产价格）负相关。

影响买权、卖权价格的其他参数：行权价格（K）、无风险利率（r）、期权到期期限（T）、隐含波动率（σ）。分析方法与表12-25、表12-26相同。

②买权价格、卖权价格对行权价格（K）变化的敏感性，分别见表12-27、表12-28。

表 12-27　　**买权价格对行权价格（K）变化的敏感性**　　单位：美元

| | A | B | C |
|---|---|---|---|
| 130 | 买权价格对行权价格变化的敏感性 | | |
| 131 | | 4.09 | |
| 132 | 300 | 75.88 | |
| 133 | 320 | 60.25 | |
| 134 | 340 | 46.62 | |
| 135 | 360 | 35.17 | |
| 136 | 380 | 25.89 | |
| 137 | 400 | 18.62 | |
| 138 | 420 | 13.11 | |
| 139 | 440 | 9.05 | |
| 140 | 460 | 6.13 | |
| 141 | 480 | 4.09 | |
| 142 | 500 | 2.69 | |
| 143 | 520 | 1.74 | |
| 144 | 540 | 1.12 | |

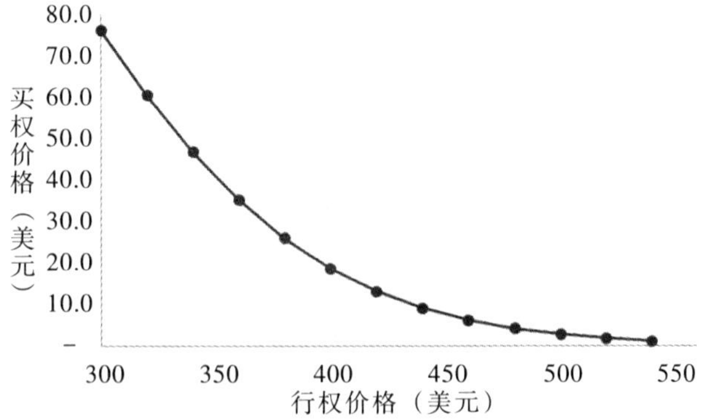


表 12-28　　**卖权价格对行权价格（K）变化的敏感性**　　单位：美元

| | A | B | C |
|---|---|---|---|
| 145 | 卖权价格对行权价格变化的敏感性 | | |
| 146 | | 114.75 | |
| 147 | 300 | 6.73 | |
| 148 | 320 | 11.62 | |
| 149 | 340 | 18.41 | |
| 150 | 360 | 27.22 | |
| 151 | 380 | 38.01 | |
| 152 | 400 | 50.63 | |
| 153 | 420 | 64.87 | |
| 154 | 440 | 80.47 | |
| 155 | 460 | 97.17 | |
| 156 | 480 | 114.75 | |
| 157 | 500 | 133.00 | |
| 158 | 520 | 151.74 | |
| 159 | 540 | 170.86 | |

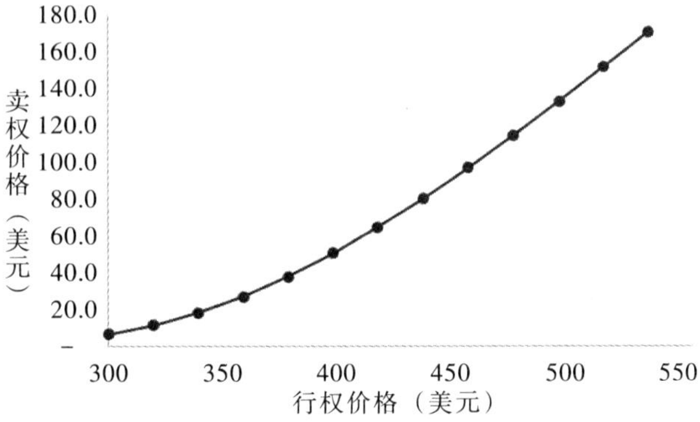


根据表 12-27 和表 12-28 可知，买权价格与行权价格负相关，卖权价格与行权价格正相关。

③买权价格、卖权价格对无风险利率（r）变化的敏感性，分别见表12-29、表12-30。

表12-29　**买权价格对无风险利率（r）变化的敏感性**　金额单位：美元

| | A | B | C |
|---|---|---|---|
| 160 | 买权价格对无风险利率变化的敏感性 | | |
| 161 | | 4.09 | 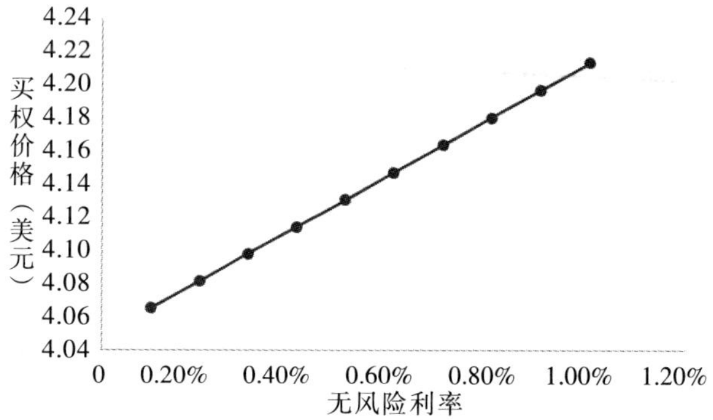 |
| 162 | 0.10% | 4.07 | |
| 163 | 0.20% | 4.08 | |
| 164 | 0.30% | 4.10 | |
| 165 | 0.40% | 4.11 | |
| 166 | 0.50% | 4.13 | |
| 167 | 0.60% | 4.15 | |
| 168 | 0.70% | 4.16 | |
| 169 | 0.80% | 4.18 | |
| 170 | 0.90% | 4.20 | |
| 171 | 1.00% | 4.21 | |



表12-30　**卖权价格对无风险利率（r）变化的敏感性**　金额单位：美元

| | A | B | C |
|---|---|---|---|
| 172 | 卖权价格对无风险利率变化的敏感性 | | |
| 173 | | 114.75 | 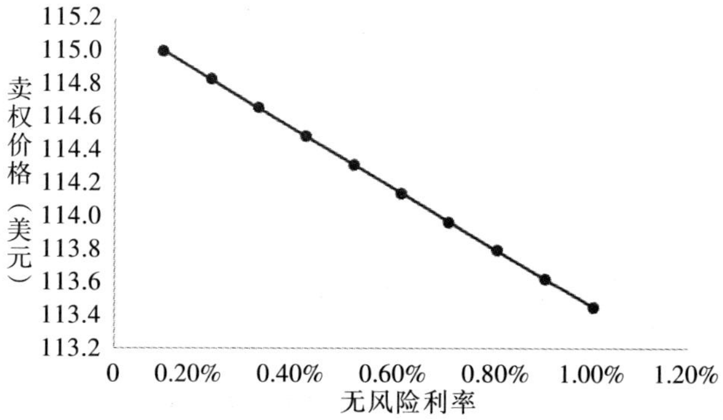 |
| 174 | 0.10% | 115.01 | |
| 175 | 0.20% | 114.84 | |
| 176 | 0.30% | 114.66 | |
| 177 | 0.40% | 114.49 | |
| 178 | 0.50% | 114.32 | |
| 179 | 0.60% | 114.14 | |
| 180 | 0.70% | 113.97 | |
| 181 | 0.80% | 113.80 | |
| 182 | 0.90% | 113.63 | |
| 183 | 1.00% | 113.45 | |



根据表12-29和表12-30可知，买权价格与无风险利率正相关，卖权价格与无风险利率负相关。

④买权价格、卖权价格对到期期限（T）变化的敏感性，见表12-31、表12-32。

表 12-31　　**买权价格对到期期限（T）变化的敏感性**　　金额单位：美元

| | A | B | C |
|---|---|---|---|
| 184 | 买权价格对到期期限变化的敏感性 | | |
| 185 | | 0.4027 | |
| 186 | 0.10 | 0.10 | |
| 187 | 0.20 | 0.20 | |
| 188 | 0.30 | 0.30 | |
| 189 | 0.40 | 0.40 | |
| 190 | 0.50 | 0.50 | |
| 191 | 0.60 | 0.60 | |
| 192 | 0.70 | 0.70 | |
| 193 | 0.80 | 0.80 | |
| 194 | 0.90 | 0.90 | |
| 195 | 1.00 | 1.00 | |

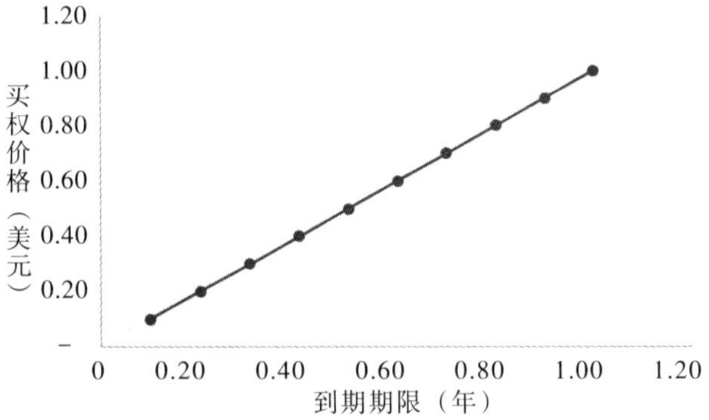


表 12-32　　**卖权价格对到期期限（T）变化的敏感性**　　金额单位：美元

| | A | B | C |
|---|---|---|---|
| 196 | 卖权价格对到期期限变化的敏感性 | | |
| 197 | | 114.75 | |
| 198 | 0.10 | 109.57 | |
| 199 | 0.20 | 110.67 | |
| 200 | 0.30 | 112.52 | |
| 201 | 0.40 | 114.69 | |
| 202 | 0.50 | 116.97 | |
| 203 | 0.60 | 119.28 | |
| 204 | 0.70 | 121.57 | |
| 205 | 0.80 | 123.82 | |
| 206 | 0.90 | 126.02 | |
| 207 | 1.00 | 128.17 | |

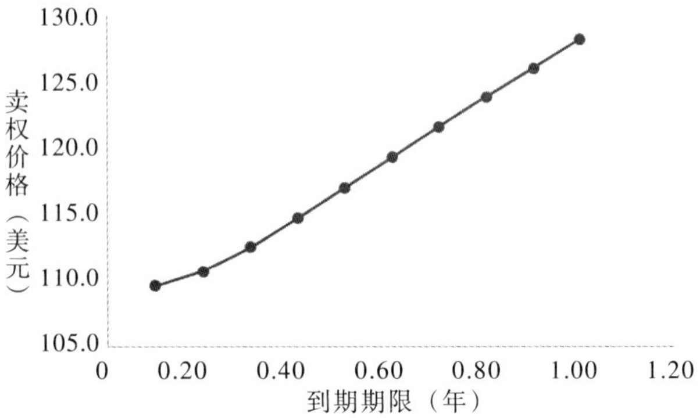


根据表 12-31、表 12-32 可知，在本例中，买权价格、卖权价格与期权到期期限均为正相关关系。

⑤买权价格、卖权价格对隐含波动率（σ）变化的敏感性，见表 12-33、表 12-34。

表 12-33 **买权价格对隐含波动率变化的敏感性** 金额单位：美元

| | A | B | C |
|---|---|---|---|
| 208 | 买权价格对隐含波动率变化的敏感性 | | |
| 209 | | 4.09 | |
| 210 | 10.0% | 0.00 | |
| 211 | 12.5% | 0.01 | |
| 212 | 15.0% | 0.04 | |
| 213 | 17.5% | 0.16 | |
| 214 | 20.0% | 0.41 | |
| 215 | 22.5% | 0.84 | |
| 216 | 25.0% | 1.46 | |
| 217 | 27.5% | 2.26 | |
| 218 | 30.0% | 3.23 | |
| 219 | 32.5% | 4.37 | |
| 220 | 35.0% | 5.65 | |
| 221 | 37.5% | 7.07 | |
| 222 | 40.0% | 8.59 | |

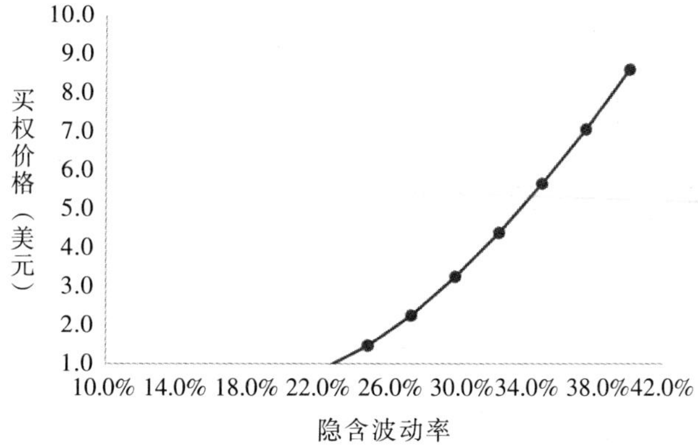


表 12-34 **卖权价格对隐含波动率变化的敏感性** 金额单位：美元

| | A | B | C |
|---|---|---|---|
| 223 | 卖权价格对隐含波动率变化的敏感性 | | |
| 224 | | 114.75 | |
| 225 | 10% | 109.06 | |
| 226 | 12.5% | 109.06 | |
| 227 | 15.0% | 109.10 | |
| 228 | 17.5% | 109.22 | |
| 229 | 20.0% | 109.47 | |
| 230 | 22.5% | 109.90 | |
| 231 | 25.0% | 110.51 | |
| 232 | 27.5% | 111.31 | |
| 233 | 30.0% | 112.29 | |
| 234 | 32.5% | 113.43 | |
| 235 | 35.0% | 114.71 | |
| 236 | 37.5% | 116.12 | |
| 237 | 40.0% | 117.65 | |

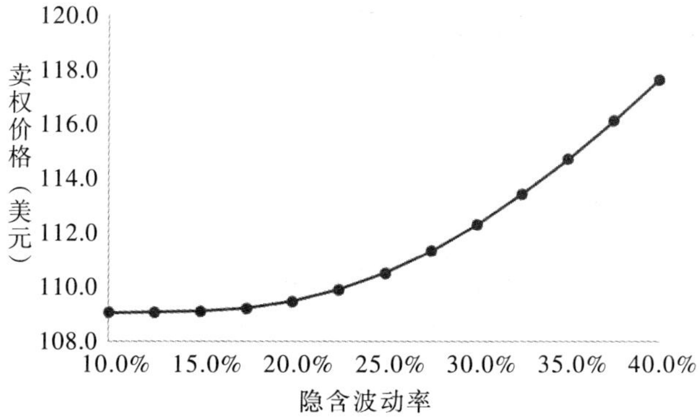


根据表12-33、表12-34可知，买权价格、卖权价格与隐含波动率为正相关关系。

12-1：期权定价与公司财务解题思路

# 第13章 衍生工具与风险管理

## 一、单项选择题

1.一份交割方式为实物交割的股票组合远期合约的买方（　　）。

A.必须在将来以远期价格买入股票组合

B.如果远期合约到期时，股票价格等于远期合约价格买入股票组合

C.如果远期合约到期时股票价格下跌，远期合约买方获得收益

D.远期合约买方必须在远期合约到期时交割股票组合

2.具有潜在收益较大，但损失可以限定在一定范围内的风险对冲工具是（　　）。

A.期货合约　　B.期权合约　　C.远期合约　　D.货币互换

3.互换合约实际上是（　　）。

A.远期合约的组合　　B.期货合约的组合

C.期权合约的组合　　D.有价证券的组合

4.衡量外汇风险常用的指标是（　　）。

A.外币资产　　B.风险敞口　　C.外币负债　　D.利率平价

5.下列选项中，汇率变化基本上不会给公司带来外汇风险的是（　　）。

A.公司外币资产大于外币负债

B.公司外币资产小于外币负债

C.公司外币资产等于外币负债，但二者在时间长短期限上不一致

D.公司外币资产等于外币负债，并且二者在时间长短期限上一致

6.在其他条件相同的情况下，到期收益率与久期呈（　　）。

A.正相关关系　　B.无关系　　C.非线性关系　　D.负相关关系

7.票面利率均为10%的两只债券，在市场利率为14%的水平下，面值为100元，20年期债券的久期为6.93年，则10年期债券的久期应（　　）。

A.大于6.93年　　B.小于6.93年　　C.等于6.93年　　D.没有对应关系

8.假设RH公司20×1年1月5日向美国出口一批产品，货款200万美元，约定4月5日收取，此时美元对人民币的汇率为RMB6.785/USD。为避免汇率下跌带来的损失，该公司与银行签订了3个月的远期合约，3个月远期汇率为RMB6.745/USD，若该年4月5日，美元对人民币的汇率为RMB6.725/USD，则该公司进行风险对冲使公司的收益（　　）。

A.减少了8万元人民币　　B.减少了12万元人民币

C.增加了4万元人民币　　D.增加了6万元人民币

9.甲公司从乙银行处买入一利率下限期权，如果市场基准利率低于协定的利率下限，乙银行应该（　　）。

A.无须向甲公司支付

B.向甲公司按市场基准利率支付

C.向甲公司按协定的利率下限支付

D.向甲公司支付市场基准利率低于协定利率下限的差额部分

10.远期利率协议是买卖双方约定未来某一时间的协定利率，下列论述中错误的是（　　）。

A.远期利率协议的买卖双方只是形式上收支本金的交易

B.远期利率协议双方交割的仅仅是利差部分

C.远期利率协议双方交割的仅仅是本金部分

D.远期利率协议的结算日通常指名义借款的起息日

## 二、多项选择题

1.以下关于债券久期特征的表述正确的有（　　）。

A.有息债券久期小于债券到期期限　　B.有息债券久期大于债券到期期限

C.息票率与久期负相关　　D.零息债券久期与债券期限相同

E.在其他因素不变的情况下，到期收益率与久期负相关

2.我国A公司在期权市场上购买了一份欧式美元看涨期权，该期权赋予该公司在3个月到期时以RMB6.82/USD购买10万美元的权利，期权费为每美元0.04元人民币，则在期权到期日会使A公司执行该期权但却发生损失的即期汇率可能是（　　）。

A.RMB6.79/USD　　B.RMB6.81/USD　　C.RMB6.83/USD

D.RMB6.85/USD　　E.RMB6.87/USD

3.以下关于远期合约、期货合约、互换合约特征的描述正确的有（　　）。

A.期货合约的违约风险小于远期合约的违约风险

B.期货合约的违约风险大于远期合约的违约风险

C.互换合约本质上可视为一系列远期合约的组合
D.期货合约、远期合约买卖双方的权利与义务是对等的
E.远期合约、期货合约、互换合约的交易方所承担的信用风险都是一样的
4.引起外汇风险的经济事项主要有（　　）。
A.利率、通货膨胀变化　　B.以外币计价的商品或劳务收付款活动
C.以外币计价的国际信贷活动　　D.待履行的远期外汇合约
E.待履行的货币互换合约
5.利率上限期权买卖双方的权利和义务主要有（　　）。
A.买方为获得该项期权应向卖方支付一定数额的期权费
B.如果市场基准利率低于或等于协定的利率上限，卖方无任何支付义务
C.如果市场基准利率高于协定的利率上限，卖方按协定的利率上限向买方支付
D.如果市场基准利率高于协定的利率上限，卖方向买方支付二者之间的差额部分
E.如果市场基准利率低于或等于协定的利率上限，买方向卖方支付二者之间的差额部分
6.与远期合约市场相比，期货合约市场的信用风险很小，其原因有（　　）。
A.期货交易采用逐日盯市制度
B.期货合约的买卖双方都要开立保证金账户
C.期货合约是在有组织的证券交易所内交易的标准化合约
D.期货合约的买卖双方所享有的权利是不对称的
E.期货合约较远期合约更受到衍生工具使用者的青睐
7.一般来说，直接用来衡量利率风险对资产价值影响程度的指标有（　　）。
A.债券息票率　　B.久期　　C.凸度
D.净现值　　E.债券资本成本
8.标准利率互换交易的决定因素包括（　　）。
A.名义本金　　B.固定利率
C.浮动利率　　D.固定和浮动利息支付频率
E.到期日
9.利率期权的主要形式有（　　）。
A.利率上限期权　　B.利率下限期权　　C.利率双限期权
D.买入利率期权　　E.卖出利率期权
10.在外汇风险管理中，风险对冲的基本做法是（　　）。
A.分析未来汇率变动方向与幅度
B.确认以外币表示的预期净货币流入量或流出量
C.明确公司面临的风险及风险水平
D.合理选择避险工具并设计合理的避险方案

E.尽可能使两种走势相反的风险相互制约

## 三、判断题

1.远期外汇市场风险对冲在"锁定"风险的同时，也"锁定"了收益。（　）

2.债券久期越长，利率变化对该债券价值的影响就越小。（　）

3.货币市场风险对冲是同时借入和贷出两种不同的货币来锁定未来的现金流量的本币价值。（　）

4.外汇交易风险是指对过去会计资料计算时因汇率变动而造成的资产或负债的变异程度。（　）

5.货币互换是将一种标价货币的债务偿还责任转换为用另一种双方同意的货币标价的债务本金和利息的偿还责任。（　）

6.利用期货进行风险对冲比利用期权进行风险对冲具有更大的主动性和灵活性。（　）

7.建立逐日盯市制度和保证金账户制度是降低远期交易市场信用风险的有效途径。（　）

8.如果公司预计未来利率上升会给其筹资带来风险，并且在决定风险对冲时又不愿意放弃利率下跌带来的好处，可以选择利率下限期权交易。（　）

9.外汇风险的三种类型按重要性大小排序，依次为交易风险、经济风险和折算风险。（　）

10.购买一个利率双限期权是指在买进一个利率上限期权的同时，卖出一个利率下限期权，从而达到防范风险和降低成本的目的。（　）

## 四、计算分析题

1.20×0年3月10日，MIT跨国公司估计同年9月10日有一笔价值500万美元的应收账款。管理层预测人民币（RMB）和美元（USD）即期汇率见表13-1：

表13-1　预测人民币（RMB）和美元（USD）即期汇率

| 即期汇率（RMB/USD） | 概率 |
|---|---|
| 6.80 | 0.15 |
| 6.85 | 0.25 |
| 6.90 | 0.20 |
| 6.95 | 0.20 |
| 7.00 | 0.20 |

要求：

（1）20×0年9月10日的预期即期汇率是多少？

（2）为避免外汇风险，MIT公司与银行签订了一个远期合约，按9月10日的远期汇率在远期市场上卖出500万美元远期合约，9月10日后公司将收到货款500万美元，随即在远期市场上履约交割。预测6个月的远期汇率是RMB6.85/USD，该公司是否应卖出它的9月份到期的500万美元应收账款的远期合约？

（3）影响MIT公司风险对冲决策的因素有哪些？

2.假设2020年8月3日，GW公司签订了一份向德国汉莎公司供应涡轮机螺旋桨的合同。在2021年8月3日，GW将收到涡轮机螺旋桨的货款1 000万欧元。

要求：

（1）远期合约风险对冲。假设欧元的即期汇率是1欧元=8.199元人民币，1年期远期汇率是：1欧元=8.185元人民币；假设1年后实际的即期汇率分别为：1欧元=8.190元人民币；1欧元=8.185元人民币；1欧元=8.180元人民币。计算和分析远期合约风险对冲的各种可能结果。

（2）货币市场风险对冲。假设欧元和美元1年期的利率分别为8%和7.8156%，1年后实际的即期汇率与（1）相同，计算和分析货币市场风险对冲的各种可能结果。

3.DB公司3个月后将收到一笔200万美元的应收账款，预期人民币对美元的汇率将大幅走跌。为此，DB公司决定采取措施进行风险对冲。可选择的风险对冲方法有两种：一是远期外汇市场风险对冲，即签订3个月的汇率远期合约；二是货币市场风险对冲，即当前借入美元贷款，兑换成人民币后投资于货币市场，3个月后以收到的应收账款偿还贷款。相关数据如下：

（1）当前的即期汇率为RMB6.765/USD。

（2）3个月远期汇率为RMB6.695/USD。

（3）美元借款年利率为8%（季利率为2%）。

（4）人民币借款年利率为6%（季利率为1.5%）。

要求：

（1）比较两种风险对冲措施的套期保值效果。

（2）若使两种风险对冲措施产生相同的风险对冲效果，人民币借款年利率应为多少？

4.我国PLA公司最近从北欧瑞典一家公司购买一批电子设备，应付账款为5 000万瑞典克朗，1年后到期。当前的即期汇率为1瑞典克朗=0.7927元人民币，这笔应付账款的价值为3 963.5万元人民币（5 000×0.7927）。PLA公司希望为这笔应付账款进行风险对冲，但不知道如何操作。当前1年期远期汇率为：1瑞典克朗=0.79元人民币。PLA公司的会计记录上表明公司有一笔1 000万元的可转让人民币定期存单，年收益率为5%；同时，瑞典一家银行可以为PLA公司提供一笔1年期的定期存款，利率为8.5%。

要求：请为PLA公司设计风险对冲方案。

5.某荷兰公司已经对一份合同报出了美元价格。如果合同顺利成交，它将在3个月后收到330万美元的款项。随后这笔美元收入将在现货市场上立刻转换成欧元。当时欧元对美元的即期汇率为1欧元=1.05美元。但该公司担心会出现美元预期走势疲软，汇率大幅度上扬的情况。因此该公司决定买入一项美元卖出期权合约，标的额为330万美元，执行价格为1欧元=1.10美元，到期期限为3个月。

要求：

分析在以下不相容情况下，该公司应执行还是放弃期权（不考虑权利金）。

（1）合同按计划成交，到期即期汇率为1欧元=1.08美元。

（2）合同按计划成交，到期即期汇率为1欧元=1.12美元。

（3）合同没有按计划成交，到期即期汇率为1欧元=1.08美元。

（4）合同没有按计划成交，到期即期汇率为1欧元=1.12美元。

6.假设我国BEC公司于某年10月1日向美国A公司销售设备一台，用美元计价，货款为100万美元，收款期限为3个月，10月1日的即期汇率为RMB7.285/USD。该公司担心美元兑人民币的汇率下降给公司带来损失，拟采取一定的方式进行风险对冲。

（1）假设10月1日BEC公司与银行签订远期外汇合约，合约规定3个月远期汇率为RMB7.245/USD。

（2）假设10月1日BEC公司在柜台交易市场签订3个月美元卖出期权合约，合约的履约价格为RMB7.255/USD，单位期权费为RMB0.015/USD（不考虑货币时间价值）。

假设预测3个月后（12月31日）即期汇率为RMB7.225/USD。

要求：

（1）计算签订远期外汇合约给该公司带来的损益。

（2）计算签订美元卖出期权合约给该公司带来的损益，并分析和（1）相比，哪一种风险对冲方式对该公司更有利。

7.某进出口公司向美国出口一批货物，3个月后将收到对方支付的货款100万美元。为避免3个月后美元贬值造成结汇时人民币收入减少，公司拟采取一定的风险对冲措施。锁定未来结汇汇率的备选方案有两种：一是签订一份远期汇率为RMB6.665/USD的远期合约；二是采用期权组合规避风险，即买入行权价格为RMB6.683/USD、期限为3个月、名义本金为100万美元、单位期权费为RMB0.015/USD的卖权合约，同时卖出行权价格为RMB6.683/USD、期限为3个月、名义本金为100万美元、单位期权费为RMB0.02/USD的买权合约。

要求：假设你是该公司的财务主管，请你对选择何种套保方案进行决策（不考虑期权费净收入的再投资收益）。

8.张先生有一张面值100元的债券，息票率为8%，每年付息一次，到期还本，期限为3年。债券投资者要求的收益率为5%。

要求：

（1）计算张先生所持债券的现值和久期。

（2）计算该债券的修正久期。

（3）张先生的止损策略是债券市场价值下降5%时出售该债券。问债券收益率变动多少时，债券市场价值会下降5%？

9.假设你的投资组合中包括三种不同的债券，面值均为100元，其他有关资料见表13-2。

表13-2　**债券其他相关资料列示**

| 债券 | 数量 | 利率 | 支付次数/年 | 期限（年） | 债券必要收益率（年） |
|---|---|---|---|---|---|
| A | 10 | 0 | 零息债券 | 5 | 6.0% |
| B | 5 | 8% | 半年 | 3 | 6.6% |
| C | 8 | 7% | 年 | 4 | 6.2% |

要求：

（1）计算每种债券的市场价值。

（2）计算每种债券的久期。

（3）计算投资组合的久期。

（4）计算投资组合的加权平均折现率。

（5）计算投资组合的修正久期。

（6）如果利率下降100个基点，即下降1%，则对投资组合价值有什么影响？

10.假设现在是2020年4月25日，ABC公司预期将在11月28日借入100万美元，期限3个月。为简化，假设公司在同年11月28日能以LIBOR的水平借入这笔资金，当前LIBOR为6.75%。为锁定这笔借款的利率，该公司从XYZ银行购买了一份FRA，利率报价为LIBOR=7%，名义本金为100万美元。这一合约的有相关信息见表13-3。

表13-3　**合约相关信息表**

| | |
|---|---|
| 名义本金 | 100万美元 |
| 交易日 | 2020年4月25日 |
| 结算日（起息日） | 2020年7月28日 |
| 到期日 | 2020年10月28日 |
| 协议利率（LIBOR） | 7% |
| 参考利率 | 3个月美元LIBOR |

要求：

（1）假设2020年7月28日，3个月美元LIBOR，即参考利率为8%或6%，计算不同情景下的交割金额，以及对交割双方的影响（假设每年按360天计算）。

（2）计算在不同参考利率情景下ABC公司的融资成本，并且对有无FRA合约的借款成本进行简要分析。

11.假设甲、乙两家公司都需要筹措500 000美元，期限7年，甲公司的信用等级为AAA，乙公司的信用等级为BBB，两家公司的借款利率见表13-4。

表13-4　**两家公司的借款利率**

| 利率 | 甲公司 | 乙公司 | 利差 |
|---|---|---|---|
| 固定利率 | 10% | 11% | 1.00% |
| 浮动利率 | LIBOR+0.25% | LIBOR+0.75% | 0.50% |
| 利差 | | | 0.50% |

要求：

（1）根据相对优势的原则，甲、乙两家公司各应筹措何种利率的贷款？

（2）假设甲公司需要浮动利率，乙公司需要固定利率。甲、乙公司和利率调换交易的中介机构商定，甲公司按固定利率贷款，按浮动利率LIBOR支付利息，要求节省贷款成本0.25%；乙公司按浮动利率贷款，按固定利率10.875%支付利息，要求节省贷款成本0.125%；中介机构收取0.125%的费用。

12.根据教材【例13-7】，假设一家美国A公司需要为其在法国的子公司融资，而另一家法国B公司则希望为其在美国的子公司融资。双方都需要融资1 000万欧元，经市场询价，两家公司的债务币种及在欧元和美元资本市场上取得贷款的条件见表13-5：

表13-5　**两家公司的债务币种及在欧元和美元资本市场上取得贷款的条件**

| 项目 | A公司 | B公司 | 利差 |
|---|---|---|---|
| 美元借款利率 | 7.00% | 9.00% | 2% |
| 欧元借款利率 | 10.60% | 11.00% | 0.40% |
| 利差 | | | 1.6% |

假设A公司以7%的利率发行价值1 200万美元债券，B公司以11%的利率发行价值1 000万欧元债券，然后通过金融中介机构进行货币互换交易，利差在A公司、B公司和金融中介中的分配比例分别为0.6%、0.6%、0.4%。假设当前的即期汇率为USD1.2/EUR。如果该金融机构是一家以美国为基地的公司，不希望承担欧元汇率的风险，它可以改变互换设计，以保证确定的美元利息收入。

要求：

（1）A公司承担外汇风险，并说明这一互换交易对交易各方风险的影响。

（2）B公司承担外汇风险，并说明这一互换交易对交易各方风险的影响。

13.在美元市场和日元市场上，A公司和B公司分别申请贷款的利率条件见表13-6：

表13-6 两家公司美元与日元借款利率比较

| 项目 | A公司 | B公司 | 利差 |
|---|---|---|---|
| 美元借款利率 | 8.00% | 10.00% | 2.00% |
| 日元借款利率 | 5.40% | 6.00% | 0.60% |
| 两个公司利率差 | | | 1.40% |

假设A公司需要日元贷款，B公司需要美元贷款。假设货币互换时，本金在互换的期初进行交换，而在互换的期末又重新换回。

要求：

（1）请为A、B两家公司设计一个利率互换合约，使两家公司借款成本分别降低0.5%，其余归中介银行。假设外汇风险由金融中介承担，假设该金融机构是一家以美国为基地的公司。

（2）假设外汇风险由B公司承担，其他条件同（1）。

（3）假设外汇风险由A公司承担，其他条件同（1）。

14.FIB公司于2020年6月1日借入一笔2年期浮动利率的贷款，贷款额为1 000万美元，6月15日正式生效，起息日为2020年6月15日，按LIBOR计息。假设该公司预期市场利率会有上升趋势，便买入一笔利率上限期权，结算日为付息日，半年付息一次，付息时间为每年的6月15日和12月15日，上限期权费为0.25%（年利率），协定利率上限为10%。不同结算日的LIBOR见表13-7。

表13-7 不同结算日的LIBOR

| 结算日 | LIBOR |
|---|---|
| 2020/12/15 | 8.50% |
| 2021/6/15 | 10.50% |
| 2021/12/15 | 11.50% |
| 2022/6/15 | 10% |

要求：

（1）计算公司在采用利率上限期权后的实际借款成本和成本节约额。

（2）如果该公司确定利率有上升趋势，不太可能下降，在买入一个利率上限期权的同时，卖出一个利率下限期权。假设利率下限期权协定利率为8%，期权费为年率利0.2%，计算该公司的实际借款成本和成本节约额。

## 五、案例分析

中国长江电力股份有限公司2003年8月1日发行“03三峡债”30亿元，期限30年，债券的有关条款见表13-8：

表13-8 债券的有关条款

| | | | | | |
|---|---|---|---|---|---|
| 债券全称 | 2003年中国长江三峡工程开发总公司企业债券 | 债券简称 | 03三峡债 | 债券代码 | 120303 |
| 发行量 | 30亿元 | 发行价 | 100元 | 计息方式 | 固定利率 |
| 期限 | 30年 | 发行票面利率 | 4.86% | 交易市场 | 上海证券交易所 |
| 起息日 | 2003/8/1 | 到期日 | 2033/8/1 | 发行起始日 | 2003/8/1 |
| 上市日期 | 2004/3/15 | 发行单位 | 中国长江电力股份有限公司 | 付息方式 | 周期性付息 |
| 币种 | 人民币 | 剩余期限 | 4 738天 | 每年付息日 | 8月1日 |

假设当前是2020年8月11日，债券剩余时间为4 738天，债券市场收盘价为105.69元；假设税率为20%。

要求：

对“03三峡债”的价值、久期、修正久期等进行分析。

（1）如果你在2020年8月11日购买“03三峡债”，请根据当天收盘价计算该债券的税前到期收益率和税后到期收益率。

（2）请分别使用税前现金流量和与其相对应的税前到期收益率，采用Excel函数计算该债券的久期和修正久期。

（3）如果到期收益率上升10个基点（债券到期收益率+0.1%），计算债券价值变动百分比。

（4）根据债券价值计算的基本模型计算债券现值，与（3）的计算结果进行核对。

（5）建立一张模拟运算表，在该表中久期是作为债券息票率（息票率=0，1%，…，10%）的函数来计算的，说明债券息票率和久期之间的关系。

（6）分析债券到期期限的增加对其久期的影响。

（7）“久期可以被看作债券风险的近似度量，在其他因素一定的情况下，风险较大者久期较小”，它的经济逻辑是什么？

## 参考答案

### 一、单项选择题

1.A 2.B 3.A 4.B 5.D 6.A 7.D 8.C 9.D 10.C

### 二、多项选择题

1.ACDE 2.CD 3.ACD 4.BCDE 5.ABD 6.ABC 7.BC 8.ABCDE 9.ABC 10.ABCDE

### 三、判断题

1.√ 2.× 3.√ 4.× 5.× 6.× 7.× 8.× 9.× 10.√

### 四、计算分析题

1.

（1）预期20×0年9月10日RMB/USD即期汇率为：

即期汇率=6.80×0.15+6.85×0.25+6.90×0.2+6.95×0.2+7.00×0.2=6.90

（2）如果MIT公司卖出它的美元应收账款远期合约，它将锁定一个收入所得，即：

应收账款收入=6.85×500=3 425（万元）

如果在20×0年9月10日即期汇率等于预期的即期汇率，则公司在即期市场出售美元应收账款，预期人民币收入为3 450万元（6.90×500）

如果公司管理层相信自己对未来即期汇率的预期，公司应保留它的美元应收账款并在即期市场出售。

（3）对风险规避会使MIT公司出售应收账款的远期合约来对人民币进行风险对冲。如果MIT公司还有美元负债，它可以采用一种自然的风险对冲方法来减少或消除需要进行风险对冲的金额，或采用其他成本较低的风险对冲方法，如在应收账款期间借入美元再兑换成人民币，这样就不需要采用远期合约了。远期合约的外汇收益和损失的税务处理也会影响公司风险对冲的决策。

2.

（1）远期合约风险对冲。1年期远期汇率为：1欧元=8.185人民币元。GW公司出售1 000万欧元的1年期远期合约，在2021年8月3日交割时将给GW公司带来8 185万元收益。表13-9列示了2021年8月3日实际的即期汇率在三种情况下，将欧元应收账款和出售远期合约结合起来，所得到的可能的现金流量。

表13-9 远期市场风险对冲的各种可能结果（2021年8月3日） 金额单位：万元

| 即期汇率（USD/EUR） | 应收账款价值 | 远期合约利得（损失） | 现金流量 |
|---|---|---|---|
| 8.1900 | 8 190 | −5 | 8 185 |
| 8.1850 | 8 185 | 0 | 8 185 |
| 8.1800 | 8 180 | 5 | 8 185 |

不论汇率如何变化GW公司销售涡轮机螺旋桨都将收到8 185万元人民币，远期合约的任何外汇利得或损失都将被现汇市场应收账款相应的损失或利得所抵销。

如果不进行风险对冲，期末将有一笔1 000万元欧元的资产，其价值将随着汇率的波动而波动。虽然采用远期合约进行风险对冲会消除汇率下降的风险，但是以放弃潜在的汇率上升收益为代价。

（2）货币市场风险对冲。货币市场风险对冲指同时借入和贷出两种不同货币来锁定未来外币现金流量的人民币价值。在本例中，假设欧元利率为8%，人民币利率为7.8156%。利用货币市场风险对冲，GW公司将借入926万欧元（1 000/1.08），为期1年，然后在即期市场上兑换成人民币7 592万元（926×8.199），再将这7 592万元投资1年，直到2021年8月3日。GW公司将从投资中收回本利和8 185万元（7 592×1.078156），并用这一天收回的欧元应收账款来偿还所欠欧元债务本息1 000万欧元（926×1.08）。在表13-10中，这笔交易产生的外汇利得或损失恰好可以和GW公司的欧元应收账款的人民币损失或利得相抵销。

表13-10　**货币市场风险对冲的各种可能结果（2021年8月3日）**　金额单位：万元

| 即期汇率 | 最初应收账款价值 | 货币市场风险对冲的利得（损失） | 现金流量 |
|---|---|---|---|
| 8.190 | 8 190 | -5 | 8 185 |
| 8.185 | 8 185 | 0 | 8 185 |
| 8.180 | 8 180 | 5 | 8 185 |

表13-10中货币市场风险对冲的利得或损失的计算方法是：用人民币投资的价值减去偿还的欧元债务。例如，如果年末即期汇率是1欧元=8.190元人民币，1 000万欧元本息相当于8 190万元人民币，而人民币投资只能收回8 185万元，这样货币市场风险对冲损失就是5万元。

远期市场和货币市场风险对冲产生了相等的净现金流量，这并非巧合。所选择的利率、远期汇率和即期汇率使得利率平价定理成立。实际上，货币市场风险对冲的同时借入和贷出交易使得GW公司能够产生一个“自制”的远期合约。如果利率平价理论成立，这份合约的有效汇率将等于实际的远期汇率，否则就存在抵补套利机会。

实际上，风险对冲存在交易成本：远期合约的买卖汇差和借入贷出的利差。在比较远期合约风险对冲和货币市场风险对冲时，这些交易成本都应考虑进去。进行比较的关键是要确保使用正确的买入和卖出价以及借入和贷出利率。

3.

（1）若签订汇率远期合约，3个月后DB公司将获得的人民币数额为：

200×6.695=1 339（万元）

若签订贷款协议，3个月后DB公司将持有的人民币数额为：

当期借入美元数额=2 000 000÷（1+2%）=1 960 784.31（美元）

借入美元兑换成人民币数额=1 960 784.31×6.765=13 264 705.86（元）

3个月后DB公司将持有的人民币数额=13 264 705.86×（1+1.5%）=13 463 676.45（元）

由计算结果可知，货币市场风险对冲的效果更好。

（2）13 264 705.86×（1+r）=13 390 000

解得：

r=0.94%

当人民币借款年利率为3.76%（0.94%×4）时，两种风险对冲措施能够产生相同的效果。

4.

（1）PLA公司可利用远期市场将应付账款成本锁定为3 950万元（5 000×0.79）。

（2）PLA公司可利用货币市场将成本锁定在3 835.64万元，其计算过程：

首先，PLA公司当天确定在瑞典的一家银行的存款额为4 608.29万瑞典克朗，以便在1年后获得5 000万瑞典克朗，即：

存款×（1+8.5%）=5 000

银行存款=5 000÷（1+8.5%）=4 608.29（万瑞典克朗）

1年后收到：4 608.29×1.085=5 000（万瑞典克朗）

其次，根据当天的即期汇率兑换人民币：

兑换人民币=4 608.29×0.7927=3 652.99（万元）

最后，PLA公司从可转让定期存单中提取3 652.99万元，这笔资金按5%计算的1年后的未来价值为3 835.64万元（3 652.99×1.05），这相当于将定期存单转换为瑞典克朗的机会成本。

上述计算表明，采用货币市场风险对冲成本（3 835.64万元）低于远期市场应付账款成本（3 950万元）。

5.

（1）当合同按计划成交时，由于卖出期权的执行价格1欧元=1.10美元，大于实际即期价格1欧元=1.08美元，因此该公司应该放弃期权，此时该公司将收入305.56万欧元（330÷1.08）。

（2）当合同按计划成交时，由于卖出期权的执行价格1欧元=1.10美元，小于实际即期价格1欧元=1.12美元，因此该公司应该执行期权，此时该公司将收入300万欧元（330÷1.10）　。

（3）当合同没有按计划成交时，由于卖出期权的执行价格1欧元=1.10美元，大于实际即期价格1欧元=1.08美元，因此该公司应该放弃期权。

（4）尽管合同没有按计划成交，但由于卖出期权的执行价格1欧元=1.10美元，小于实际即期价格1欧元=1.12美元，该公司仍然可以执行期权，此时该公司可以按照以下的现金方式进行结算：

执行期权：该公司以1欧元=1.10美元的价格卖出330万美元，即3 000 000.00欧元。

现汇交易：该公司以1欧元=1.12美元的价格买入330万美元，即2 946 428.57欧元。

该公司的净收益，现金结算差额为53 571.43欧元。

6.

（1）在签订远期外汇合约的情况下，如果3个月后即期汇率为RMB7.225/USD，而按远期汇率RMB7.245/USD，公司将减少的损失为：

1 000 000×（7.245-7.225）=20 000（元）

（2）在签订美元卖出期权合约的情况下，如果3个月后即期汇率为RMB7.225/USD，则该公司应该执行该期权合约，执行合约减少的损失为：

1 000 000×（7.255-7.225-0.015）=15 000（元）

结合（1）的计算结果，可知在预测准确的情况下，公司应该采取签订远期外汇合约的方式为这笔交易进行风险对冲，因为远期外汇合约较期权合约更能降低损失。

7.

若采用远期合约进行风险对冲，3个月后公司可兑换的人民币金额为：

100×6.665=666.5（万元）

若采用期权组合进行风险对冲：

（1）交易期初，该公司期权费净收入为：

100×0.02-100×0.015=0.5（万元）

（2）期权到期日，若美元兑人民币汇率小于等于RMB6.683/USD，则执行卖权，放弃买权；若美元兑人民币汇率大于RMB6.683/USD，则放弃卖权，执行买权。两种情况下兑换的人民币金额均为：

100×6.683=668.3（万元）

（3）采用期权组合方案可兑换人民币总金额为：

668.3+0.5=668.8（万元）

可见，采用期权组合方案较远期合约方案可多兑换2.3万元人民币（668.8-666.5），因此应选择期权组合方案。

8.

（1）债券现值和久期的计算见表13-11：

表13-11 **债券现值和久期** 金额单位：元

| 年份 | 现金流量 | 现金流量现值 | 权数 | 久期（年） |
|---|---|---|---|---|
| 1 | 8.00 | 7.6190 | 0.0704 | 0.0704 |
| 2 | 8.00 | 7.2562 | 0.0671 | 0.1342 |
| 3 | 108.00 | 93.2945 | 0.8625 | 2.5874 |
| 合计 | | 108.1697 | 1.0000 | 2.7920 |

张先生持有的债券价值为108.1697元，债券久期为2.7920年。

债券久期也可按下式计算：

$$债券久期=\frac{7.619}{108.1697}\times1+\frac{7.2562}{108.1697}\times2+\frac{93.2945}{108.1697}\times3=2.792(年)$$

（2）$修正久期=\frac{2.792}{1+5\%}=2.66(年)$

（3）如果债券市场价值下降5%，则债券收益率变动百分比计算如下：

债券价值变化百分比=-修正久期×利率变化百分比

$收益率变化百分比=-2.66\times(-5\%)=13.30\%$

即债券收益率上升13.30%时，张先生会出售该债券。

9.

（1）每种债券的市场价值见表13-12。

表13-12 **各种债券价值**

| 债券 | 息票率 | 期数 | 到期收益率 | 债券价值（元） |
|---|---|---|---|---|
| A | 0 | 5 | 6.0000% | 74.7258 |
| B | 4.00% | 6 | 3.2473% | 104.0444 |
| C | 7.00% | 4 | 6.2000% | 102.7594 |

表13-12中B债券每年付息2次，每次利息：100×8%÷2=4元；半年到期收益率（折现率）计算如下：

$B债券到期收益率(半年)=\sqrt{1+6.6\%}-1=3.2473\%$

各种债券价值是根据Excel函数计算的，如B债券价值，在Excel电子表格中输入：=PV（3.2473%，6，-100*4%，-100），回车后即可得到债券价值104.0444元。

其他依此类推。

（2）各债券的久期。

A债券是零息债券，其久期等于债券的期限（5年）。

B债券的久期为2.7322年，现采用两种方法计算久期，计算过程见表13-13和表13-14。

表13-13 **B债券久期（按期数计算）**

| 期数 | 现金流量（元） | 现金流量现值（元）（3.2473%） | 权数 | 久期（年） |
|---|---|---|---|---|
| 1 | 4.00 | 3.8742 | 0.0372 | 0.0372 |
| 2 | 4.00 | 3.7523 | 0.0361 | 0.0722 |
| 3 | 4.00 | 3.6343 | 0.0349 | 0.1048 |
| 4 | 4.00 | 3.5200 | 0.0338 | 0.1353 |
| 5 | 4.00 | 3.4093 | 0.0328 | 0.1638 |
| 6 | 104.00 | 85.8542 | 0.8252 | 4.9510 |
| 合计 | | 104.0444 | 1.0000 | 5.4643 |

将半年的久期调整为年度久期，即：B债券久期=5.4643÷2=2.7322（年）

如果按年份计算，B债券久期见表13-14。

表13-14　**B债券久期（按年份计算）**

| 年份 | 现金流量（元） | 现金流量现值（元）（6.6%） | 权数 | 久期（年） |
|---|---|---|---|---|
| 0.5 | 4.00 | 3.8742 | 0.0372 | 0.0186 |
| 1.0 | 4.00 | 3.7523 | 0.0361 | 0.0361 |
| 1.5 | 4.00 | 3.6343 | 0.0349 | 0.0524 |
| 2.0 | 4.00 | 3.5200 | 0.0338 | 0.0677 |
| 2.5 | 4.00 | 3.4093 | 0.0328 | 0.0819 |
| 3.0 | 104.00 | 85.8542 | 0.8252 | 2.4755 |
| 合计 | | 104.0444 | 1.0000 | 2.7322 |

C债券久期为3.6299年，计算过程见表13-15。

表13-15　**C债券久期**

| 年份 | 现金流量（元） | 现金流量现值（元） | 权数 | 久期（年） |
|---|---|---|---|---|
| 1 | 7.00 | 6.5913 | 0.0641 | 0.0641 |
| 2 | 7.00 | 6.2065 | 0.0604 | 0.1208 |
| 3 | 7.00 | 5.8442 | 0.0569 | 0.1707 |
| 4 | 107.00 | 84.1174 | 0.8186 | 3.2743 |
| 合计 | | 102.7594 | 1.0000 | 3.6299 |

（3）投资组合的久期为3.9年，计算过程见表13-16。

表13-16　**投资组合的久期**

| 债券 | 数量 | 债券价值（元） | 债券价值合计（元） | 债券久期（年） | 各债券价值比重 | 投资组合久期（年） |
|---|---|---|---|---|---|---|
| A | 10 | 74.73 | 747.26 | 5.00 | 0.36 | 1.79 |
| B | 5 | 104.04 | 520.22 | 2.73 | 0.25 | 0.68 |
| C | 8 | 102.76 | 822.08 | 3.63 | 0.39 | 1.43 |
| 合计 | | | 2 089.56 | | 1.00 | 3.90 |

（4）投资组合的加权平均折现率（到期收益率）为6.23%，计算过程见表13-17：

表13-17 **投资组合的加权平均折现率（到期收益率）**

| 债券 | 债券必要收益率（年） | 各债券价值比重 | 加权平均折现率 |
|---|---|---|---|
| A | 6.00% | 0.36 | 2.15% |
| B | 6.60% | 0.25 | 1.64% |
| C | 6.20% | 0.39 | 2.44% |
| 合计 | | 1.00 | 6.23% |

（5）投资组合的修正久期：

$$D_{组合}=\frac{3.9}{1+6.23\%}=3.67\,(年)$$

（6）如果利率下降1个百分点，则债券价值将提高3.67%（3.6679×1%），则债券价值增加76.69元（3.67%×2 089.56）。

10.

（1）如果3个月美元LIBOR=8%，参考利率（8%）大于协议利率（7%），合约天数为92天（2020年7月28日至10月27日），FRA的买方（ABC公司）将从卖方（XYZ银行）得到这笔利息差的现值的补偿额为：

$$交割金额=\frac{1\,000\,000\times(0.08-0.07)\times 92/360}{1+(0.08\times 92/360)}=2\,504.37\,(美元)$$

如果3个月美元LIBOR=6%，参考利率（6%）小于协议利率（7%），合约天数为92天，在这种情况下，合约的买方要向卖方支付的补偿额为：

$$交割金额=\frac{1\,000\,000\times(0.06-0.07)\times(92/360)}{1+(0.06\times 92/360)}=-2\,516.97\,(美元)$$

（2）远期利率协议对公司借款成本的影响见表13-18。

表13-18 **不同参考利率下FRA的借款成本** 金额单位：美元

| 项目 | 方案1（参考利率=8%） | | 方案2（参考利率=6%） | |
|---|---|---|---|---|
| | 未用FRA | 买入FRA | 未用FRA | 买入FRA |
| （1）名义本金（借款） | 1 000 000 | 1 000 000 | 1 000 000 | 1 000 000 |
| （2）利息 | 20 444 | 20 444 | 15 333 | 15 333 |
| （3）FRA交割金额 | | 2 504 | | −2 517 |
| （4）FRA交割金额的未来价值 | | 2 555 | | −2 556 |
| （5）利息成本净值=（2）－（4） | 20 444 | 17 889 | 15 333 | 17 889 |
| （6）融资净成本 | 8.00% | 7.00% | 6.00% | 7.00% |

在表13-18中，如果在交割日，3个月期的LIBOR为8%，比买入远期利率协议时的隐含利率高1个百分点，其利息为20 444美元（1 000 000×8%×92/360）；同时

收到卖方支付的补偿额2 504美元，ABC公司可将这笔款项按8%进行3个月投资，获得2 555美元［2 504×（1+8%×92/360）］；利息成本净值为17 889美元（20 444-2 555），借款成本锁定为7%。

$$实际的借款成本=\frac{17\ 889}{1\ 000\ 000}\times\frac{360}{92}\times 100\%=7\%$$

如果不购买FRA，融资成本为8%：

$$实际的借款成本=\frac{20\ 444}{1\ 000\ 000}\times\frac{360}{92}\times 100\%=8\%$$

如果利率没升反而下跌至6%，公司需支付给银行2 517美元作为补偿额，同时丧失了这笔补偿额的再投资机会。这相当于公司在结算日按6%的利率借入2 517美元，协议到期时支付本息2 556美元，加上按名义本金计算的利息，公司支付的利息成本净值为17 889美元，即融资成本为7%。但如果不购买远期利率协议，融资成本为6%。

以上两种情况下的实际融资成本都锁定在7%。在第一种情况下，如果公司不买入远期利率协议，则会有损失；在第二种情况下，如果公司不买入远期利率协议，则会有收益。这是因为在第一种情况下，公司要按8%的利率支付3个月期的借款利息，而第二种情况下只需按6%的利率支付利息。

在以上计算中，假设支付的交割额为正数时可以投资，交割额为负数时则可以借入，投资和借入都以远期利率协议的参考利率计算利息。然而，实际上，借入和借出的利率是不相同的。此外，在上述分析中也没有考虑买入远期利率协议可能支付给经纪人的费用等。

11.

（1）无论在固定利率市场上还是在浮动利率市场上，甲公司的贷款成本都低于乙公司。也就是说，甲公司在两个市场上都拥有绝对的优势。但两公司在不同的资本市场上的成本差异是不相同的，在固定利率资本市场上，甲公司要比乙公司少支付1个百分点的利差，但在浮动利率资本市场上，利差只有0.5个百分点。或者说，甲公司在两个资本市场上都具有绝对优势，但甲公司在固定利率市场上的利差比浮动利率市场的利差大，从而使甲公司在固定利率市场上具有比较优势。这时如果甲公司想要付浮动利率（原因可能是甲公司对未来利率的预测或本身经营情况的需要），则甲公司便产生了利率互换的意愿，而乙公司却在浮动利率市场上具有相对比较优势。

假设甲公司借浮动利率贷款，乙公司借固定利率贷款，没有互换发生，则两家公司总利率为LIBOR+11.25%（LIBOR+0.25%+11%）；假设甲公司借固定利率贷款，乙公司借浮动利率贷款，则两家公司总利率为LIBOR+10.75%（10%+LIBOR+0.75%）。这少了的0.5%（LIBOR+11.25%-（LIBOR+10.75%））就是利用甲和乙公司各自的比较优势获得的。这0.5%可以按照双方的协定分配；或者在互换市场上通过中介机构，由甲公司、乙公司、中介机构三方协商确定分配。

（2）利率互换如图13-1所示，利率互换后甲公司、乙公司的成本节约，金融中介收益见表13-19。

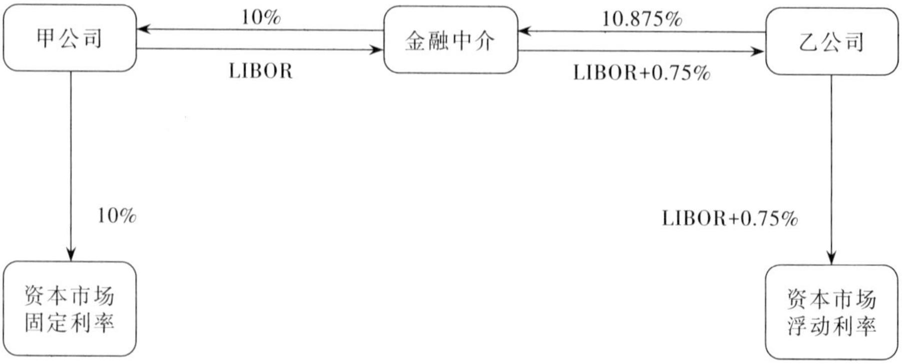


图13-1　甲、乙公司利率互换

表13-19　利率互换交易三方成本节约或收益

| 项目 | 甲公司 | 乙公司 | 金融中介 |
| --- | --- | --- | --- |
| 收到 | 10% | LIBOR+0.75% | LIBOR |
| 收到 | | | 10.875% |
| 支付 | 10% | LIBOR+0.75% | 10% |
| 支付 | LIBOR | 10.875% | LIBOR+0.75% |
| 净支出 | LIBOR | 10.875% | -0.125% |
| 市场筹资成本 | LIBOR+0.25% | 11% | 0 |
| 成本节约或收益 | 0.25% | 0.125% | 0.125% |

12.

根据教材【例13-7】，A公司、B公司、金融中介三方交易的成本或收益如图13-2所示，以便进行比较分析。

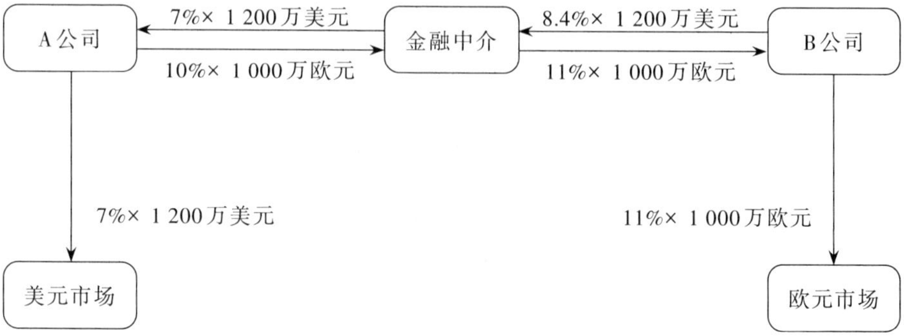


图13-2　A、B公司货币互换的基本结构——金融中介承担外汇风险

根据图13-2，A、B公司货币互换的成本节约、金融中介收益见表13-20。

表 13-20　　A、B公司货币互换的成本节约、金融中介收益

| 项目 | A公司 | B公司 | 金融中介 |
|---|---|---|---|
| 利息收入（万美元） | 84 | | 100.8 |
| 利息收入（万欧元） | | 110 | 100 |
| 利息支出（万美元） | 84 | 100.8 | 84 |
| 利息支出（万欧元） | 100 | 110 | 110 |
| 汇率（USD/EUR） | 1.2 | 1.2 | 1.2 |
| 利息净支出（万美元） | 0 | 100.8 | -16.8 |
| 利息净支出（万欧元） | 100 | 0 | 10 |
| 利息净支出合计（万美元） | | 100.8 | -4.8 |
| 利息净支出合计（万欧元） | 100 | | |
| 市场筹资成本费用（万欧元） | 106 | | |
| 市场筹资成本费用（万美元） | | 108 | 0 |
| 成本费用节约或收益（万欧元） | 6 | | |
| 成本费用节约或收益（万美元） | | 7.2 | 4.8 |
| 成本费用降低或中介收益 | 0.6% | 0.6% | 0.4% |

A公司和B公司从金融中介机构收到的利息正好用来支付贷款，而自己支出的净利息是以自己需要的那种贷款的货币来支付的，不承担汇率风险。汇率风险由金融中介承担，如果欧元升值，金融中介机构的收益就相应减少。只有在欧元兑美元的汇率维持在USD1.2/EUR以下时，金融中介机构才能得到不低于预期0.4%的收益。

以【例13-7】的结果作为比较分析的基础，根据风险承担的要求不同，设计互换交易，并计算交易三方利差的分配。

（1）A公司承担汇率风险。A公司以利率7%发行价值1 200万美元债券，B公司以利率11%发行价值1 000万欧元债券，然后通过金融中介进行货币互换交易。如果B公司的部位保持不变，为保证金融中介要求的0.4%的收益，金融中介需从A公司收到按利率11%计算的欧元利息，以便抵销欧元利息支出；同时需要从B公司获得利率8.4%的美元利息，支付给A公司8%的美元利息。这样，金融中介可获得0.4%（8.4%-8%）的收益。A、B公司货币互换的基本结构如图13-3所示。

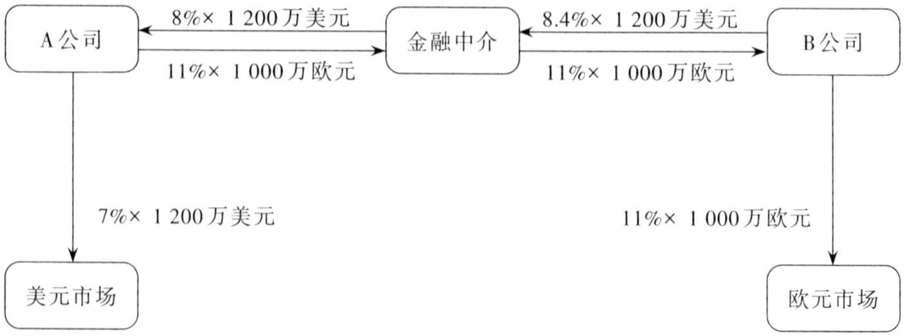


图13-3 A、B公司货币互换的基本结构——A公司承担外汇风险

根据图13-3，可以计算交易三方的成本节约或收益和利差分配见表13-21。

表13-21 A、B公司货币互换的成本节约或金融中介收益

| 项目 | A公司 | B公司 | 金融中介 |
|---|---|---|---|
| 利息收入（万美元） | 96 | | 100.8 |
| 利息收入（万欧元） | | 110 | 110 |
| 利息支出（万美元） | 84 | 100.8 | 96 |
| 利息支出（万欧元） | 110 | 110 | 110 |
| 汇率（USD/EUR） | 1.2 | 1.2 | 1.2 |
| 利息净支出（万美元） | -12 | 100.8 | -4.8 |
| 利息净支出（万欧元） | 110 | 0 | 0 |
| 利息净支出合计（万欧元） | 100 | | |
| 利息净支出合计（万美元） | | 100.8 | -4.8 |
| 市场筹资成本费用（万欧元） | 106 | | |
| 市场筹资成本费用（万美元） | | 108 | 0 |
| 成本费用节约或收益（万欧元） | 6 | | |
| 成本费用节约或收益（万美元） | | 7.2 | 4.8 |
| 成本费用降低 | 0.6% | 0.6% | 0.4% |

图13-3与图13-2相比，B公司的部位不变，欧元债务收支相抵销，金融中介确保了0.4%美元利息收入，在欧元上进出相抵。所有的汇率风险都由A公司承担，因为A公司不但要支付7%的美元利息，还要支付11%的欧元利息，只有在汇率保持在USD1.2/EUR时，A公司才正好与预期相同（利息支出为100万欧元），即减少0.6个百分点的利息支出。

如果欧元升值，A公司的成本费用就相应增加。例如，如果汇率为USD/EUR=1.5，则利息净支出为102万欧元（110+（-12÷1.5）），相对市场利率，节约成本4万欧元（106-102），成本费用降低0.4%（4÷1 000）。如果欧元兑换美元的汇率低于1.2，A公司可得到至少0.6%的成本节约。

（2）B公司承担风险。A公司以利率7%发行价值1 200万美元债券，B公司以利率11%发行价值1 000万欧元债券，然后通过金融中介进行货币互换交易。如果A公司的部位保持不变，为保证金融中介要求的0.4%的收益，金融中介需从A公司收到按利率10%计算的欧元利息，以便抵销欧元利息支出；同时需要从B公司获得7.4%的美元利息，支付给A公司7%的美元利息。这样，金融中介可获得0.4%（7.4%-7%）的收益。A、B公司货币互换的基本结构如图13-4所示。

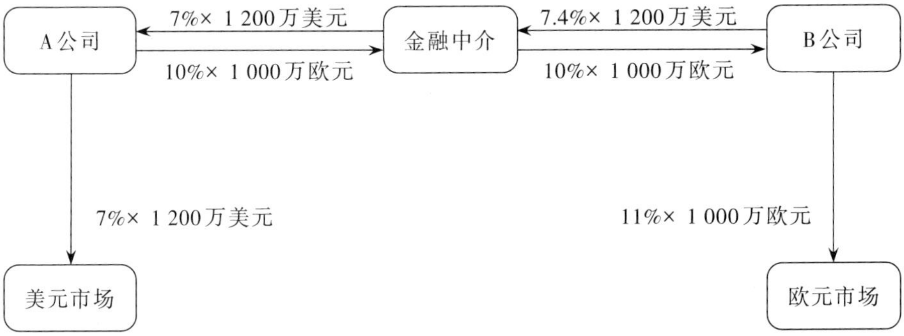


**图13-4　A、B公司货币互换的基本结构——B公司承担外汇风险**

根据图13-4，可以计算交易三方的成本节约或收益和利差分配见表13-22。

表13-22　**A、B公司货币互换的成本节约或中介收益**

| 项目 | A公司 | B公司 | 金融中介 |
|---|---|---|---|
| 利息收入（万美元） | 84 | | 88.8 |
| 利息收入（万欧元） | | 100 | 100 |
| 利息支出（万美元） | 84 | 88.8 | 84 |
| 利息支出（万欧元） | 100 | 110 | 100 |
| 汇率（USD/EUR） | 1.2 | 1.2 | 1.2 |
| 利息净支出（万美元） | 0 | 88.8 | -4.8 |
| 利息净支出（万欧元） | 100 | 10 | 0 |
| 利息净支出合计（万欧元） | 100 | | |
| 利息净支出合计（万美元） | | 100.8 | -4.8 |
| 市场筹资成本费用（万欧元） | 106 | | |
| 市场筹资成本费用（万美元） | | 108 | 0 |
| 成本费用节约或收益（万欧元） | 6 | | |
| 成本费用节约或收益（万美元） | | 7.2 | 4.8 |
| 成本费用降低 | 0.6% | 0.6% | 0.4% |

图13-4与图13-2相比，A公司的部位不变，金融中介确保了0.4%的美元利息收入，在欧元上进出相抵。所有的风险都由B公司承担，因为B公司不但要支付7.4%的美元利息，还要支付11%的欧元利息，只有在汇率保持在USD1.2/EUR时，B公司才正好与预期相同（利息支出为100.8万美元），即减少0.6个百分点的利息支出。

如果欧元升值，B公司的成本费用就相应增加。例如，如果汇率为USD/EUR=1.5，则利息净支出为103.8万美元（88.8+10×1.5），相对市场利率，节约成本4.2万美元（108-103.8），成本费用降低0.35%（4.2÷1 200×100%）。如果欧元兑美元的汇率低于1.2，B公司可得到至少0.6%的成本节约。

13.

（1）利率互换：金融中介承担风险，如图13-5所示，交易各方成本节约或收益见表13-23。

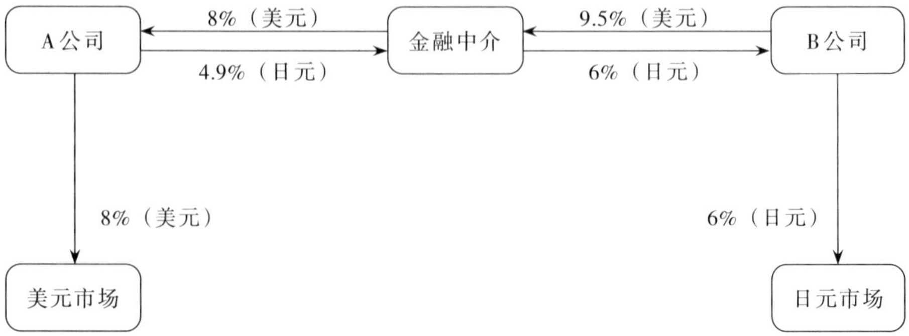


**图13-5 A、B公司货币互换结构——金融中介承担风险**

表13-23 **两公司货币互换成本节约或中介收益**

| 项目 | A公司 | B公司 | 金融机构 |
|---|---|---|---|
| 收到（美元利率） | 8.00% | | 9.50% |
| 收到（日元利率） | | 6.00% | 4.90% |
| 支付（美元利率） | 8.00% | 9.50% | 8.00% |
| 支付（日元利率） | 4.90% | 6.00% | 6.00% |
| 净支出 | 4.90% | 9.50% | -0.40% |
| 市场筹资成本 | 5.40% | 10.00% | 0 |
| 成本节约或收益 | 0.5% | 0.5% | 0.4% |

A公司和B公司从金融中介收到的利息正好用来支付贷款，而自己支出的净利息是以自己需要的那种贷款的货币来支付的，不承担汇率风险。汇率风险由金融中介承担，如果日元升值，金融中介的收益就相应减少。只有在美元兑日元的汇率维

持在期望汇率以上时，金融中介才能得到不低于预期0.4%的收益。

（2）外汇风险由B公司承担，互换交易结构如图13-6所示，互换公司成本节约或金融中介收益见表13-24。

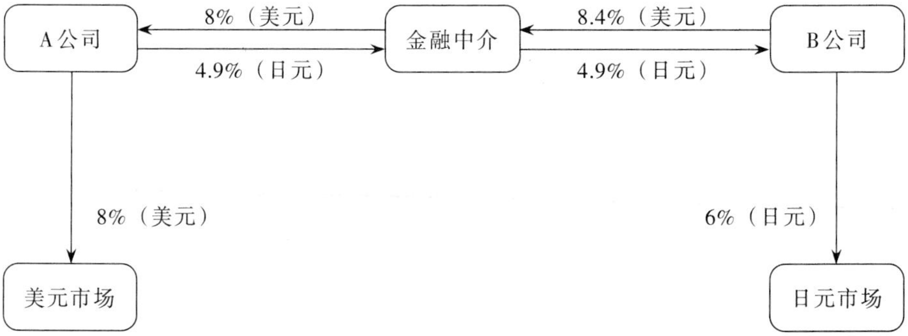


图13-6　A、B公司货币互换的基本结构——B公司承担外汇风险

表13-24　两公司货币互换成本节约或金融中介收益

| 项目 | A公司 | B公司 | 金融中介 |
| --- | --- | --- | --- |
| 收到（美元利率） | 8.00% |  | 8.40% |
| 收到（日元利率） |  | 4.90% | 4.90% |
| 支付（美元利率） | 8.00% | 8.40% | 8.00% |
| 支付（日元利率） | 4.90% | 6.00% | 4.90% |
| 净支出 | 4.90% | 9.50% | -0.40% |
| 市场筹资成本 | 5.40% | 10.00% | 0 |
| 成本节约或收益 | 0.5% | 0.5% | 0.4% |

图13-6与图13-5相比，A公司的部位不变，金融中介确保了0.4%的日元利息收入，在美元上进出相抵。汇率风险由B公司承担，因为B公司不但要支付8.4%的美元利息，还要支付6%的日元利息，如果日元升值，B公司的费用就相应增加。

（3）外汇风险由A公司承担，互换交易结构如图13-7所示，互换公司成本节约或金融中介收益见表13-25。

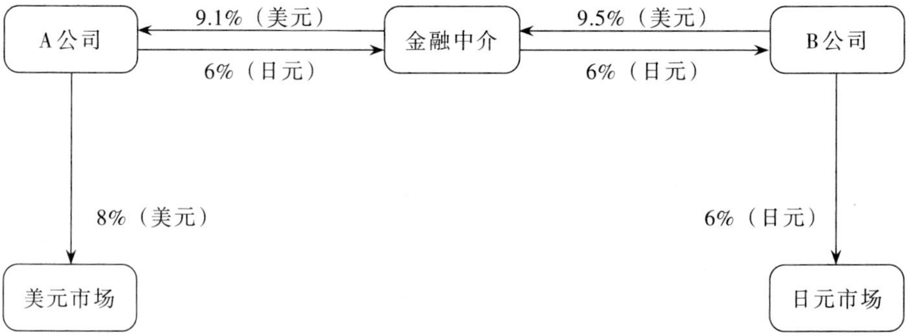


图13-7　A、B公司货币互换的基本结构——A公司承担外汇风险

表 13-25　两公司货币互换成本节约或中介收益

| 项目 | A公司 | B公司 | 金融中介 |
|---|---|---|---|
| 收到（美元利率） | 9.10% | | 9.50% |
| 收到（日元利率） | | 6.00% | 6.00% |
| 支付（美元利率） | 8.00% | 9.50% | 9.10% |
| 支付（日元利率） | 6.00% | 6.00% | 6.00% |
| 净支出 | 4.90% | 9.50% | -0.40% |
| 市场筹资成本 | 5.40% | 10.00% | 0 |
| 成本节约或收益 | 0.5% | 0.5% | 0.4% |

图13-7与图13-5相比，B公司的部位不变，金融中介机构确保了0.4%的美元利息收入，在日元上进出相抵，所有的汇率风险都由A公司承担，因为A公司不但要支付8%的美元利息，还要支付6%的日元利息，如果日元升值，A公司的费用就相应增加。

14.

（1）有无利率上限期权的实际借款成本和利息见表13-26。

表 13-26　有无利率上限期权的实际借款成本和利息

| 付息日 | 2020/12/15 | 2021/6/15 | 2021/12/15 | 2022/6/15 |
|---|---|---|---|---|
| 起息日至付息日天数 | 183 | 182 | 183 | 182 |
| LIBOR | 8.50% | 10.50% | 11.50% | 10.00% |
| 买入利率上限期权 | | | | |
| 期权费率 | 0.25% | 0.25% | 0.25% | 0.25% |
| 利差 | 0 | 0.50% | 1.50% | 0 |
| 实际借款成本 | 8.75% | 10.25% | 10.25% | 10.25% |
| 借款利息（万美元） | 44.48 | 51.82 | 52.10 | 51.82 |
| 无利率上限期权借款利息（万美元） | 43.21 | 53.08 | 58.46 | 50.56 |

在表13-26中：

付息日利差：如果付息日LIBOR<上限协定利率（10%），利差=0；否则，利差=付息日LIBOR-上限协定利率

实际借款成本=LIBOR+期权费率-利差

$$借款利息=实际借款利率\times\frac{实际天数}{基础天数}\times名义本金$$

在本例中，假设基础天数按360天计算。

执行有利率上限期权时第一个付息日的借款利息：

$$借款利息_1 = 8.75\% \times \frac{183}{360} \times 1\,000 = 44.48（万美元）$$

执行无利率上限期权时第一个付息日的借款利息：

$$借款利息_1 = 8.5\% \times \frac{183}{360} \times 1\,000 = 43.21（万美元）$$

其他各期付息日借款利息计算依此类推。

有利率上限期权实际支付的利息=44.48+51.82+52.10+51.82=200.22（万美元）

无利率上限期权实际支付的利息=43.21+53.08+58.46+50.56=205.31（万美元）

买入利率上限期权借款利息节约额=205.31−200.22=5.09（万美元）

（2）买入利率上限期权、卖出利率下限期权的实际借款成本和利息见表13-27。

表13-27　**买入利率上限期权、卖出利率下限期权的实际借款成本和利息**

| 付息日 | 2020/12/15 | 2021/6/15 | 2021/12/15 | 2022/6/15 |
|---|---|---|---|---|
| 起息日至付息日天数 | 183 | 182 | 183 | 182 |
| LIBOR | 8.50% | 10.50% | 11.50% | 10.00% |
| 买入利率上限期权 | | | | |
| 期权费 | 0.05% | 0.05% | 0.05% | 0.05% |
| 利差（买入买权） | 0 | 0.50% | 1.50% | 0 |
| 利差（卖出卖权） | 0 | 0 | 0 | 0 |
| 实际借款成本 | 8.55% | 10.05% | 10.05% | 10.05% |
| 借款利息（万美元） | 43.46 | 50.81 | 51.09 | 50.81 |
| 无利率双限期权借款利息（万美元） | 43.21 | 53.08 | 58.46 | 50.56 |

在表13-27中：

卖出卖权付息日利差的计算方式如下：

如果付息日LIBOR<下限协定利率（8%），则利差=上限协定利率−付息日LIBOR；否则，利差=0。

其他各项目计算方法与表13-26相同。

有利率双限期权实际借款利息=43.46+50.81+51.09+50.81=196.17（万美元）

无利率双限期权实际支付的利息=43.21+53.08+58.46+50.56=205.31（万美元）

买入利率双限期权借款利息节约额=205.31−196.17=9.14（万美元）

比较表13-26和表13-27可知，公司采用双限期权，降低了期权费，从而降低了借款利率和利息支付额。

## 五、案例分析

（1）“03三峡债”到期收益率，计息结果见表13-28。

表13-28 “03三峡债”到期收益率 金额单位：元

| | A | B | C | D |
|---|---|---|---|---|
| 23 | 债券市场价值 | 105.69 | 2020年8月11日收盘价 | |
| 24 | 债券面值 | 100 | | |
| 25 | 息票率 | 4.86% | | |
| 26 | 债券期限（年） | 30 | | |
| 27 | 剩余年限（年） | 12.9808 | ←=4738/365 | |
| 28 | 所得税税率 | 20% | | |
| 29 | | | | |
| 30 | （1）“03三峡债”到期收益率 | | | |
| 31 | 日期 | 现金流量（税前） | 现金流量（税后） | 说明 |
| 32 | 2020/8/11 | -105.69 | -105.69 | 当天债券收盘价 |
| 33 | 2021/8/1 | 4.86 | 3.888 | ←=$B$24*$B$25*（1-$B$28） |
| 34 | 2022/8/1 | 4.86 | 3.888 | |
| 35 | 2023/8/1 | 4.86 | 3.888 | |
| 36 | 2024/8/1 | 4.86 | 3.888 | |
| 37 | 2025/8/1 | 4.86 | 3.888 | |
| 38 | 2026/8/1 | 4.86 | 3.888 | |
| 39 | 2027/8/1 | 4.86 | 3.888 | |
| 40 | 2028/8/1 | 4.86 | 3.888 | |
| 41 | 2029/8/1 | 4.86 | 3.888 | |
| 42 | 2030/8/1 | 4.86 | 3.888 | |
| 43 | 2031/8/1 | 4.86 | 3.888 | |
| 44 | 2032/8/1 | 4.86 | 3.888 | |
| 45 | 2033/8/1 | 104.86 | 103.888 | ←=$B$24*$B$25*（1-$B$28）+B24 |
| 46 | 到期收益率 | 4.290% | 3.348% | ←=XIRR（C32：C45，$A$32：$A$45） |

（2）（3）“03三峡债”的久期、修正久期、到期收益率上升对债券价值的影响，计息过程和结果见表13-29。

表13-29　“03三峡债”的久期、修正久期、到期收益率上升对债券价值的影响

| | A | B | C |
|---|---|---|---|
| 50 | 当前日期 | 2020/8/11 | ←=DATE（2020，8，11） |
| 51 | 剩余期限（年） | 12.9808 | ←=B27 |
| 52 | 到期日 | 2033/8/1 | ←=DATE（2020+1+B51，8，1） |
| 53 | 到期收益率（YTM） | 4.290% | ←=B46 |
| 54 | 票面利率 | 4.86% | ←=B25 |
| 55 | 债券面值（元） | 100 | ←=B24 |
| 56 | 债券价值（元） | 105.69 | ←=B23 |
| 57 | | | |
| 58 | 久期（年）* | 9.9994 | ←=DURATION（B50，B52，B54，B53，1） |
| 59 | 修正久期（年） | 9.5882 | ←=B58/（1+B53） |
| 60 | 到期收益率上升 | 0.10% | 10个基点 |
| 61 | 债券价值变化百分比 | -0.9588% | ←=-B59*B60 |
| 62 | 债券价值（元） | 104.6766 | ←=B56*（1+B61） |

*Excel债券久期函数：

=DURATION（结算日，到期日，票面利率，必要收益率，频率，基准）

上述计算结果表明，“03三峡债”的久期为9.9994年，修正久期为9.5882年，如果债券收益率上升0.1%，债券价值将下降0.9588%，债券价值将由105.69元降为104.6766元（105.69×（1-0.9588%））。

（4）“03三峡债”现值。

如果到期收益率上升10个基点，债券到期收益率=4.290%+0.1%=4.390%，根据债券价值基本计算公式计息债券现值，见表13-30。

在表13-29中，如果债券收益率上升0.1%，债券价值由105.69元降为104.6766元；表13-30中采用债券基本计算公式计息的债券价值为104.6723元，债券价值下降了0.9629%。两种方法计算的结果的误差可视为凸度的影响。

（5）03三峡债久期对息票率的敏感性分析（剩余期限12.9808年，到期收益率4.3257%）如图13-8所示。

表13-30 **根据债券价值基本计算公式计息债券现值**

| 日期 | 剩余年份（年） | 现金流量（元） | 现值（元）（4.390%） |
|---|---|---|---|
| 2020/8/11 | | | |
| 2021/8/1 | 0.9808 | 4.86 | 4.6595 |
| 2022/8/1 | 1.9808 | 4.86 | 4.4635 |
| 2023/8/1 | 2.9808 | 4.86 | 4.2759 |
| 2024/8/1 | 3.9808 | 4.86 | 4.0961 |
| 2025/8/1 | 4.9808 | 4.86 | 3.9238 |
| 2026/8/1 | 5.9808 | 4.86 | 3.7588 |
| 2027/8/1 | 6.9808 | 4.86 | 3.6008 |
| 2028/8/1 | 7.9808 | 4.86 | 3.4494 |
| 2029/8/1 | 8.9808 | 4.86 | 3.3043 |
| 2030/8/1 | 9.9808 | 4.86 | 3.1654 |
| 2031/8/1 | 10.9808 | 4.86 | 3.0323 |
| 2032/8/1 | 11.9808 | 4.86 | 2.9048 |
| 2033/8/1 | 12.9808 | 104.86 | 60.0379 |
| 现值合计（元） | | | 104.6723 |

| 息票率 | 久期（年） |
|---|---|
| 0 | 12.9722 |
| 1% | 12.0186 |
| 2% | 11.3063 |
| 3% | 10.7539 |
| 4% | 10.3131 |
| 5% | 9.9531 |
| 6% | 9.6536 |
| 7% | 9.4005 |
| 8% | 9.1838 |
| 9% | 8.9961 |
| 10% | 8.8321 |

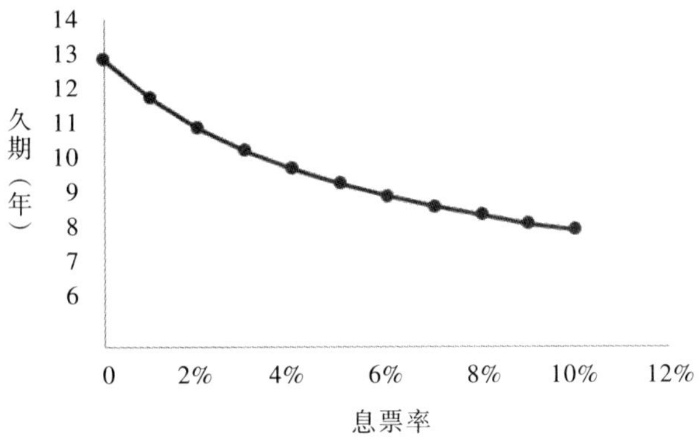


**图13-8 债券久期对息票率的敏感性**

债券久期是债券息票率的减函数，息票率高的债券，久期比较短，因为更多的现金流以利息支付形式提前出现。

（6）“03三峡债”久期对债券期限的敏感性（息票率=4.86%，YTM=4.290%）如图13-9所示。

| 债券期限（年） | 债券久期（年） |
|---|---|
| 0.9808 | 0.9722 |
| 2.9808 | 2.8365 |
| 4.9808 | 4.5360 |
| 6.9808 | 6.0879 |
| 8.9808 | 7.5074 |
| 10.9808 | 8.8074 |
| 12.9808 | 9.9994 |
| 14.9808 | 11.0938 |
| 16.9808 | 12.0995 |
| ⋮ | ⋮ |
| 36.9808 | 18.6916 |
| 38.9808 | 19.1061 |

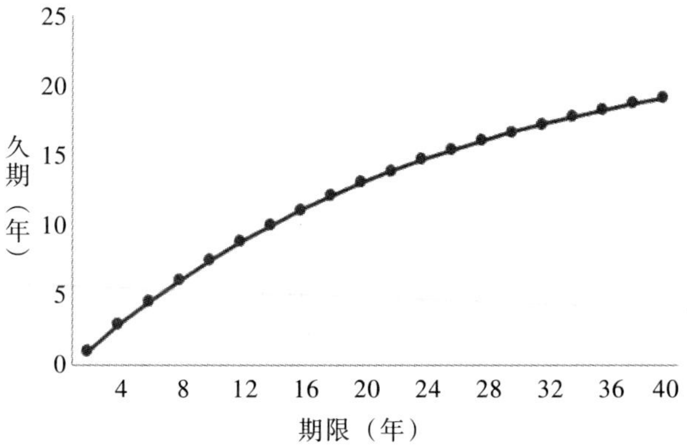


**图 13-9　债券久期对债券期限的敏感性**

到期期限与债券久期正相关，但随着到期期限的延长，久期以减速度增长，所以到期期限较长的债券，久期通常较长。这种关系并不直接，因为随着到期期限的延长，本金现值将下降。

（7）“03 三峡债”久期对债券到期收益率的敏感性（息票率=4.86%，剩余年限12.9808 年）如图 13-10 所示。

| 到期收益率 | 债券久期（年） |
|---|---|
| 1% | 10.5067 |
| 2% | 10.3586 |
| 3% | 10.2051 |
| 4% | 10.0464 |
| 5% | 9.8827 |
| 6% | 9.7143 |
| 7% | 9.5417 |
| 8% | 9.3652 |
| 9% | 9.1852 |
| 10% | 9.0022 |
| 11% | 8.8166 |
| 12% | 8.6289 |
| 13% | 8.4398 |
| 14% | 8.2496 |

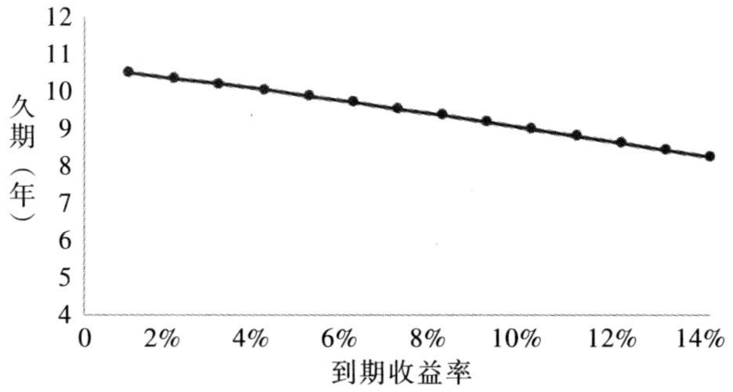


**图 13-10　债券久期对债券到期收益率的敏感性**

债券的风险越大，投资者要求的收益率或到期收益率（折现率）就越高，在其他条件相同的情况下，债券各期现金流量的折现现值就会越小，从而导致债券久期越短。

13-1：衍生工具与风险管理解题思路

# 第14章 公司并购与收缩

## 一、单项选择题

1.下列各项中，属于收购组成部分的是（　　）。

A.兼并　　B.吸收合并　　C.新设合并　　D.接管

2.一家公司为了获得另一家公司的控制权而进行的产权交易行为称为（　　）。

A.并购　　B.合并　　C.兼并　　D.收购

3.某钢铁集团并购某石油公司，这种并购方式属于（　　）。

A.横向并购　　B.纵向并购　　C.混合并购　　D.向前并购

4.深圳康佳集团以“合资控股”的方式并购了牡丹江电视机厂、安徽滁州电视机厂等，这种并购方式属于（　　）。

A.横向并购　　B.纵向并购　　C.混合并购　　D.向前并购

5.生产彩管的深圳赛格集团通过协议控股彩电生产公司深华发，又以收购方式收购了生产彩显玻壳的中康玻璃公司，这种并购方式属于（　　）。

A.横向并购　　B.纵向并购　　C.混合并购　　D.向前并购

6.由并购方直接发行某种形式的票据完成并购，从支付方式角度，这种并购支付方式属于（　　）。

A.换股支付　　B.现金支付　　C.综合证券　　D.杠杆收购

7.一家公司直接向目标公司股东提出购买他们手中持有的该公司股份的要约，以达到控制该公司的目的，这种并购行为属于（　　）。

A.强制并购　　B.要约收购　　C.混合并购　　D.协议收购

8.A公司拟并购B公司，并购前公司价值分别为$V_A$和$V_B$，并购后两家公司合并价值为$V_{AB}$，如果$V_{AB}$大于（$V_A+V_B$），其间的差额是并购的（　　）。

A.经济效应　　B.协同效应　　C.协作效应　　D.经营效应

9.并购谋求财务协同效应，可以提高并购公司的（　　）。

A.负债能力　　B.经营能力　　C.经济实力　　D.合作能力

10.在确信股票价值被低估的情况下，随着并购消息的公布，在股票市场上会产生积极的信号，人们预期并购公司的每股收益将不断攀升，从而使股价上涨，这种并购效应是（　　）。

A.管理协同效应　　B.经营协同效应　　C.信息效应　　D.财务协同效应

11.如果并购方拟获得目标公司的某项资产，此时对目标公司价值评估可以采用的方法是（　　）。

A.现金流量折现法　　B.乘数法

C.重置成本法　　D.清算价值法

12.如果拟并购的目标公司资不抵债，最适宜的评估方法是（　　）。

A.市场价值法　　B.现金流量折现法

C.清算价值法　　D.乘数法

13.现金流量折现法属于（　　）。

A.以收益折现为基础的评估方法　　B.以相对价值为基础的评估方法

C.以资产为基础的评估方法　　D.以收入折现为基础的评估方法

14.以资产为基础的重置成本法的显著缺陷是（　　）。

A.未考虑并购的协同效应　　B.未考虑并购的信息效应

C.未考虑并购的税收效应　　D.未考虑并购的价值效应

15.公司并购属于投资行为，分析并购投资是否创造价值的有效指标是（　　）。

A.协同效应　　B.利润总额　　C.净利润　　D.净现值

16.如果用并购方提出的每股并购价格除以并购方并购前的每股市价，计算的结果是（　　）。

A.并购低价　　B.并购支付价格　　C.股票支付率　　D.股票交换率

17.近年来新创的一种再融资工具是（　　）。

A.剥离　　B.持股式分立　　C.解散式分立　　D.分拆上市

18.如果3+1可以大于2+2，这个不等式描述的是（　　）。

A.并购效应　　B.剥离效应　　C.分立效应　　D.资产重组效应

## 二、多项选择题

1.并购包括（　　）。

A.兼并　　B.合并　　C.收购

D.接替　　E.接管

2.根据并购的产业组织特征和行业特点，并购可以划分的种类有（　　）。

A.现金并购　　B.吸收股份式并购　　C.横向并购

D.纵向并购　　E.混合并购

3.在目标公司资不抵债或资产债务相等的情况下，并购方一般不会采用的并购方式是（　　）。

A.购买式并购　　B.承担债务式并购　　C.吸收股份式并购

D.控股式并购　　E.现金式并购

4.并购协同效应具体表现为（　　）。

A.管理协同效应　　B.经营协同效应　　C.税负协同效应

D.财务协同效应　　E.内涵式协同效应

5.如果要实现并购中的税负效应，主要方式有（　　）。

A.并购亏损企业　　B.提高资产的账面价值

C.利用尚未动用的举债能力　　D.用资本利得代替股利收入

E.有效规划、整合市场销售网络

6.下列各项中，属于以相对价值为基础对目标公司价值进行评估的方法有（　　）。

A.现金流量折现法　　B.价格收益乘数法　　C.公司价值乘数

D.销售收入乘数　　E.市场价值法

7.根据价值评估的基础不同，所有的价值评估方法可以分为三种，其中以资产为基础的评估方法可以细分为（　　）。

A.现金流量折现法　　B.可比公司分析法　　C.重置成本法

D.市场价值法　　E.清算价值法

8.关于并购中的现金对价方式，说法正确的有（　　）。

A.如果并购后的净现值大于零，这种并购活动就是可行的

B.目标公司股东对此种方式较为青睐

C.由并购方支付一定数量的现金，从而取得被并购公司的所有权

D.通过向目标公司股东增发本公司股票来换取目标公司股东并购前持有的股票

E.如何交换股票、如何确定交换比例是并购双方能否合并成功的关键

9.假设并购公司为A，目标公司为B，并购后的存续公司为（A+B），并购支付价格为P，并购前后的公司评估价值分别为$V_A$、$V_B$、$V_{(A+B)}$，并购其他支出为T。下列计算公式中，正确的有（　　）。

A.并购净现值$=[V_{(A+B)}-(V_A+V_B)]-[(P-V_B)+T]$

B.并购净现值$=V_{(A+B)}-V_A-P-T$

C.并购净现值$=V_{(A+B)}-V_B-P-T$

D.并购协同效应$=V_{(A+B)}-(V_A+V_B)$

E.并购方支付的并购溢价$=P-V_B$

10.并购净现值的计算公式为：$NPV=[V_{(A+B)}-(V_A+V_B)]-[(P-V_B)+T]$，依据此公式，下列说法正确的有（　　）。

A. $V_{(A+B)}-(V_A+V_B)$ 为并购的协同效应

B. $P-V_B$ 为并购溢价

C. $P-V_B$ 既代表目标公司的收益，又代表并购公司的成本

D.（$P-V_B$）+T为并购公司的支付成本

E. P+T为并购公司的支付成本

11.股票对价方式的显著优点有（　　）。

A.并购不会为并购方带来未来现金流转的压力

B.会计上不反映商誉，这样可以减轻并购方商誉摊销成本的压力

C.并购完成后，目标公司股东仍保留相应的股东权益并能分享收益

D.并购完成后目标公司股东与并购方股东一起承担并购风险和分享并购收益

E.与现金支付方式不同，目标公司股东不会增加当期税负

12.资产剥离的价值来源体现在（　　）。

A.核心竞争力效应　　B.信息效应　　C.市场形象效应

D.消除负协同效应　　E.分割效应

13.下列选项中，属于资产剥离具体形式的有（　　）。

A.合并　　B.兼并　　C.出售

D.收购　　E.分立

14.分立可以看作是一种特殊形式的剥离，分立的具体形式有（　　）。

A.要约分立　　B.分拆上市　　C.股本分拆

D.持股分立　　E.资产出售

15.并购后进行资产剥离与分立的原因可能有（　　）。

A.消除负协同效应　　B.改变公司的市场形象，提高股票市价

C.纠正错误的并购业务　　D.取得现金回报或筹措资金

E.调整经营方向和战略目标

16.人们在分析并购效应的同时，也关注收缩效应，收缩效应主要包括（　　）。

A.战略调整效应　　B.市场形象效应　　C.财务效应

D.弥补失误效应　　E.消亏效应及法律效应

## 三、判断题

1.公司兼并和收购，二者的本质都是公司产权的有偿转让。（　　）

2.收购与并购是等同的概念。（　　）

3.通过并购获得的生产能力可以使公司较快地发展壮大。（　　）

4.一般认为并购后公司的总体负债能力会比并购前两家单独公司的负债能力之和要小。（　　）

5.混合并购可以降低企业的经营风险。 （ ）

6.当企业持有目标公司已发行股份的20%时，应依法通过证券交易所要约收购。 （ ）

7.现金收购方式有可能造成收购企业财务状况恶化。 （ ）

8.杠杆收购是收购公司完全依赖借款筹资，以取得目标公司控制权的一种并购方式。 （ ）

9.经营协同效应只能发生在横向并购中，而不会发生在纵向并购中。 （ ）

10.从理论上讲，目标公司的整体价值与目标公司的单项资产价值总和相等。 （ ）

11.并购中的价值评估方法有很多，不同评估方法，并无绝对的优劣之分。 （ ）

12.通过价值评估所确定的目标企业价值就是并购双方最终的交易价格。 （ ）

13.无论是在现金对价方式下还是在股票对价方式下，都可以通过计算并购的净现值并据此进行决策。 （ ）

14.收缩表示公司前景不乐观，不能为公司创造价值。 （ ）

15.剥离是投资或收购的反向操作。 （ ）

16.资产重组不能等同于收缩，收缩是资产重组的一个组成部分。 （ ）

17.分立可以看作是一种特殊形式的剥离，是指在法律上和组织上将一家公司划分为两个或两个以上独立实体的行为。 （ ）

18.持股分立中，母公司不保留其对子公司资产和经营的控制权。 （ ）

19.从广义角度来看，资产剥离与公司分立是两种不同的行为。 （ ）

20.收缩能够创造价值的理论支撑是重组理论。 （ ）

## 四、计算分析题

1.甲公司拟采用现金对价方式并购乙公司，公司价值按市场价值法估算。相关的资料见表14-1。

表14-1　　并购时资料　　金额单位：元

| 项　目 | 甲公司 | 乙公司 |
|---|---|---|
| 股票的每股市价 | 40 | 10 |
| 股数（股） | 2 000 000 | 1 200 000 |
| 公司的市场价值 | 80 000 000 | 12 000 000 |

甲公司拟出资16 000 000元收购乙公司，预计并购后存续甲公司的价值将达到100 000 000元，并发生其他支出400 000元。

要求：计算并购净现值，并为甲公司做出决策。

2.沿用上一题所给资料，假定甲公司拟采用股票对价方式并购乙公司，拟增发普通股400 000股来换取乙公司股东手中的1 200 000股股票。其他条件不变。

要求：

（1）计算甲公司提出的每股并购价格。

（2）分析并购溢价是不是4 000 000元？并购全部成本是不是4 400 000元？

（3）计算并购净现值并为甲公司做出决策。

3.从事家电生产的A公司，其董事会正在考虑收购同行业的B公司，收购通过换股方式实现，相关信息见表14-2。

表14-2 **并购时资料**

| 项　　目 | A公司 | B公司 |
|---|---|---|
| 净利润 | 4 000万元 | 1 000万元 |
| 普通股股数 | 2 000万股 | 800万股 |
| 每股收益 | 2.00元 | 1.25元 |
| 市盈率 | 12 | 8 |

A公司拟以高于B公司市价20%的溢价进行并购。

要求：

（1）计算股票交换率，并确定A公司需增发的普通股股数。

（2）如果并购后预计两公司的收益保持不变，计算收购后A公司的每股收益。

（3）若收购后A公司的市盈率为15，计算其每股市价。

4.甲公司拟按每股24元的价格并购乙公司。目前，甲公司的股票市价为40元/股，普通股股数为1 000万股；乙公司的股票市价为16元/股，普通股股数为400万股，每股收益为0.7元。预计并购后稀释的每股收益为1.2元。

要求：

（1）计算并购后的预计净利润。

（2）利用每股收益代乙公司做出决策。

（3）如果丙公司也想并购乙公司，愿以其0.4股的普通股加5元的现金实施并购，丙公司目前的股票市价为38元/股，代乙公司做出选择。（提示：计算股价交换率并做出决策。股价交换率=目标公司每股股价÷目标公司每股市价）

5.假设甲公司拟并购乙公司，决定采用现金支付方式并购，企业价值按市场价值法估算。相关资料见表14-3。

表14-3 **并购时资料**

| 项　　目 | 甲公司 | 乙公司 |
|---|---|---|
| 股票市价（元/股） | 60 | 30 |
| 股数（股） | 100 000 | 80 000 |

甲公司拟出资3 000 000元收购乙公司，预计并购后存续甲公司的价值将达到9 500 000元，并发生其他支出20 000元。

要求：为甲公司做出应否并购的决策。

6.ABB公司欲通过股权收购方式收购P公司。P公司现有10万股普通股，每股收益为5.5元。如果ABB公司收购成功，预计收购后的收益为150万元。P公司当前的股价为55元/股。ABB公司拟以两种出价实施股权收购，其中50 001股出价为每股65元，余下的股票以每股50元收购。

要求：

（1）如果收购成功，计算ABB公司的并购净现值。

（2）如果ABB公司的双重出价为65元、40元，P公司的股东是否会接受此收购价格？ABB公司的最低出价应为多少？

7.A公司拟以发行股票方式收购B公司，A、B公司的股票面值均为1元，其他相关信息见表14-4。

表14-4 **A、B公司相关资料**

| 项　　目 | A公司 | B公司 |
|---|---|---|
| 净利润（万元） | 2 880 | 720 |
| 普通股股数（万股） | 1 600 | 600 |
| 市盈率 | 10 | 6 |

合并成功后，由于规模效应，预计A公司每年的费用将减少596.4万元，销售收入增加1 036万元，A公司的销售利润率为10%，假定适用的所得税税率为30%。B公司同意以其目前市价20%的溢价由A公司以其股票相交换。

要求：

（1）如果并购后B公司的净利润保持不变，计算并购后A公司的每股收益和B公司的每股收益，并进行简要分析。

（2）若并购后，A公司的市盈率为15，计算每股市价。

（3）若并购后保持60%的股利支付率，计算市盈率为15时的股票获利率（每股股利÷每股市价）。

（4）若确保B公司被收购后其每股收益不变，计算股票交换率。

8.上网搜集2010年同方股份有限公司（以下简称同方股份，股票代码：

600100）、晶源裕丰电子股份有限公司（以下简称晶源电子，股票代码：002049）的相关数据。2010年同方股份拟向晶源电子出售资产并认购其股份。

要求：

（1）同方股份拟出售给晶源电子的标的资产占同方股份的股权比例是多少？按照同方股份的预估值计算的本次交易的标的资产是多少？

（2）晶源电子向同方股份非公开发行股票的发行价格按定价基准日前20个交易日计算的均价是多少？按此发行价计算的同方股份拟认购的发行股票数量是多少？

（3）并购后同方股份持有的晶源电子股份比例是多少？

## 五、案例分析

1.上海贝尔公司与法国阿尔卡特公司的协议

2001年10月23日，上海贝尔公司（以下简称上海贝尔）与法国阿尔卡特公司（以下简称阿尔卡特）达成协议，阿尔卡特将从中方股东收购上海贝尔10%加1股的股份，同时买断其在比利时拥有的上海贝尔8.35%的全部股份。两笔交易结束后，阿尔卡特拥有上海贝尔的股份从31.65%升至50%加1股，中方占50%减1股。作为世界上著名的电信跨国企业之一的阿尔卡特，此次通过3亿美元现金收购了上海贝尔，成为中国电信领域首家成立股份制公司的国际企业。

问题与思考：

（1）站在阿尔卡特的角度，分析这宗并购案都涉及了并购的哪些类型。

（2）并购中的最基本形式划分的标志是什么？从这宗并购案来看，其涉及的基本形式的突出特点是什么？

2.联想集团的战略并购历程

2001年4月，杨元庆正式执掌联想集团，具有传奇色彩的创始人柳传志退居幕后。杨元庆上任伊始就宣布了未来3年的发展规划：到2004年联想的营业额达到600亿元，冲击世界500强。2002年联想并购了汉普、智软、中望等IT服务业，国际数据公司（IDC）公布的数据显示，联想的IT服务以市场份额3.5%首次跻身IT咨询市场前三名，仅次于IBM和惠普。但由于与主营业务的经营模式存在较大差异，联想的IT业务并未走出亏损的境地。2004年7月，联想斥资与阳光建立“阳光365多媒体控股公司”，但最后持有的15%的股份只值225万美元。2001—2004年，联想从事的新业务，如软件、服务、手机及数码产品等多数只开花不结果。由于业绩没有达到远景规划，杨元庆主动降低了50%的年薪，随后全面收缩战线并回归PC业务。2004年3月，联想开始裁员；2004年7月28日，联想将IT服务（包括2002年并购的汉普公司）作价3亿元卖给了亚信，联想取得了亚信15%的股权对价；2004年12月8日，联想宣布并购IBM亏损的PC事业部，轰动全球，之后联想成功跻身于全球PC行业前三名，此时联想已经占据国内PC市场的三成份额，该年联想的资产负债率达到46%；2005年11月19日，亚信又宣布将汉普管理咨询（中国）有限公司作价人民币2 500万元出售给汉普管理团队，汉普则用未来5年的营业收入抵押偿还收购款。

柳传志认为收购IBM的PC事业部主要是看中其强大的研发能力和先进的管理技术。在《中国企业家》杂志主办的“2005中国企业领袖年会”中，联想控股总裁柳传志位居第一；在《财富》杂志评出的2005年最具影响力的25位商业领袖中，联想集团的杨元庆排在第21位。

问题与思考：

（1）联想为什么没有实现2001年所确定的远景规划？

（2）开展多元化经营的优势是什么？

（3）你认为并购中要实现多元化经营效应，实施成功的关键是什么？

（4）联想2004年年末并购IBM的PC事业部是否明智？

（5）联想并购IBM的PC事业部的动因是什么？

3.海信空调和科龙的股权转让

海信集团涉及的产品相当多，其中以彩电为主的黑色家电是其立业之本，生产基地在北方。2005年上半年海信的销售收入为45亿元，而销售净利率却不到1%，可见，家电行业早已步入微利时代。该年海信集团提出在白电领域（冰箱、空调）通过资本并购来扩大规模的发展战略。

科龙电器（000921）是一家拥有A股和H股两个平台的上市公司，旗下的科龙、容声和康拜恩是立足华南的知名白电品牌，生产基地在南方，具有年产冰箱800万台和年产空调400万台的生产能力。2005年4月29日，科龙电器年报报出6 000万元的巨亏，5月11日该公司因为涉嫌违反《中华人民共和国证券法》而被中国证监会正式调查，调查结果表明，该公司的第一大股东顾雏军等人涉嫌用伪造身份证、虚假注资、做假账和诈骗国家土地等八项犯罪手段侵占、诈骗、挪用科龙资金总额高达34.85亿元，在这种情况下，科龙面临破产的厄运。2005年7月6日，科龙承认有股权出售意向。

2005年9月9日，海信与科龙签订了“股权转让协议”，拟以9亿元的参考价协议受让广东格林柯尔企业发展有限公司持有的科龙电器262 212 194股的境内法人股（占总股份的26.43%）。9月16日，海信空调的法定代表人汤业国出任科龙电器总裁。海信集团入主科龙后，一方面联合当地政府、证监会，并聘请第三方机构对科龙电器的资产情况进行调查，以核准的净资产为依据确定最后的收购金额，在考虑各种因素后，最终确定的收购价为6.8亿元；另一方面海信迅速派出经营团队介入科龙电器的运营，以海信集团所属海信营销有限公司作为科龙集团旗下产品的国内独家销售代理，并由其以预付货款的方式向科龙集团注入3.01亿元的现金帮助科龙，使科龙生产全面恢复并达到了历史最高水平。2006年4月24日，科龙大股东顾雏军本人在海信空调收购科龙电器26.43%的股权转让协议上签字，这意味着持续9个月之久的海信和科龙的股权转让工作终于尘埃落定。

问题与思考：

（1）海信并购科龙的特征。

（2）海信并购科龙的动因。

## 参考答案

### 一、单项选择题

1.D　2.A　3.C　4.A　5.B　6.B　7.B　8.B　9.A　10.C　11.C　12.C　13.A　14.A　15.D　16.D　17.D　18.D

### 二、多项选择题

1.ABCE　2.CDE　3.ACDE　4.ABD　5.ABCD　6.BCD　7.CDE　8.ABC　9.ABDE　10.ABCD　11.ABCDE　12.ABCD　13.CE　14.BCD　15.ABCDE　16.ABCDE

### 三、判断题

1.√　2.×　3.√　4.×　5.√　6.×　7.√　8.×　9.×　10.×　11.√　12.×　13.√　14.×　15.√　16.√　17.√　18.×　19.×　20.√

### 四、计算分析题

1.

并购协同效应=100 000 000−80 000 000−12 000 000=8 000 000（元）

并购成本=16 000 000−12 000 000+400 000=4 400 000（元）

并购净现值=8 000 000−4 400 000=3 600 000（元）

或：100 000 000−80 000 000−16 000 000−400 000=3 600 000（元）

由于并购净现值为3 600 000元，大于零，因此甲公司应该并购乙公司。

2.

（1）股票交换率=400 000÷1 200 000×100%≈33.33%

每股并购价格=40×33.33%=13.332（元）

（2）从表面上来看，并购支付价格是16 000 000元（400 000×40），恰好与现金对价方式下的并购价格相等，并购的溢价是4 000 000元（400 000×40−12 000 000），并购成本是4 400 000元（400 000×40−12 000 000+400 000），但这种分析是错误的。因为在股票对价支付方式下，并没有动用现金，所以并购支付价格不能用并购前甲公司的股价计算。股票对价支付使得乙公司股东变为甲公司股东，由于增加了甲公司的股数，因此并购支付价格计算如下：

$$并购支付价格=100\ 000\ 000\times\frac{400\ 000}{2\ 000\ 000+400\ 000}\times100\%\approx100\ 000\ 000\times16.6667\%$$

$$=16\ 666\ 700（元）$$

并购溢价=16 666 700−12 000 000=4 666 700（元）

并购的全部成本=16 666 700−12 000 000+400 000=5 066 700（元）

（3）并购净现值=8 000 000−5 066 700=2 933 300（元）

或　并购净现值=100 000 000−80 000 000−16 666 700−400 000=2 933 300（元）

由于并购净现值大于零，因此甲公司应该并购乙公司。

3.

（1）$A公司的每股市价 = \frac{4\ 000}{2\ 000} \times 12 = 24$（元/股）

$B公司的每股市价 = \frac{1\ 000}{800} \times 8 = 10$（元/股）

$股票交换率 = \frac{10 \times (1 + 20\%)}{24} \times 100\% = 50\%$

A公司需增发普通股股数=50%×800=400（万股）

（2）$收购后A公司的每股收益 = \frac{4\ 000 + 1\ 000}{2\ 000 + 400} \approx 2.08$（元/股）

（3）每股市价=2.08×15=31.2（元）

4.

（1）并购后的预计净利润计算如下：

股票交换率=24÷40×100%=60%

设预计净利润为x，依据稀释后每股收益建立以下方程：

$$\frac{x}{1\ 000 + 400 \times 0.6} = 1.2$$

x=1 488万元

（2）并购后乙公司的每股收益=1.2×0.6=0.72（元）

因为并购后乙公司的每股收益将增长0.02元（0.72−0.7），所以乙公司会同意并购。

（3）$甲公司的股价交换率 = \frac{24}{16} = 1.5$

$丙公司的股价交换率 = \frac{38 \times 0.4 + 5}{16} = 1.2625$

因为甲公司的股价交换率大于丙公司的股价交换率，所以乙公司应该选择甲公司进行并购。

5.

并购收益=9 500 000−60×100 000−30×80 000=1 100 000（元）

并购成本=3 000 000−2 400 000+20 000=620 000（元）

并购净现值=1 100 000−620 000=480 000（元）

或：并购净现值=9 500 000−6 000 000−3 000 000−20 000=480 000（元）

由于并购净现值为480 000元，大于零，因此甲公司应该并购乙公司。

6.

（1）收购价格=50 001×65+49 999×50=5 750 015（元）

收购前P公司价值=100 000×55=5 500 000（元）

并购溢价=5 750 015−5 500 000=250 015（元）

并购净现值=150−25.0015=124.9985（万元）

（2）收购价格=50 001×65+49 999×40=5 250 025（元）

由于这个价格低于收购前P公司的总市值550万元，因此该公司的股东不会接受，否则他们会感觉该收购价格不公平。ABB公司的并购底价为P公司的市场价值（550万元）。

7.

（1）B公司的每股市价 $= \frac{720}{600} \times 6 = 7.2$（元）

每股收购价格=7.2×（1+20%）=8.64（元）

A公司的每股市价 $= \frac{2\,880}{1\,600} \times 10 = 18$（元）

股票交换率 $= \frac{8.64}{18} \times 100\% = 48\%$

并购后的预计收益=2 880+（596.4+1 036×10%）×（1−30%）+720=4 090（万元）

并购后A公司的每股收益 $= \frac{4\,090}{1\,600 + 600 \times 0.48} \approx 2.17$（元）

并购后B公司的每股收益=2.17×0.48≈1.04（元）

并购前B公司的每股收益=720÷600=1.2（元）

并购前A公司的每股收益=2 880÷1 600=1.8（元）

A公司实施并购后每股收益将提高0.37元（2.17−1.8），而被并购后B公司的每股收益将下降0.16元（1.2−1.04）。

（2）并购后A公司的每股市价=2.17×15=32.55（元）

（3）方法一：

每股股利 $= \frac{4\,090 \times 60\%}{1\,600 + 600 \times 0.48} \approx 1.30$（元）

股票获利率 $= \frac{1.30}{32.55} \times 100\% \approx 3.99\%$

方法二：

股利支付率=股票获利率×市盈率

股票获利率=60%÷15=4%

（4）设确保B公司收购后的每股收益不变时的股票交换率为R，则：

$$\frac{4\,090}{1\,600 + 600} \times R = 1.2$$

R≈0.65

8.

（1）86%，150 000×86%=129 000（万元）

（2）14.07元，129 000÷14.07=9 168.44（万股）

（3）51.97%

**五、案例分析**

1.（1）从并购与行业的关系来看，阿尔卡特收购上海贝尔属于横向并购；从并购的实现方式来看，阿尔卡特收购上海贝尔属于控股式并购；从并购的支付方式来看，阿尔卡特收购上海贝尔属于现金收购；从并购是否利用目标公司资产支付并购款来看，阿尔卡特收购上海贝尔属于非杠杆收购；从并购是否通过证券交易所来看，阿尔卡特收购上海贝尔属于协议收购，也是善意并购。

（2）并购中的最基本形式的划分标志是从并购与行业的关系划分，以此可以将并购划分为横向并购、纵向并购和混合并购。这宗并购案从基本形式来看属于横向并购。横向并购是指生产同类商品或服务公司之间的并购行为。其突出特点是处于相同市场层次上的公司并购，即两家或两家以上生产和销售相同或相似产品的公司之间的并购行为。通过横向并购，可以使公司资本向同一生产、销售领域集中，可以扩大并购后的市场份额，增强垄断势力，可以扩大公司的生产经营规模，取得规模收益。

2.（1）联想之所以没有实现2001年确定的远景规划，是因为之前进行的并购属于混合并购，目的是实施多元化经营，但从其并购后的效果来看，经营不佳，业绩较差，这反映出管理层对多元化经营的并购与整合缺乏掌握能力。

（2）开展多元化经营的优势主要表现在以下六个方面：一是分散企业的总体风险、稳定收入来源，增强企业资产的安全性；二是可以消除或分散经营者被雇用的风险；三是可以将优秀的员工留在企业内部；四是可以使企业的商誉和品牌得到充分的利用，将企业良好的形象得到延续和拓展；五是从战略实施来看，可以实现战略转移；六是从行业壁垒来看，并购可以降低新行业的进入壁垒。

（3）企业开展多元化经营常常通过混合并购得以实现，而要使其成功，关键在于并购后的整合，如果整合无力，则最终会以失败而告终。

（4）联想2004年年末并购IBM的PC事业部应该说是明智的，因为之前的多元化经营失利，说明其不具有多元化经营的能力，而PC业务一直是联想的竞争优势所在。但PC业务国内市场份额有限，且已占三成，因此为解决增长极限问题，选择国际知名品牌进行战略并购，应该说对其发展十分有利。

（5）深入分析，联想并购IBM的PC事业部的动因是多方面的：一是实现管理和经营的协同效应；二是寻求信息效应；三是提高管理层的个人名望；四是追求品牌效应。

3.（1）海信并购科龙具有以下三个特征：一是先预付货款3.01亿元，施予援手，然后再操作收购；二是以独家代理销售方式曲线接管科龙，从而牢牢控制了科龙的现金流，将收购风险降到了最低；三是以收购形式避免了科龙的破产。

（2）海信并购科龙的动因主要表现在以下方面：一是谋求经营协同效应，提高海信冰箱和空调的生产能力；二是谋求财务协同效应，海信借助于科龙可以在白电领域进行国内和海外上市融资；三是均衡产业布局，生产基地南北遥相呼应，从而可以提高企业的整体实力；四是谋求品牌效应。

# 公司理财模拟试题（A）

| 题号 | 一 | 二 | 三 | 四 | 五 | 六 | 总分 |
| --- | --- | --- | --- | --- | --- | --- | --- |
| 题分 | 10 | 10 | 10 | 15 | 45 | 10 | 100 |

**一、单项选择题**（下列每小题的备选答案中，只有一个符合题意的正确答案。请将你选定的答案字母填入题后的括号中。本类题共10个小题，每小题1分，共10分。多选、错选、不选均不得分）

1.公司是企业形态中一种最高层次的组织形式，下列不属于公司特征的是（　　）。

A.股东对公司的债务只负担有限责任

B.公司收入要征税，分配给股东的红利也要征税

C.公司股份可以随时转让给新的所有者

D.公司的存续期受制于公司所有者的生命期

2.假设市场隐含的风险溢价为5%，历史风险溢价为7.5%。如果你用历史风险溢价为股票定价，你可能（　　）。

A.高估了股票的内在价值　　B.低估了股票的内在价值

C.获得更多的投资机会　　D.放弃许多投资机会

3.在债券到期时间和初始市场收益率给定的情况下，（　　）。

A.息票率10%的债券的利率风险小于息票率6%的债券的利率风险

B.息票率10%的债券的利率风险大于息票率6%的债券的利率风险

C.息票率10%的债券与息票率6%的债券的利率风险相同

D.息票率与利率风险不存在关系

4.如果投资组合由20种资产组成，则构成组合总体方差和协方差的项目个数分别为（　　）。

A.20和380　　B.400和20　　C.20和20　　D.420和20

5.下列各项中，不属于投资项目现金流出量的是（　　）。

A.经营付现成本　　B.垫支的营运资本

C.固定资产投资支出　　D.固定资产折旧费用

6.某公司拥有一块土地，其原始成本为600万元，账面价值为450万元。现准

备在这块土地上建造厂房，但如果现在将这块土地出售，可获得收入500万元，则建造厂房的机会成本为（　　）万元。

A.600　　B.500　　C.450　　D.150

7.采用风险调整现金流量法进行投资项目风险分析时，需要调整的项目是（　　）。

A.无风险的折现率　　B.有风险的折现率

C.无风险的现金流量　　D.有风险的现金流量

8.下列关于资本资产定价原理的说法，错误的是（　　）。

A.股票的预期收益率与β值线性相关

B.在其他条件相同时，经营杠杆较高的公司β值较大

C.在其他条件相同时，财务杠杆较高的公司β值较大

D.若投资组合的β值等于1，表明该组合没有市场风险

9.公司发行可转换债券时附加的可转换条款，对投资者而言相当于一种（　　）。

A.买入买权　　B.买入卖权　　C.卖出买权　　D.卖出卖权

10.假设你购买了一份执行价格为60元的看涨期权合约，合约价格为2元。忽略交易成本，这一头寸的盈亏平衡价格为（　　）元。

A.54　　B.57　　C.62　　D.120

**二、多项选择题**（下列每小题的备选答案中，只有两个或两个以上符合题意的正确答案。请将你选定的答案字母按顺序填入题后的括号中。本类题共5个小题，每小题2分，共10分。多选、少选、错选、不选均不得分）

1.以下关于零息债券的论述正确的有（　　）。

A.零息债券持有者可以避免再投资风险

B.任何一只附息债券都可分解为几只不同期限零息债券的组合

C.附息债券价值应当等于零息债券价值之和

D.零息债券一般折价发行

E.折价发行的零息债券可以通过折价摊销获得税收优惠

2.下面关于投资组合的论述正确的有（　　）。

A.两种证券完全相关时可以消除风险

B.投资组合的风险是各单项资产风险的加权平均

C.投资组合的收益率为组合中各单项资产预期收益率的加权平均数

D.两种证券正相关的程度越小，则其组合产生的风险分散效应就越大

E.当两种证券的相关系数为零时，它们的组合可以完全消除风险

3.根据MM理论，在无公司所得税的条件下，资本结构的变化不会影响（　　）。

A.公司价值　　B.负债比率　　C.债务资本成本

D.股权资本成本　　E.加权平均资本成本

4.在其他条件一定的情况下，与买权价值呈正向变动关系的因素有（　　）。

A.利率　　B.行权价格　　C.标的资产市价
D.合约剩余有效期　　E.标的资产价格波动性

5.下列各项中，属于计算股权自由现金流量中的非现金调整项的有（　　）。
A.折旧　　B.债券溢价摊销
C.无形资产摊销　　D.资产减值类重组费用
E.长期资产处置损失

**三、判断题**（本类题共10小题，每小题1分，共10分。请将你的判断结果填入题后的括号中。你认为正确的，填“√”；你认为错误的，填“×”。每小题判断结果符合标准答案的得1分，不判断不得分也不扣分）

1.附有赎回条款的债券的票面利率通常高于纯债券票面利率。（　　）

2.根据项目资本成本进行投资选择时，应采用公司加权平均资本成本作为决策的依据，而不是以项目特定资本来源的成本作为决策依据。（　　）

3.假设其他因素不变，销售量超过盈亏临界点以后，销售量越大则经营杠杆系数越大。（　　）

4.投资组合的风险可以用该组合收益率的方差来衡量，它是投资组合中各项资产收益率方差的加权平均数。（　　）

5.无论对于买权还是卖权，当期权处于平价或无价状态时，其价值完全由时间价值构成，内含价值为零。（　　）

6.股东为防止控制权被稀释，往往希望公司提高股利支付率。（　　）

7.股权自由现金流量是指公司支付所有的经营费用和所得税后，向公司的权利要求者支付现金之前的全部现金流量。（　　）

8.名义无风险利率与真实无风险利率之间的差异主要与预期的通货膨胀率有关。（　　）

9.公司预期股利增长率是公司留存收益比率和由该留存收益带来的报酬（总资产收益率）的函数。（　　）

10.远期外汇市场套期保值在“锁定”风险的同时，也“锁定”了收益。（　　）

**四、简答题**（本类题共2小题，第1小题8分，第2小题7分，共15分）

1.采用市盈率（价格/收益乘数法）进行估价时应注意哪些问题？决定市盈率的因素是什么？

2.简要说明债券投资必要收益率或债务资本成本的决定因素。

**五、计算分析题**（本类题共3小题，第1小题18分，第2小题14分，第3小题13分，共45分。凡要求计算的项目，均须列出计算过程；计算结果有计量单位的，应予标明；计算最终结果出现小数的，均按四舍五入的要求保留小数点后两位数字；凡要求解释、分析、说明理由的内容，必须有相应的文字阐述）

1.假设Allstate公司股票的β系数为1.2，这是从Allstate公司股票的收益率与上证综指的收益率回归中得到的。股票当前价格为93元/股，流通在外的股数为4.3亿股。

公司未偿还的债务为25亿元（账面价值等于市场价值），公司信用评级为AAA级，AAA级利率与国债利率的差价为0.2%。

假设长期国债利率为6%，市场风险溢价5.5%，公司所得税税率为40%。

要求：

（1）估计Allstate公司的股权成本。

（2）估计Allstate公司的加权平均资本成本。

（3）假设公司发行债券回购股票1亿股，回购价格为93元/股，重新估计Allstate公司的β系数，将其与回归得到的β系数相比，说明发生差异的原因。

2.ABC公司上年每股收益为4元，支付的每股股利为2元，每股账面价值为40元，预期收益和股利每年增长6%，且长期保持不变。公司股票β系数为0.85，国债利率为7%，市场风险溢价为5.5%。目前，公司股票的市场交易价格为60元。

要求：

（1）根据稳定增长模型估计股票价值，据此计算股票价值/账面价值（市净率）；

（2）如果股票的市场交易价格为60元，根据稳定增长模型，其隐含的增长率是多少？

（3）假设股利支付率保持不变，公司未来的净资产收益率（ROE）为多少时才能达到这一增长率（指（2）中计算的增长率）？你认为公司目前的股票价格是否合理？为什么？

3.XYZ公司为一家中国生产保健用品的企业，近期拟在法国投资设立一家分公司，研究开发一种新型的保健式学生用椅。该投资项目的厂房、设备等投资共需2 100万元，运营5年，税法规定期满有净残值100万元，按直线法计提折旧。该项目投资即可投产使用，即无建设期。预计投产后每年可实现收现销售收入2 400万元，发生经营付现成本1 800万元，公司的所得税税率为25%。公司预计期满后所有的资产处置后可得到的残值收入仅为80万元。

要求：

（1）计算该投资项目各年的现金流量。

（2）假设投资该项目所要求的必要收益率（或项目资本成本）为15%，计算该项目的净现值，并根据净现值进行投资决策。

（3）ABC银行提出：愿意向该公司在法国的项目投资提供年利率8%的优惠贷款，如果以8%作为折现率，该项目的净现值大于零，你认为该公司是否应该改变决策？你认为项目评价的折现率是项目的借款利率还是项目的资本成本？（该投资项目的内部收益率为10.69%）

附：　　折现率分别为15%、8%的相关系数表

| t | 1 | 2 | 3 | 4 | 5 |
|---|---|---|---|---|---|
| （P/F，15%，t） | 0.8696 | 0.7561 | 0.6575 | 0.5718 | 0.4972 |
| （P/A，15%，t） | 0.8696 | 1.6257 | 2.2832 | 2.8550 | 3.3522 |
| （P/F，8%，t） | 0.9259 | 0.8573 | 0.7938 | 0.7350 | 0.6806 |
| （P/A，8%，t） | 0.9259 | 1.7833 | 2.5771 | 3.3121 | 3.9927 |

**六、论述题**（本类题共1题，10分）

1981年6月，美国通用汽车承兑公司（GMAC）首次向公众发行1 000美元、期限10年的零息债券，每张债券发行价格为252.5美元。1982年，美国百事可乐公司发行面值总额为8.5亿美元、期限30年的零息债券，每张面值1 000美元，售价为60美元。两种债券发行均获得了成功。请根据财务管理理论解释以下三个问题：

（1）美国通用汽车承兑公司和美国百事可乐公司发行的两种零息债券的到期收益率分别为14.76%和9.83%。你认为两种债券收益率不同的原因是什么？

（2）如果你是一个投资者，你会购买哪种零息债券？为什么？

（3）公司为什么愿意发行零息债券？发行零息债券有什么好处？

## 参考答案

**一、单项选择题**（本类题共10个小题，每小题1分，共10分）

1.D　2.B　3.A　4.A　5.D　6.B　7.D　8.D　9.B　10.C

**二、多项选择题**（本类题共5个小题，每小题2分，共10分）

1.ABCDE　2.CD　3.ACE　4.ACE　5.ABCDE

**三、判断题**（本类题共10小题，每小题1分，共10分）

1.√　2.×　3.×　4.×　5.√　6.×　7.×　8.√　9.×　10.√

**四、简答题**（本类题共2小题，第1小题8分，第2小题7分，共15分）

1.

（1）对于那些偶发事件导致的非正常收益，在计算EPS时应加以剔除。（1分）

（2）对于受商业周期或行业周期影响较大的公司，应注意不同周期（如成长期和衰退期）对EPS的影响。（2分）

（3）对于会计处理方法变更引起的EPS的差异，应进行相应的调整。（1分）

（4）如果公司有发行在外的认股权证、股票期权、可转换优先股或可转换债券，应注意这些含有期权性质的证券行权后对每股收益的影响，即稀释EPS（diluted EPS）。（2分）

（5）决定个股价格收益乘数的重要因素或指标是公司的增长率、风险以及留存收益比率。（2分）

2.

债券投资的必要收益率主要包括补偿债券投资者的时间价值（纯利率）和风险溢价。（2分）

纯利率是指无通货膨胀、无风险时的均衡利率，本质上是指资本使用的“机会成本”，主要取决于资本预期收益能力、资本供求关系、消费的时间偏好等因素的影响。（2分）

风险溢价主要指与宏观经济有关的预期通货膨胀风险溢价和与债券特征有关的违约风险、流动性风险、到期期限风险、外汇风险和国家风险。（3分）

**五、计算分析题**（本类题共3小题，第1小题18分、第2小题14分、第3小题13分，共45分）

1.

（1）Allstate公司的股权成本=6%+1.2×5.5%=12.6%（2分）

（2）Allstate公司的债务成本=6%+0.2%=6.2%（1分）

Allstate公司的税后债务成本=6.2%×（1−40%）=3.72%（1分）

Allstate公司的加权平均资本成本=3.72%×25÷(25+93×4.3)+12.6%×[93×4.3÷(25+93×4.3)]

=12.08%（3分）

（3）发行债券回购股票：

发行债券、回购股票=1×93=93（亿元）（1分）

发行债券回购股票前负债/股东权益=25÷（4.3×93）×100%=6.25%（2分）

无负债β系数=1.2÷［1+（1−40%）×6.25%］=1.1566（3分）

发行债券回购股票后负债/股东权益=（25+93）÷（4.3×93−93）=38.45%（2分）

发行债券回购股票后β系数=1.1566×［1+（1−40%）×38.45%］=1.4234（2分）

公司发行债券回购股票后，公司的财务风险加大，反映风险的β系数也会增加。（1分）

2.

（1）股权资本成本=7%+0.85×5.5%=11.675%（2分）

$P_0=\frac{2\times(1+6\%)}{11.675\%-6\%}=37.36(元)$（3分）

市净率=37.36÷40=0.934（1分）

（2）隐含增长率：

$$60=\frac{2\times(1+g)}{11.675\%-g}$$

$g = 8.07\%$（3分）

（3）g=ROE×留存收益比率

$ROE = \frac{8.07\%}{2/4} = 16.14\%$（3分）

根据稳定增长模型计算的股票价格与市场交易价格发生差异，其原因或者是市场价格被高估了，或者是在根据稳定增长模型估价时，低估了增长率或高估了资本成本等。(2分)

3.

（1）$年折旧额 = \frac{2\,100 - 100}{5} = 400$（万元）（2分）

该投资项目的现金流量：

$NCF_0 = -2\,100$万元（1分）

$NCF_{1-4} = (2\,400 - 1\,800 - 400) \times (1 - 25\%) + 400 = 550$（万元）（2分）

$NCF_5 = 550 + 80 + (100 - 80) \times 25\% = 635$（万元）（2分）

（2）$NPV = -2\,100 + 550 \times (P/A, 15\%, 4) + 635 \times (P/F, 15\%, 5)$

$= -2\,100 + 550 \times 2.8550 + 635 \times 0.4972$

$= -214.03$（万元）（3分）

由于该投资项目的净现值小于零，因此XYZ公司不应该投资。(1分)

（3）XYZ公司应拒绝这一项目，因为优惠贷款既没有提高这个项目的预期收益，也没降低这个项目的风险，即没有改变这个项目的价值。所以不应以债务利率作为折现率，而应以反映风险的项目资本成本作为折现率。该项目的预期收益率10.69%低于项目的成本（15%）。(2分)

**六、论述题**（本类题共1题，10分）

（1）两家公司零息债券收益率不同的影响因素很多，除了宏观经济因素外，两家公司收益率的差别主要取决于行业特点和公司特征。不同行业的收益率不相同，如美国通用汽车承兑公司与美国百事可乐公司分属于两个不同的行业，收益率发生差异是正常的，而且公司管理能力不一样也是收益率差别的原因。(4分)

（2）对投资者来说，考虑风险因素，特别是再投资风险，因为债券期限越长，未来不确定性越大，特别是发行公司的未来发展情况也是决定是否购买债券的重要原因。(3分)

（3）对发行公司来说，折价发行零息债券形成的财务费用所获得的税盾作用比较大，此外在债券期间没有偿债压力，但债券到期时的偿债压力较大。(3分)

# 公司理财模拟试题（B）

| 题号 | 一 | 二 | 三 | 四 | 五 | 六 | 总分 |
| --- | --- | --- | --- | --- | --- | --- | --- |
| 题分 | 10 | 10 | 10 | 15 | 45 | 10 | 100 |

**一、单项选择题**（下列每小题的备选答案中，只有一个符合题意的正确答案。请将你选定的答案字母填入题后的括号中。本类题共10个小题，每小题1分，共10分。多选、错选、不选均不得分）

1.无论从市场功能还是从交易规模上看，构成整个金融市场核心部分的是（　　）。

A.外汇市场　　B.商品期货市场　　C.期权市场　　D.有价证券市场

2.在债券的息票率、到期期限和票面价值一定的情况下，决定债券价值的唯一因素是（　　）。

A.红利率　　B.票面利率　　C.市场利率　　D.实际收益率

3.某企业一次投资10万元建一车间，预计投资后和每年税后利润为1.5万元，年折旧率为10%，则投资回收期为（　　）年。

A.2　　B.3　　C.4　　D.5

4.当折现率为8%时，某投资项目的净现值为50万元，则该项目的内部收益率（　　）。

A.小于8%　　B.大于8%　　C.等于8%　　D.不确定

5.如果企业的经营杠杆系数为1.5，总杠杆系数为3，息税前利润变动10%，则普通股每股收益变动率为（　　）。

A.10%　　B.15%　　C.20%　　D.30%

6.假设同等期限政府债券的市场收益率为5.5%，估计公司的信用风险溢价为1.3%，则该公司税前债务资本成本为（　　）。

A.6.80%　　B.6.70%　　C.6.65%　　D.5.52%

7.如果标的资产的现时市场价格（S）小于期权行权价格（K），则说明（　　）。

A.看涨期权处于有价状态　　B.看涨期权处于平价状态

C.看跌期权处于有价状态　　D.看跌期权处于无价状态

8.如果市场利率上升，将会使（　　）。

A.买权和卖权的期权价值都上升

B.买权和卖权的期权价值都下降

C.买权的期权价值下降，卖权的期权价值上升

D.买权的期权价值上升，卖权的期权价值下降

9.如果投资者预期未来的通货膨胀率将上升，并且投资者对风险厌恶程度提高，那么证券市场线SML的变化为（　　）。

A.向上移动，并且斜率增加　　B.向上移动，并且斜率减少

C.向下移动，并且斜率增加　　D.向下移动，并且斜率减少

10.根据有效市场假说，具有半强式效率市场的特征主要是（　　）。

A.股票价格包含该只股票相关的历史信息

B.股票价格包含该只股票相关的历史和公开的信息

C.投资者可以分析股票的历史信息获得超额收益

D.投资者可以分析股票所有公开的信息获得超额收益

**二、多项选择题**（下列每小题的备选答案中，有两个或两个以上符合题意的正确答案。请将你选定的答案字母按顺序填入题后的括号中。本类题共5个小题，每小题2分，共10分。多选、少选、错选、不选均不得分）

1.与实物期权有关的投资机会主要包括（　　）。

A.开发后续产品的机会　　B.扩大产品市场份额的机会

C.增加或更新厂房设备的机会　　D.延续投资项目的机会

E.放弃投资项目的机会

2.以下关于债券久期特征的论述正确的有（　　）。

A.有息债券久期小于债券到期期限　　B.有息债券久期大于债券到期期限

C.息票率与久期负相关　　D.零息债券久期与债券期限相同

E.到期收益率与久期负相关

3.投资项目现金流量预测的原则主要有（　　）。

A.实际现金流量的原则

B.增量现金流量的原则

C.不考虑沉没成本和制造费用的原则

D.税后的原则

E.会计利润的原则

4.下列关于股东、经营者、债权人的代理问题的说法正确的有（　　）。

A.公司在追求自身目标的同时，也会使社会各方同时受益

B.为防止股东伤害债权人利益，债权人往往会限制发行新债的数额

C.股东给予经营者的股票期权是协调股东与经营者矛盾的方式之一

D.债权人可通过降低债券支付价格或提高资本贷放利率，反映他们对股东行

为的重新评估

E.股东与经营者之间冲突的主要原因是资本的所有权与经营权相分离，以及两者信息不对称

5.下列因素引起的风险中，公司不能通过组合投资予以分散的有（　　）。

A.经济衰退　　B.市场利率上升　　C.新产品试制失败

D.劳动纠纷　　E.国家政治形势变化

**三、判断题**（本类题共10小题，每小题1分，共10分。请将你的判断结果填入题后的括号中。你认为正确的，填“√”；你认为错误的，填“×”。每小题判断结果符合标准答案的得1分，不判断不得分也不扣分）

1.财务危机直接成本主要包括公司破产时为所需要经历的各项法律程序及其他有关工作支付的费用。（　　）

2.认股权证的持有者享有投票权和股票分红权。（　　）

3.利用算术平均数预测公司历史增长率时充分考虑了发生在各个时期的复利。（　　）

4.投资回收期虽然没有考虑现金流量的时间价值，但却考虑了经营期内全部现金流量。（　　）

5.股权自由现金流量是指公司在履行了所有的财务责任、满足本身再投资需求之后的剩余现金流量。（　　）

6.名义利率一般可以分解为纯利率、预期通货膨胀率和风险溢价三部分。（　　）

7.在公司价值乘数计算公式中，“公司价值”是指股权市场价值加上债务市场价值。（　　）

8.通常，一个期权的时间价值在它平价时最小，而向有价期权和无价期权转化时时间价值逐步递增。（　　）

9.可转换债券中的购回条款是事先约定的一种旨在保护发行人利益的附加条款。（　　）

10.远期合约的损益只有在到期日才能表现出来，而期货合约的损益在每天交易结束时就表现出来了。（　　）

**四、简答题**（本类题共2小题，第1小题7分，第2小题8分，共15分）

1.简要说明在信息不对称的情况下，项目的融资顺序；你认为财务状况较强的公司应发行什么证券？财务状况较弱的公司应发行什么证券？为什么？

2.简要说明外汇风险的类型，并按其对公司影响的重要性进行排序。

**五、计算分析题**（本类题共3小题，第1小题10分，第2小题18分，第3小题17分，共45分。凡要求计算的项目，均须列出计算过程；计算结果有计量单位的，应予标明；计算最终结果出现小数的，均按四舍五入的要求保留小数点后两位数字；凡要求解释、分析、说明理由的内容，必须有相应的文字阐述）

1.ABC公司上年的每股收益为2.40元，每股股利为1.05元，预计股利每年稳定增长6%；股票β值为1.05，国库券利率为7%，市场风险溢价为5.5%。

要求：

（1）估计股票投资必要收益率。

（2）计算该公司股票价格和市盈率。

（3）假设目前该股票交易价格为每股收益的10倍，其他因素保持不变，试计算市盈率所隐含的长期增长率。

2.XYZ公司有关数据如下：

| | | | |
|---|---|---|---|
| 收入（万元） | 6 000.00 | 债务（万元） | 1 200.00 |
| 成本（万元） | 4 500.00 | 股东权益（万元） | 8 800.00 |
| 息税前利润（万元） | 1 500.00 | 总计（万元） | 10 000.00 |

XYZ公司正在考虑将资本结构中的债务比率增加到60%（假设通过发行债券回购股票改变资本结构，资本总额保持不变）。目前，股票以账面价值每股25元交易，发行债券前后的利率均为9%，公司所得税税率为25%。

要求：

（1）如果负债比率提高到60%，公司需发行多少新债回购股票（以当前股价回购）?

（2）计算发行新债回购股票前后的普通股股数。

（3）计算资本结构改变前后的每股收益。

（4）计算资本结构改变前后的财务杠杆系数。

（5）如果息税前利润下降5%，你认为资本结构改变前后的每股收益会发生什么变化?

3.你用Amgen公司（一家大型生物技术公司）的月收益率对上证综指的月收益率进行回归得到：

$r_{股票} = 3.28\% + 1.65r_{市场}$　　　$R^2 = 20\%$

目前，一年期国债利率为4.8%，市场风险溢价为5.5%，30年期政府长期债券利率为6.4%。公司发行在外的股票为2.65亿股，每股价格30元。

要求：

（1）下一年该股票的预期收益率是多少？公司不可分散风险是多少？

（2）如果为一个30年期投资项目计算一个折现率，在风险一定的情况下，你的预期收益率会改变吗？

（3）当前公司的负债/股东权益比率为3%，所得税税率为40%。该公司打算发行20亿元的新债务以收购一个同样价值的新行业中的公司，该行业的风险水平与公司现处行业的风险水平相同，收购后的公司β系数会是多少？

（4）假设公司发行新债后，又支付现金股利10亿元，估计公司支付股利后的β系数。

**六、论述题**（本类题共1题，10分）

英特尔公司是专业生产芯片的厂商，该公司在纳斯达克市场上市，公司资本成本为10.5%。公司正在考虑在华投资一座新的芯片厂，该工厂的总投资为25亿美元，预期在建成后的3年里，每年可以获得净现金流量10亿美元，英特尔公司在华芯片厂项目的预期收益率（IRR）为9.7%。

（1）英特尔公司是否应该在华投资？

（2）假设摩根大通曼哈顿银行向英特尔公司提出：愿意向该公司在华芯片厂项目提供年利率5%的优惠贷款，英特尔公司是否应该改变决策？

（3）有人认为英特尔公司至少可以获得9.7%的收益，而只需支付5%的贷款利息，为什么不投资赚取4.7%的价差利润？你同意这一观点吗？为什么？

（4）你认为在投资项目决策中，是采用项目的资本成本还是公司加权资本成本作为折现率？

## 参考答案

**一、单项选择题**（下列每小题的备选答案中，有一个符合题意的正确答案。请将你选定的答案字母填入题后的括号中。本类题共10个小题，每小题1分，共10分。多选、错选、不选均不得分）

1.D　2.C　3.C　4.B　5.C　6.A　7.C　8.D　9.A　10.B

**二、多项选择题**（下列每小题的备选答案中，只有两个或两个以上符合题意的正确答案。请将你选定的答案字母按顺序填入题后的括号中。本类题共5个小题，每小题2分，共10分。多选、少选、错选、不选均不得分）

1.ABCDE　2.ACDE　3.ABD　4.BCDE　5.ABE

**三、判断题**（本类题共10小题，每小题1分，共10分。请将你的判断结果填入题后的括号中。你认为正确的，填“√”；你认为错误的，填“×”。）

1.√　2.×　3.×　4.×　5.√　6.√　7.×　8.×　9.×　10.√

**四、简答题**（本类题共2小题，第1小题7分，第2小题8分，共15分）

1.答题要点：

在信息不对称的情况下，企业的融资顺序如下：首先是内部融资，即采用留存收益进行项目融资；其次是采用银行借款进行间接融资；再次是发行债券直接融